40 séquences d'histoire au CM2

François Fontaine,
enseignant à l'école élémentaire

Christian Lamblin,
enseignant à l'école élémentaire

Brigitte Verlon,
professeure agrégée d'histoire

Illustration
de couverture
de François Davot

Atouts
Disciplines

www.editions-retz.com
9 bis, rue Abel Hovelacque
75013 Paris

RETZ

Dans la collection « Atouts disciplines »

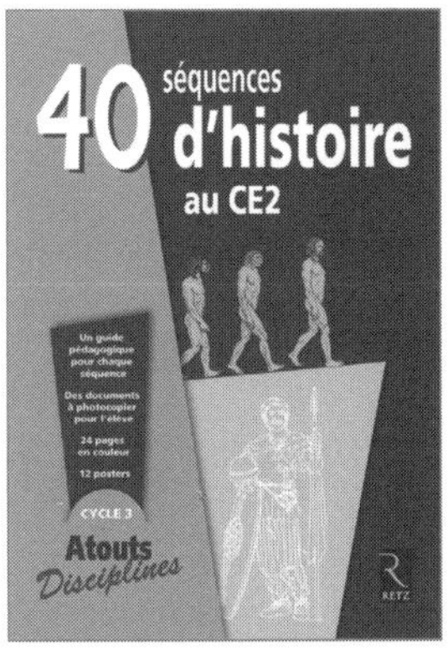

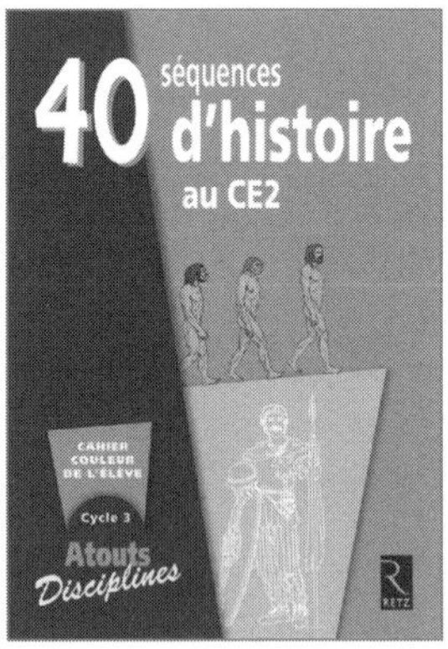

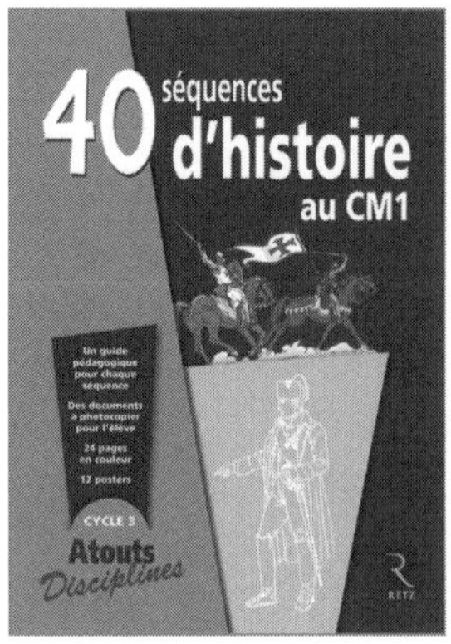

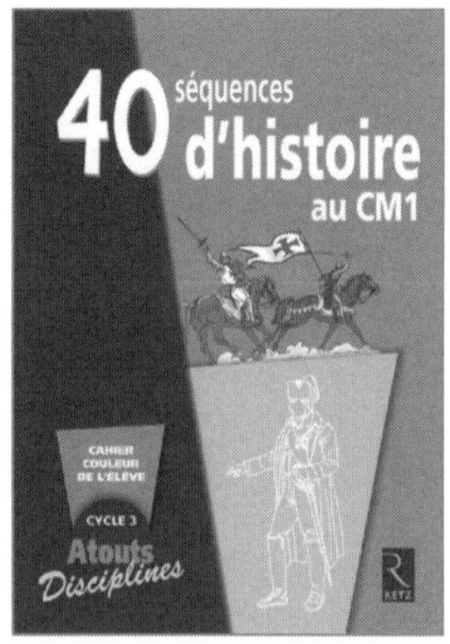

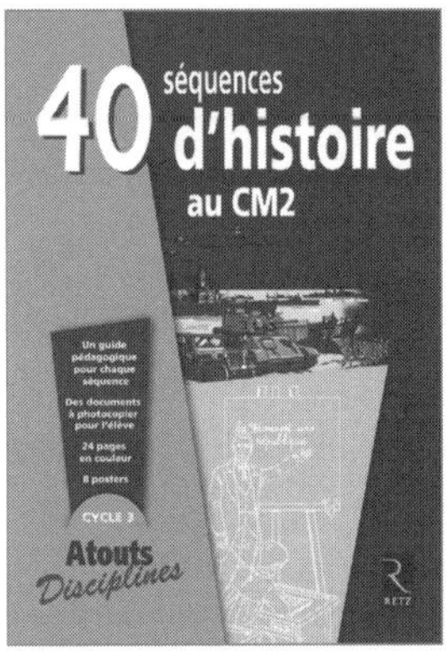

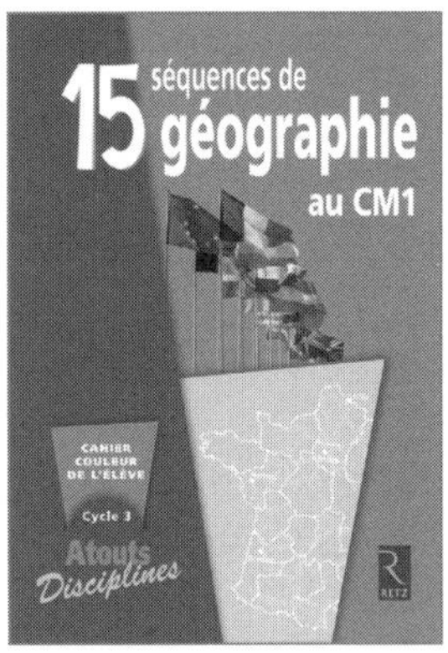

Lieux de conservation des œuvres reproduites :

Bibliothèque nationale de France, Paris : 54 ht d ; 11 ht ; 17 bas ; 43 ht d ; 48 ht g ; 61 ht ; 61 bas d ; 68 m ; 87 ht ; 94 bas ; 120 bas ; 153 ht g.
Archives du Centre de documentation juive contemporaine, Paris : 172 bas d.
Archives de la Réunion : 48 ht d.
Centre des monuments nationaux, Paris : 127 ht g.
Château de Compiègne : 108 m d.
Château de Versailles et de Trianon : 11 bas.
Collection Hulton Archive : 153 m g.
Collection particulière : 68 ht ; 68 bas g ; 94 ht g ; 94 ht d ;140 ht d ; 140 bas g ; 146 ht d ; 166 bas g ; 231 bas g.
International Institut of Social History : 74 bas.
Musée Carnavalet, Paris : 17 ht g ; 61 bas g ; 74 ht d ; 166 ht g.
Musée de la Poste, Paris : 108 bas.
Musée de la Voiture, Compiègne : 24 ht g ; 24 ht d.
Musée des Civilisations de l'Europe et de la Méditerranée : 24 bas ; 43 bas ; 54 ht g.
Musée des Deux Guerres mondiales, Paris : 153 bas d.
Musée d'Histoire contemporaine, BDIC, Paris : 160 m g.
Musée d'Orsay, Paris : 37 ht d.
Musée Jean-Jaurès, Castres : 88 ht.
Musée national du Château de Versailles : 43 ht g ; 108 ht ; 108 m g.
Palais des Beaux-Arts de Lille : 37 bas.
Photothèque du Centre historique minier du Nord et du Pas-de-Calais, Lewarde : 37 ht g.
Service historique de la Défense : 166 ht d.

Direction éditoriale : Sylvie Cuchin
Édition : Céline Lorcher
Corrections : Florence Richard

Conception graphique : Anne-Danièle Naname
Mise en page : Françoise Nolibois
Recherche iconographique : Danièle Portaz
Cartes et schémas : Christophe Vallée – Domino

N° de projet : 10182528 – Dépôt légal : août 2007
Achevé d'imprimer en septembre 2009 sur les presses
de CPI France Quercy, 46090 Mercues - N° d'impr. : 91541

ISBN : 978-2-7256-2804-2

Sommaire

De la IVe à la Ve République

Frises chronologiques à télécharger
sur le site Internet : www.editions-retz.com

Présentation du fichier et conseils d'utilisation

1. L'objectif

L'objectif de ce fichier est de proposer à l'enseignant tout le matériel nécessaire à la préparation de séances structurées, afin que les élèves découvrent et s'approprient des contenus en histoire, tout en respectant la démarche propre à cette discipline. La connaissance par « traces » est favorisée à travers l'analyse de documents authentiques. Une large place est aussi accordée à la réflexion collective, au débat et à la rédaction d'une synthèse collective, puis individuelle.

2. Le programme

Le programme du cycle 3 est découpé en six périodes (préhistoire, Antiquité, Moyen Âge, Temps modernes, XIXe siècle, XXe siècle et période actuelle). Ce fichier s'adresse aux classes de CM2. Les séquences proposées prennent la suite du précédent fichier et vont de la Restauration à nos jours. Les auteurs ont privilégié le XXe siècle (qui représente la moitié des séquences) et même le début du XXIe. Ils ont eu le souci d'inviter chaque fois que possible à réactiver et à réutiliser les notions déjà acquises. Ils se sont efforcés de ménager une progression au cours de l'année dans l'acquisition de compétences nouvelles, et en même temps dans l'approfondissement des notions, des méthodes et des capacités de réflexion des élèves. C'est pourquoi les séquences sont de plus en plus nourries, leur contenu de plus en plus complexe, et l'ouverture plus fréquente, au-delà de la France, sur l'Europe et le monde. L'objectif est de préparer au mieux les enfants aux exigences du collège et de leur fournir les repères pour une bonne compréhension du monde d'aujourd'hui.

3. Les outils pour les élèves

- **La fiche photocopiable « documents »**

Chaque fiche propose un choix de documents illustrant la période étudiée. Ces documents sont de différente nature :
– « sources historiques » telles que monuments, tableaux et objets d'art de l'époque, témoignages écrits, photographies, affiches, timbres ;
– cartes, etc.

- **La fiche « questionnaire »**

Le questionnaire guide l'élève dans l'étude critique du document et dans la recherche des informations qu'il peut en extraire. Cette recherche, individuelle dans un premier temps, s'exprime pleinement lors de la phase orale collective. Chacun peut ainsi faire part de ses observations, exprimer ce qu'il a conclu et comparer ses hypothèses avec celles de ses camarades.

Dans un souci d'économie de photocopies, la plupart des fiches « questionnaire » sont doublées ; elles pourront aussi être copiées au tableau ou réutilisées.

- **Les posters**

Huit posters présentent des documents dont l'analyse et la compréhension exigent la couleur et le grand format (voir présentation, page suivante).

- **Le cahier couleur***

56 documents, extraits des fiches documents, sont reproduits en couleurs, garantissant ainsi une meilleure lisibilité dans le cadre d'une recherche individuelle ou en petit groupe.

4. Le guide pédagogique

Le guide pédagogique explique à l'enseignant comment organiser la séquence et fournit les informations complémentaires nécessaires à la bonne compréhension de la période étudiée.
Chaque séquence se termine par l'élaboration d'un texte de référence, illustré par les documents observés et recopié par les élèves sur leur cahier.

Dates et lexique

Le guide pédagogique propose, pour chaque séquence, un choix de dates et de mots que l'enseignant pourra bien sûr adapter au niveau de sa classe. Les dates seront une base pour la construction de la « conscience historique » de chacun, construction qui ne se fera pas en une année…
Le lexique permettra à l'élève d'acquérir un vocabulaire qui, s'il est parfois spécialisé, contribuera largement à l'enrichissement d'une culture générale qui sera très appréciée « plus tard ».

5. Déroulement d'une séquence type

- **Phase de réflexion individuelle**

Chaque élève prend connaissance de la fiche documents et du questionnaire. Il travaille seul sur le (les) document(s) proposé(s).

- **Phase orale collective**

L'enseignant guide l'observation des documents. Il l'éclaire à l'aide des informations et des suggestions proposées dans le guide pédagogique.

- **Synthèse orale**

La classe fait la synthèse collective des informations déduites de l'observation des documents.

- **Élaboration du texte de référence**

L'enseignant s'appuie sur le guide pour élaborer, avec la classe, le texte de référence. Celui-ci reprend les principales informations de la séquence en les associant étroitement aux documents proposés. Il est construit avec les élèves et copié au tableau. (Le texte proposé est un exemple.)

- **Phase individuelle écrite**

Chaque élève recopie le texte de référence sur son cahier en y incluant les documents de la fiche.

* Ces cahiers couleur sont également vendus séparément, en pack de 6 exemplaires.

Posters

1a • « L'arrivée du train de Normandie en gare Saint-Lazare », Claude Monet, 1877

1b • Carte postale : les premières voitures à Paris, à la fin du XIXe siècle

2a • « Le rouleur », mines de Carvin, 1902

2b • « Labourage nivernais » Rosa Bonheur, 1849

3 • « L'émancipation à la Réunion Sarda-Garriga, le 20 octobre 1848 » Alphonse Garreau

4 • La vie dans la haute société sous le second Empire : « Souper aux Tuileries », 10 juin 1867, baron Henri Charles Antoine

5 • Hippodrome de Longchamp, 1880 : le premier défilé militaire du 14 Juillet

6 • « Prise de la Smala d'Abd el-Kader par le duc d'Aumale à Taguin – Algérie, le 16 mai 1843 », Horace Vernet • 7

8 • L'Union européenne en 2007

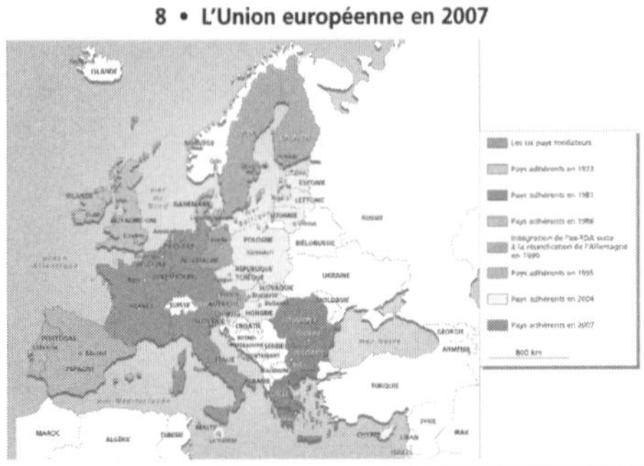

1

La Restauration (1815-1830) : Louis XVIII et Charles X

Objectifs disciplinaires

Identifier les acteurs de la Restauration et comprendre les conditions de sa mise en place.

Objectifs méthodologiques

Mettre en relation un texte et une image pour identifier des personnages.

Interpréter un document écrit officiel.

Observer un tableau, en déduire des informations pour préciser un contexte historique.

Document 1

La famille royale en 1815

Document 2

Extrait de la charte constitutionnelle de 1814

Document 3

Inauguration du monument à la mémoire de Louis XVI par Charles X, place de la Concorde

Étape 1

Phase orale collective

Demander aux élèves de rappeler les épisodes précédents :

- avril 1814 : Napoléon vaincu, envoyé à l'île d'Elbe, retour de Louis XVIII ;
- mars1815 : évasion de Napoléon, les Cent jours (Louis XVIII doit repartir) ;
- juin 1815 : Waterloo, puis 2e abdication et exil à Sainte-Hélène, retour de Louis XVIII ;
- mai 1821 : mort de Napoléon Ier.

Notre séance commence donc avec le deuxième retour de Louis XVIII. C'est le début d'une période appelée « Restauration ».
Préciser que le terme « Restauration » vient du verbe « restaurer » : remettre en état, remettre en place.

Étape 2

Identifier la famille royale en 1815

doc. 1 La famille royale en 1815 (et cahier couleur p. 2).
Questionnaire à photocopier.

Ce document met en évidence l'importance de la famille royale, que l'on pourra rapidement comparer à celle de la famille des présidents de la République. Une « famille présidentielle » est-elle aussi importante qu'une famille royale ? Voit-on des portraits de la famille présidentielle ? Le frère d'un président peut-il prendre la place d'un président défunt ?
On remarquera également le buste d'Henri IV, fondateur de la dynastie des Bourbons, trônant en bonne place au centre de l'image.

Phase de réflexion individuelle à partir du questionnaire

Phase orale collective

1. Identifier rapidement la duchesse d'Angoulême, seule femme représentée sur cette image. Attirer l'attention des élèves sur les raisons de sa présence sur cette gravure :
- le roi et son frère sont veufs et le duc de Berry n'est pas encore marié : elle est donc la seule femme de la famille ;
- sa présence symbolise la fidélité au souvenir de Louis XVI : elle est la seule survivante de cette famille au sens étroit (rappeler l'exécution de Louis XVI, celle de Marie-Antoinette, et la mort en captivité du petit « Louis XVII »).

Informations complémentaires : La duchesse d'Angoulême, fille de Louis XVI

Née en 1778 à Versailles, elle est la fille aînée de Louis XVI et de Marie-Antoinette d'Autriche. Après l'exécution de ses parents, elle est emprisonnée à la Tour du Temple avec sa tante (madame Elisabeth, sœur du roi) et son jeune frère Louis. Elle se retrouve bientôt seule après l'exécution de sa tante, puis la mort de son frère des suites de mauvais traitements et de tuberculose. Libérée le jour de ses 17 ans, elle est échangée contre des Français capturés par l'armée autrichienne et part vivre à Vienne. Elle y épouse son cousin, le duc d'Angoulême (fils du comte d'Artois, frère de Louis XVI). Son mariage restera stérile. Elle meurt en exil en Autriche en 1851. ■

2. Faire repérer le roi Louis XVIII : probablement le personnage corpulent bien assis dans son fauteuil, le plus imposant et le plus visible des hommes, presque au centre de l'image.
Quelques esprits curieux se demanderont peut-être pourquoi les deux frères portaient le même prénom. Ils avaient en fait des prénoms composés ; Louis XVI s'appelait de son nom de baptême Louis-Auguste, et Louis XVIII Louis-Stanislas.

3. Reste trois hommes : un père et ses deux fils. Le personnage accoudé à la cheminée semble être le plus vieux des trois. De plus, il est le plus proche du roi Louis XVIII. Il s'agit bien de son frère, le comte d'Artois, futur Charles X.
Louis XVIII n'ayant pas eu d'enfants, son frère et ses neveux sont les héritiers du trône, ce qui explique leur présence sur cette image.

4. Il ne reste plus que les deux hommes plus jeunes (40 et 37 ans) à droite de l'image : celui qui est appuyé au fauteuil est probablement le mari de la femme qui y est assise (sans quoi il ne se permettrait pas cette familiarité). Il s'agit bien du duc d'Angoulême, mari de la fille de Louis XVI (celle-ci a donc épousé son cousin, ce qui se faisait assez couramment dans les familles royales de l'époque). Le couple est déjà d'âge mûr, il est resté stérile et on sait qu'il n'aura pas d'enfants.
5. Le dernier homme, à droite de l'image, est le duc de Berry, deuxième fils du comte d'Artois. Il est un peu plus jeune et encore célibataire (il se mariera en 1816). C'est sur lui que repose l'avenir de la dynastie.

Faire remarquer le buste au centre de l'image et indiquer qu'il s'agit d'Henri IV, fondateur de la dynastie des Bourbons. (Les élèves ayant travaillé sur le fichier CM1 se souviendront sans doute d'une image comparable représentant le roi Henri IV en famille. Mais avec des enfants, contrairement à ici.) Indiquer aux élèves que le futur Louis XVIII (alors comte de Provence), le nouveau roi, s'était enfui en Allemagne en 1791 (contrairement à Louis XVI, il ne s'est pas fait prendre ! Le comte d'Artois, lui, était parti le premier, dès juillet 1789). Il a vécu en exil dans différents pays (Allemagne, Russie, Écosse, Angleterre) jusqu'en 1814. C'est en apprenant la mort du fils de Louis XVI, en 1795, qu'il se déclare héritier du trône sous le nom de Louis XVIII. Son retour en France étant impossible à cause de Napoléon, il doit attendre la défaite de l'Empereur pour revenir[1] dans « les bagages » des armées victorieuses.

- ▸ Ce nouveau roi pourra-t-il gouverner en monarque absolu comme le faisait son frère Louis XVI ?

La réponse est non puisque la Révolution est passée par là. Louis XVIII est un homme réaliste. Bien conseillé par Talleyrand, il sait qu'il ne peut pas négliger les nouvelles exigences du peuple.
Afin de pouvoir monter sur le trône, le nouveau roi doit accepter une Charte (conçue par Talleyrand) qui définit ses pouvoirs.
On pourra proposer une définition du mot « charte » : ce mot médiéval signifie à peu près « contrat écrit », mais avec une connotation qui sous-entend que, dans sa bonté et sa magnanimité, le roi « octroie » (accorde) des libertés et des droits à son peuple.

Étape 3

Quels pouvoirs pour ce nouveau roi ?

doc. 2 Extraits de la Charte constitutionnelle de 1814.
Questionnaire à photocopier.

Ce document permettra de montrer que le régime est libéral dans le principe et qu'une partie de l'héritage de 1789 est préservée.

Phase de réflexion individuelle à partir du questionnaire

Phase orale collective
Faire lire à haute voix le document, puis reprendre un à un les articles afin de les commenter.
Article 1. *– Les Français sont égaux devant la loi (...).* Il s'agit bien sûr d'un acquis de la Révolution. On en profitera pour préciser différentes interprétations du mot « égalité » :
<u>L'égalité devant la loi</u> est réelle, du moins pour les hommes (pour les femmes, c'est une autre histoire !). Le principe n'était plus contestable depuis 1789 : plus de privilèges de naissance, accès possible pour tous aux emplois publics, etc.
<u>L'égalité civique</u> n'est pas réelle puisque le vote est censitaire (voir plus bas, l'article 40).
<u>L'égalité sociale</u> reste une utopie ; hier comme aujourd'hui, aucun régime politique n'a encore réussi à supprimer les inégalités sociales.
Article 6. *– La religion catholique est la religion de l'État.* Après la tentative de suppression de l'Église durant la période révolutionnaire, le clergé revient en force avec la Restauration de la monarchie. La liberté de religion est cependant admise.
Article 8. *– Les Français ont le droit de publier et de faire imprimer leurs opinions, en se conformant aux lois qui doivent réprimer les abus de cette liberté.* La liberté de la presse semble être acquise, du moins dans les textes. Tout dépend bien sûr de l'interprétation que l'on fait du mot « abus ». On verra que la monarchie est très susceptible et que les critiques restent peu appréciées...
Article 11. *– Toutes recherches des opinions et votes émis jusqu'à la Restauration sont interdites. Le même oubli est commandé aux tribunaux et aux citoyens.* Il s'agit là d'une sorte d'amnistie destinée à réconcilier les Français. Cela n'empêchera pas les anciens révolutionnaires et les généraux de Napoléon d'être arrêtés et jugés (parfois même exécutés, comme le maréchal Ney) durant une nouvelle (mais brève : le roi y met fin en 1816) période de terreur appelée « terreur blanche » (de la couleur du drapeau choisi par Louis XVIII, qui était le symbole du roi de France avant la Révolution).

1. Installé sur le trône une première fois en 1814, après l'exil de Napoléon à Elbe, Louis XVIII s'enfuit après le retour de l'Empereur en 1815, avant de revenir une seconde fois après la chute définitive de Napoléon la même année.

Article 16. *– Le roi propose la loi.* On ne restaure pas une monarchie absolue : le roi doit faire approuver la loi par les représentants du peuple, ce qui n'était pas le cas avant.
Article 18. *– Toute la loi doit être discutée et votée librement par la majorité de chacune des deux chambres.* Préciser qu'il existe alors deux assemblées : la Chambre des pairs, composées de nobles désignés par le roi, et la Chambre des députés, élus par des citoyens répondant à certaines conditions.
Article 35. *– La Chambre des députés sera composée de députés élus.*
Article 40. *– Les électeurs qui concourent à la nomination des députés ne peuvent avoir droit de suffrage s'ils ne paient une contribution directe de trois cents francs, et s'ils ont moins de trente ans.*
Bien mettre en évidence les conditions permettant de voter : avoir plus de trente ans et payer plus de 300 francs d'impôts (d'où le nom de suffrage censitaire : droit de vote réservé à ceux qui paient un « cens », c'est-à-dire un impôt). Cela permet de réduire considérablement le nombre d'électeurs (environ 100 000 pour une population de l'ordre de 30 millions), et de ne garder que ceux ayant une situation confortable (et donc soucieux de la garder !). La plus grande partie du peuple français (paysans, ouvriers, artisans, et même beaucoup de bourgeois, petits et moyens...) ne peut donc donner son avis en participant au vote.

En conclusion, on pourra dire que cette charte donne une apparente liberté mais que le peuple ne peut choisir ceux qui le gouvernent. D'où une expression de cette époque que l'on pourra donner aux élèves : il existe un « pays légal » (ceux qui ont le droit de vote, les riches) et un « pays réel » (l'immense majorité des Français, qui ne l'a pas).

Étape 4

Charles X souhaitait-il gouverner comme Louis XVIII ?

doc. 3 « Inauguration du monument à la mémoire de Louis XVI par Charles X, place de la Concorde, le 3 mai 1826 » (et cahier couleur p. 2).
Questionnaire à photocopier.

Ce document permet de mettre en évidence le désir de Charles X de revenir à une monarchie absolue.

Phase de réflexion individuelle à partir du questionnaire

Phase orale collective
Indiquer aux élèves que Louis XVIII gouverne la France jusqu'à sa mort, en 1824. Son frère lui succède alors sous le nom de Charles X.

1. Faire lire la légende du document : de quoi s'agit-il ?
2. Faire repérer le roi sur la gauche avec son manteau à col d'hermine (tenue comparable à celle de Louis XVI ou de Louis XIV).
   Expliquer que l'objectif de Charles X était de réhabiliter l'image du roi (donc de la monarchie) et de culpabiliser le peuple ayant souhaité son exécution (choix de la place de la Concorde, là ou fut guillotiné Louis XVI). En 1826, le roi avait d'ailleurs décidé de la rebaptiser place Louis XVI.
3. La présence de l'archevêque, derrière lequel se regroupe le clergé, montre que l'Église approuve cette réhabilitation et souhaite, elle aussi, un retour à une monarchie plus « authentique ».

On pourra en déduire que Charles X était un réactionnaire : il souhaitait revenir en arrière. Interroger les élèves :
- Cette volonté de retour en arrière allait-elle être acceptée par le « pays réel » ? Et par le « pays légal » ?

Ils devineront certainement que tous les exclus du suffrage et les nostalgiques de la Révolution et de l'Empire allaient se dresser tôt ou tard contre le gouvernement.
Mais il faut également souligner un point moins évident : les députés eux-mêmes (donc le « pays légal ») se sont rapidement avérés hostiles à Charles X. À partir de 1827, celui-ci se heurta à une majorité libérale à la Chambre des députés. Il essaya d'imposer malgré tout sa politique en nommant, en 1829, un Premier ministre conforme à ses vœux, le comte de Polignac, en dépit de l'opposition de la Chambre. La séquence suivante nous en montrera les conséquences...

Synthèse (orale)

Qu'avons-nous appris ?

- Après la défaite de Napoléon, la monarchie revient en France : Louis XVIII, frère de Louis XVI, monte sur le trône.
- La nouvelle constitution s'appelle la Charte. Elle est assez libérale, mais beaucoup de Français sont privés du droit de vote.
- Louis XVIII meurt en 1824. Son frère lui succède sous le nom de Charles X.
- Charles X souhaite un retour à la monarchie absolue.

Élaboration du texte de référence

Phase écrite collective (au tableau)

Titre : La Restauration

1. Louis XVIII, un nouveau roi
Après la défaite de Napoléon, la monarchie revient en France : Louis XVIII, frère de Louis XVI, monte sur le trône.

Le document 1 montre la famille royale en 1815 (*faire légender le document 1 en indiquant le nom des personnages*).

2. La Charte
La nouvelle constitution s'appelle la Charte. Elle conserve des acquis de la Révolution (article 1), proclame la réconciliation nationale (article 11) et est assez libérale (article 8 sur la liberté de la presse), mais beaucoup de Français sont privés du droit de vote (article 40).

Document 2

3. Charles X
Louis XVIII meurt en 1824. Son frère lui succède sous le nom de Charles X. Il veut réhabiliter la mémoire de Louis XVI et renforcer la place de l'Église catholique car il souhaite un retour à la monarchie absolue.

Document 3 (demander aux élèves de souligner « place de la Concorde » dans la légende afin de mettre en évidence l'importance symbolique de l'endroit)

Phase écrite individuelle (sur le cahier)

Lexique

Restauration : régime politique de la France entre 1815 et 1830.
Charte : mot médiéval signifiant contrat écrit, par lequel un roi accordait des droits et des libertés à une ville, à une province… En 1814, la Charte est la nouvelle constitution.
Suffrage censitaire : droit de vote réservé à ceux qui paient un impôt.
Libéral : (**régime**) qui garantit les libertés ; (**personne**) qui considère comme prioritaire la défense des libertés.

Personnages historiques

Louis XVIII : frère de Louis XVI, roi de France de 1815 à 1824.
Charles X : frère de Louis XVI, roi de France de 1824 à 1830.

La Restauration (1815-1830) : Louis XVIII et Charles X

1
Fiche documents

Document 1

Ph. Coll. Archives Bibl. Nat., Paris

La famille royale en 1815.

Document 2

Article 1. – Les Français sont égaux devant la loi (...).

Article 6. – (...) La religion catholique (...) est la religion de l'État.

Article 8. – Les Français ont le droit de publier et de faire imprimer leurs opinions, en se conformant aux lois qui doivent réprimer les abus de cette liberté.

Article 11. – Toutes recherches des opinions et votes émis jusqu'à la Restauration sont interdites. Le même oubli est commandé aux tribunaux et aux citoyens.

Article 16. – Le roi propose la loi.

Article 18. – Toute la loi doit être discutée et votée librement par la majorité de chacune des deux chambres

Article 35. – La Chambre des députés sera composée de députés élus (...).

Article 40. – Les électeurs qui concourent à la nomination des députés ne peuvent avoir droit de suffrage s'ils ne paient une contribution directe de trois cents francs, et s'ils ont moins de trente ans.

Extraits de la Charte constitutionnelle de 1814.

Document 3

Ph. © Franck Raux / RMN

Inauguration du monument à la mémoire de Louis XVI par Charles X, place de la Concorde, le 3 mai 1826.
Peinture de Joseph Beaume, musée national du château de Versailles.

1 Fiche questionnaire — La Restauration (1815-1830) : Louis XVIII et Charles X

Document 1

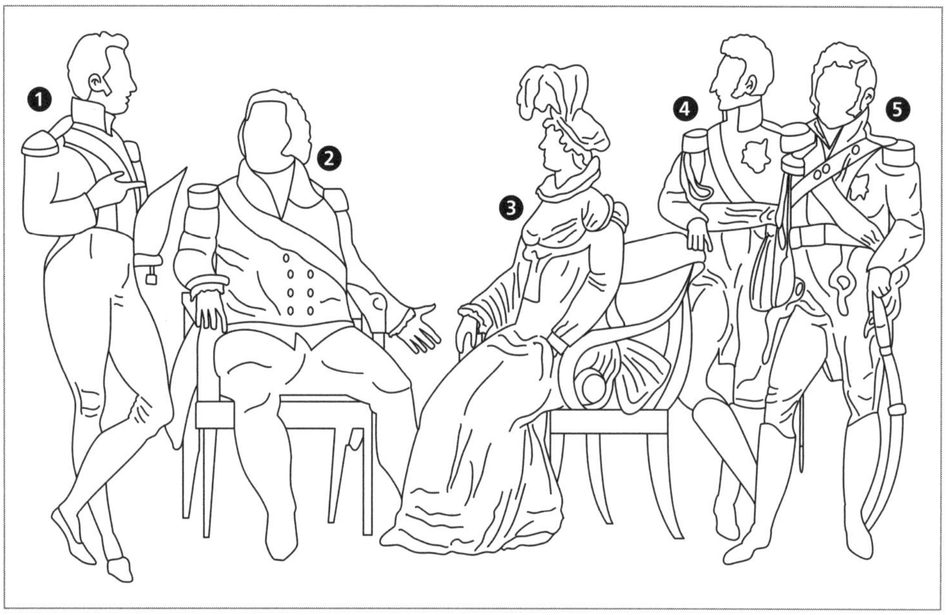

Reporte le numéro du personnage sur la ligne le concernant :
Sur ce document, on peut voir :

- ◯ Le roi Louis XVIII, frère du roi Louis XVI.
- ◯ Le comte d'Artois, également frère du roi Louis XVI. Il deviendra roi sous le nom de Charles X.
- ◯ La duchesse d'Angoulême, fille de Louis XVI, épouse du duc d'Angoulême.
- ◯ Le duc d'Angoulême, fils aîné du comte d'Artois.
- ◯ Le duc de Berry, fils cadet du comte d'Artois.

Document 2

1. Relis l'article 1.
   De quel idéal s'inspire-t-il ?
2. Relis l'article 11.
   Quel titre pourrais-tu lui donner ?
3. Quelles sont les deux conditions à remplir pour pouvoir voter ?
4. La somme de 300 francs étant importante à l'époque, quelle est la principale conséquence de l'article 40 ?
5. Quel article parle de la liberté de la presse ?

Document 3

1. Repère Charles X sur l'image : il est habillé comme l'étaient Louis XIV ou Louis XVI.
2. Louis XVIII et surtout Charles X ont organisé de nombreuses manifestations en souvenir de Louis XVI.
   À ton avis, dans quel but faisaient-ils cela ?
3. Que signifie l'importante présence du clergé à cette inauguration ?

2

Les Trois Glorieuses (27, 28 et 29 juillet 1830)

Objectifs disciplinaires

Comprendre les circonstances ayant conduit à la chute de Charles X et à l'arrivée au pouvoir de Louis-Philippe Ier.

Objectifs méthodologiques

Analyser une image pour en extraire des informations techniques.

Interpréter un texte pour préciser les intentions de l'auteur.

Observer une gravure pour en préciser les objectifs politiques.

Documents 1a et 1b

Combat dans la rue Saint-Antoine, le 28 juillet 1830

Barricade rue du Petit pont, le 29 juillet 1830

Document 2

Texte de la proclamation d'Adolphe Thiers affichée sur les murs de Paris, le 30 juillet 1830

Document 3

Le roi Louis-Philippe et Lafayette au balcon de l'hôtel de ville, le 31 juillet 1830

Étape 1

Phase orale collective

Rappeler la leçon précédente : succédant à son frère Louis XVIII, Charles X souhaite revenir à une monarchie absolue.

Indiquer alors que ce roi décide, le 26 juillet 1830, de supprimer la liberté de la presse (plus rien ne peut paraître sans autorisation préalable), de dissoudre la Chambre des députés, jugée trop libérale, et d'organiser de nouvelles élections après avoir réduit de façon importante le nombre d'électeurs, cela afin d'assurer l'élection de députés favorables à son régime.

Informations complémentaires : La réduction du nombre d'électeurs

Suite aux ordonnances de juillet 1830, seule la taxe foncière (impôt sur les terres) est prise en compte afin de déterminer le droit de vote. Ce système favorise l'aristocratie (riche en terres) aux dépens de la bourgeoisie (riche en argent). Les classes moyennes et défavorisées sont évidemment écartées. ■

► Comment le peuple va-t-il réagir ?

Laisser la classe faire des suppositions puis demander aux élèves de travailler sur le document 1 et le questionnaire s'y rapportant.

Étape 2

Observer le mode de réaction de la population suite aux décisions de Charles X

doc. 1a « Combat dans la rue Saint-Antoine, 28 juillet 1830 » (et cahier couleur p. 3).

doc. 1b « Barricade rue du Petit pont, le 29 juillet 1830 » (et cahier couleur p. 3).

Questionnaire à photocopier.

Ces deux documents permettent de comprendre la technique de combat des émeutiers. Ils pourront également être utilisés pour mettre en évidence une des raisons des grands travaux d'Haussmann à Paris (élargissement des artères permettant d'éviter la mise en place des barricades).

Étude du document 1a :

Phase de réflexion individuelle à partir du questionnaire

Phase orale collective

Noter la date (28 juillet 1830) et faire décrire la scène : des gens jettent du mobilier divers par les fenêtres sur des soldats à cheval. Ceux-ci sont également la cible d'hommes armés. Faire comprendre l'impuissance d'un groupe de cavaliers pris dans ce genre d'embuscade. L'alliance habitants / émeutiers armés montre la forte animosité de la population envers le régime de Charles X.

Étude du document 1b :

Phase de réflexion individuelle à partir du questionnaire

Phase orale collective

Noter la date (29 juillet 1830) et faire décrire la scène : une rue étroite barrée par un amoncellement d'objets divers. Faire repérer les tonneaux et la chaussée en partie dépavée (les pavés permettent de stabiliser la barricade à sa base). Faire aussi repérer la fumée, les quelques fusils (le peuple n'a pas beaucoup d'armes, c'est pour cela qu'il adopte une tactique défensive à l'abri des barricades), le blessé ou le mort qu'on s'apprête à emporter au premier plan…

Indiquer qu'en 1830, plus de 4 000 barricades furent érigées à Paris. Cela empêchait le gouvernement de déployer efficacement ses troupes pour reprendre le contrôle de la capitale. Préciser que c'est de cette façon que la population manifestait son mécontentement tout au long du XIXe siècle (et cela s'est vu encore au XXe siècle : les dernières barricades à Paris remontent à mai 1968 !).

Revenir sur la politique de Charles X pour expliquer les raisons de ce soulèvement populaire : le roi ne respecte pas la Charte, revient sur la liberté de la presse et réduit l'électorat afin de s'assurer une Chambre des députés favorable au régime. C'est donc un véritable coup d'État du roi et de son gouvernement.

Le soulèvement réunit tous les opposants au régime : libéraux, républicains, bonapartistes, étudiants, ouvriers, journalistes (ils sont en pointe dans le mouvement puisque c'est leur travail qui est menacé !).

Indiquer que ces trois journées révolutionnaires de 1830 (27, 28 et 29 juillet) furent appelées « les Trois Glorieuses ». Durement réprimées (plus de 1 000 morts), elles se terminèrent par la victoire des insurgés (repérer sur le document b les signes de victoire des insurgés : bras levés et drapeau tricolore sur la tour de Notre-Dame) et la fuite de Charles X d'abord à Rambouillet, puis, début août, en Angleterre. Il n'y a plus personne à la tête du pays.

- Quelles hypothèses pouvez-vous faire sur ce qui va se passer ensuite ? Une nouvelle révolution ? Un nouveau roi ?

On pourra évoquer les conséquences envisageables de chaque possibilité.

Étape 3

Comment Louis-Philippe devient-il l'homme providentiel ?

doc. 2 Texte de la proclamation d'Adolphe Thiers affichée sur les murs de Paris, le 30 juillet 1830.
Questionnaire à photocopier.
Ce document montre de quelle façon la population peut être guidée (manipulée ?). Il permet également d'introduire le nom d'Adolphe Thiers dont nous aurons l'occasion de reparler plus tard.

Phase de réflexion individuelle à partir du questionnaire

Phase orale collective
Indiquer qu'Adolphe Thiers était journaliste (donc directement concerné par la suppression de la liberté de la presse) et qu'il deviendra plus tard un important homme politique.
Faire nommer les deux personnages cités et préciser leur identité :
- Charles X, frère de Louis XVI, roi de France depuis 1824.
- Le duc d'Orléans, fils d'un cousin de Louis XVI (celui-ci, connu sous le nom de Philippe Égalité, s'était rangé aux côtés des révolutionnaires en 1789 et avait voté la mort du roi, ce qui ne l'empêcha pas d'être guillotiné en 1793).

NB : il faut entendre le mot « cousin » dans son sens large (pas dans le sens de cousin germain) ; c'est un cousinage éloigné puisque Philippe Égalité était l'arrière-petit-fils du Régent (au temps de la minorité de Louis XV), qui était lui-même fils de Philippe, frère de Louis XIV. La famille d'Orléans est donc la branche cadette des Bourbons.

Mettre en évidence la construction du texte et ses termes forts :

« **Charles X** ne peut plus rentrer dans Paris : il **a fait couler le sang du peuple.** » : *crime impardonnable.*
« **La République** nous exposerait à d'affreuses divisions » : *les mauvais souvenirs de la période révolutionnaire sont encore proches : à l'intérieur, risque de guerre civile.*
« elle **nous brouillerait avec l'Europe.** » : *inutile de repartir en guerre contre les monarchies européennes qui n'accepteraient pas une République en France.*
« **Le duc d'Orléans** est un prince **dévoué à la cause de la Révolution.** » : *il accepte les acquis de la Révolution et ne cherchera pas, comme Charles X, à revenir dessus.*
« Le duc d'Orléans **ne s'est jamais battu contre nous.** » : *il a vécu en exil de 1793 à 1814 mais n'a jamais voulu se battre au service des puissances en guerre contre la France.*
« Le duc d'Orléans **était à Jemmapes.** » : *il a combattu dans l'armée française avant son exil ; Jemmapes, en Belgique, est une victoire des armées révolutionnaires en 1792.*
« Le duc d'Orléans est un **roi-citoyen.** » : *on retrouve le même thème que dans la 3e phrase, avec quelque chose en plus : depuis son retour en France, il a pris soin de vivre « modestement », il ne fait pas trop étalage de son immense fortune (il a récupéré les biens de sa famille et touché en plus une grosse indemnité). Il vit à l'écart de la cour, ses fils vont au lycée comme n'importe quels enfants de bourgeois... Il s'est démarqué de Louis XVIII et de Charles X en soutenant l'opposition libérale. Dans son entourage, on trouve des bourgeois justement, comme le journaliste Thiers ou le banquier Laffitte.*
« Le duc d'Orléans a porté au feu (*au combat*) les couleurs tricolores, le duc d'Orléans peut seul les porter encore. **Nous n'en voulons point d'autres.** Le duc d'Orléans ne se prononce pas. Il attend notre vœu, et il **acceptera la charte** (*la Charte libérale de 1814*) comme nous l'avons toujours entendue et voulue (*sans chercher à la contourner par des mesures autoritaires*). **C'est du peuple français qu'il tiendra sa couronne** (*et pas de Dieu et de l'Église*). »

- Quel est l'objectif de ce texte ?

Convaincre les émeutiers de porter Louis-Philippe au trône.
Faire remarquer comment Thiers sait habilement exploiter « à chaud » l'occasion offerte par les journées de 1830 :
- il propose un candidat acceptable et joue sur la peur du désordre et de la guerre pour éviter que le peuple de Paris revendique la République ;
- il disqualifie la famille régnante et donc la possibilité de recourir à un candidat légitime au trône. Deux candidats auraient pu y prétendre : le fils de Charles X (le duc d'Angoulême) et son petit-fils, le jeune Henri. Le texte de Thiers ignore délibérément cette possibilité.

Informations complémentaires : Henri, l'enfant du miracle

Comme nous l'avons vu dans la séquence précédente, Charles X avait deux fils.

L'aîné, le duc d'Angoulême, était marié à la fille aînée de Louis XVI. Ce mariage ne donna pas d'enfants.

Tous les espoirs reposaient donc sur le deuxième fils de Charles X, le duc de Berry. Celui-ci fut assassiné le 13 février 1820 par un ouvrier souhaitant éteindre la dynastie des Bourbons. Peu après l'assassinat, on apprit que l'épouse du duc était enceinte. Elle donna naissance à un garçon baptisé Henri, et surnommé « l'enfant du miracle ».

Henri, connu plus tard sous le titre de comte de Chambord, écarté du trône lors de la fuite de Charles X en 1830, fut cependant considéré comme l'héritier légitime par une partie des Français (les « légitimistes ») pour lesquels il était « Henri V ». Il aurait pu être rappelé au trône entre 1871 et 1873 (ce fut très sérieusement envisagé) s'il n'avait pas fait une fixation sur l'adoption du drapeau blanc à la place du drapeau tricolore…

Avec sa mort, sans héritier, en 1883 s'éteignit la famille des Bourbons en France. ■

Étape 4

Comment Louis-Philippe gagne-t-il la confiance de la population ?

doc. 3 Louis-Philippe et Lafayette au balcon de l'Hôtel de ville, le 31 juillet 1830.
Questionnaire à photocopier.
Ce document montre comment hommes politiques et personnages populaires s'associent afin de gagner la confiance du peuple (méthode toujours pratiquée…).

Phase de réflexion individuelle à partir du questionnaire

Phase orale collective
Faire repérer le roi, personnage central faisant face au peuple.
Remarquer le drapeau tricolore tenu par le roi et désigné de la main par Lafayette (faire le rapprochement avec l'avant-dernière phrase du document 2). Demander aux élèves de rappeler ce qu'il représente pour les Français de 1830 (la fidélité à l'héritage de 1789). Souligner que c'est précisément Lafayette qui fit adopter les couleurs tricolores comme celles de la Révolution, après le 14 juillet 1789.

Faire lire à haute voix le petit article sur Lafayette afin de comprendre pourquoi Louis-Philippe souhaite se montrer aux côtés de ce personnage. Lafayette jouit encore d'un immense prestige populaire : c'est le « héros des deux mondes », le défenseur de la liberté, un survivant de la période « heureuse » de la Révolution, qui n'a jamais renié ses convictions, mais n'est pas compromis dans les excès de la Terreur.
Le message délivré par cette image pourrait être : puisque Lafayette fait confiance à Louis-Philippe, vous pouvez vous aussi lui faire confiance !

Informations complémentaires : Le général Lafayette

Lafayette, toujours fringant malgré son âge avancé (73 ans en 1830), était lié aux milieux républicains idéalistes, pour lesquels le modèle américain était à imiter. En 1824-25, il avait d'ailleurs fait une tournée triomphale aux États-Unis et avait pu observer de près les avantages du système politique américain. Lors des Trois Glorieuses, une partie des émeutiers lui proposa le pouvoir (une présidence), mais il se laissa convaincre que Louis-Philippe était davantage l'homme de la situation (plus jeune et sans doute mieux armé pour contenir les débordements populaires). Il a sincèrement cru que le nouveau roi apporterait à la fois la démocratie et la paix sociale, c'est pourquoi il lui a apporté son soutien. ■

Indiquer que l'uniforme d'officier porté par les deux hommes montrait leur appartenance à l'armée, symbole de la Nation. Lafayette est général, Louis-Philippe colonel-général des hussards (un grade qui n'existe plus).
Faire lire la légende précisant que la scène se passe sur le balcon de l'Hôtel de ville.

- Pourquoi les deux hommes ne se sont-ils pas présentés au balcon d'un palais royal ? L'endroit est-il symboliquement important ?
  Préciser que, depuis la Révolution, l'Hôtel de ville est l'endroit qui représente le pouvoir du peuple, d'où le choix de Louis-Philippe qui se livre là à une sorte de sacre populaire.
- Quel est l'âge de Lafayette sur le document ?
  Il avait 73 ans en 1830. Louis-Philippe, né en 1773, a, lui, 57 ans.
- Pourquoi l'artiste l'a-t-il représenté beaucoup plus jeune ?
  Faire comprendre aux élèves – mais sans doute le ressentent-ils déjà – que l'homme politique a toujours eu tendance à soigner son image. Il cherche donc à paraître jeune (car cela est synonyme de dynamisme) et, si possible, beau et en bonne santé (afin de séduire et de rassurer le peuple).

Préciser que le duc d'Orléans deviendra, le 7 août 1830, par une proclamation des deux Chambres, roi des Français (et non roi de France, distinction montrant que le pouvoir lui est confié par le peuple, que c'est de lui qu'il tient sa légitimité – voir la dernière phrase du document 2) sous le nom de Louis-Philippe Ier. Préciser que les soutiens de ce roi se trouvent surtout dans la bourgeoisie aisée qui souhaite un pays stable afin de faire prospérer ses affaires.

Synthèse (orale)

Qu'avons-nous appris ?

- Charles X veut un retour à la monarchie absolue. Il se heurte à une opposition libérale devenue majoritaire à la Chambre des députés. Fin juillet 1830, il met fin à la liberté de la presse et restreint encore plus le droit de vote.
- Le peuple se révolte. Des barricades apparaissent dans les rues de Paris. Ces 3 journées d'émeutes (27 au 29 juillet 1830) sont appelées les Trois Glorieuses.
- Charles X s'enfuit en Angleterre. Le duc d'Orléans, cousin de Louis XVI, se présente comme le meilleur chef d'État.
- Le duc d'Orléans monte sur le trône de France sous le nom de Louis-Philippe Ier.

Élaboration du texte de référence

Phase écrite collective (au tableau)

Titre : les Trois Glorieuses

1. Une nouvelle révolution
Charles X veut un retour à la monarchie absolue. Il met fin à la liberté de la presse et restreint encore plus le droit de vote, entraînant une révolte de la population, fin juillet 1830. Plus de 4 000 barricades apparaissent dans les rues de Paris. Ces trois journées d'émeutes (27 au 29 juillet 1830) sont appelées les Trois Glorieuses.

Documents 1a et 1b

2. La victoire des émeutiers
Charles X s'enfuit et se réfugie en Angleterre, et plus tard en Autriche. À Paris, de nombreuses personnes militent pour le couronnement du duc d'Orléans, un cousin de Louis XVI. Le journaliste Thiers a rédigé le texte de cette affiche.

Document 2

3. Une nouvelle dynastie
Poussé sur le trône par des hommes prestigieux tels que le général Lafayette, le duc d'Orléans devient roi des Français en août 1830, sous le nom de Louis-Philippe Ier.

Document 3

Phase écrite individuelle (sur le cahier)

Lexique

Légitimiste : personne pensant que seul un héritier légitime (faisant partie de la famille royale) peut monter sur le trône.
Républicain : partisan de la République.

Personnages historiques

Louis-Philippe (1773-1850) : roi des Français de 1830 à 1848.
Lafayette (1757-1834) : général français ayant participé à la guerre d'indépendance des États-Unis et aux débuts de la Révolution (de 1789 à 1792) ; député dans l'opposition libérale sous la Restauration.

Les Trois Glorieuses
(27, 28 et 29 juillet 1830)

Document 1

a Combat dans la rue Saint-Antoine, le 28 juillet 1830.
Gravure d'après Martinet, musée Carnavalet.

b Barricade rue du Petit pont, le 29 juillet 1830.
Peinture de Jean-Baptiste-Édouard Detaille.

Document 2

Charles X ne peut plus rentrer dans Paris : il a fait couler le sang du peuple.

La République nous exposerait à d'affreuses divisions ; elle nous brouillerait avec l'Europe.

Le duc d'Orléans est un prince dévoué à la cause de la Révolution.

Le duc d'Orléans ne s'est jamais battu contre nous.

Le duc d'Orléans était à Jemmapes.

Le duc d'Orléans est un roi-citoyen.

Le duc d'Orléans a porté au feu les couleurs tricolores, le duc d'Orléans peut seul les porter encore. Nous n'en voulons point d'autres.

Le duc d'Orléans ne se prononce pas. Il attend notre vœu, et il acceptera la charte comme nous l'avons toujours entendue et voulue. C'est du peuple français qu'il tiendra sa couronne.

Texte de la proclamation affichée sur les murs de Paris, le 30 juillet 1830 (rédigée par Adolphe Thiers, journaliste).

Document 3

Louis-Philippe et Lafayette au balcon de l'Hôtel de ville, le 31 juillet 1830.

Lafayette : général et homme politique français (1757-1834). Il participe à la guerre de l'Indépendance américaine et aux révolutions de 1789 et de 1830. Surnommé « le héros des deux mondes », il jouit d'un grand prestige populaire.

2 Fiche questionnaire

Les Trois Glorieuses
(27, 28 et 29 juillet 1830)

Document 1a

1. À quelle date s'est déroulée la scène présentée sur ce document ? Qui dirige la France à ce moment ?

2. Quelle est la tactique utilisée par les « gens du peuple » pour s'opposer aux soldats ?

Document 1b

1. À quelle date s'est déroulée la scène présentée sur ce document ?

2. Observe l'attitude des émeutiers sur la barricade. Cette attitude permet-elle de deviner l'issue des combats ?

3. Quelques années plus tard, un empereur fera élargir un grand nombre des rues parisiennes. Devines-tu une des raisons de ces modifications ?

Document 2

1. Qui a écrit ce texte, et à quelle date ? Où les gens pouvaient-ils le lire ?

2. D'après ce texte, pourquoi Charles X ne peut-il plus gouverner la France ?

3. D'après ce texte, pourquoi l'instauration d'une République n'est-elle pas souhaitable ?

4. D'après ce texte, quelle est la seule solution possible ? Pourquoi le peuple doit-il faire confiance au duc d'Orléans ?

Document 3

1. Qui sont les personnages représentés sur ce dessin ? Qu'est-ce qui permet de reconnaître le roi ? Que tient-il ?

2. Pourquoi Louis-Philippe veut-il se montrer aux côtés de Lafayette ?

3. Observe l'uniforme des deux hommes. Pourquoi se sont-ils habillés ainsi?

4. Au balcon de quel bâtiment les deux hommes se sont-ils placés ? Pourquoi ont-ils choisi ce bâtiment ?

2 Fiche questionnaire

Les Trois Glorieuses
(27, 28 et 29 juillet 1830)

Document 1a

1. À quelle date s'est déroulée la scène présentée sur ce document ? Qui dirige la France à ce moment ?

2. Quelle est la tactique utilisée par les « gens du peuple » pour s'opposer aux soldats ?

Document 1b

1. À quelle date s'est déroulée la scène présentée sur ce document ?

2. Observe l'attitude des émeutiers sur la barricade. Cette attitude permet-elle de deviner l'issue des combats ?

3. Quelques années plus tard, un empereur fera élargir un grand nombre des rues parisiennes. Devines-tu une des raisons de ces modifications ?

Document 2

1. Qui a écrit ce texte, et à quelle date ? Où les gens pouvaient-ils le lire ?

2. D'après ce texte, pourquoi Charles X ne peut-il plus gouverner la France ?

3. D'après ce texte, pourquoi l'instauration d'une République n'est-elle pas souhaitable ?

4. D'après ce texte, quelle est la seule solution possible ? Pourquoi le peuple doit-il faire confiance au duc d'Orléans ?

Document 3

1. Qui sont les personnages représentés sur ce dessin ? Qu'est-ce qui permet de reconnaître le roi ? Que tient-il ?

2. Pourquoi Louis-Philippe veut-il se montrer aux côtés de Lafayette ?

3. Observe l'uniforme des deux hommes. Pourquoi se sont-ils habillés ainsi?

4. Au balcon de quel bâtiment les deux hommes se sont-ils placés ? Pourquoi ont-ils choisi ce bâtiment ?

3

La France au XIXe siècle (1) La révolution des machines

Objectifs disciplinaires

Préciser les conséquences industrielles et technologiques de l'invention de la machine à vapeur dans la France du XIXe siècle.

Objectifs méthodologiques

Lire un schéma pour comprendre le fonctionnement d'une machine.

Comparer deux cartes.

Décrire et interpréter une image pour préciser un contexte technologique.

Poster 1

a) « L'arrivée du train de Normandie en gare Saint-Lazare », Claude Monet, 1877

b) Les premières voitures à Paris, à la fin du XIXe siècle

Document 1

La machine à vapeur de James Watt

Documents 2a et b

Le développement du chemin de fer (1849-1899)

Documents 3a et b

Un nouveau moyen de transport :

a) Une voiture à vapeur (1878)

b) Une voiture à essence (1895)

Document 4

Les débuts de l'aviation, tout début du XXe siècle

Cette séquence et les deux suivantes présentent un panorama de la France à l'époque de la révolution industrielle. Elles permettront de mieux comprendre les bouleversements de la société et les conflits sociaux qui peuvent en résulter.

Étape 1

Comprendre le fonctionnement d'une machine à vapeur

doc. 1 La machine à vapeur de James Watt.
Questionnaire à photocopier.
Ce document présente un schéma de la machine à vapeur de Watt. Cette machine joue un rôle essentiel dans le développement des techniques au XIXe siècle et il nous a semblé important de permettre aux élèves d'en comprendre le mécanisme.
Pendant que les élèves travaillent sur le document, reprendre rapidement le schéma au tableau afin de pouvoir en expliquer le fonctionnement.

Phase de réflexion individuelle à partir du questionnaire

Phase orale collective

1. Montrer que cette machine est un moteur permettant de faire tourner une roue, c'est-à-dire un axe auquel on peut raccorder, par une courroie ou une bielle, différents mécanismes. Par exemple, les roues d'un véhicule, l'hélice d'un bateau, le marteau-pilon d'une forge, une pompe, une machine à filer ou un métier à tisser…

2. Le schéma montre de l'eau et du feu qui pourra être alimenté par un combustible : du bois ou du charbon (pas ou peu de pétrole à cette époque).
Préciser que le charbon a un pouvoir calorifique bien supérieur à celui du bois. Rappeler l'origine du charbon : des débris végétaux qui se sont lentement transformés après avoir été ensevelis il y a des millions d'années.

Comme son nom l'indique, cette machine fonctionne à « l'énergie vapeur ». Expliquer simplement le fonctionnement de cette machine en s'aidant du schéma du tableau :

- Le feu porte l'eau à ébullition. Celle-ci se transforme en vapeur qui pénètre dans le cylindre en B et repousse le piston vers le haut, entraînant ainsi la roue (= le « volant »).
- Lorsque le piston arrive en haut, la vapeur s'échappe par l'orifice A. Le piston retombe, poussé vers le bas par une nouvelle arrivée de vapeur en C (A est alors refermé). Lors de cette descente, la roue termine son tour.
- Lorsque le piston arrive en bas, la vapeur s'échappe par D, qui se referme aussitôt après afin de permettre une nouvelle arrivée de vapeur par B. Le piston amorce alors un nouveau cycle.
- À gauche, dans le condenseur, la vapeur refroidit et redevient de l'eau…

3.

▸ Quelle était l'origine de l'énergie utilisée auparavant pour faire avancer les véhicules ou tourner les machines des usines ? *Les animaux (diligence par exemple), l'homme, le vent (moulin), l'eau…*

Informations complémentaires

Après les découvertes d'un précurseur français de la fin du XVIIe siècle, Denis Papin, qui avait mis en évidence la possibilité d'exploiter la force de la vapeur (l'idée du piston est de lui), c'est au cours du XVIIIe siècle que plusieurs inventeurs britanniques ont mis au point, par étapes successives, l'utilisation de la vapeur comme source d'énergie. L'Écossais James Watt fut celui qui sut trouver les perfectionnements décisifs, entre 1769 et 1781, et attacha donc son nom à la machine à vapeur. ■

▸ Quels sont les avantages de cette nouvelle source d'énergie ?
Elle est facile à produire (de l'eau et du charbon), constante (par opposition au vent ou au débit d'un cours d'eau), polyvalente (puisqu'on peut y raccorder n'importe quel type de machine), et surtout elle peut être très puissante.
Elle fut rapidement adoptée partout et domina le XIXe, avant d'être supplantée par l'électricité et le pétrole.

Faire déduire aux élèves comment la multiplication des machines à vapeur va déterminer le développement de deux activités industrielles : la production de charbon « de terre » (c'est-à-dire de houille : avant le XIXe siècle, le mot charbon désignait le charbon de bois), et celle de métal (tout le corps de la machine doit être en fer alors que les premières machines étaient, au moins en partie, en bois (roues des moulins par exemple). Indiquer que la machine à vapeur permet d'inventer de nouveaux moyens de transport : le train et l'automobile.

Étape 2

Découvrir un artiste inspiré par la révolution des machines

Poster 1a « L'arrivée du train de Normandie en gare Saint-Lazare », Claude Monet, 1877.

- Présenter le peintre Claude Monet (1840-1926), représentant typique de la peinture impressionniste française. Profiter de l'observation de ce tableau pour sensibiliser les élèves à cette forme de peinture dans laquelle le peintre s'attache à représenter ses « impressions » par le jeu des formes et des couleurs. Préciser que Claude Monet a réalisé plusieurs tableaux ayant pour cadre cette gare Saint-Lazare.
- Faire repérer le nuage de fumée au-dessus de la locomotive indiquant qu'il s'agit d'une machine à vapeur. Demander aux élèves si certains ont déjà vu des locomotives semblables, peut-être dans des films. Certaines images sont typiques : l'homme en sueur pelletant le charbon pour alimenter la chaudière, le remplissage du réservoir d'eau (scène visible dans beaucoup de westerns)...
- Noter la verrière soutenue par de longues poutrelles métalliques, typique des constructions de ce siècle. Ce détail sera évoqué dans la séquence suivante (industrie métallurgique).
- Faire également remarquer le réverbère au centre de l'image, réverbère à gaz puisque la gare ne sera électrifiée qu'en 1882.

Étape 3

Mesurer le développement du chemin de fer à la fin du XIXe siècle

doc. 2 Le développement du chemin de fer (1849-1899).

Questionnaire à photocopier.

Ces deux cartes mettent en évidence la rapidité du développement du réseau ferré entre 1849 et 1899. On en profitera bien sûr pour mettre en relation ce développement avec l'efficacité des nouvelles locomotives à vapeur et le besoin, toujours croissant, de moyens de transport pour le charbon et les produits industriels, ainsi que pour la population.

Phase de réflexion individuelle à partir du questionnaire

Phase orale collective

1. Faire nommer les grandes villes desservies par le chemin de fer : Paris, Lille, Lyon, Marseille, Strasbourg, ainsi que la Normandie. Préciser qu'il s'agit le plus souvent de centres industriels. Revenir au train de Monet pour constater que celui-ci revient de Normandie, région dont l'industrie n'était pas prédominante à l'époque : indiquer que le fait de pouvoir se rendre assez rapidement au bord de la mer avait créé un phénomène de mode dans la bourgeoisie, entraînant une multiplication des « trains de plaisir » à destination de la plage.
2. Entre 1849 et 1899, la longueur totale des voies ferrées a été multiplié par dix. Remarquer la très grande densité des lignes, qui est un trait essentiel de l'aspect du réseau à la fin du siècle. Sur presque tout le territoire s'entrecroisent une multitude de lignes (la plupart d'entre elles n'existent plus aujourd'hui : supprimées car plus rentables !). Montrer que ce développement rapide montre l'efficacité des locomotives à vapeur, et ce malgré l'opposition de certains qui pensaient que ce nouveau moyen de transport était dangereux. Pour l'anecdote, on pourra lire ce petit texte montrant que la nouveauté rencontre toujours son lot de sceptiques :

« Le passage trop rapide d'un climat à un autre produira sur les voies respiratoires un effet mortel. Le mouvement de trépidation suscitera des maladies nerveuses, tandis que la rapide succession des images entraînera des inflammations de la rétine. La poussière et la fumée occasionneront des bronchites. Enfin, l'anxiété des périls tiendra les voyageurs dans une perpétuelle alerte et sera le début d'affections cérébrales. Pour une femme enceinte, tout voyage en chemin de fer entraînera une fausse couche. »

Des membres de l'Académie de médecine de Lyon, 1835.

3. Demander aux élèves d'indiquer les conséquences positives qu'ils ont notées. Quelques exemples :
   - <u>rapidité des déplacements</u> : les hommes peuvent se déplacer bien plus vite. Ainsi, aller de Paris à Marseille en voiture à cheval rapide (et en changeant régulièrement les chevaux) prenait presque une semaine en 1830. Trente ans après, le train permet de faire le même voyage en une journée ;

- modernisation du pays : le commerce est stimulé, les régions isolées ne sont plus coupées du monde ;
- réduction des coûts : transportés plus vite, plus loin, à moindre coût, les produits alimentaires ou industriels sont vendus moins cher ;
- développement de l'emploi : de grands travaux sont nécessaires pour construire les voies ferrées : beaucoup d'emplois vont être créés ;
- stimulation de la production : il faut d'énormes quantités de métal (les rails, les trains, les locomotives) pour développer le chemin de fer : cela soutient le développement de l'industrie métallurgique.

Étape 4

Observer et comparer les premières voitures

doc. 3 Un nouveau moyen de transport : une voiture à vapeur (1878) et une voiture à essence (1895) (et cahier couleur p. 4).
Questionnaire à photocopier.
Ces documents montrent l'évolution des premières automobiles, équipées d'un moteur à vapeur dans un premier temps, puis d'un moteur à essence.

Étude du document 3a :
Phase de réflexion individuelle à partir du questionnaire

Phase orale collective
Mettre en évidence la lourdeur de la voiture a (tout est en métal ou en bois, le plastique n'a pas encore été inventé car produit à partir du pétrole) et le grand volume occupé par le moteur à vapeur (à l'arrière de la voiture).
Évoquer la nécessité d'alimenter le feu (donc de disposer d'une réserve de charbon) et de renouveler l'eau…
Parler de l'origine du mot « chauffeur » : celui qui chauffe l'eau avant de pouvoir faire rouler la voiture ! Et de l'étymologie du mot « automobile » (ce dernier mot était au départ un adjectif !) : « qui se déplace d'elle-même, par ses propres moyens », au lieu d'être tirée par un cheval (hippomobile).
On pourra également évoquer l'absence totale de confort : il fallait porter grosses lunettes, cagoule, cache-nez et mitaines. Les roues n'amortissaient pas les cahots : le pneu à chambre à air venait seulement d'être inventé (par Édouard Michelin) mais n'équipait pas encore toutes les voitures !

Ces premières voitures, très chères, peu rapides et difficiles à conduire, ne rencontrèrent bien sûr aucun succès commercial.

Étude du document 3b :
Phase de réflexion individuelle à partir du questionnaire

Phase orale collective
Montrer les similitudes entre les deux voitures (roues, volant, aspect général…), excepté pour le moteur. L'énergie vapeur a en effet été remplacée par l'essence grâce à l'invention du moteur à essence, en 1886, par l'ingénieur allemand Daimler. Cela a permis d'alléger la voiture et d'augmenter considérablement ses performances.

Terminer par une rapide comparaison entre le train et la voiture : la voiture est un moyen de transport individuel, qui doit être rapide, maniable et aussi léger que possible. C'est pour ces raisons que le moteur à essence s'imposera dans ce domaine.
En ce qui concerne les trains, leur taille permet d'emporter sans trop de problème une grande quantité d'eau et de charbon. Ce combustible bon marché sera ainsi utilisé par les locomotives à vapeur jusqu'au milieu du XXe siècle.

Étape 5

Comprendre la longue cohabitation de plusieurs types de véhicules

Poster 1b Les premières voitures à Paris, à la fin du XIXe siècle.

Préciser qu'il s'agit d'une carte postale du début du XXe siècle.
- Les cartes postales anciennes sont des documents historiques irremplaçables, que de nombreux collectionneurs conservent précieusement. Elles ont fixé pour la postérité l'aspect de tous les coins de France à partir de la fin du XIXe ; peut-être, parmi les familles des élèves, l'enseignant pourra-t-il en faire retrouver qui montrent leur commune à cette époque, et en tirer d'utiles comparaisons avec notre temps.
- Faire observer l'automobile sur le pont, le fiacre derrière elle, les personnes à cheval. Ce document montre la cohabitation entre les premiers véhicules automobiles et les véhicules hippomobiles. Faire remarquer que le coût très élevé des autos à cette époque-là explique qu'elles restèrent longtemps rares et que les voitures à cheval restèrent les plus nombreuses encore plusieurs décennies.

- Pour les Parisiens, on pourra préciser que le palais du Trocadéro représenté sur ce document n'existe plus. Construit pour l'exposition universelle de 1878, ce palais de style mauresque a été détruit pour l'exposition universelle de 1937. À sa place se trouve désormais le palais de Chaillot. On pourra également profiter de l'occasion pour signaler que l'endroit s'appelle « Trocadéro » en hommage à la prise du fort de Trocadéro, en Espagne, par le duc d'Angoulême (1823).

Étape 6

Les débuts de l'aviation et les grandes inventions du XIXe siècle

doc. 4 Les débuts de l'aviation, tout début du XXe siècle (et cahier couleur p. 4).
Questionnaire à photocopier.
Ce « concours d'aviation » du tout début du XXe siècle montre bien la frénésie et l'amateurisme de l'homme dans la conquête de ce nouveau domaine.

Phase de réflexion individuelle à partir du questionnaire

Phase orale collective
Faire lire le titre de l'affiche et décrire les différents appareils représentés.
- ▸ Un tel concours serait-il possible aujourd'hui ? Pourquoi ?

Évoquer la technologie aujourd'hui très sophistiquée n'accordant plus aucune chance aux petits inventeurs...
Préciser que, vers la fin du XIXe siècle et au début du XXe, les inventeurs étaient nombreux et que la relative simplicité des appareils permettait à chacun de tenter sa chance.

Informations complémentaires

Il y eut une mode de l'aviation en France dans les années 1904-1913. Des foules de spectateurs se précipitaient pour voir ces merveilleuses « machines volantes » sur les lieux de concours et meetings aériens, comme celui mentionné par le document, dotés par des mécènes de prix importants.

L'aviation progressa donc rapidement, les records et les innovations se succédèrent. On mentionnera : Blériot (1re traversée de la Manche, en 1909) et Roland Garros (1re traversée de la Méditerranée sans escale, en 1913). ■

Ainsi, Clément Ader (1841-1925) effectua le premier vol mécanique en 1890, sur une machine équipée d'un moteur à vapeur.
Les élèves s'étonneront peut-être de ce « moteur à vapeur » sur un petit avion (on a vu l'encombrement et la masse importante de ce moteur sur une voiture). On précisera donc qu'il y avait bien de l'eau (pour la vapeur !) mais que le combustible utilisé pour la chauffer était de l'alcool.
L'« Éole » de Clément Ader parcourut ainsi 50 m, grande première pour l'époque. Une version améliorée de son appareil lui permit de parcourir 300 m, en 1897. N'ayant cependant pas réussi à convaincre les militaires de l'intérêt de son invention (un mauvais coup de vent fit capoter sa démonstration), il ne put poursuivre ses recherches et fut éclipsé par le succès des frères Wright.
Indiquer que c'est Clément Ader qui inventa le mot « avion » (du mot latin *avis* signifiant oiseau – ce mot a fini par s'imposer en France, mais on employa longtemps aussi le mot aéroplane – c'est celui-ci, *airplane*, qui fut adopté en anglais). « Avion 3 » était le nom de la machine de 1897 ; celle de 1890 avait été baptisée « Éole » en référence au dieu grec des vents (à mettre en relation avec éolienne...).

Informations complémentaires : Les grandes étapes de la conquête du ciel

1783 : premier voyage d'un homme en montgolfière.
1852 : premier vol en dirigeable (Henri Giffard).
1853 : premier vol en planeur (George Cayley).
1890 : premier vol motorisé non dirigé (Clément Ader).
1903 : premier vol motorisé et dirigé (frères Wright). ■

Terminer en indiquant quelques grandes inventions du XIXe siècle, en soulignant leur caractère européen :
1801 : invention de la pile électrique par l'Italien Volta.
1814 : première locomotive à vapeur par l'Anglais Stephenson.
1823 : découverte de la photographie par le Français Niepce.
1866 : découverte de la dynamite par le Suédois Nobel.
1885 : découverte du vaccin contre la rage par Pasteur.
1886 : invention du moteur à essence par l'Allemand Daimler.
1894 : invention du cinéma par les frères Lumière (France).
1897 : premier vol en avion par le Français Ader.

Synthèse (orale)

- L'invention de la machine à vapeur va transformer la France du XIXe siècle. Cette machine fonctionne avec de l'eau et du charbon. Elle peut fournir une grande puissance.
- La machine à vapeur permet de construire de nouveaux moyens de transport : le train et l'automobile.
- Le réseau ferré connaît une très forte croissance. Entre 1849 et 1899, sa longueur est multipliée par dix. Les trains servent à transporter du charbon, des marchandises diverses mais aussi des voyageurs. Ce développement a de nombreuses conséquences positives sur l'économie du pays.
- Les premières voitures ne sont pas très performantes, contrairement aux locomotives. Le moteur à vapeur est rapidement remplacé par le moteur à essence, mieux adapté aux exigences de l'automobile.
- Le XIXe siècle voit également le début de l'aviation. Les inventeurs sont nombreux. Le premier d'entre eux est Clément Ader, un Français qui inventa le nom « avion ».
- De nombreuses inventions ou découvertes ont été faites au XIXe siècle. (En faire citer quelques-unes.)

Élaboration du texte de référence

Phase écrite collective (au tableau)

Titre : La révolution des machines au XIXe siècle

1. Une invention capitale

L'invention de la machine à vapeur va transformer la France du XIXe siècle. Cette machine fonctionne avec de l'eau et du charbon. Elle fournit une grande puissance et peut être adaptée à toutes sortes de machines.

Document 1

2. Le développement du réseau ferré

Les premières locomotives sont équipées de moteurs à vapeur très performants. Le chemin de fer connaît une très forte croissance. Entre 1849 et 1899, sa longueur est multipliée par dix. Ce développement a de nombreuses conséquences positives sur l'économie du pays.

Document 2

3. Les débuts de l'automobile

Les premières voitures sont équipées d'un moteur à vapeur. Elles sont lourdes, peu rapides et peu maniables. Le moteur à essence, inventé en 1886 par l'ingénieur allemand Daimler, permet un rapide essor de l'industrie automobile bien que les autos soient des objets de luxe.

Documents 3a et 3b

4. Les débuts de l'aviation

Les dernières années du XIXe siècle voient également le début de l'aviation. Les inventeurs sont nombreux. Parmi eux, Clément Ader, un Français qui inventa le nom « avion » ; Blériot, qui traversa le premier la Manche, en 1909, et Roland Garros, qui traversa la Méditerranée sans escale, en 1913.

Document 4

5. Un siècle de découvertes et d'invention

De nombreuses découvertes et inventions ont été faites au XIXe siècle. En voici quelques-unes (faire un choix parmi celles proposées).

Phase écrite individuelle (sur le cahier)

Personnages historiques

Ader Clément (1841-1925) : ingénieur français. Il réussit le premier vol mécanique, en 1890, et inventa le nom « avion » (du latin *avis*, oiseau).

Blériot Louis (1872-1936) : aviateur français. Il réussit la 1re traversée de la Manche, en 1909.

Garros Roland (1888-1918) : aviateur français. Il réussit la 1re traversée de la Méditerranée sans escale, en 1913. Il fut tué lors d'un combat aérien en 1918.

Watt James (1736-1819) : ingénieur écossais. Il apporta des perfectionnements décisifs à la machine à vapeur.

3 Fiche documents

La France au XIXe siècle (1) La révolution des machines

Document 1

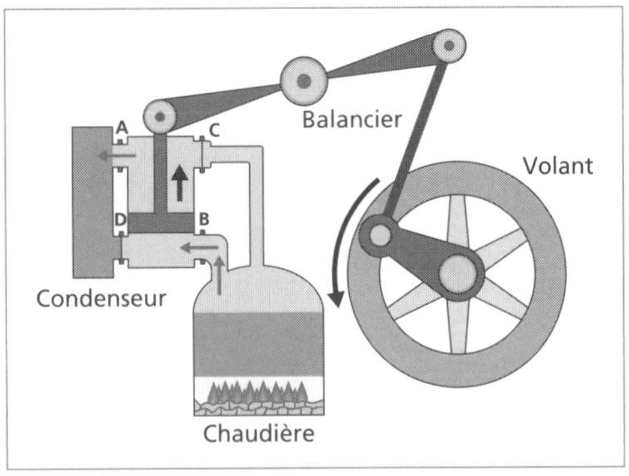

La machine à vapeur.

Document 2

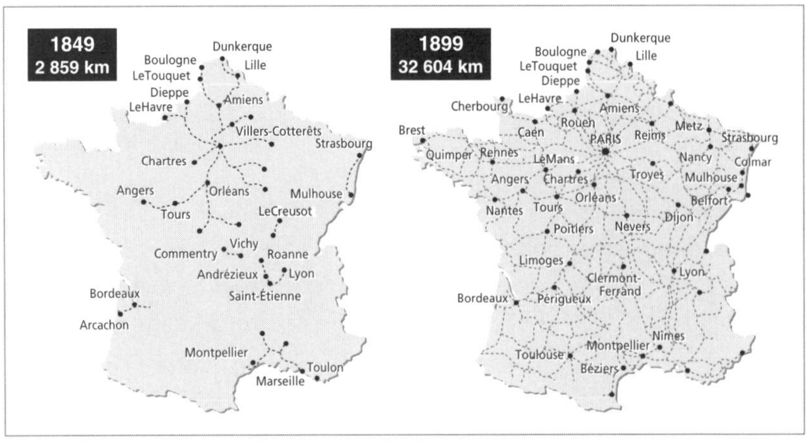

Le développement du chemin de fer.

Document 3

Ph. © Jean-Pierre Lagiewski / RMN

a Un nouveau moyen de transport : une voiture à vapeur (1878).

Ph. © Jean-Pierre Lagiewski / RMN

b Un nouveau moyen de transport : une voiture à essence (1895).

Document 4

Ph. © Gérard Blot / RMN

Les débuts de l'aviation, tout début du XXe siècle.

3 Fiche questionnaire

La France au XIXe siècle (1) La révolution des machines

Document 1

1. À ton avis, à quoi sert cette machine ?
2. De quoi a-t-on besoin pour la faire fonctionner ?
3. Pourquoi cette machine va-t-elle avoir une grande importance dans le développement de l'industrie et des moyens de transport ?

Document 2

1. Quelles sont les grandes villes desservies par le train en 1849 ?
2. Le réseau ferré s'est-il beaucoup développé entre 1849 et 1899 ? Comment expliques-tu cela ?
3. Quelles sont les conséquences positives du développement du chemin de fer dans un pays ?

Document 3

1. En quelle année la voiture du document a a-t-elle été construite ?
2. Quels sont les inconvénients de cette voiture ?
3. Quelle énergie utilise la voiture visible sur le document b ?
4. Pourquoi la voiture b aura-t-elle plus de succès que a voiture a ?

Document 4

1. Quel concours est annoncé par cette affiche ?
2. Que peut-on déduire de l'observation de ce document ?

3 Fiche questionnaire

La France au XIXe siècle (1) La révolution des machines

Document 1

1. À ton avis, à quoi sert cette machine ?
2. De quoi a-t-on besoin pour la faire fonctionner ?
3. Pourquoi cette machine va-t-elle avoir une grande importance dans le développement de l'industrie et des moyens de transport ?

Document 2

1. Quelles sont les grandes villes desservies par le train en 1849 ?
2. Le réseau ferré s'est-il beaucoup développé entre 1849 et 1899 ? Comment expliques-tu cela ?
3. Quelles sont les conséquences positives du développement du chemin de fer dans un pays ?

Document 3

1. En quelle année la voiture du document a a-t-elle été construite ?
2. Quels sont les inconvénients de cette voiture ?
3. Quelle énergie utilise la voiture visible sur le document b ?
4. Pourquoi la voiture b aura-t-elle plus de succès que a voiture a ?

Document 4

1. Quel concours est annoncé par cette affiche ?
2. Que peut-on déduire de l'observation de ce document ?

4

La France au XIXe siècle (2) Progrès technique et essor industriel

Objectifs disciplinaires

Comprendre les bouleversements technologiques ayant accompagné la révolution industrielle.

Objectifs méthodologiques

Analyser une image d'époque représentant un paysage.

Extraire des informations d'un texte narratif/informatif.

Observer et décrire un tableau.

Interpréter un graphique.

Document 1

Le ateliers du Creusot en 1847

Document 2

Une carte des sites miniers au XIXe siècle

Document 3

La visite d'une usine au Creusot

Document 4

« Le marteau-pilon », par Joseph Fortuné Layraud, 1889

Document 5

La production de charbon en France du XIXe siècle à nos jours

La séquence précédente a présenté les progrès réalisés dans les transports grâce à la machine à vapeur. Dans cette séquence, nous verrons quelques points essentiels de la révolution industrielle en France.

Étape 1

Phase orale collective

Dans un premier temps, demander aux élèves de définir le mot « industrie ». Préciser cette définition si cela est nécessaire (ce qui sera probablement le cas...) : le mot « industrie » désigne la fabrication d'objets en grande série, dans des usines, et avec des machines. On peut l'opposer à « artisanat », qui désigne la fabrication d'objets un à un, tous un peu différents, en petite quantité, dans des ateliers où l'on travaille manuellement.

Mentionner et expliquer l'emploi du mot « révolution » accolé à « industrielle » (par référence à la Révolution française) : profond bouleversement des structures économiques par le développement de l'industrie.

Étape 2

Observer la modification du paysage rural par le développement industriel

doc. 1 Les ateliers du Creusot en 1847 (et cahier couleur p. 5).

Questionnaire à photocopier.

La gravure (ainsi que le texte du doc. 2) permet de montrer un aspect de la nouvelle géographie économique de la France, qui ouvre sur la présentation de quelques notions démographiques. Elle illustre la transformation radicale d'une partie du territoire et du mode de vie des populations qui y habitent. En effet, les pôles industriels du XIXe siècle se développent souvent dans des zones rurales à l'origine, qui vont rapidement se transformer en villes.

Phase de réflexion individuelle à partir du questionnaire

Phase orale collective

Reprendre rapidement le croquis de la fiche questionnaire au tableau et le faire légender : pour la ville, faire repérer l'église ; pour l'usine, faire repérer les hauts-fourneaux et leurs fumées, les grands bâtiments.

Indiquer que, dans les grandes entreprises comme Schneider, les ouvriers étaient souvent logés sur place dans des logements (visibles à gauche sur l'image) nommés « logements-casernes » car construits à l'image des casernes militaires. Ils y jouissaient d'un confort relatif (logements propres et salubres), ce qui n'était pas le cas dans les usines plus petites qui ne logeaient pas leurs travailleurs.

Situer Le Creusot sur une carte du relief de la France et mettre en relation avec le paysage vallonné visible sur le document (on parlera plus bas des raisons de l'implantation d'une usine importante à cet endroit).

▸ La vue du Creusot et de ce paysage en 1847 fait-elle vraiment penser à une ville ?

Redéfinir le mot « bourg » utilisé dans le questionnaire : gros village.

En 1847, Le Creusot tel qu'il apparaît sur l'image n'est encore qu'une grosse bourgade. Dans la seconde moitié du XIXe siècle, il devient une ville moyenne qui a attiré la population des campagnes environnantes en en faisant des ouvriers.

Cette population croît très vite : 1 300 habitants au début du XIXe, 6 300 en 1846, 16 000 en 1861, 38 000 en 1911 (et d'autres villes sont nées dans les environs, comme Montceau-les-Mines).

NB : Dans la seconde moitié du XXe siècle, au contraire, la population déclinera en même temps que l'activité industrielle et minière : aujourd'hui Le Creusot ne compte plus que 26 000 habitants.

Cet exemple permet d'illustrer deux notions caractéristiques du XIXe siècle :

– la croissance démographique, liée à différents facteurs : pas de conflits meurtriers (en-dehors de la guerre de 1870), fin des grandes famines et disparition (après 1834) des grandes épidémies. Au cours du XIXe siècle, la population de la France passe d'environ 30 millions à 41 millions d'habitants (à la veille de la Première Guerre mondiale) ;

- l'urbanisation, qui accompagne la révolution industrielle et fait passer la proportion de citadins (habitants d'une ville de plus de 2 000 habitants) de 20 % à la fin du XVIIe à 44 % en 1910.

Étape 3

Comprendre le choix de l'implantation géographique d'une usine métallurgique

doc. 2 Une carte des sites miniers au XIXe siècle.
Questionnaire à photocopier.
Cette carte permet de localiser les principaux bassins houillers qui ont été dans le passé exploités en France, mais sont tous fermés depuis une vingtaine d'années : Nord-Pas-de-Calais, Lorraine, Le Creusot, Saint-Étienne, Carmaux... C'étaient les grands pôles industriels du XIXe.

Revenir à la situation du Creusot :
▸ Quelles conditions favorables ont permis l'implantation d'une telle usine à cet endroit ?
Cette usine se trouve à proximité :
- de mines de charbon (il y avait une mine au Creusot même – mentionnée dans l'extrait ci-contre – mais elle a rapidement cessé de suffire aux besoins, d'où l'exploitation de gisements des environs comme à Montceau-les-Mines) ;
- d'une voie navigable (visible sur l'image).

Dans le cas du Creusot, c'est surtout la présence d'importants gisements de charbon qui a conditionné l'implantation de l'usine.

Étape 4

Comprendre le fonctionnement d'une usine métallurgique

doc. 3 Extrait du *Tour de la France par deux enfants*, 1877.
doc. 4 « Le marteau-pilon, 1889 » (et cahier couleur p. 5).
Questionnaires à photocopier.

Phase orale collective
Indiquer qu'un célèbre manuel de lecture a été écrit en 1877 : *Le Tour de la France par deux enfants*. Ce livre a connu un grand succès populaire (plus de 8 millions d'exemplaires vendus). L'idée de ce « tour de France » permettait en effet à l'auteur de décrire de nombreuses régions françaises, d'en préciser les spécialités tout en délivrant de façon simple et accessible des informations sur les techniques industrielles de l'époque.
Lire à haute voix le début de cet extrait (qui ne figure pas sur la fiche document) après en avoir brièvement présenté les personnages : le petit Julien et son frère André visitent la région du Creusot en compagnie de monsieur Gertal :

Après une longue journée de marche, la nuit était venue, et déjà depuis quelque temps on avait allumé les lanternes de la voiture ; malgré cela il faisait si noir qu'à peine y voyait-on à quelques pas devant soi.
Tout à coup le petit Julien tendit les bras en avant :
– Oh ! (...) là-bas, on dirait un grand incendie ; qu'est-ce qu'il y a donc ?
– En effet, dit André, c'est comme une immense fournaise. (...)

Tous écoutèrent immobiles. Dans le grand silence de la nuit on entendait comme des sifflements, des plaintes haletantes, des grondements formidables. Julien était de plus en plus inquiet :
– Qu'y a-t-il donc ici, monsieur Gertal ? Bien sûr, il arrive là de grands malheurs.
– Non, petit Julien. Seulement nous sommes en face du Creusot, la plus grande usine de France et peut-être d'Europe. Il y a ici quantité de machines et de fourneaux, et plus de seize mille ouvriers qui travaillent nuit et jour pour donner à la France une partie du fer qu'elle emploie. C'est de ces machines et de ces énormes fourneaux chauffés à blanc continuellement que partent les lueurs et les grondements qui nous arrivent.

(...) Le lendemain avant le jour nos trois amis étaient debout ; on se diligenta si bel et si bien que les affaires furent faites de bonne heure, et on se dirigea vers l'usine. Julien, que son frère tenait par la main, était tout fier d'être de la partie.
– Il y a trois grandes usines distinctes dans l'établissement du Creusot, dit le patron : fonderie, ateliers de construction et **mines** ; mais voyez, ajouta-t-il en montrant des voies ferrées sur lesquelles passaient des locomotives et des wagons pleins de **houille**, chacune des parties de l'usine est reliée à l'autre par des chemins de fer ; c'est un va-et-vient perpétuel.
– Mais, dit Julien, c'est comme une ville cette usine-là. Quel grand bruit cela fait ! et puis tous ces mille feux qui passent devant les yeux, cela éblouit. Un peu plus, on aurait grand'peur.
– À présent que nous entrons, dit André, ne me lâche pas la main de crainte de te faire blesser.
– Oh ! je n'ai garde, dit le petit garçon ; il y a trop de machines qui se remuent autour de nous et au-dessous de nous. Il me semble que nous allons être broyés là-dedans.
– Non, petit Julien ; vois, il y a là des enfants qui ne sont pas beaucoup plus âgés que toi et qui travaillent de tout leur cœur ; mais ils sont obligés de faire attention.
– C'est vrai, dit le petit garçon en se redressant et en dominant son émotion. Comme ils sont courageux, Monsieur Gertal, je ne vais plus penser à avoir peur, mais je vais vous écouter et bien regarder pour comprendre.

Proposer aux élèves de lire la suite de ce passage (doc. 3) et de répondre au questionnaire s'y rattachant. L'extrait du doc. 3 se situe toujours (mais 30 ans plus tard) dans l'usine du Creusot présentée dans le doc. 1 et permet de préciser la technique permettant d'obtenir du fer à partir du minerai.

Étude du document 3 :
Phase de réflexion individuelle à partir du questionnaire

Phase orale collective
Demander ce que l'on produit dans cette usine (du métal et des constructions métalliques – voir les « ateliers de construction » dans l'extrait cité ci-dessus : c'est une usine **métallurgique**...). Faire reformuler les explications concernant la fusion du minerai dans le haut-fourneau permettant d'obtenir **la fonte** (le fer fondu et purifié). Préciser qu'ensuite, on peut transformer la fonte **en acier** (par brassage et oxygénation), plus résistant à la rouille, plus souple et moins cassant.
Indiquer que le pétrole était peu utilisé comme combustible industriel en France (peu de pétrole disponible sur le territoire alors que le charbon était abondant). Demander aux élèves de préciser l'origine du charbon : débris de végétaux enfouis il y a des millions d'années et s'étant lentement transformés en charbon, d'où le nom de « source d'énergie fossile ». Préciser que le pétrole s'est formé suivant le même processus mais à partir de micro-organismes marins.
Reprendre quelques-unes des informations présentes dans le texte lu par l'enseignant : Le Creusot est la plus grande usine de France, et peut-être d'Europe... « Seize mille ouvriers y travaillent jour et nuit » : rappeler la rapide croissance démographique du Creusot évoquée plus haut, le charbon est amené par un train, des enfants travaillent dans cette usine (ce qui ne semble pas émouvoir l'auteur : le petit Julien les qualifie même de « courageux » avec une pointe d'admiration)...

- À l'aide du document 4, nous allons maintenant découvrir l'une des machines les plus imposantes utilisées dans cette usine.

Étude du document 4 :
Ce document permet de se faire une idée sur le gigantisme des constructions de l'époque mais aussi sur les conditions de travail des ouvriers dans la métallurgie. Il montre également la puissance des machines à vapeur, puissance ayant été un facteur essentiel de la révolution industrielle.

Phase de réflexion individuelle à partir du questionnaire

Phase orale collective
Faire lire à haute voix le texte descriptif de cet outil.

- À quoi servait-il ? Comment fonctionnait-il ? (*À la vapeur*.)

Rappeler l'importance de « l'énergie vapeur » dans la révolution industrielle.
Faire décrire la scène :

- Où se trouve le marteau-pilon ? Que font les ouvriers ? Dans quel but ?

Mettre en évidence la rudesse (effort physique, chaleur, bruit) et la dangerosité de ces conditions de travail.
Faire comprendre aux élèves que la découverte progressive des qualités du fer a incité les hommes à fabriquer des pièces de plus en plus importantes afin de construire « plus grand et plus solide » : ponts et bâtiments à charpente métallique tour (gare St-Lazare, du poster 1 ; tour Eiffel), navires à coque métallique (et navires de guerre à coque blindée)... Le forgeage de ces grandes pièces a donc nécessité l'invention d'outils de grande taille, comme ce marteau-pilon (désormais exposé à l'entrée du Creusot).
L'enseignant pourra demander à ses élèves de chercher pour la classe des photos de constructions métalliques de cette époque, en particulier s'il en existe dans leur ville ou leur région.
Revenir sur l'importante consommation de charbon dans ce genre d'usines puis demander aux élèves de travailler sur le doc. 5 et son questionnaire.

Étape 5

Évaluer la production de charbon en France au XIXe siècle

doc. 5 La production de charbon en France du XIXe siècle à nos jours.
Questionnaire à photocopier.

Ce graphique permet de visualiser la production de charbon en France depuis 1810 : très forte augmentation jusqu'en 1960, puis chute rapide. On en profitera pour expliquer rapidement les différentes raisons de cette chute (charbon supplanté par le pétrole et l'électricité, et le peu qu'on doit encore consommer est moins cher si on l'importe).

Phase de réflexion individuelle à partir du questionnaire

Phase orale collective
Préciser l'unité utilisée sur le graphique (le million de tonnes) et mettre en évidence l'augmentation de la production : de 1810 à 1900, elle a été multipliée par 40 ! En déduire la forte demande en charbon, donc la multiplication des usines l'utilisant comme combustible alimentant les machines à vapeur : beaucoup d'usines, donc importante consommation de produits (dont ceux issus de la

métallurgie). C'est une époque durant laquelle on fabrique et on construit beaucoup.
Évoquer brièvement la séquence précédente : expansion du réseau ferré, donc construction de rails, de locomotives (qui étaient précisément l'une des spécialités de Schneider au Creusot), de wagons, de gares...

Synthèse (orale)

Qu'avons-nous appris ?

- Au XIXe siècle, le perfectionnement du moteur à vapeur permet de fabriquer de nombreuses machines performantes.
- De nouvelles techniques permettent de fabriquer du fer de bonne qualité. Un des principaux centres métallurgiques français se trouve au Creusot.
- La révolution industrielle s'accompagne de deux phénomènes essentiels :
  - la croissance démographique, qui est due à l'absence de conflits meurtriers, à la fin des grandes famines et à la disparition des grandes épidémies. Au cours du XIXe siècle, la population de la France passe d'environ 30 millions à 41 millions d'habitants ;
  - l'urbanisation, qui transforme les bourgs en villes et fait passer la proportion de citadins de 20 % à la fin du XVIIe à 44 % en 1910.
- La production de charbon en France augmente considérablement au XIXe siècle. Au XXe siècle, le charbon sera rapidement remplacé par le pétrole.

Élaboration du texte de référence

Phase écrite collective (au tableau)

Titre : La France du XIXe siècle :
progrès technique et essor industriel

1. Le développement des usines
Le XIXe siècle voit la multiplication des usines et ateliers utilisant des machines à vapeur. Un des plus importants centres industriel français se trouve au Creusot.
Document 1

2. Un récit riche d'enseignements
Un manuel de lecture publié en 1877 permet de mieux connaître la France de cette époque. Dans *Le Tour de la France par deux enfants*, les héros visitent l'usine du Creusot et expliquent la façon de fabriquer de la fonte à partir du minerai de fer.
Document 3

3. Des machines gigantesques
Avec la maîtrise du fer, les ingénieurs construisent des bâtiments de plus en plus grands. Ils créent également d'énormes machines permettant de forger les pièces métalliques de grandes tailles. Le marteau-pilon du Creusot en est un bel exemple.
Document 4

4. La production de charbon en France
La production de charbon en France augmente considérablement au XIXe siècle. Au XXe siècle, le charbon sera rapidement remplacé par le pétrole et l'électricité.
Documents 2 et 5

5. Un siècle de croissance
La révolution industrielle s'accompagne de deux phénomènes importants :
- la croissance démographique : au cours du XIXe siècle, la population de la France passe d'environ 30 millions à 41 millions d'habitants ;
- l'urbanisation, qui transforme les bourgs en villes et fait passer la proportion de citadins de 20 % à la fin du XVIIe à 44 % en 1910.

Lexique

Industrie : transformation des matières premières et fabrication d'objets en grande série, dans des usines et avec des machines.
Urbanisation : transformation d'un espace à caractère rural (campagne) en un espace à caractère urbain (ville) par la construction de rues, de logements, d'activités commerciales et industrielles...
Métallurgie : ensemble des techniques et des opérations nécessaires à l'extraction, à l'affinage et au travail des métaux.
Minerai : roche renfermant à l'état brut une proportion assez importante d'un élément exploitable par l'homme (du métal par exemple).
Fonte : alliage de fer et d'une petite quantité de carbone fondus ensemble à très haute température. L'affinage de la fonte conduit à l'acier.
Haut-fourneau : four à cuve de grande dimension, destiné à l'élaboration de la fonte par fusion du minerai de fer.

Phase écrite individuelle (sur le cahier)

4 Fiche documents

La France au XIXe siècle (2) Progrès technique et essor industriel

Document 1

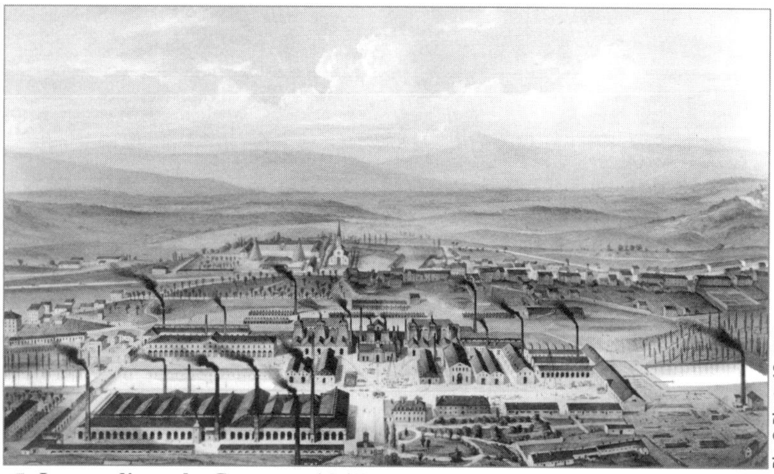

Ph. © Photo12.com

Les ateliers du Creusot, 1847.

Document 2

Les ressources en charbon de la France au XIXe siècle.

Document 3

– Examine d'abord, en face de toi, ces hautes tours de quinze à vingt mètres : ce sont les hauts-fourneaux que nous voyions briller la nuit comme des brasiers. Il y en a une quinzaine au Creusot. Une fois allumés, on y entretient jour et nuit sans discontinuer un feu d'enfer.

– Mais pourquoi a-t-on besoin d'un si ardent brasier ?

– C'est pour fondre le minerai de fer. Quand le fer vient d'être retiré de la terre par les mineurs, il renferme de la rouille et une foule de choses, de la pierre, de la terre ; pour séparer tout cela et avoir le fer plus pur, il faut bien faire fondre le minerai. (...) À cette chaleur énorme, le fer et les pierres deviennent liquides, mais le fer, qui est plus lourd, se sépare des pierres et tombe dans un réservoir situé au bas du haut-fourneau. Les hauts-fourneaux du Creusot produisent ainsi chaque jour plus de 500 000 kilogrammes de fer ou de fonte.

G. Bruno, *Le Tour de la France par deux enfants*, 1877.

La visite d'une usine au Creusot.

Document 4

Document Écomusée de la Communauté Urbaine Le Creusot Montceau-Les-Mines / Ph. Daniel Busseuil

Le marteau-pilon.
Peinture de Joseph Fortuné Layraud, 1889.

Le marteau-pilon à vapeur du Creusot : d'une hauteur de 21 mètres et d'une puissance de 100 tonnes, ce marteau-pilon (mis en service en 1877) pouvait frapper de 200 à 500 coups par minute. On l'utilisait pour forger les pièces de grandes dimensions (arbre à hélice, plaque de blindage pour les bateaux de guerre...).

Document 5

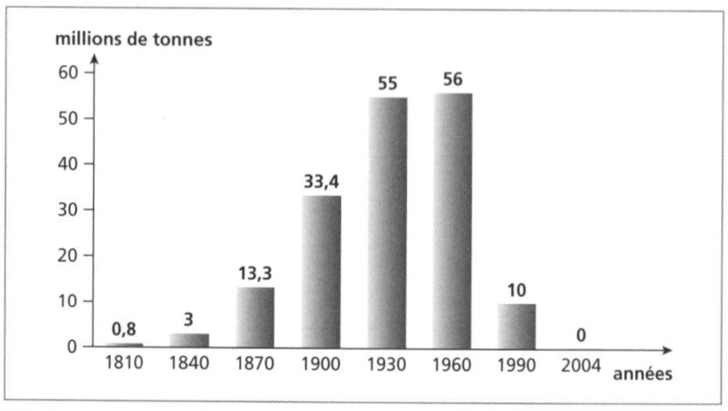

La production de charbon en France du XIXe siècle à nos jours.

4
Fiche questionnaire

La France au XIXe siècle (2) Progrès technique et essor industriel

Document 1

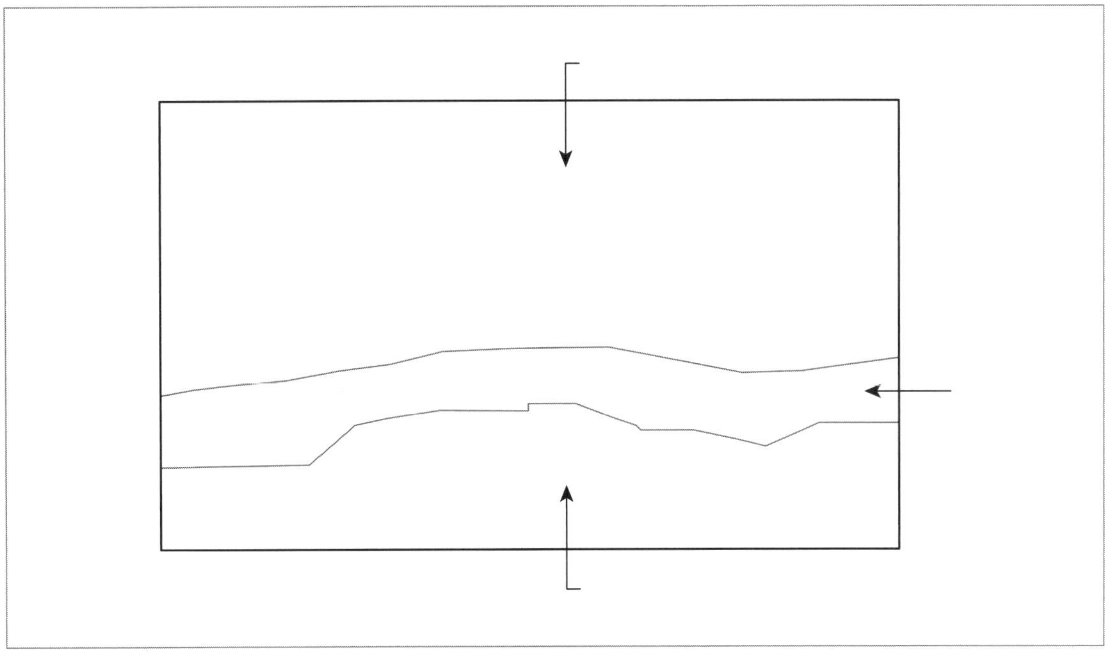

1. Écris la légende de ce dessin en utilisant les termes suivants : la ville, la campagne, l'usine.
2. Qu'est-ce qui t'a permis de repérer le bourg (la petite ville) ?
3. Qu'est-ce qui t'a permis de repérer l'usine ?
4. Dans quelle ville se trouve cette usine ?

Document 2

1. Où sont situés les principaux bassins houillés ?
2. Cherche où se trouve la ville du Creusot et surligne-la.

Document 3

1. À quoi servent les hauts-fourneaux ?
2. À ton avis, quelle est la source d'énergie utilisée pour faire fondre le minerai de fer ?

Document 4

1. Trouve trois adjectifs que l'on pourrait utiliser pour décrire ce marteau-pilon.
2. Cet outil a été construit parce qu'on en avait besoin. Que peut-on en déduire quant aux constructions de l'époque ?

Document 5

1. Quelle était la production de charbon en 1810 ? En 1900 ? Comment expliques-tu cette augmentation ?
2. En quelle année la production de charbon a-t-elle été la plus importante ?
3. Que se passe-t-il après 1960 ? Comment expliques-tu cela ?

5

La France au XIXe siècle (3) Paysans, ouvriers et bourgeois

Objectifs disciplinaires

Découvrir et commenter les conséquences sociales de la révolution industrielle.

Objectifs méthodologiques

Mettre en relation un poème et un texte administratif.

Analyser et comparer des images pour en extraire des informations sur le contexte social de l'époque.

Poster 2

a) « Le rouleur », mines de Carvin, 1902

b) « Labourage nivernais », Rosa Bonheur, 1849

Documents 1

a) Victor Hugo, « Melancholia », dans *Les Contemplations*, 1838

b) Règlement sur le travail des enfants dans les manufactures, usines et ateliers, 22 mars 1841

Document 2

« Le rouleur », mines de Carvin, 1902

Document 3

« La famille Bellelli », 1858-1867, Degas

Document 4

« Le faucheur », Hedouin

Étape 1

Le travail des enfants

doc. 1a Texte de Victor Hugo.
doc. 1b Règlement sur le travail des enfants dans les manufactures, usines et ateliers, 22 mars 1841.
Questionnaires à photocopier.
poster 2a « Le rouleur », également en document à photocopier p. 37.
Le texte 1a permet d'évoquer Victor Hugo au travers du regard qu'il porte sur le travail des enfants à son époque.
Le doc. 1b montre que le travail des enfants était une réalité, puisqu'il fallait une réglementation pour en déterminer les conditions.
La carte postale ancienne du poster montrant « un rouleur » (enfant travaillant dans une mine) illustre la pénibilité de certains métiers réservés aux enfants.

Phase orale collective

Rappeler ce qui a été vu dans les séquences précédentes : l'invention de la machine à vapeur révolutionne le monde industriel. De grandes usines emploient des milliers d'ouvriers.
Demander ensuite aux élèves de travailler sur les documents 1a et b et les questionnaires s'y rapportant. Afficher le poster 2.

Étude du doc. 1a :
Phase de réflexion individuelle à partir du questionnaire

Phase orale collective

Présenter Victor Hugo : écrivain français (1802-1885). Laisser les élèves indiquer ce qu'ils savent de Victor Hugo.
Faire lire le texte à haute voix, puis poursuivre le questionnaire.

- Quel en est le sujet ? Les enfants décrits sont-ils heureux ? Pourquoi ?

Préciser qu'une grande partie de l'œuvre de Victor Hugo décrit la vie de ses compatriotes et que cet écrivain n'hésite pas à s'engager politiquement en critiquant la société dans laquelle il vit (ce texte en est un exemple, nous en verrons d'autres dans les séquences suivantes). Ces prises de position l'obligeront d'ailleurs à s'exiler un temps pendant le règne de Napoléon III. Plus tard, devenu député, il ne cessera de défendre les pauvres et les opprimés dans ses fonctions politiques autant que dans son œuvre littéraire.

- À votre avis, dans ce texte, Victor Hugo décrit-il un cas particulier à ne pas généraliser, ou bien pensez-vous qu'à cette époque, les enfants de France devaient véritablement travailler ?

Proposer alors aux élèves d'observer le poster 2a.

Étude du poster 2a :
Observer et décrire l'image du rouleur sur le poster. Préciser qu'il s'agit d'une photographie et que cet enfant a donc vraiment existé.

- Où se trouve-t-il ? *Dans une mine.*
- Que fait-il ? *Il pousse un wagonnet – une berline – rempli de minerai pour le mener jusqu'au puits où son contenu sera remonté jusqu'à la surface.*
- Du point de vue des patrons, quel était l'intérêt d'employer des enfants alors que leur force est inférieure à celle des adultes ?

Dans le cadre de notre document, on précisera que la petite taille des enfants leur permettait de se déplacer relativement facilement dans les étroites galeries de la mine. Ce travail dur mais ne nécessitant pas de spécialisation était évidemment faiblement rétribué.
On évoquera également l'agilité des enfants, leur adresse manuelle et leur vue perçante appréciées dans d'autres corps de métier (le textile par exemple), sans oublier bien sûr une relative docilité et un faible coût par rapport à des adultes.

Étude du doc. 1b :
Phase de réflexion individuelle à partir du questionnaire

Phase orale collective

Faire lire le texte à haute voix. Mettre en évidence la réelle mise au travail des enfants, avec des journées pouvant commencer à cinq heures du matin dès l'âge de huit ans.
Faire remarquer que cette loi de 1841 est un progrès car la situation était encore pire avant : aucune mesure de protection spécifique n'existait.

Au milieu du XIXe siècle, on évaluait le nombre d'enfants dans l'industrie à 150 000, sur un total d'un peu plus d'un million d'ouvriers. Le travail des enfants était donc largement répandu.
Préciser que la loi de 1841 ne s'applique qu'aux entreprises industrielles et artisanales de plus de 10 ouvriers ; or des milliers d'enfants sont employés dans des ateliers de plus petite taille et ne sont donc pas concernés.
Il n'y avait d'ailleurs pas que l'industrie qui exploitait les enfants : ne pas oublier tous ceux qui travaillaient à la ferme des parents, ou étaient placés comme domestiques dès leur plus jeune âge.

Indiquer que le peu d'argent que rapportait ce travail était bien souvent indispensable à la survie de la famille, et que cela est encore le cas aujourd'hui dans de nombreux pays en développement. Faire comprendre les progrès réalisés en France depuis cette époque, notamment avec les lois de Jules Ferry et la scolarisation obligatoire jusqu'à 13 ans (que nous verrons dans une séquence ultérieure).

- Pourquoi cette obligation de scolarité a-t-elle été décidée ?

Il y a d'abord eu une préoccupation sanitaire : usés prématurément par une exploitation intensive dans des conditions souvent insalubres, ceux qui avaient été mis au travail enfants mouraient jeunes, ou traînaient toute leur vie des maladies graves handicapantes (mentionner la tuberculose, qui fut LA grande maladie endémique du XIXe).
Expliquer aussi que, pour se développer, un pays a besoin d'ingénieurs, de médecins, d'enseignants, de personnel d'encadrement… et que cela ne peut être obtenu que par une généralisation de l'enseignement.

Informations complémentaires

Voici la suite du texte de Victor Hugo, qui trouvera peut-être sa place dans le cahier de poésie…

Accroupis sous les dents d'une machine sombre,
Monstre hideux qui mâche on ne sait quoi dans l'ombre,
Innocents dans un bagne, anges dans un enfer,
Ils travaillent. Tout est d'airain, tout est de fer.
Jamais on ne s'arrête et jamais on ne joue.
Aussi quelle pâleur ! La cendre est sur leur joue.
(…) ■

Avant de passer à l'étude du doc. 3, proposer aux élèves de prendre connaissance de cet extrait de *Germinal*, d'Émile Zola. Cette lecture se fera de préférence sur une photocopie du texte distribuée à chaque élève, éventuellement par une lecture à haute voix faite par l'enseignant. On aura au préalable situé l'action de *Germinal* dans l'univers des mines de charbon du nord de la France (en 1865).

« Maintenant, la chandelle éclairait la chambre, carrée, à deux fenêtres, que trois lits emplissaient. Il y avait une armoire, une table, deux chaises de vieux noyer, dont le ton fumeux tachait durement les murs, peints en jaune clair. Et rien d'autre, des hardes pendues à des clous, une cruche posée sur le carreau, près d'une terrine rouge servant de cuvette. Dans le lit de gauche, Zacharie, l'aîné, un garçon de vingt et un ans, était couché avec son frère Jeanlin, qui achevait sa onzième année ; dans celui de droite, deux mioches, Lénore et Henri, la première de six ans, le second de quatre, dormaient aux bras l'un de l'autre ; tandis que Catherine partageait le troisième lit avec sa sœur Alzire, si chétive pour ses neuf ans qu'elle ne l'aurait même pas sentie près d'elle, sans la bosse de la petite infirme qui lui enfonçait les côtes. La porte vitrée était ouverte, on apercevait le couloir du palier, l'espèce de boyau où le père et la mère occupaient un quatrième lit, contre lequel ils avaient dû installer le berceau de la dernière venue, Estelle, âgée de trois mois à peine. »

Émile Zola, *Germinal*, 1865.

Faire commenter le texte :

- De quoi parle-t-on ? Combien de personnes habitent ce logement ? Où dorment les parents ? Quels sont les détails qui montrent la misère de cette famille ?

Mentionner que les plus grands enfants de la famille Maheu (Jeanlin, 11 ans et Catherine qui n'a encore que 15 ans) travaillent « au fond », aux côtés de leur père et de l'aîné Zacharie… (mettre en relation avec la photo de l'enfant dans la mine, qui pourrait être l'un ou l'autre).

Étape 2

Vivre dans une famille bourgeoise

doc. 3 « La famille Bellelli » (et cahier couleur p. 6).
Questionnaire à photocopier.
Cette vue d'un intérieur bourgeois permet de mieux opposer la situation d'une famille pauvre, comme celle décrite par Zola et Hugo, avec celle d'une famille de la bourgeoisie aisée.

Phase de réflexion individuelle à partir du questionnaire

Phase orale collective
Présenter Edgar Degas (1834-1917), peintre et sculpteur français. Indiquer qu'il était un des chefs de file des impressionnistes bien que, sur ce tableau, sa technique soit différente de celle de Monet (voir séquence 3). On peut faire rapidement comparer les deux tableaux : contraste des

couleurs et réalisme chez Degas, touches lumineuses et impression de « flou » chez Monet.
Faire décrire les personnages et le cadre : l'habillement strict mais visiblement de qualité des fillettes, l'air austère de la femme, l'homme vieillissant vu de dos, l'intérieur cossu, la pendule sur la cheminée, le cordon pendant au mur, destiné à appeler les domestiques...
Faire remarquer l'apparente froideur des personnages, le fait que les regards soient tous dirigés dans des directions différentes. On pourra préciser que ce tableau représente le baron Bellelli, qui était banquier (détail qui a son importance puisqu'il permet de situer concrètement ce qu'est la situation sociale d'un bourgeois), sa femme (qui était aussi la tante de Degas) et leurs deux filles. Les habits noirs s'expliquent par le deuil de la mère, qui vient de perdre son père.
Les fillettes représentées sur ce tableau ne sont bien évidemment pas les mêmes que celles évoquées par Hugo. Il ne s'agit pas non plus de la famille décrite par Zola. En déduire l'existence d'une bourgeoisie aisée et d'un prolétariat obligé d'envoyer ses enfants au travail dès huit ans.
Voici une bonne occasion pour faire un peu d'étymologie. Quelle est l'origine du mot « prolétariat » ? Celle-ci est éclairante : *proles*, la progéniture – prolétaire : celui qui n'a comme seul bien, seul « outil de production », que ses enfants !

Récapitulons pour définir ces deux classes sociales telles qu'elles apparaissent vers le milieu du siècle :
- **La grande bourgeoisie** est assise sur la banque, le grand négoce et l'industrie. Elle y bâtit, par le travail, l'épargne, l'investissement... et l'exploitation du travail des ouvriers, d'immenses fortunes qui s'accroissent de génération en génération. Cette grande bourgeoisie est le fer de lance de l'essor économique.
- **Le prolétariat ouvrier** est au contraire caractérisé par la misère et le fait que son travail est durement exploité par ceux qui l'emploient, sans guère de perspective d'amélioration de son sort, ni pour lui ni pour ses enfants.

Préciser que cette organisation sociale urbaine ne se limite pas à une simple opposition entre les très riches et le prolétariat. Il existe d'autres catégories intermédiaires, encore peu nombreuses au milieu du XIXe siècle, mais qui se développent peu à peu, qu'on appellera un peu plus tard « les classes moyennes ». À l'époque, on leur attribue encore le nom de « bourgeois » (par opposition aux prolétaires, parce qu'ils sont relativement aisés, ne vivent pas du travail « de leurs mains » et ont « de l'éducation »), mais on y accole un adjectif qui relativise :
- **la moyenne bourgeoisie** : elle regroupe les médecins, avocats, professeurs, journalistes... ceux qui ont une éducation poussée et de la culture, et vivent bien du revenu de leur travail, sans être très riches ; ils n'ont pas beaucoup de patrimoine, mais ils ont les moyens d'avoir des domestiques, possèdent leur logement, peuvent voyager... ;
- **la petite bourgeoisie** (employés, commerçants, petits fonctionnaires...) : ils sont un bon cran en dessous en termes de prestige, d'éducation – ils sont allés à l'école, mais pas très longtemps – et de revenus (ils n'ont pas de domestiques, sont souvent locataires de leur logement), mais leur vie est infiniment plus confortable que celle du prolétariat. Ils ont l'espoir de voir leurs enfants monter dans l'échelle sociale en économisant sou à sou pour les éduquer.

Ces catégories peuvent s'allier (1830) ou s'opposer (c'est ce qui se produit sous le règne de Louis-Philippe et en 1848) à la grande bourgeoisie. On sera donc amené à reparler d'elles.
On précisera qu'il existe aujourd'hui encore des « riches » et des « pauvres », mais que le prolétariat n'est plus aussi exploité qu'il l'était au XIXe siècle. De nos jours, en France, les classes moyennes sont la catégorie sociale largement majoritaire.

Étape 3

Comment vivent les paysans français au XIXe siècle ?

doc. 4 « Le faucheur ».
Questionnaire à photocopier.
poster 2b « Labourage nivernais ».
Le dessin simple d'un paysan au travail illustre le fait que l'outillage et la technique n'ont guère bénéficié de la révolution industrielle du XIXe.
L'association avec le tableau (poster 2b) montre la relative opulence du paysan français au XIXe.

Étude du doc. 4 :
Phase de réflexion individuelle à partir du questionnaire

Phase orale collective
Faire décrire l'homme et son outil. Celui-ci est une faux, utilisée pour la moisson ou la fenaison (faire les foins, couper l'herbe, surtout pour nourrir les bestiaux pendant l'hiver). L'acier de la lame est sans doute de meilleure qualité qu'au siècle précédent mais l'outillage des paysans n'a guère évolué et la révolution industrielle n'a pas bouleversé les pratiques dans les campagnes.

Étude du poster 2b :
Observer le tableau. Il sera peut-être nécessaire de préciser qu'il s'agit d'une peinture réaliste et non d'une photo.

▸ Que font ces paysans ? Pourquoi ? Quels sont leurs outils de travail ?

Remarquer le nombre et la force des bœufs, la fertilité apparente de la terre, le paysage verdoyant, le ciel bleu… tous ces détails concourant à l'impression de « richesse » et de « bien vivre » des paysans de cette époque. Noter l'absence de « machines ».

Préciser que de nouvelles machines agricoles à vapeur sont progressivement mises au point mais qu'elles sont surtout utilisées aux États-Unis, là où les champs sont immenses et la main d'œuvre peu abondante (ce qui n'est pas le cas en France : beaucoup de petites exploitations agricoles disposant d'un grand nombre de journaliers embauchés suivant les travaux liés aux saisons).

NB : Ne pas oublier que la France reste, à la fin du XIXe siècle, un pays où les agriculteurs représentent encore plus de 40 % de la population active.

Indiquer aux élèves que la condition paysanne a quand même connu des améliorations sensibles par rapport au XVIIe siècle :

- beaucoup de paysans sont devenus propriétaires de leurs terres (se rappeler la vente des terres des émigrés et de l'Église confisquées sous la Révolution : de nombreux paysans réussirent à en acheter !) ;
- la production agricole a progressé : on dispose, au XIXe siècle, des premiers engrais et on améliore les systèmes de culture. Au lieu de mettre en jachère une parcelle une année sur trois, on y plante des cultures fourragères, par exemple, ce qui permet le développement de l'élevage tout en reconstituant la fertilité du sol ;
- grâce à la large diffusion du chemin de fer, les paysans peuvent facilement commercialiser leur production dans les villes…

Les paysans du XIXe siècle gagnent beaucoup mieux leur vie que ceux des générations précédentes.

Synthèse (orale)

Qu'avons-nous appris ?

- Au XIXe siècle, l'invention de la machine à vapeur entraîne la révolution industrielle. Beaucoup d'ouvriers travaillent dans un grand nombre d'usines mais leurs conditions de vie sont mauvaises. Même les enfants doivent travailler pour permettre à la famille de subsister. Il y avait des lois pour réglementer le travail des enfants.
- Les conditions de vie de la bourgeoisie sont bien meilleures. Certaines familles de la grande bourgeoisie bâtissent des fortunes grâce à la révolution industrielle. Les gens appartenant à la petite ou à la moyenne bourgeoisie vivent bien mieux que ceux appartenant au prolétariat.
- Dans les campagnes, la vie des paysans n'a pas beaucoup changé. De nouvelles machines agricoles sont inventées mais on les utilise surtout dans les très grandes exploitations, comme aux États-Unis. La condition paysanne a quand même connu des améliorations sensibles par rapport au XVIIe :
  - beaucoup de paysans sont propriétaires de leurs terres,
  - la production agricole a progressé grâce aux engrais et à l'amélioration des systèmes de culture,
  - grâce au chemin de fer, les paysans peuvent facilement commercialiser leur production dans les villes. Ils gagnent donc plus d'argent.

Élaboration du texte de référence

Phase écrite collective (au tableau)

Titre : La France au XIXe siècle – Paysans, ouvriers et bourgeois

1. La vie difficile des enfants pauvres
Dans son poème, Victor Hugo évoque la vie difficile des enfants devant travailler pour permettre à leur famille de subsister. Ce travail était une réalité. Il y avait des lois pour le réglementer.

Documents 1 et 2

2. La vie confortable de la bourgeoisie
La grande bourgeoisie profite de la révolution industrielle pour gagner beaucoup d'argent. Le tableau d'Edgar Degas montre une famille dans son intérieur cossu au XIXe siècle. Il y a aussi une bourgeoisie petite et moyenne qui vit bien mieux que les prolétaires.

Document 3 (*à opposer au texte de Zola s'il a été photocopié*)

3. La vie simple des paysans
De nouvelles machines agricoles sont inventées, mais on les utilise surtout dans les très grandes exploitations, comme aux États-Unis. La vie des paysans s'est tout de même améliorée. Beaucoup d'entre eux sont propriétaires de leurs terres. La production agricole a progressé grâce aux engrais et à l'amélioration des systèmes de culture. Grâce au chemin de fer, les paysans peuvent facilement commercialiser leur production dans les villes. Ils gagnent donc plus d'argent et vivent mieux.

Document 4

Phase écrite individuelle (sur le cahier)

Lexique

Prolétaire : personne vivant modestement de son seul salaire.
Bourgeois : personne ayant un niveau social élevé et vivant dans l'aisance.

Personnages historiques

Degas Edgar (1834-1917) : peintre français impressionniste.
Hugo Victor (1802-1885) : écrivain et homme politique français.
Zola Émile (1840-1902) : écrivain français.

La France au XIXe siècle
(3) Paysans, ouvriers et bourgeois

5
Fiche documents

Document 1

« Où vont tous ces enfants dont pas un seul ne rit ?
Ces doux êtres pensifs que la fièvre maigrit ?
Ces filles de huit ans qu'on voit cheminer seules ?
Ils s'en vont travailler quinze heures sous des meules ;
Ils vont de l'aube au soir, faire éternellement
Dans la même prison le même mouvement.
(...)

a Victor Hugo, « Melancholia », dans *Les Contemplations*, 1838.

Art. 2. Les enfants devront, pour être admis, avoir au moins huit ans.

De huit à douze ans, ils ne pourront être employés au travail effectif plus de huit heures sur vingt-quatre, divisées par un repos.

De douze à seize ans, ils ne pourront être employés au travail effectif plus de douze heures sur vingt-quatre, divisés par des repos.

Ce travail ne pourra avoir lieu que de cinq heures du matin à neuf heures du soir.

b Règlement sur le travail des enfants dans les manufactures, usines et ateliers, 22 mars 1841.

Document 2

Le rouleur.
Mines de Carvin, 1902.

Document 3

La famille Bellelli, 1858-1867.
Peinture d'Edgar Degas.

Document 4

Le faucheur.
Dessin de Hedouin.

5 La France au XIXe siècle (3) Paysans, ouvriers et bourgeois

Fiche questionnaire

Document 1a

1. Qui est l'auteur de ce texte ?
Connais-tu d'autres œuvres de cet écrivain ?

2. En quelle année ce texte a-t-il été écrit ?
Quel en est le sujet ?

3. Relève quelques mots ou expressions qui permettent de connaître l'avis de l'auteur sur le travail des enfants.

Document 1b

1. De quand date ce règlement ?

2. Indique le nombre d'heures de travail pour un enfant :
– de huit à douze ans ;
– de douze à seize ans.

3. À quelle heure la journée de travail d'un enfant pouvait-elle commencer, et à quelle heure pouvait-elle finir ?

4. Ce règlement est-il encore appliqué aujourd'hui ? Pourquoi ?

Document 2

1. Qui a peint ce tableau ? En quelle année ?

2. Les petites filles représentées sur ce tableau sont-elles celles dont parle Victor Hugo ?
Justifie ta réponse.

Document 3

1. Quel est le travail de cet homme ?

2. À ton avis, l'outil qu'il utilise est-il très différent de ceux qu'utilisaient ses ancêtres ?

5 La France au XIXe siècle (3) Paysans, ouvriers et bourgeois

Fiche questionnaire

Document 1a

1. Qui est l'auteur de ce texte ?
Connais-tu d'autres œuvres de cet écrivain ?

2. En quelle année ce texte a-t-il été écrit ?
Quel en est le sujet ?

3. Relève quelques mots ou expressions qui permettent de connaître l'avis de l'auteur sur le travail des enfants.

Document 1b

1. De quand date ce règlement ?

2. Indique le nombre d'heures de travail pour un enfant :
– de huit à douze ans ;
– de douze à seize ans.

3. À quelle heure la journée de travail d'un enfant pouvait-elle commencer, et à quelle heure pouvait-elle finir ?

4. Ce règlement est-il encore appliqué aujourd'hui ? Pourquoi ?

Document 2

1. Qui a peint ce tableau ? En quelle année ?

2. Les petites filles représentées sur ce tableau sont-elles celles dont parle Victor Hugo ?
Justifie ta réponse.

Document 3

1. Quel est le travail de cet homme ?

2. À ton avis, l'outil qu'il utilise est-il très différent de ceux qu'utilisaient ses ancêtres ?

6

La monarchie de Juillet (1830-1848) : Louis-Philippe

Objectifs disciplinaires

Comprendre les raisons de la chute de Louis-Philippe Ier.

Objectifs méthodologiques

Décrire et interpréter un portrait officiel.

Mettre en relation un texte et une image relatant le même événement.

Interpréter une image pour en découvrir les codes.

Document 1

Portrait de Louis-Philippe, roi des Français de 1830 à 1848, F. X. Winterhalter, 1839

Document 2

« La rue Transnonain, le 15 avril 1834 », par Honoré Daumier

Document 3

Charles Baudelaire, extrait de *Curiosités esthétiques*, recueil de ses articles de critique d'art, 1868

Document 4

La révolution de 1848, Image d'Épinal, milieu du XIXe siècle

Étape 1

Phase orale collective

Revenir brièvement à la séquence 2 : après les émeutes de juillet 1830 ayant entraîné la fuite de Charles X, le pays n'a plus de gouvernement. Louis-Philippe, duc d'Orléans (un cousin de Louis XVI) est poussé sur le trône par de nombreuses personnes influentes, parmi lesquelles Lafayette et des membres de la grande bourgeoisie.

Cette grande bourgeoisie est libérale et plutôt anticléricale. Elle s'est alliée provisoirement, en 1830, aux classes moyennes et à une partie du prolétariat pour écarter définitivement du pouvoir l'aristocratie ancienne (revenue en force sous la Restauration), fondée sur la possession de la terre et alliée avec l'Église catholique.

Une fois installée à la tête de l'État avec Louis-Philippe (qui y choisira ses ministres et mènera une politique conforme à ses vœux), la grande bourgeoisie souhaite avant tout ramener le calme dans le pays afin de faire prospérer ses affaires.

Évoquer la situation sociale vue dans la séquence précédente : la grande bourgeoisie s'enrichit tandis que le prolétariat vit dans la misère ; entre les deux, des classes moyennes plus ou moins aisées mais exclues de la vie politique.

- L'alliance entre ces classes sociales aux intérêts différents, voire opposés, pourra-t-elle se maintenir longtemps ?

Étape 2

Quel roi était Louis-Philippe ?

doc. 1 Portrait de Louis-Philippe (et cahier couleur p. 7).

Questionnaire à photocopier.

Ce portrait de Louis-Philippe permettra aux élèves de donner un visage à ce nom. Cela sera utile lorsqu'ils devront reconnaître le roi sur le dernier document.

Phase de réflexion individuelle à partir du questionnaire

Phase orale collective

Faire nommer le roi et préciser les dates de son règne : 1830-1848. Donner sa date de naissance : 1773.

- Quel âge a-t-il au début de son règne et à la fin ? *57 ans et 75 ans.*
- Devinez-vous pourquoi cette période s'appelle « la monarchie de Juillet » ?

Revenir sur les événements ayant amené Louis-Philippe sur le trône : l'insurrection (mot à employer quand des émeutes ont assez d'ampleur pour aboutir à un bouleversement politique) de juillet 1830. D'où le nom donné à cette période.

Comparer le portrait du roi avec ceux des Louis XIV ou Louis XVI étudiés l'année précédente. Indiquer que Louis-Philippe, se voulant plus proche du peuple, a renoncé au faste et à l'apparat lié à la monarchie absolue. Son uniforme militaire est plus sobre que les lourds manteaux ornés de fleurs de lys. La couronne est représentée sur le tableau, mais en partie seulement et de façon très discrète. La main de justice, toujours présente mais aussi discrète que la couronne, n'est présentée que comme un accessoire. Il est vrai que la Révolution est passée par là…

On pourra signaler aux élèves curieux la grand-croix dans l'ordre de la Légion d'honneur (grosse plaque en vermeil sur la poitrine du côté gauche, dont un modèle plus petit est suspendu au grand ruban rouge et visible à côté de la poignée du sabre). Cet ordre créé par Napoléon a continué à être la plus prestigieuse distinction après l'Empire.

Remarquer la main du roi posée sur la Charte de 1830. Cette pose symbolise son acceptation.

Indiquer que le nouveau roi montre des signes d'ouverture au début de son règne. Pour la Charte de 1830, celle de 1814 a été reprise dans les grandes lignes (*cf.* séquence 1), avec des remaniements comme la suppression de la mention « religion de l'État » au sujet de la religion catholique (toutefois reconnue comme religion « professée par la majorité des Français »), et de la mention de lois « qui doivent réprimer les abus de [la] liberté » de la presse. Il rétablit le drapeau tricolore cher aux républicains et aux libéraux (en remplacement du drapeau blanc de la Restauration) et augmente le nombre d'électeurs en baissant l'âge minimal et le seuil d'imposition à atteindre pour pouvoir voter. Mais il ne va pas jusqu'à accorder le suffrage universel comme le réclame une partie de la population. Bien que le nombre d'électeurs ait plus que doublé, ils ne seront que 240 000 environ en 1847, ce qui en exclut encore la plus grande partie des classes moyennes...

Le début du règne, dans un contexte de crise économique, est marqué par de nombreuses grèves et révoltes d'ouvriers qui espèrent une amélioration de leur sort. À cette époque, l'organisation syndicale et les grèves ne sont pas autorisées par la loi. Le seul mode d'expression de la contestation ouvrière est donc l'émeute et la barricade, ce qui entraîne l'affrontement avec les forces de l'ordre (*cf.* séquence 2).
Les plus connues de ces révoltes sont celles des canuts de Lyon (le canut est un ouvrier tisserand de la soie) en 1831 et en 1834. Ces révoltes, conséquence d'une baisse des salaires des ouvriers du textile, sont encouragées par les républicains. On voit là une alliance entre deux types d'opposition au régime : l'une est d'origine sociale, et vient de la classe ouvrière ; l'autre est politique, et recrute essentiellement parmi les intellectuels et les « petits bourgeois », ainsi que dans l'élite ouvrière (les ouvriers typographes par exemple : par définition ceux-ci doivent savoir lire parfaitement, ils sont donc beaucoup plus conscients et politisés que les autres). Ces révoltes seront durement réprimées par le régime.
La violence est également dirigée contre le roi qui sera la cible de plusieurs attentats.

Étape 3

Une monarchie répressive

doc. 2 « Le massacre de la rue Transnonain le 15 avril 1834 ».
doc. 3 Texte de Charles Baudelaire.
Questionnaires à photocopier.
Le dessin de Daumier, certes un peu macabre, permet de comprendre la situation dramatique du peuple. Vivant dans des conditions difficiles, et parfois misérables, il risque en plus de perdre la vie face à une armée qui ne fait pas dans le détail. Le texte permet d'évoquer Baudelaire, poète peu engagé politiquement mais tout de même opposé à la monarchie de Juillet, comme le furent bien des artistes de cette époque.

Étude du doc. 2 :
Phase de réflexion individuelle à partir du questionnaire

Phase orale collective
Faire nommer l'auteur du dessin et la date de sa réalisation. Cela correspond aux premières années du règne de Louis-Philippe.
Faire lire le court texte introductif et demander aux élèves d'établir un lien entre ce texte et le dessin. Il s'agit bien sûr d'une des victimes de cet événement que l'on pourra raconter avec plus de détails :
- En 1834, les républicains s'opposent au régime et entretiennent une agitation permanente. La classe ouvrière continue, elle aussi, à revendiquer des réformes sociales.
- Pour tenter de les faire taire, Louis-Philippe fait interdire leurs réunions au sein d'associations. Cela déclenche une émeute et la mise en place de barricades que l'armée doit défaire. Alors qu'elle se prépare à donner l'assaut à l'une de ces barricades, rue Transnonain à Paris, un officier est tué par des tirs provenant du toit d'un immeuble. Les soldats reçoivent alors l'ordre de « balayer la vermine ». Ils tuent tous les occupants de l'immeuble, femmes et enfants compris. Un peu plus loin, un autre immeuble est détruit à coups de canon.
- L'émeute est écrasée. En 1835, les lois de septembre interdisent toute critique de la personne du roi, tout rassemblement public et imposent la censure à la presse.

Laisser les élèves s'exprimer sur le sujet et exercer leur sens critique sur le thème de la responsabilité. Qui est responsable de ce massacre ? L'auteur du coup de feu ayant tué le militaire ? Les officiers qui étaient sur place ? Le gouvernement ? Le roi lui-même, bien qu'il n'ait pas directement donné l'ordre de tuer les habitants ?

Terminer par une rapide présentation de Daumier : d'origine marseillaise, Honoré Daumier (1808-1879) était dessinateur, peintre et sculpteur. Il est surtout célèbre pour ses caricatures mettant en scène des comportements bourgeois.

Étude du doc. 3 :
Phase de réflexion individuelle à partir du questionnaire

Phase orale collective
Faire lire le texte à haute voix.
- ▸ De quoi parle-t-on ?

Les élèves auront probablement fait le rapprochement avec le dessin de Daumier.
- ▸ Que nous apprend-il de plus ? *La présence de l'enfant sous le corps de son père, qui accentue encore l'horreur de l'événement...*

Le sentiment partagé est l'indignation, mais aussi le désir de témoigner, de se montrer solidaire de la population qui souffre.
Montrer que, par ce texte, Baudelaire condamne non seulement le massacre, mais aussi la politique répressive du roi.

Terminer par une rapide présentation de Charles Baudelaire (1821-1867), un des plus célèbres poètes français. Son ouvrage le plus connu est *Les Fleurs du mal*.

Demander aux élèves s'ils ont une idée de la possible suite des événements. Émeutes, répressions... Le cycle est bien connu depuis la Révolution. Charles X a été obligé de s'enfuir en 1830. Louis-Philippe fera-t-il de même ?

Étape 4

Une nouvelle révolution

doc. 4 « La révolution de 1848 » (et cahier couleur p. 7).
Questionnaire à photocopier.
Cette image de mise à sac des Tuileries (résidence royale depuis Louis XVIII) par une foule en colère est bien représentative de l'événement : le peuple renverse le trône sous le regard du roi qui ne peut rien faire (il s'agit en fait d'un portrait que l'on voit en arrière plan).

Phase de réflexion individuelle à partir du questionnaire

Phase orale collective
Faire lire le titre du document et la date de l'événement.
Comparer le portrait de Louis-Philippe (doc. 1) et le personnage apparaissant en fond d'image. C'est bien du roi qu'il s'agit.
▸ Est-il là en personne ? Pourquoi ?
Faire décrire la scène en insistant sur la valeur symbolique du trône renversé et du roi qui « regarde » sans pouvoir agir.

Il est alors temps de faire un point afin de mieux comprendre comment on est arrivé à cette situation :
- Une crise économique dure depuis 1846. Elle provoque un fort chômage qui génère une agitation sociale.
- Les opposants au régime ont trouvé moyen de s'exprimer malgré l'interdiction des réunions politiques : ils organisent des banquets au cours desquels des orateurs font des discours pour réclamer une réforme du droit de vote.
- L'interdiction de tenir un de ces banquets à Paris, en février 1848, déclenche l'insurrection. Les 22 et 23 février, des manifestations contre le gouvernement se heurtent à l'armée qui tire et fait quelques morts. Des barricades s'élèvent alors partout en réponse...
- Louis-Philippe change de ministère. Adolphe Thiers (*cf.* séquence 2), qu'il appelle dans la nuit du 23 au 24 comme Premier ministre, lui propose de donner l'ordre à l'armée de reconquérir Paris, mais le roi ne veut pas que plus de sang coule.
- Quand la foule envahit le palais des Tuileries (doc. 4), Louis-Philippe (qui a 75 ans) abdique en faveur de son petit-fils, le comte de Paris et s'enfuit en Angleterre où il mourra deux ans plus tard.

Les élèves auront sans doute noté que les débuts de cette révolution ressemblaient beaucoup à ceux de la précédente...

Quelles vont être les suites ? Les chefs politiques républicains sont bien décidés à ne pas se faire doubler comme en 1830 par de plus modérés. Le même jour (24 février), la foule envahit la Chambre des députés pour l'empêcher d'approuver l'accession au trône du comte de Paris. Une délégation se rend à l'Hôtel de ville (pourquoi là ? voir séquence 2 !), proclame la République et forme un gouvernement provisoire.

Synthèse (orale)

Qu'avons-nous appris ?

- Les émeutes de juillet 1830 chassent le roi Charles X et le remplacent par Louis-Philippe. C'est la monarchie de Juillet.
- Louis-Philippe accepte la Charte de 1830. Il rétablit le drapeau tricolore mais il refuse le suffrage universel que réclament les républicains. Porté au pouvoir par la grande bourgeoisie, il ne se soucie guère du sort des plus pauvres.
- Le règne de Louis-Philippe est marqué par de nombreuses grèves et émeutes qui sont durement réprimées (révoltes des canuts à Lyon). Le massacre de la rue Transnonain est un exemple de cette répression aveugle.
- Des artistes s'opposent à la monarchie de Juillet. Parmi eux, le peintre Daumier et le poète Baudelaire.
- Les opposants au régime organisent des banquets, au cours desquels des orateurs font des discours pour réclamer une réforme du droit de vote. L'interdiction de tenir un de ces banquets à Paris en février 1848 déclenche une insurrection.
- Le lendemain, Louis-Philippe abdique en faveur de son petit-fils le comte de Paris. Les républicains, qui ne veulent plus de roi, proclament la République et forment un gouvernement provisoire.
- Louis-Philippe s'enfuit en Angleterre où il mourra deux ans plus tard.

Élaboration du texte de référence

Phase écrite collective (au tableau)

Titre : La monarchie de Juillet (1830-1848)

1. Un nouveau roi

Charles X a été chassé par les émeutes de juillet 1830. Il est remplacé par Louis-Philippe. C'est le début de la monarchie de Juillet.
Louis-Philippe veut être proche du peuple, mais ne fait aucune réforme pour améliorer le sort des ouvriers. Il rétablit le drapeau tricolore, mais n'accorde pas le suffrage universel. Sur le document 1, on le voit en uniforme militaire posant la main sur la Charte de 1830.

Document 1

2. Émeutes et répression

Les républicains s'opposent au régime. Pour combattre cette opposition, Louis-Philippe supprime beaucoup de libertés. Le peuple est mécontent, d'autant plus que la situation économique n'est pas toujours très bonne : il y a des périodes de crise, avec baisse des salaires et chômage. De nombreuses émeutes sont durement réprimées. Le massacre de la rue Transnonain en est un exemple.

Documents 2 et 3

3. La chute du roi

À partir de l'été 1847, les opposants au régime organisent des banquets, au cours desquels des orateurs font des discours pour réclamer une réforme du droit de vote.
L'interdiction de tenir un de ces banquets à Paris en février 1848 déclenche l'insurrection.
Quand la foule envahit le palais des Tuileries (doc. 4), Louis-Philippe abdique en faveur de son petit-fils, le comte de Paris. Les républicains, qui ne veulent plus de roi, proclament la République et forment un gouvernement provisoire.
Louis-Philippe s'enfuit en Angleterre où il mourra deux ans plus tard.

Document 4

Phase écrite individuelle (sur le cahier)

Personnages historiques

Louis-Philippe (1773-1850) : roi des Français de 1830 à 1848.
Daumier Honoré (1808-1879) : peintre et sculpteur français.
Baudelaire Charles (1821-1867) : poète français.

La monarchie de Juillet (1830-1848) : Louis-Philippe

6
Fiche documents

Document 1

Portrait de Louis-Philippe, roi des Français de 1830 à 1848.
Peinture de F. X. Winterhalter, 1839.

Document 2

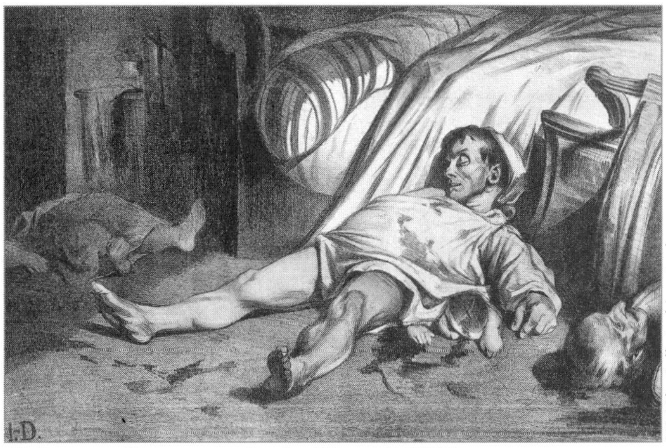

La rue Transnonain, le 15 avril 1834.
Honoré Daumier.

Au cours d'une émeute, un capitaine est blessé par un coup de feu tiré d'un immeuble de la rue Transnonain. Les soldats reçoivent l'ordre de massacrer tous les occupants cet immeuble.

Document 3

Dans une chambre pauvre et triste, la chambre traditionnelle du prolétaire, aux meubles banals et indispensable, le corps d'un ouvrier nu, en chemise et en bonnet de coton, gît sur le dos tout de son long (...). Sous le poids de son cadavre, le père écrase entre son dos et le carreau le cadavre de son petit enfant. Dans cette mansarde froide, il n'y a que le silence de la mort.

Charles Baudelaire, extrait de *Curiosités esthétiques*, recueil de ses articles de critique d'art.

Document 4

La révolution de 1848.
Image d'Épinal, milieu du XIXe siècle.

6 Fiche questionnaire

La monarchie de Juillet (1830-1848) : Louis-Philippe

Document 1

1. Quel est le nom et les dates de règne du roi représenté sur ce tableau ?
2. Est-il habillé comme les monarques absolus Louis XIV et Louis XVI ? Comment expliques-tu cette différence ?
3. Sa main droite est posée sur un livre intitulé « Charte de 1830 ». Qu'est-ce que cela signifie ?

Document 2

1. En quelle année a été fait ce dessin ? Quel roi gouvernait la France à cette époque ?
2. Quel lien vois-tu entre le dessin et le petit texte qui l'accompagne ?
3. À ton avis, pourquoi Daumier a-t-il fait ce dessin ?

Document 3

1. Charles Baudelaire a écrit ce texte après avoir vu un dessin. Devines-tu de quel dessin il s'agit ?
2. Baudelaire et Daumier partage un même sentiment. Quel nom pourrait-on donner à ce sentiment ?
3. Ce dessin et ce texte donnent-ils envie de soutenir le roi ? Pourquoi ?

Document 4

1. À quelle date et en quel endroit s'est déroulée la scène représentée sur ce document ?
2. Que font ces gens ? À ton avis, pourquoi font-ils cela ?
3. Qu'est-ce que ce grand fauteuil qu'on voit au premier plan ? Que symbolise le fait qu'il soit renversé ?
4. Reconnais-tu le grand personnage que l'on aperçoit debout au fond de la pièce ? À ton avis, est-il réellement présent ?

6 Fiche questionnaire

La monarchie de Juillet (1830-1848) : Louis-Philippe

Document 1

1. Quel est le nom et les dates de règne du roi représenté sur ce tableau ?
2. Est-il habillé comme les monarques absolus Louis XIV et Louis XVI ? Comment expliques-tu cette différence ?
3. Sa main droite est posée sur un livre intitulé « Charte de 1830 ». Qu'est-ce que cela signifie ?

Document 2

1. En quelle année a été fait ce dessin ? Quel roi gouvernait la France à cette époque ?
2. Quel lien vois-tu entre le dessin et le petit texte qui l'accompagne ?
3. À ton avis, pourquoi Daumier a-t-il fait ce dessin ?

Document 3

1. Charles Baudelaire a écrit ce texte après avoir vu un dessin. Devines-tu de quel dessin il s'agit ?
2. Baudelaire et Daumier partage un même sentiment. Quel nom pourrait-on donner à ce sentiment ?
3. Ce dessin et ce texte donnent-ils envie de soutenir le roi ? Pourquoi ?

Document 4

1. À quelle date et en quel endroit s'est déroulée la scène représentée sur ce document ?
2. Que font ces gens ? À ton avis, pourquoi font-ils cela ?
3. Qu'est-ce que ce grand fauteuil qu'on voit au premier plan ? Que symbolise le fait qu'il soit renversé ?
4. Reconnais-tu le grand personnage que l'on aperçoit debout au fond de la pièce ? À ton avis, est-il réellement présent ?

7

La IIe République (1848-1851)

Objectifs disciplinaires

Préciser les objectifs humanistes de la IIe République.

Objectifs méthodologiques

Interpréter une gravure pédagogique d'époque.

Comprendre et interpréter le texte d'une déclaration officielle.

Analyser le texte d'une affiche.

Poster 3

« L'émancipation à la Réunion, Sarda-Garriga, le 20/10/1848 », Alphonse Garreau, 1849

Document 1

« Le suffrage universel », lithographie de Bosredon, avril 1848

Document 2

« Abolition de l'esclavage », texte du 20 décembre 1848

Document 3

« Les ateliers nationaux », affiche sur la répartition du travail, 14 avril 1848

Étape 1

Phase orale collective

Rappeler ce qui a été vu dans la séquence précédente : le roi Louis-Philippe a été chassé par la révolution de 1848. La deuxième République a été proclamée.

Demander aux élèves pourquoi cette République est « seconde ». Rappeler si nécessaire que la première République a été proclamée pendant la Convention, en septembre 1792[1]. Un gouvernement provisoire est alors mis en place. Cette séquence présente quelques-unes de ses premières décisions…

Étape 2

Instaurer le suffrage universel

doc. 1 « Le suffrage universel, avril 1848 » (et cahier couleur p. 8).

Questionnaire à photocopier.

Cette gravure illustre bien l'esprit ayant favorisé la mise en place du suffrage universel : permettre à tous de s'exprimer par le vote et non plus par le fusil (l'émeute).

Phase orale collective

- Qu'est-ce qui est écrit sur le grand « vase » (une urne) ?

Écrire « suffrage universel » au tableau.

- Vous souvenez-vous de ce que cette expression signifie ?

Les laisser s'exprimer. Si nécessaire, rappeler que cette expression signifie que chaque adulte a le droit de voter pour élire les députés. Rappeler qu'auparavant, le suffrage était censitaire (seules les personnes payant un impôt important avaient le droit de voter).

- Pourquoi avoir représenté une urne et un fusil sur ce dessin ?

Phase de réflexion individuelle à partir du questionnaire

Phase orale collective

Décrire l'homme et l'identifier comme représentant la classe populaire.

Faire lire à haute voix la légende du document et demander aux élèves d'en expliquer les termes. Le « ça » désigne bien entendu le fusil qu'il convient de réserver aux ennemis étrangers de la France. Pour « le dedans » (la France), c'est par le vote qu'il faut combattre ses adversaires.

Il s'agit donc de dissuader « le peuple » d'avoir recours à l'émeute pour exprimer son mécontentement. C'est par les urnes qu'il doit désormais le faire.

On précisera toutefois que ce suffrage n'a d'universel que le nom. En effet, seuls *les hommes* de plus de 21 ans (âge abaissé à 18 ans en 1975) peuvent voter. Pour les femmes, il faudra attendre… 1944.

Une Assemblée constituante est élue le 13 avril. La province et la paysannerie, qui se méfient des révolutionnaires parisiens et souhaitent rétablir l'ordre, élisent une majorité de conservateurs (des républicains modérés). On y trouve également des royalistes et, pour la première fois, des députés socialistes dont l'objectif est de défendre la classe ouvrière.

Cette Assemblée constituante va préparer, comme c'est son rôle, une constitution (qui sera adoptée en novembre 1848). En attendant la mise en place du nouveau régime, elle désigne une Commission exécutive (issue de l'Assemblée constituante) qui remplacera le gouvernement provisoire.

Étape 3

Abolir l'esclavage

doc. 2 Abolition de l'esclavage : extraits du texte de la proclamation du 20 décembre 1848, signé par Sarda-Garriga.

Questionnaire à photocopier.

poster 3 « L'émancipation à la Réunion »

Le texte de la déclaration associée au tableau évoquant sa proclamation sur l'île de la Réunion permet de comprendre l'aspiration humaniste de cette nouvelle république, tout en évoquant les difficultés pratiques que craignaient ceux qui eurent à la faire appliquer dans les colonies.

1. Voir le fichier *40 séquences d'histoire au CM1*, séquence 31. On désigne sous le nom de Ire République, de façon globale, toute la période 1792-1804, à travers plusieurs régimes différents (Convention, Directoire, Consulat…).

Phase orale collective
Indiquer que l'abolition a été préparée dès le 4 mars 1848 par décision du gouvernement provisoire et accomplie par un décret de Victor Schoelcher (sous-secrétaire d'État à la Marine dans le gouvernement provisoire, ministère dont dépendent les colonies) dès le 27 avril.
Le décret n'arrive à la Réunion qu'en octobre, apporté par un nouveau gouverneur (« commissaire génééral ») nommé par le gouvernement provisoire, Joseph Sarda-Garriga que fin décembre. Demander aux élèves s'ils ont une idée sur les raisons de ce délai. Faire situer l'île de la Réunion sur carte du monde pour comprendre le délai, dû à la durée du voyage, des dépêches officielles en bateau.
Sarda-Garriga le proclame aussitôt officiellement (poster), et fait une tournée d'explication en novembre-décembre dans l'île, dans le contexte de laquelle s'inscrit le doc. 2. Il s'agit de rassurer et de calmer les colons, de prévenir des troubles, d'informer les esclaves libérés sur ce que sera leur nouveau statut.

Étude du doc. 2 :
Phase de réflexion individuelle à partir du questionnaire

Phase orale collective
Faire lire à haute voix le titre du document.
- Qui s'exprime ici ? Quelle est sa fonction ? À qui s'adresse-t-il ? Pour annoncer quoi ?

Préciser que dans cette colonie française, plus de 62 000 esclaves travaillent dans les champs de canne à sucre et dans les sucreries la transformant. Une autre séquence (n° 15) nous donnera l'occasion de voir quels étaient le statut et les conditions de vie des esclaves.

Faire lire à haute voix le texte de la déclaration en s'arrêtant sur les passages méritant des commentaires :
« Les décrets... sont exécutés » : *ceci est une loi, ce qu'elle dit ne peut être annulé* ;
« La liberté, vous le savez, vous impose des obligations » : *vous êtes désormais citoyens de la République, donc vous avez non seulement des droits mais aussi des devoirs.*
« Soyez dignes d'elle... de l'ordre et du travail » : *libres certes, mais il faut travailler et obéir* ;
« Je vous ai trouvés obéissants... mauvais conseils » : *Sarda-Garriga tient compte de l'angoisse des colons français face à un éventuel désordre sur l'île : si les anciens esclaves font un mauvais usage de leur nouvelle liberté, ils seront punis...* ;
« Vous écouterez mes conseils... Dieu, la France (*pas question d'indépendance* !) et le Travail » : *sans les anciens esclaves comme main d'oeuvre, l'économie de l'île s'effondrerait, d'où cette insistance sur la nécessité de continuer à travailler.*

Demander aux élèves ce qu'ils ressentent à la lecture de ce texte. Ont-ils compris que cette liberté est très relative, qu'elle est conditionnée par une obéissance aux colons, une acceptation de la religion catholique et une reconnaissance « éternelle » à la République française ? Mais aussi que cette loi permet aux esclaves d'être libres et égaux devant la loi, d'avoir le droit de vote et un salaire ?

Étude du poster 3 :
Phase orale collective
Commenter le poster afin de permettre aux élèves d'en découvrir les codes. Identifier le fonctionnaire français face aux esclaves : il porte l'écharpe tricolore et la cocarde rouge, insignes de la République. Il tient le texte de la déclaration dans sa main droite. Sa main gauche montre les outils utilisés par les esclaves, peut-être pour dire : vous êtes libres, mais cela ne doit pas vous empêcher de travailler. Derrière lui apparaît le buste de la République avec la balance symbolisant l'égalité. On aperçoit la cheminée fumante d'une sucrerie en arrière-plan (là encore, la liberté n'arrête pas le travail).
- Pourquoi fallait-il lire la proclamation alors qu'il y avait les affiches sur les murs ? *Peu d'esclaves savaient lire.*
- Sarda-Garriga a-t-il lu en personne son discours à tous les esclaves ? *Le texte a dû être lu dans chaque commune par le maire ou le garde-champêtre.*

Terminer en précisant que les craintes de Sarda-Garriga (et des colons) n'étaient finalement pas justifiées. Il n'y a pas eu de troubles importants et la production sucrière de l'île n'a pas été fortement affectée par cette émancipation.

Étape 4

Des espoirs déçus

doc. 3 Affiche sur la répartition du travail dans les ateliers nationaux, 14 avril 1848.
Questionnaire à photocopier.
Cette affiche annonce les premières difficultés auxquelles le gouvernement provisoire va se heurter. La question sociale a fait irruption dans le débat politique, le problème des ateliers nationaux va le démontrer avec éclat.

Phase de réflexion individuelle à partir du questionnaire

Phase orale collective
Faire lire le texte à haute voix.
- Avez-vous compris ce qu'étaient les « ateliers nationaux » ?

Ayant proclamé le droit au travail comme un nouveau droit de l'homme (idée généreuse des révolutionnaires de 1848), le gouvernement provisoire devait tenir ses promesses. Pour tenter de résorber le chômage (et donc de calmer la colère

populaire), le gouvernement a « embrigadé» (embauché, avec une idée de contrainte puisque les hommes au chômage n'avaient guère le choix) des milliers de travailleurs pour refaire des routes, construire des bâtiments publics, etc.
L'affiche annonce qu'il n'y a pas assez de travail pour tout le monde, et qu'en conséquence chaque homme ne travaillera que deux jours par semaine (donc avec une très petite paye). De plus, comme ces ateliers coûtent cher, le gouvernement les fermera dès juin 1848. Cent vingt mille ouvriers sont licenciés.
Comment le peuple va-t-il réagir ? Malgré le document 1 qui montrait un homme « sage » préférant l'urne au fusil, le peuple descend une nouvelle fois dans la rue. Et une fois encore, la répression, dirigée par le général Cavaignac, ministre de la Guerre dans la Commission exécutive, est féroce. Après trois jours de combats, on compte 6 000 morts, dont 4 000 civils et 2 000 militaires ! Autrement dit, la classe ouvrière s'est fait massacrer par une République qui avait proclamé de beaux et généreux principes. Va-t-elle lui rester attachée ? Vers quoi pourrait-elle se tourner ?

Évoquer rapidement le cycle infernal émeutes / répression ayant ensanglanté la France au cours de ce XIXe siècle. Faire un parallèle avec les manifestations contemporaines vues à la télévision. Voit-on des barricades ? des combats ? des morts ?

Revenir au titre de la séquence, plus précisément sur les dates permettant de connaître la durée de cette république (1848-1851). Faire constater que cette deuxième République ne va durer que 4 ans... Que va-t-on avoir après ? Laisser les élèves émettre des hypothèses sans indiquer ce qu'il va vraiment se passer.

Synthèse (orale)

Qu'avons-nous appris ?

- Suite à la fuite de Louis-Philippe, la Ire République est proclamée en février 1848. Un gouvernement provisoire est mis en place.
- Ce gouvernement décide le suffrage universel masculin, qui donne le droit de vote aux hommes de plus de 21 ans.
- Sous l'impulsion de Victor Schoelcher, le gouvernement provisoire abolit l'esclavage, notamment sur l'île de la Réunion où il était encore pratiqué.
- Afin de tenter de résorber le chômage, le gouvernement crée les ateliers nationaux. Mais comme il n'y a pas assez de travail pour tout le monde, et que ces ateliers coûtent cher, le gouvernement les ferme en juin 1848.
- La fermeture des ateliers nationaux déclenche de violentes émeutes qui sont très durement réprimées.

Élaboration du texte de référence

Phase écrite collective (au tableau)

Titre : La IIe République (1848-1851)

1. Le suffrage universel

La Ire République est proclamée après la fuite de Louis-Philippe. Un gouvernement provisoire est mis en place. Il accorde le droit de vote aux hommes de plus de 21 ans. C'est le suffrage universel. Cela devrait permettre d'éviter les émeutes qui finissent souvent dans un bain de sang.

Document 1

2. L'abolition de l'esclavage

Sous l'impulsion de Victor Schoelcher, le gouvernement provisoire abolit l'esclavage, notamment sur l'île de la Réunion où plus de 62 000 esclaves travaillaient dans les plantations de canne à sucre. Les esclaves sont libres mais on leur conseille d'être travailleurs et respectueux de la République. Cette émancipation est un succès : il n'y a pas de troubles et l'économie de l'île n'est pas menacée.

Document 2

3. Les ateliers nationaux

Afin de tenter de résorber le chômage, le gouvernement crée les ateliers nationaux. Des milliers d'hommes sont embauchés pour des travaux d'utilité publique. Comme il n'y a pas assez de travail pour tout le monde, et que ces ateliers coûtent cher, le gouvernement les ferme en juin 1848. Cette fermeture déclenche de violentes émeutes qui sont très durement réprimées (plus de 6 000 morts).

Document 3

Phase écrite individuelle (sur le cahier)

Lexique

Abolition : action de faire cesser la validité d'un usage ou d'une loi.

Personnages historiques

Schoelcher Victor (1804-1893) : homme politique français à l'origine de l'abolition de l'esclavage. En 1948, ses restes furent placés au Panthéon.

La IIe République (1848-1851)

Document 1

Ph. © ROGER-VIOLLET

Le suffrage universel.
Lithographie de Bosredon, avril 1848.

Document 2

RÉPUBLIQUE FRANÇAISE.
LIBERTÉ, ÉGALITÉ, FRATERNITÉ.
20 DÉCEMBRE 1848.
AUX TRAVAILLEURS.
...
Signé SARDA-GARRIGA.

Mes amis.

Les décrets de la République française sont exécutés. Vous êtes libres. Tous égaux devant la loi, vous n'avez autour de vous que des frères.

La liberté, vous le savez, vous impose des obligations. Soyez dignes d'elle, en montrant à la France et au monde qu'elle est inséparable de l'ordre et du travail. (...)

Je vous ai trouvés obéissants et je compte sur vous.

J'espère donc que vous me donnerez peu d'occasions d'exercer ma sévérité ; car je la réserve aux méchants, aux paresseux, aux vagabonds et à ceux qui, après m'avoir entendu, se laisseraient encore égarer par de mauvais conseils. (...)

Vous écouterez mes conseils : reconnaissance éternelle à la République française qui vous a fait libres ! Et que votre devise soit toujours Dieu, la France et le Travail.

Ph. Coll. Archives Bordas

L'abolition de l'esclavage.
Extraits du texte de la proclamation du 20 décembre 1848, signé par Sarda-Garriga, commissaire général de la République sur l'île de la Réunion.

Document 3

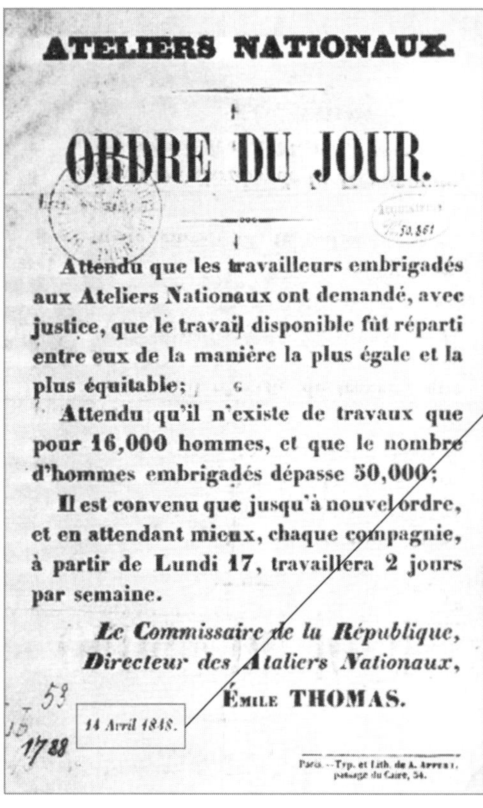
ATELIERS NATIONAUX.

ORDRE DU JOUR.

Attendu que les travailleurs embrigadés aux Ateliers Nationaux ont demandé, avec justice, que le travail disponible fût réparti entre eux de la manière la plus égale et la plus équitable ;

Attendu qu'il n'existe de travaux que pour 16,000 hommes, et que le nombre d'hommes embrigadés dépasse 50,000 ;

Il est convenu que jusqu'à nouvel ordre, et en attendant mieux, chaque compagnie, à partir de Lundi 17, travaillera 2 jours par semaine.

Le Commissaire de la République, Directeur des Ateliers Nationaux,
ÉMILE THOMAS.

14 Avril 1848.

Paris. — Typ. et Lith. de A. Appert, passage du Caire, 54.

14 Avril 1848.

Ph. Coll. Archives Bordas

Les ateliers nationaux : affiche sur la répartition du travail, 14 avril 1848.

7 Fiche questionnaire

La IIe République (1848-1851)

Document 1

1. De quand date ce document ? Qui gouvernait la France à cette date ?
2. À quelle catégorie sociale appartient l'homme visible sur la gravure ? Qui représente-t-il ?
3. Relis la légende du document. Que désigne le « ça » du début de la phrase ?
4. Que veut dire « pour le dedans » ?
5. Comment faut-il combattre les adversaires « du dedans » ?

Document 2

1. De quand date ce document et à qui s'adresse-t-il ?
2. Les anciens esclaves sont-ils vraiment libres de vivre comme ils le désirent ? Relève quelques mots qui précisent ce qu'on leur conseille de faire ou de ne pas faire.

Document 3

1. De quand date ce document ?
2. Cette affiche annonce-t-elle une bonne ou une mauvaise nouvelle ?

7 Fiche questionnaire

La IIe République (1848-1851)

Document 1

1. De quand date ce document ? Qui gouvernait la France à cette date ?
2. À quelle catégorie sociale appartient l'homme visible sur la gravure ? Qui représente-t-il ?
3. Relis la légende du document. Que désigne le « ça » du début de la phrase ?
4. Que veut dire « pour le dedans » ?
5. Comment faut-il combattre les adversaires « du dedans » ?

Document 2

1. De quand date ce document et à qui s'adresse-t-il ?
2. Les anciens esclaves sont-ils vraiment libres de vivre comme ils le désirent ? Relève quelques mots qui précisent ce qu'on leur conseille de faire ou de ne pas faire.

Document 3

1. De quand date ce document ?
2. Cette affiche annonce-t-elle une bonne ou une mauvaise nouvelle ?

8

Louis-Napoléon Bonaparte, du prince-président à l'empereur (1848-1852)

Objectifs disciplinaires

Comprendre les circonstances ayant amené à la proclamation du second Empire.

Objectifs méthodologiques

Analyser le texte d'un serment présidentiel.

Interpréter le texte d'une affiche d'époque.

Mettre en relation une question et une réponse afin de comprendre le principe du plébiscite.

Document 1

Serment de Louis-Napoléon Bonaparte, le 20 décembre 1848

Document 2

Affiche placardée dans les rues de Paris, le 2 décembre 1851

Document 3

Texte de la question du plébiscite et extraits du décret impérial du 2 décembre 1852 donnant le résultat du vote

Étape 1

Deux candidats pour prendre la tête de la République

Phase orale collective

Rappeler ce qui a été vu dans la séquence précédente : le gouvernement provisoire de la IIe République a de belles idées : adopter le suffrage universel, abolir l'esclavage… mais certaines sont très difficiles à réaliser : par exemple, résorber le chômage en créant des ateliers nationaux.

La fermeture de ces ateliers nationaux déclenche des émeutes qui sont une fois de plus sévèrement réprimées.

C'est dans cette ambiance tendue que se préparent les élections présidentielles…

Une nouvelle Constitution a en effet été adoptée. Elle prévoit un régime démocratique à caractère présidentiel, inspiré de l'exemple américain.

Informations complémentaires

C'est la première fois qu'un tel régime est envisagé pour la France. Sous la Ire République, le pouvoir exécutif a toujours été exercé de façon collégiale, du moins en théorie. Dans la période du gouvernement révolutionnaire de la Convention, on parle de la dictature de Robespierre, mais en réalité il y avait un groupe, le Comité de salut public, au sein duquel il n'était que le leader. Sous le Consulat, Bonaparte exerçait la réalité du pouvoir en tant que Premier consul mais il avait deux collègues, Cambacérès et Lebrun. ■

Présenter rapidement les deux principaux candidats se présentant à ces élections :

- le général Cavaignac représente le parti républicain. Le peuple ne l'aime pas car il a réprimé brutalement les émeutes ouvrières de juin 1848. La bourgeoisie ne l'apprécie guère car il est malgré tout un républicain sincère (bien que dépourvu de la fibre sociale)… ;
- le prince Louis-Napoléon Bonaparte : il est le fils de Louis Bonaparte, frère de Napoléon Ier, et d'Hortense de Beauharnais, fille du premier mariage de Joséphine. Il bénéficie du prestige encore important de son oncle et a déjà été élu député. Il se présente comme le candidat du « parti de l'ordre », rassemblement de tous les conservateurs effrayés par les risques de soulèvements populaires.

Informations complémentaires

Né en 1808, élevé en Suisse pour cause d'exil, Louis-Napoléon s'engagea en 1830 comme volontaire dans l'armée suisse où il obtint le grade de capitaine d'artillerie. En 1834, il fut naturalisé suisse, ce qui fera dire à certains historiens que Louis-Napoléon aura été « le seul Suisse à régner sur la France ».

Depuis la mort en 1832 du fils de Napoléon (connu sous les noms de « roi de Rome » lorsqu'il était enfant, « duc de Reichstadt » – titre de courtoisie que son grand-père l'empereur d'Autriche lui avait donné –, « l'Aiglon », « Napoléon II »), Louis-Napoléon Bonaparte se considère comme héritier légitime de l'Empire.

En 1840, profitant du retour des cendres de Napoléon au tombeau des Invalides, à Paris, il tente un coup de force pour prendre le pouvoir. C'est un échec total qui le mène en prison avec une condamnation à perpétuité. Il parvient à s'échapper après six ans de captivité. ■

Étape 2

Louis-Napoléon Bonaparte, président de la IIe République

doc. 1 « Serment de Louis-Napoléon Bonaparte, le 20 décembre 1848 ».

Questionnaire à photocopier.

Ce document (texte et image) montre un président humble et soucieux de servir au mieux la République. La suite de l'histoire prouvera qu'il ne faut pas se fier aux apparences…

Phase de réflexion individuelle à partir du questionnaire

Phase orale collective

Préciser que Louis-Napoléon Bonaparte a été élu avec 75 % des voix.

Décrire l'habillement particulièrement modeste du nouveau président, symbole de sa mise au service de la République et non de son prestige personnel. Remarquer la main gauche du nouveau président. Sur quoi est-elle posée ? Rappeler le tableau de Louis-Philippe, la main posée sur la Charte. Sur notre document, Louis-Napoléon à la main posée sur le texte de la Constitution (il est représenté en train de prêter serment).
Montrer que Louis-Napoléon ne renie en rien son oncle célèbre et faire repérer les détails évoquant l'Empereur :

- la main droite du président dans son gilet. Que signifie cette pose ? Est-ce une « main droite sur le cœur » pour montrer sa sincérité ? Ou bien s'agit-il de rappeler la célèbre pose de Napoléon Ier ?
- le tableau représentant Napoléon Ier : noter que ce tableau montre le Napoléon homme de guerre, le conquérant, pas l'Empereur dans tout l'apparat du portrait officiel. Il s'agit de capter le prestige, la grandeur nationale, mais pas de suggérer que Louis-Napoléon Bonaparte pense déjà à rétablir l'Empire (ce serait prématuré).

Le prestige de l'oncle suffit-il, à lui seul, à expliquer cette victoire écrasante ? Des raisons sociales sont aussi intervenues. La force de Louis-Napoléon Bonaparte est d'avoir su rallier à la fois le vote paysan (peur des « partageux », hostilité aux Parisiens), le vote bourgeois (désir d'ordre et de stabilité), et une partie du vote ouvrier (ceux que la République a déçus et meurtris, et qui ont entendu que Louis-Napoléon Bonaparte s'intéressait à l'amélioration de la condition ouvrière – celui-ci a écrit, en 1844, un livre sur le sujet : *L'Extinction du paupérisme*).
Faire lire à haute voix le texte du serment. Relever l'expression « devant Dieu » pour noter l'importance de la religion et mettre en évidence la forte implication du président à défendre les intérêts de la République et du peuple français. Insister sur les mots-clés du serment : « Je jure de rester **fidèle à la République démocratique**... Je verrai des ennemis de la patrie dans tous ceux qui tenteraient de **changer par des voies illégales** ce que la France a établi. »
On reviendra sur ce texte au moment du coup d'État et de la mise en place du second Empire pour montrer qu'il a fait tout le contraire...

Indiquer que, le 31 mai 1850, les députés du « Parti de l'Ordre », majoritaire, font voter une loi abolissant le suffrage universel. Pour voter, il faut désormais résider depuis 3 ans au moins au même endroit, ce qui élimine plus de 3 millions de personnes des bureaux de vote. Il s'agit en majorité d'ouvriers (que le chômage oblige à se déplacer pour trouver du travail) et de travailleurs saisonniers, électeurs plutôt républicains voire socialistes. Le président, lui, s'oppose à cette loi, ce qui fait monter sa cote de popularité.

NB : c'est cette même Assemblée qui vote la fameuse loi Falloux, accordant des subventions aux écoles privées et plaçant les écoles publiques (il en existait déjà beaucoup) sous la tutelle du curé et du maire.
Louis-Napoléon Bonaparte, élu pour un mandat de 4 ans non renouvelable, cherche à obtenir de l'Assemblée une révision de la Constitution qui lui permettrait de prolonger son mandat, mais l'Assemblée refuse.

Étape 3

Le coup d'État du 2 décembre 1851

doc. 2 Affiche annonçant le coup d'État, placardée dans les rues de Paris le 2 décembre 1851.
Questionnaire à photocopier.
Ce document reproduit une affiche placardée sur les murs de Paris le jour du coup d'état de Louis-Napoléon Bonaparte. Sa lecture attentive et éclairée devrait permettre aux élèves de comprendre (dans les grandes lignes...) le mécanisme un peu complexe de cette prise en force du pouvoir.

Phase de réflexion individuelle à partir du questionnaire

Phase orale collective
Relever la date du décret et indiquer que cela correspond au 47e anniversaire du sacre de Napoléon Ier (ainsi qu'au 46e anniversaire de la victoire d'Austerlitz).
Comparer la date avec celle du doc. 1 pour découvrir que le président était déjà au pouvoir depuis trois ans, et qu'il ne lui restait donc que peu de temps avant d'être obligé de se retirer puisque la Constitution ne l'autorisait pas à se présenter une nouvelle fois devant les électeurs.
Lire le texte en entier puis revenir sur les articles 1 et 5. Préciser que le Conseil d'État (dont les membres avaient été choisis par l'Assemblée) a pour objectif d'harmoniser les actions du gouvernement et de l'Assemblée. La dissolution (= renvoi) de l'Assemblée et du Conseil d'État doit permettre à Louis-Napoléon de museler ses principaux opposants et d'atteindre plus facilement ses objectifs. La classe a-t-elle une idée des objectifs en question ?
NB : c'est là que réside le coup d'État, car une telle dissolution n'est pas prévue par la Constitution, qui organisait les pouvoirs de façon à établir une séparation et un équilibre absolus entre le législatif et l'exécutif, tous deux issus directement de la souveraineté populaire. Le Président et son gouvernement ne sont pas responsables devant l'Assemblée nationale, mais le Président ne peut pas non plus dissoudre l'Assemblée. En cas de désaccord, rien n'est prévu pour régler le conflit : ils sont condamnés à s'entendre... ou alors à recourir à la force.

Revenir au serment (doc. 1) et demander aux élèves de comparer ce qu'a promis Louis-Napoléon Bonaparte et ce qu'il fait en réalité.

Revenir sur l'article 2 : rappeler que la loi de mai 1850 est celle qui abolit le suffrage universel (voir plus haut). Donc Louis-Napoléon Bonaparte rétablit le suffrage universel, ce qui lui attirera une certaine sympathie populaire.
Poursuivre avec l'article 3. La convocation des Français dans les comices suggère l'organisation prochaine d'un vote.
Voici la proposition qui leur sera faite, et à laquelle ils devront répondre par « oui » ou par « non » : le peuple français veut le maintien de l'autorité de Louis-Napoléon Bonaparte et lui délègue les pouvoirs nécessaires pour établir une Constitution sur les bases proposées dans sa proclamation du 2 décembre 1851.
Sur 10 millions d'électeurs, 92 % répondront « oui ».
Il s'agit en fait d'un plébiscite (rappeler ce qu'est un plébiscite à partir de la formulation du texte : « Le peuple veut… »).

L'article 4 indique que l'armée est en état d'alerte et qu'elle fera respecter les décisions du Président. Préciser que cette armée devra effectivement réprimer quelques manifestations d'opposants (200 morts à Paris). Le peuple de Paris n'avait pas tellement envie de soutenir, au risque de se faire tuer, des députés qui l'avaient tellement déçu.

Conclure : par ce décret, Louis-Napoléon écarte ses opposants à l'Assemblée et au Conseil d'État. Ce « coup d'État du 2 décembre 1851 » lui permet de faire approuver – par plébiscite – une nouvelle Constitution fixant la durée du mandat présidentiel à dix ans.

Étape 4

Le président Louis-Napoléon Bonaparte devient l'empereur Napoléon III

doc. 3 Texte de la question du plébiscite et extraits du décret impérial du 2 décembre 1852 donnant le résultat du vote.
Questionnaire à photocopier.
Ce document montre comment Louis-Napoléon réussit à devenir empereur avec l'approbation des Français juste un an après son coup d'État.

Phase de réflexion individuelle à partir du questionnaire

Phase orale collective
Faire commenter la date du décret : encore un 2 décembre !
Faire lire et résumer la question : les Français sont-ils d'accord pour que Louis-Napoléon devienne empereur ?
Montrer qu'au-delà de la question principale, Louis-Napoléon pense à créer une nouvelle dynastie puisque « l'hérédité dans sa descendance directe » est mentionnée.
Souligner la très grande majorité des « oui » par rapport aux « non ».
Faire relire la conclusion : Louis-Napoléon Bonaparte est empereur des Français sous le nom de Napoléon III. (Rappeler que Napoléon II, fils de Napoléon Ier, est mort en exil en Autriche en 1832.)
Un nouvel empereur se trouve désormais à la tête du pays. C'est le début du second Empire.

Synthèse (orale)

Qu'avons-nous appris ?

- Louis-Napoléon Bonaparte est le neveu de Napoléon Ier.
- Il est élu président de la IIe République en 1848. Il bénéficie d'un mandat de 4 ans non renouvelable.
- Il veut rester plus longtemps au pouvoir, mais l'Assemblée refuse de modifier la Constitution.
- Par le coup d'État du 2 décembre 1851, Louis-Napoléon réussit à faire modifier la Constitution. La durée de son mandat est désormais de 10 ans.
- En 1852, Louis-Napoléon propose un plébiscite au peuple français : ce peuple souhaite-t-il le retour de l'Empire ? Une grande majorité de Français vote « oui ».
- Le 2 décembre 1852, Louis-Napoléon devient empereur des Français sous le nom de Napoléon III.
- Le choix de cette date du 2 décembre n'est pas un hasard : elle correspond à l'anniversaire du sacre de Napoléon Ier.
- Louis-Napoléon prend le nom de Napoléon III car Napoléon Ier avait eu un fils qui aurait pu être Napoléon II.

Élaboration du texte de référence

Phase écrite collective (au tableau)

Titre : Louis-Napoléon Bonaparte, du prince-président à l'empereur

1. Un nouveau président

Louis-Napoléon Bonaparte est le neveu de Napoléon Ier. Il est élu président de la IIe République en 1848. Il bénéficie d'un mandat de 4 ans non renouvelable. Le document 1 propose un extrait de son serment. Il y déclare son amour de la République et son désir de la servir au mieux.

Document 1

2. Le coup d'État

Louis-Napoléon veut rester plus longtemps au pouvoir, mais l'Assemblée refuse de modifier la Constitution. Par le coup d'État du 2 décembre 1851, Louis-Napoléon réussit à faire modifier la Constitution. La durée de son mandat est désormais de 10 ans.

Document 2

3. Un nouvel empereur

En 1852, Louis-Napoléon propose un plébiscite au peuple français : ce peuple souhaite-t-il le retour de l'Empire ? Une grande majorité de Français vote « oui ».
Le 2 décembre 1852, Louis-Napoléon devient donc empereur des Français sous le nom de Napoléon III.
Le choix de cette date du 2 décembre n'est pas un hasard : elle correspond à l'anniversaire du sacre de Napoléon Ier.
Louis-Napoléon prend le nom de Napoléon III car Napoléon Ier avait eu un fils qui aurait pu être Napoléon II, mais celui-ci est mort en Autriche en 1832.

Document 3

Phase écrite individuelle (sur le cahier)

Lexique

Plébiscite : vote direct du peuple, par lequel il est appelé à un choix ou une approbation.
Coup d'État : action soudaine et illégale entraînant des bouleversements politiques dans le gouvernement d'un pays.

Personnages historiques

Louis-Napoléon Bonaparte (1808-1873) : neveu de Napoléon Ier, élu président de la République en 1848, puis empereur des Français en 1852.

Louis-Napoléon Bonaparte : du prince-président à l'empereur (1848-1852)

8 Fiche documents

Document 1

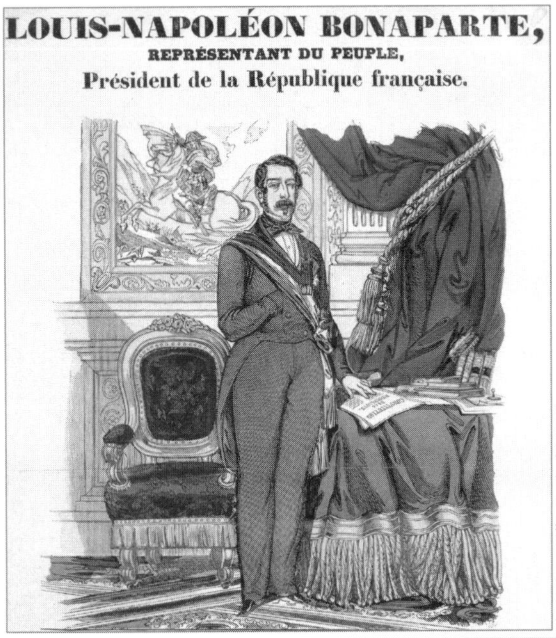

« En présence de Dieu, et devant le peuple français représenté par l'Assemblée nationale, je jure de rester fidèle à la République démocratique une et indivisible. (...) Mon devoir est tracé ; je le remplirai en homme d'honneur. Je verrai des ennemis de la patrie dans tous ceux qui tenteraient de changer par des voies illégales ce que la France a établi. (...) Nous avons une grande mission à remplir, c'est de fonder une république dans l'intérêt de tous. »

Serment de Louis-Napoléon Bonaparte, le 20 décembre 1848.

Document 2

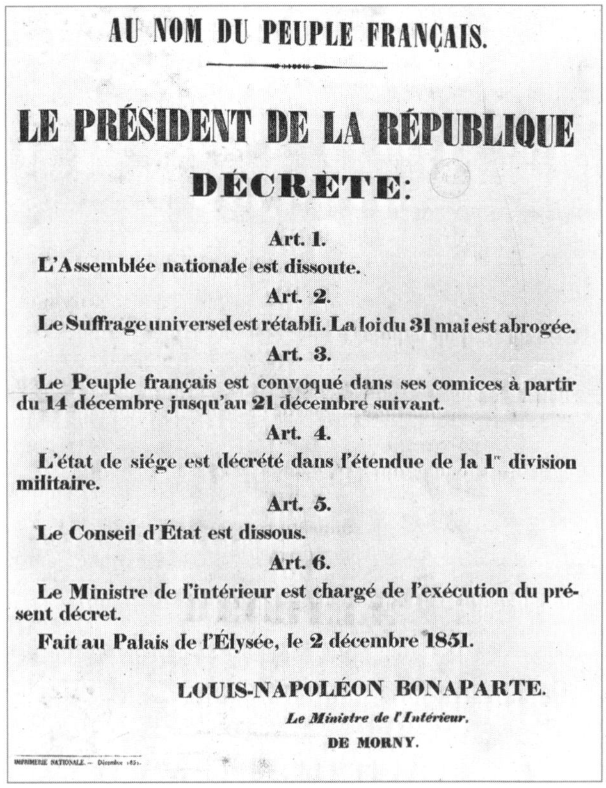

AU NOM DU PEUPLE FRANÇAIS.

LE PRÉSIDENT DE LA RÉPUBLIQUE

DÉCRÈTE :

Art. 1.

L'Assemblée nationale est dissoute.

Art. 2.

Le Suffrage universel est rétabli. La loi du 31 mai est abrogée.

Art. 3.

Le Peuple français est convoqué dans ses comices à partir du 14 décembre jusqu'au 21 décembre suivant.

Art. 4.

L'état de siége est décrété dans l'étendue de la 1re division militaire.

Art. 5.

Le Conseil d'État est dissous.

Art. 6.

Le Ministre de l'intérieur est chargé de l'exécution du présent décret.

Fait au Palais de l'Élysée, le 2 décembre 1851.

LOUIS-NAPOLÉON BONAPARTE.

Le Ministre de l'Intérieur,

DE MORNY.

Affiche placardée dans les rues de Paris, le 2 décembre 1851.

* Les comices : les bureaux de vote.

* Le conseil d'État : son rôle consiste (entre autres) à donner son avis sur les projets de loi soumis par le gouvernement.

Document 3

Voici la question qui était posée aux électeurs lors du plébiscite (vote) du 21 novembre 1852. Les électeurs devaient répondre par « oui » ou « non » :

« Le peuple veut le rétablissement de la dignité impériale dans la personne de Louis-Napoléon Bonaparte, avec hérédité dans sa descendance directe, légitime ou adoptive, et lui donne le droit de régler l'ordre de succession au trône dans la famille Bonaparte... »

Ces extraits du décret impérial du 2 décembre 1852 donnent le résultat du vote :
[...] (Vu les résultats du plébiscite :)
« sept millions huit cent vingt-quatre mille cent quatre-vingt-neuf (7 824 189) bulletins portant le mot "oui" ; deux cent cinquante-trois mille cent quarante-cinq (253 145) bulletins portant le mot "non" ; soixante-trois mille trois cent vingt-six (63 326) bulletins nuls » ; [...]
Avons décrété et décrétons ce qui suit : [...]
Louis-Napoléon Bonaparte est empereur des Français sous le nom de Napoléon III. »

8 Fiche questionnaire

Louis-Napoléon Bonaparte : du prince-président à l'empereur (1848-1852)

Document 1

A – **Observe l'image.**

1. Qui est le personnage représenté ? Quelle est sa fonction ?
2. Deux détails rappellent l'oncle illustre de ce président. Les as-tu repérés ?
3. Comment interpréter la simplicité des vêtements de ce président ?

B – **Relis le texte.**

1. De quand date ce texte ? Qui l'a prononcé ?
2. Quelle expression montre que l'État et la religion étaient encore très liés à cette époque ?
3. Que signifie la phrase qui commence par « Je verrai… » ?
4. D'après ce serment, quel est le principal objectif de Louis-Napoléon Bonaparte ?

Document 2

1. De quand date ce document ? Où pouvait-on le voir ?
2. À ton avis, pourquoi Louis-Napoléon Bonaparte a-t-il dissous l'Assemblée nationale et le Conseil d'État ?
3. L'article 3 laisse comprendre que quelque chose va être organisé. De quoi s'agit-il ?

Document 3

1. Quel est l'essentiel de la question posée aux Français ?
2. Les Français ont-ils voté majoritairement « pour » ou « contre » le retour de l'Empire ?
3. Quelle a été la principale conséquence de ce vote ?

8 Fiche questionnaire

Louis-Napoléon Bonaparte : du prince-président à l'empereur (1848-1852)

Document 1

A – **Observe l'image.**

1. Qui est le personnage représenté ? Quelle est sa fonction ?
2. Deux détails rappellent l'oncle illustre de ce président. Les as-tu repérés ?
3. Comment interpréter la simplicité des vêtements de ce président ?

B – **Relis le texte.**

1. De quand date ce texte ? Qui l'a prononcé ?
2. Quelle expression montre que l'État et la religion étaient encore très liés à cette époque ?
3. Que signifie la phrase qui commence par « Je verrai… » ?
4. D'après ce serment, quel est le principal objectif de Louis-Napoléon Bonaparte ?

Document 2

1. De quand date ce document ? Où pouvait-on le voir ?
2. À ton avis, pourquoi Louis-Napoléon Bonaparte a-t-il dissous l'Assemblée nationale et le Conseil d'État ?
3. L'article 3 laisse comprendre que quelque chose va être organisé. De quoi s'agit-il ?

Document 3

1. Quel est l'essentiel de la question posée aux Français ?
2. Les Français ont-ils voté majoritairement « pour » ou « contre » le retour de l'Empire ?
3. Quelle a été la principale conséquence de ce vote ?

9

La vie sous le second Empire (1852-1870)

Objectifs disciplinaires

Préciser le climat politique et social de la France sous le second Empire.

Objectifs méthodologiques

Analyser une caricature.

Interpréter un texte politique.

Observer deux gravures pour en extraire des informations sur l'urbanisme de l'époque.

Poster 4

La vie dans la haute société sous le second Empire : « Souper aux Tuileries, 10 juin 1867 », baron Henri Charles Antoine

Document 1

Caricature d'Honoré Daumier publiée dans le journal *Le Charivari* du 30 avril 1870

Document 2

Victor Hugo, *Les Châtiments*, livre II, VII, Jersey, 1853

Document 3

L'exposition universelle de 1867

Document 4

La transformation de Paris : expropriation pour le prolongement de l'avenue de l'Opéra

Étape 1

Phase orale collective

On aura, quelques jours avant cette séquence, affiché le poster 4 et laissé les élèves libres d'observer le tableau « Souper aux Tuileries ».

Rappeler les événements vus dans la séquence précédente : l'élection du président Louis-Napoléon Bonaparte, son coup d'État pour modifier la Constitution puis le plébiscite par lequel le peuple français l'acceptait comme empereur.

Par la suite, Napoléon III met en place un régime autoritaire qui ressemble beaucoup à celui de Napoléon Ier.

Étape 2

Quelle opposition à l'empereur élu ?

doc. 1 Caricature de Daumier.
doc. 2 Texte de Victor Hugo.
Questionnaires à photocopier.

La caricature permet de mieux situer les caractères politiques du second Empire. Elle permet également de retrouver Daumier, déjà rencontré dans une séquence précédente.

Le texte de Victor Hugo, bien connu pour l'expression « Napoléon le Petit », fait partie des textes incontournables de cette période.

Étude du doc. 1 :
Phase de réflexion individuelle à partir du questionnaire

Phase orale collective

Expliciter ce qui est en filigrane dans cette caricature.

- Pouvez-vous préciser quelles catégories sociales étaient incarnées par les personnages ?

Indices à exploiter : les vêtements, la corpulence, le langage, l'expression (« M'sieur l'maire ») ; le notable bourgeois face aux braves et frustes paysans...

- Devinez-vous ce qu'est un « bibiscite » ? Un plébiscite.
- Quel est le sens de la réponse du maire ? Pourquoi est-ce drôle ? Sentez-vous la critique sociale et politique à l'œuvre dans ce dessin ?
  Montrer que le maire se moque des paysans et profite de leur ignorance pour influencer leurs votes. Daumier accentue cette ignorance en leur faisant déformer le mot « plébiscite ». L'humour de ce dessin ne peut être saisi que si l'on connaît effectivement le sens de ce mot. Par cette caricature, Daumier montre comment le peuple peut être manipulé par des gens censés le représenter.
- Avez-vous repéré les initiales en bas à gauche : « h d » ? Vu le style du dessin, cela vous rappelle-t-il quelque chose ? *Honoré Daumier, que nous avons déjà rencontré en étudiant la monarchie de Juillet.*

Sous le second Empire, il n'existe longtemps qu'une démocratie de façade : l'Empereur contrôle de près ou de loin tous les organes du pouvoir ; le suffrage universel est en vigueur, mais il n'est en fait utilisé que pour confirmer l'adhésion au régime et à l'Empereur, soit par un oui massif aux plébiscites, soit, quand il y a des élections législatives, pour assurer une confortable majorité au « candidat officiel », présenté par le préfet et investi par l'Empereur. Tout est mis en œuvre pour manipuler le vote et décourager les électeurs qui auraient l'idée de voter « non » ou pour un candidat autre que l'officiel. Quant aux élections municipales, elles ne servent qu'à désigner les conseillers municipaux : les maires sont nommés par le préfet – pas obligatoirement au sein du conseil municipal d'ailleurs – ; auprès des électeurs, ils sont donc les instruments fidèles du régime.

Préciser que, malgré la difficulté d'exprimer une opposition, cela n'empêcha pas des voix de s'élever contre ce nouvel Empire. Le doc. 2 va nous en donner un exemple...

Étude du doc. 2 :
Phase de réflexion individuelle à partir du questionnaire

Phase orale collective

- Qui est l'auteur de ce texte ? Avons-nous déjà entendu parler de cet écrivain ?

Revenir rapidement à la séquence 5 et au poème de Victor Hugo sur le travail des enfants.
Lire le texte à haute voix, puis expliquer les passages difficiles à comprendre :
« Ô soldats ! nous aimions votre splendeur première ; (*lors des guerres révolutionnaires, pour défendre la France contre les armées étrangères*)
« Fils de la république (*et non de l'Empire ou de la monarchie*) et fils de la chaumière (enfants de paysans), / Que l'honneur échauffait, / Pour servir ce bandit (*Napoléon III*) qui dans leur sang se vautre, (*leur = le sang de la République et de la chaumière, le sang du peuple*) /
« Hélas ! pour trahir l'une (*la République*) et déshonorer l'autre, (*la chaumière*) / Que vous ont-elles fait ? (*elles = la République et la France*) /
« Ou Cartouche le Grand » : *préciser que Cartouche (1693-1721) était un célèbre brigand français, chef d'une bande de voleurs. Il fut exécuté en place publique (supplice de la roue).*

Donner quelques informations sur Victor Hugo : élu député, Victor Hugo a envisagé une candidature à l'élection présidentielle de 1848, mais a finalement soutenu, ironie de l'histoire, celle de Louis-Napoléon Bonaparte en qui, comme beaucoup d'autres, il a dû voir un défenseur du peuple. Il s'oppose au coup d'État du 2 décembre 1851 et tente, sans succès, d'organiser un soulèvement national. La police le recherche avec ordre de le fusiller si elle le capture. Victor Hugo réussit à s'enfuir et quitte la France pour de longues années d'exil. À Bruxelles d'abord (où il publie *Napoléon le Petit*) puis à Jersey où il débarque en 1852, enfin à Guernesey où il a vécu 10 ans (1855-1865) et pour finir de nouveau à Bruxelles.
Son activité littéraire est débordante. Il publie (entre autres œuvres) *Les Châtiments* (1853), *Les Misérables* (1862), *Les Travailleurs de la mer* (1866). Il refuse de revenir en France malgré l'amnistie accordée par Napoléon III. Ce n'est qu'en 1870, après la chute de l'Empire, qu'il reviendra à Paris.
Pour montrer la résolution avec laquelle Victor Hugo a tenu son serment de ne pas revenir en France tant que Napoléon III n'aurait pas quitté le pouvoir, on pourra citer ces derniers vers d'« Ultima verba », poème écrit le 2 décembre 1852 :
« Si l'on n'est plus que mille, eh bien, j'en suis ! Si même
Ils ne sont plus que cent, je brave encor Sylla ;
S'il en demeure dix, je serai le dixième ;
Et s'il n'en reste qu'un, je serai celui-là ! »

Informations complémentaires : L'opposition sous Napoléon III

Napoléon III n'a eu que peu d'opposants résolus comme Hugo. La plupart, n'ayant pas son audience et sa popularité, n'ont pu que se soumettre. Face à un régime autoritaire bénéficiant qui plus est d'un solide assentiment populaire parce qu'il apportait l'ordre, la paix civile et la prospérité, les contestataires étaient réduits à l'exil ou au silence.

Cependant, après 1860, ce régime se libéralisera peu à peu : sûr de la solidité de son pouvoir, l'Empereur pense pouvoir se permettre de laisser s'exprimer (avec mesure) des opposants. Il autorise le retour des proscrits et rend un peu de liberté et de pouvoir au corps législatif (l'Assemblée). Il rétablit même, à partir de 1868, une assez grande liberté de la presse : remarquer que le simple fait que le dessin de Daumier ait pu paraître (dans le journal le *Charivari*, le 30 avril 1870, juste avant un plébiscite qui allait se tenir le 8 mai, pour approuver précisément les réformes libéralisant le régime) atteste de cet assouplissement, puisqu'il n'a pas été censuré ! ■

Étape 3

Une ère de prospérité industrielle

doc. 3 Vue de l'exposition universelle de 1867 (et cahier couleur p. 9).
Questionnaire à photocopier.
poster 4 « Souper aux Tuileries, 10 juin 1867 »
Ces documents montrent l'importance prise par l'exposition universelle de 1867 : elle illustre la prospérité et l'essor industriel de la France, particulièrement vif sous le second Empire, où il atteint alors son apogée.
Le tableau représente le souper qui fut donné à l'occasion de l'inauguration de cette exposition, et symbolise les nombreuses fêtes et réceptions qui marquèrent le règne de Napoléon III.

Étude du doc. 3 :
Phase de réflexion individuelle à partir du questionnaire

Phase orale collective
Présenter rapidement le principe de l'exposition universelle :
- Les expositions universelles ont été créées au XIXe siècle pour présenter les réalisations industrielles de différents pays. C'étaient des vitrines technologiques et industrielles témoignant des progrès réalisés au cours de la révolution industrielle du XIXe siècle.

- Ces expositions furent l'occasion de réalisations architecturales importantes : Tour Eiffel (pour l'exposition de 1889) et métro de Paris (exposition de 1900), Atomium de Bruxelles (1958), Biosphère de Montréal (1967)...
- Ces expositions existent encore de nos jours : la dernière en date s'est déroulée à Nagoya (Japon) en 2005.

Revenir sur l'exposition universelle de 1867 : elle ouvre ses portes du 1er avril au 3 novembre 1867. Elle regroupe près de 50 000 exposants venus de plus de 40 pays du monde entier (Égypte, Algérie, Japon...) et recevra 7 millions de visiteurs.
L'image représente les bâtiments de l'exposition installés sur le Champ-de-Mars. C'est là que la tour Eiffel sera construite pour l'exposition de 1889.
Mettre en évidence l'importance des bâtiments et de la surface qu'ils occupent, l'originalité de l'architecture. Préciser que l'immense palais de l'exposition elliptique (500 m sur 384, superficie de 15 ha) est un bel exemple d'architecture métallique (à mettre en relation avec la séquence 2). Ce fut le plus grand bâtiment de cette sorte jamais construit (et en deux ans seulement).
Faire repérer les moyens de transport terrestres et fluviaux, la faible densité des constructions environnant le site de l'exposition...
Indiquer que, grâce à cette manifestation de prestige, les entreprises exposant pour le pays organisateur montraient leurs productions les plus avancées... et signaient de gros contrats.

Étude du poster 4 :
Phase orale collective
Faire nommer le titre du tableau et la date de l'événement représenté. Préciser l'endroit où se déroule la scène et donner quelques informations sur le palais des Tuileries, à Paris – ainsi nommé parce que construit à partir de 1564 sur l'emplacement de fabriques de tuiles. Il fut la résidence royale de nombreux souverains : Henri IV, Louis XIV, Louis XVI, Louis XVIII, Charles X, Louis-Philippe (*cf.* doc. 4 de la séquence 6) puis Napoléon III. C'était un palais très vaste dont la façade mesurait 266 m de long.
Indiquer que Napoléon III aimait beaucoup donner des fêtes luxueuses (l'abondance des plaisirs, des spectacles et des fêtes sous son règne a donné lieu à une expression à connaître pour désigner cette période : la « fête impériale »). Celle représentée sur le tableau se déroula en 1867, en l'honneur des nombreux souverains rendant visite à l'Empereur à l'occasion de l'exposition universelle. Parmi eux : l'empereur d'Autriche, le roi Guillaume de Prusse (à qui l'Empire déclarera la guerre en 1870), le tzar Alexandre II, le sultan Abdul Aziz, le roi de Suède, la reine de Madagascar...

Faire décrire les personnages visibles sur l'image : les costumes sombres des hommes, les grandes robes à crinoline des dames (armature en forme de cage portée sous la jupe afin de lui donner de l'ampleur au niveau des hanches, et de souligner par contraste la finesse de la taille qui, elle, était serrée dans un corset, ceci afin de répondre aux canons de la beauté féminine au XIXe : taille de guêpe, hanches généreuses).

Faire remarquer les lustres donnant un éclairage au gaz et non à l'électricité. Préciser que le soir de cette fête, on inaugurait, en présence de l'Empereur et sous les yeux admiratifs du public, une nouvelle merveille de la technologie moderne : la façade et les jardins du palais furent illuminés à l'électricité. Repérer également les tentures en trompe-l'œil donnant l'illusion d'un jardin, d'une fontaine...
Terminer en indiquant que le palais des Tuileries fut détruit en 1871 par un incendie volontaire. Un grand jardin public marque aujourd'hui son emplacement.

Étape 4

Assainir Paris

doc. 4 La transformation de Paris : expropriation pour le prolongement de l'avenue de l'Opéra (et cahier couleur p. 9).
Questionnaire à photocopier.
Ce document illustre les grands travaux du baron Haussmann qui transformèrent Paris sous le règne de Napoléon III. Les travaux de construction de l'avenue nouvelle qui devait mener à l'Opéra Garnier (Opéra dont la construction avait démarré en 1861) n'ont commencé qu'en 1864 et ont été interrompus par la guerre de 1870. Ils ont repris sous la IIIe République et ne se sont achevés qu'en 1879. La scène représentée ici, datée de 1876, illustre cependant un phénomène qui s'est souvent produit dans le Paris du second Empire...

Phase de réflexion individuelle à partir du questionnaire

Phase orale collective
Faire lire le titre du document.
Expliquer le terme « expropriation » : la loi autorise l'État à expulser quelqu'un de son logement si c'est pour le bien public.
Dans notre cas, les gens sont expulsés afin de permettre le prolongement d'une avenue parisienne.

Expliquer les raisons de ces travaux :
- Dès le début de son règne, Napoléon III veut transformer Paris. Cette ville a peu changé depuis le Moyen Âge. Elle est formée d'un dédale de rues étroites et sales (peu d'égouts, l'eau usée s'écoule par une rigole centrale) sans grands axes.

- L'idée maîtresse des travaux est de permettre une meilleure circulation de l'air afin d'éviter les épidémies (comme le choléra en 1832). La possibilité d'entraver d'éventuels soulèvements populaires en limitant les possibilités de barricades est également prise en compte.
- Ces travaux permettront également la mise en place de 600 km d'égouts et de réseaux d'adduction d'eau potable et de gaz d'éclairage.

Ces travaux sont dirigés par le baron Haussmann, préfet du département de la Seine (c'est-à-dire de Paris) de 1853 à janvier 1870, années durant lesquelles la ville sera un chantier permanent. Il crée de grands boulevards et de larges places (comme la place de l'Étoile où convergent douze avenues parmi lesquelles les Champs-Élysées), ainsi que de vastes parcs publics (les Buttes-Chaumont et le parc Montsouris, par exemple). Cela entraîne d'importantes destructions (de logements modestes mais aussi de bâtiments historiques, d'églises...).
Les nouveaux immeubles sont bâtis suivant des règles strictes qui en font des immeubles réservés à la bourgeoisie. De fructueuses opérations immobilières sont réalisées à cette occasion. Les classes les moins aisées sont obligées de se déplacer vers les banlieues.

Pour terminer cette présentation du second Empire, revenir sur l'important soutien ouvrier dont l'Empereur avait bénéficié lors du plébiscite. Que sont devenus les sentiments « sociaux » de Louis-Napoléon Bonaparte ? A-t-il réellement fait quelque chose pour améliorer la condition ouvrière ?
La réponse est oui. Dans la première moitié de son règne, à part quelques « bonnes œuvres », il n'a pas eu besoin de faire grand chose car c'est une période de « boom » économique et de plein emploi. Les salaires et les conditions de travail s'améliorent donc d'eux-mêmes, alors qu'ils avaient empiré sous la monarchie de Juillet.
À partir de 1860, la situation se dégrade un peu car la France a signé un traité de libre-échange avec l'Angleterre et les entreprises françaises ont du mal à soutenir le choc de la concurrence anglaise. C'est alors que l'Empereur prend des initiatives en faveur de la défense des ouvriers : il légalise le droit de grève (1864) et tolère le développement des premiers syndicats (qui ne seront légalement autorisés que sous la IIIe République). Il aide donc les ouvriers à s'organiser et à se défendre contre les patrons.

Synthèse (orale)

Qu'avons-nous appris ?

- Le régime du second Empire est autoritaire, la presse est censurée, les élections et les plébiscites manipulés. Il ne se libéralise peu à peu qu'après 1860.
- Napoléon III a peu d'opposants. Parmi eux, Honoré Daumier et Victor Hugo. Le premier critique le régime en publiant des caricatures. Le second s'oppose au coup d'État du 2 décembre 1851 et tente d'organiser un soulèvement national. Il quitte la France pour de longues années d'exil et ne reviendra qu'en 1870.
- Les expositions universelles ont été créées au XIXe siècle pour présenter les réalisations industrielles et technologiques de différents pays. L'exposition universelle de 1867 ouvre ses portes du 1er avril au 3 novembre 1867. Elle regroupe près de 50 000 exposants venus de plus de 40 pays du monde entier (Égypte, Algérie, Japon...) et recevra 7 millions de visiteurs. Elle illustre la prospérité et l'essor industriel de la France sous le second Empire.
- Napoléon III aimait beaucoup donner des fêtes luxueuses. Celle représentée sur le poster se déroula en 1867 en l'honneur des nombreux souverains rendant visite à l'Empereur à l'occasion de l'exposition universelle.
- Napoléon III veut transformer Paris. Il confie ces travaux au baron Haussmann. Celui-ci crée de grands boulevards et de larges places. Les classes les moins aisées sont obligées de se déplacer vers les banlieues.

Ces travaux permettront également la mise en place de 600 km d'égouts et de réseaux d'adduction d'eau potable et de gaz d'éclairage.

Élaboration du texte de référence

Phase écrite collective (au tableau)

Titre : Le second Empire

1. Un empereur peu contesté
Napoléon III a peu d'opposants. Parmi eux, Honoré Daumier et Victor Hugo.
Honoré Daumier est peintre, sculpteur, dessinateur… Il publie des caricatures critiquant le régime.

Document 1

Écrivain célèbre et député, Victor Hugo s'oppose au coup d'État du 2 décembre 1851. La police le recherche avec ordre de le fusiller si elle le capture. Victor Hugo réussit à s'enfuir et quitte la France pour de longues années d'exil. Il publie de nombreux textes blâmant l'Empereur.

Document 2

2. L'exposition universelle de 1867
Les expositions universelles ont été créées au XIXe siècle pour présenter les réalisations industrielles et technologiques de différents pays. Ces expositions existent encore de nos jours : la dernière en date s'est déroulée à Nagoya (Japon), en 2005.
L'exposition universelle de 1867 regroupe, à Paris, près de 50 000 exposants venus de plus de 40 pays du monde entier (Égypte, Algérie, Japon…). Elle reçoit 7 millions de visiteurs.
Napoléon III aime beaucoup donner des fêtes luxueuses. Celle représentée sur le poster se déroula en 1867 en l'honneur des nombreux souverains rendant visite à l'Empereur à l'occasion de l'exposition universelle.

Document 3

3. La transformation de Paris
Paris a peu changé depuis le Moyen Âge. La ville est formée d'un dédale de rues étroites et sales (peu d'égouts, les eaux usées s'écoulent par une rigole centrale).
Le baron Haussmann crée de grands boulevards et de larges places. Cela entraîne d'importantes destructions et les expropriations sont nombreuses. Les classes les moins aisées sont obligées de se déplacer vers les banlieues.
Ces travaux permettront également la mise en place de 600 kilomètres d'égouts et de réseaux d'adduction d'eau potable et de gaz d'éclairage.

Document 4

Phase écrite individuelle (sur le cahier)

Lexique

Expropriation : action de prendre la propriété de quelqu'un par la voie légale.

Personnages historiques

Haussmann (1809-1891) : préfet français à l'origine des grands travaux ayant transformé Paris sous le second Empire.

La vie sous le second Empire
(1852-1870)

9
Fiche documents

Document 1

BIS / Ph. Coll. Archives Larbor

Caricature d'Honoré Daumier.
Publiée dans le journal *Le Charivari* du 30 avril 1870.

Document 2

Ô soldats ! nous aimions votre splendeur première ;
Fils de la république et fils de la chaumière,
Que l'honneur échauffait,
Pour servir ce bandit qui dans leur sang se vautre,
Hélas ! pour trahir l'une et déshonorer l'autre,
Que vous ont-elles fait ?
Après qui marchez-vous, ô légion trompée ?
L'homme à qui vous avez prostitué l'épée,
Ce criminel flagrant,
Cet aventurier vil en qui vous semblez croire,
Sera Napoléon le Petit dans l'histoire,
Ou Cartouche le Grand.

Victor Hugo, *Les Châtiments*, livre II, VII, Jersey, 1853.

Document 3

Ph. © Bulloz / RMN

L'exposition universelle de 1867.

Document 4

Ph. Coll. Archives Bibl. Nat., Paris

La transformation de Paris confiée par Napoléon III au baron Haussmann.
Expropriation pour le prolongement de l'avenue de l'Opéra.

9 La vie sous le second Empire (1852-1870)

Fiche questionnaire

Document 1

1. Qui a fait ce dessin et en quelle année ?

2. À quelles catégories sociales appartiennent les personnages ?

3. Relis la légende du dessin. À ton avis, qu'est-ce que le « bibiscite » ? Que signifie la réponse du maire ?

4. Qu'a voulu dire Daumier avec ce dessin ?

Document 2

1. À qui Victor Hugo s'adresse-t-il dans ce texte ? (Relis le premier vers.)

2. Repère les mots « bandit », « criminel » et « aventurier ». Quel personnage Victor Hugo désigne-t-il par ces mots peu flatteurs ?

3. Lorsque Victor Hugo a écrit ce texte, il était en exil sur l'île de Jersey. Devines-tu les raisons de cet exil ?

Document 3

1. Où et en quelle année cette exposition a-t-elle eu lieu ?

2. Le grand bâtiment circulaire a été construit spécialement pour cette exposition, et il sera démoli après. Que peut-on en déduire quant à la politique de l'Empire ?

3. Une nouvelle exposition aura lieu en 1889. On construira alors un monument métallique désormais connu dans le monde entier. Devines-tu de quel monument il s'agit ?

Document 4

1. Décris la scène et le paysage dans lequel elle se déroule.

2. Pourquoi ces gens sont-ils expropriés ?

3. Observe les affiches sur les murs. À ton avis, de quoi s'agit-il ?

9 La vie sous le second Empire (1852-1870)

Fiche questionnaire

Document 1

1. Qui a fait ce dessin et en quelle année ?

2. À quelles catégories sociales appartiennent les personnages ?

3. Relis la légende du dessin. À ton avis, qu'est-ce que le « bibiscite » ? Que signifie la réponse du maire ?

4. Qu'a voulu dire Daumier avec ce dessin ?

Document 2

1. À qui Victor Hugo s'adresse-t-il dans ce texte ? (Relis le premier vers.)

2. Repère les mots « bandit », « criminel » et « aventurier ». Quel personnage Victor Hugo désigne-t-il par ces mots peu flatteurs ?

3. Lorsque Victor Hugo a écrit ce texte, il était en exil sur l'île de Jersey. Devines-tu les raisons de cet exil ?

Document 3

1. Où et en quelle année cette exposition a-t-elle eu lieu ?

2. Le grand bâtiment circulaire a été construit spécialement pour cette exposition, et il sera démoli après. Que peut-on en déduire quant à la politique de l'Empire ?

3. Une nouvelle exposition aura lieu en 1889. On construira alors un monument métallique désormais connu dans le monde entier. Devines-tu de quel monument il s'agit ?

Document 4

1. Décris la scène et le paysage dans lequel elle se déroule.

2. Pourquoi ces gens sont-ils expropriés ?

3. Observe les affiches sur les murs. À ton avis, de quoi s'agit-il ?

10

La guerre de 1870 et la fin du second Empire

Objectifs disciplinaires
Comprendre les circonstances de la chute de Napoléon III.

Objectifs méthodologiques
Interpréter le texte d'une missive.
Mettre en relation un document et un événement historique.
Mettre en relation deux gravures illustrant deux aspects d'un même événement.
Comprendre une gravure allégorique.

Document 1
Des informations inquiétantes, dépêches de juillet 1870

Document 2
Le désastre de Sedan, Image d'Épinal, après 1871

Documents 3
a) Léon Gambetta quitte Paris assiégé (de septembre 1870 à janvier 1871) pour organiser la lutte depuis Tours, caricature
b) Affiche visible sur les murs de la capitale pendant l'hiver 1870-1871 : la population est affamée

Document 4
La France signant les préliminaires d'un traité de paix, dessin publié par *L'Illustration* du 11 mars 1871

Étape 1

Comment la France et la Prusse entrent en guerre

Phase orale collective

Rappeler ce qui a été vu dans la séquence précédente : sous le règne de Napoléon III, une partie de l'opposition vit en exil (par exemple Victor Hugo). L'Empereur développe le pays. L'exposition universelle de 1867 est un succès. Paris est transformé par les travaux du baron Haussmann qui trace de grands axes dans la capitale. Ces travaux entraînent de nombreuses expropriations et le départ vers les banlieues des classes sociales modestes.
Napoléon IIII semble avoir de bonnes relations avec les autres souverains européens (voir exposition universelle) et pourtant une guerre va entraîner l'Empire vers sa chute. Les élèves ont-ils une idée de l'ennemi ? L'Angleterre ? L'Autriche ? Indiquer qu'il s'agit d'un pays dont on n'a pas encore parlé : la Prusse.

Préciser que la Prusse était un État allemand parmi d'autres. Au cours d'une histoire mouvementée et jalonnée de nombreuses guerres, la Prusse a annexé beaucoup de territoires (dont une partie de l'Autriche après une guerre en 1866), ce qui en fait un royaume très puissant. À sa tête se trouve le roi Guillaume Ier. Il est secondé par le chancelier (fonction comparable à celle de Premier ministre) Bismarck. Celui-ci souhaite réunifier tous les États allemands, ce à quoi la France ne peut que s'opposer (cette réunification entraînerait la formation d'un puissant ennemi potentiel). Il cherche donc à diminuer l'influence française dans la diplomatie européenne. Un événement *a priori* sans grande importance va lui en donner l'occasion…

En 1870, un prince allemand appartenant à la famille régnante de la Prusse, les Hohenzollern, est candidat à la succession pour le trône d'Espagne (car rois et reines d'Europe sont tous plus ou moins cousins, ce qui fait qu'un prince allemand peut effectivement prétendre à la couronne espagnole !). La France souhaite le retrait de cette candidature (crainte d'un encerclement stratégique, comme au temps des Habsbourg), ce que Guillaume Ier accepte. La France demande la confirmation de ce retrait. Guillaume Ier, alors en vacances à Ems (ville thermale qui donnera son nom à la dépêche) envoie un long télégramme à Bismarck pour lui raconter ce qui s'est passé. Bismarck réécrit ce texte en utilisant des termes provocants. C'est la fameuse dépêche d'Ems dont voici le contenu :

« Berlin, le 13 juillet au soir
La nouvelle de la renonciation du prince héritier de Hohenzollern a été officiellement communiquée au gouvernement impérial français par le gouvernement espagnol. Depuis, l'ambassadeur français a encore demandé à Ems à Sa Majesté le roi de l'autoriser à télégraphier à Paris que Sa Majesté le roi, à tout jamais, s'engageait à ne plus donner son consentement si les Hohenzollern devaient renouveler leur candidature.
À la suite de cela, Sa Majesté le roi a refusé de recevoir encore une fois l'ambassadeur français et lui a fait dire par l'adjudant de service que sa Majesté n'avait plus rien d'autre à communiquer à l'ambassadeur.
Communiquez cela à l'étranger. »

Communiqué du chancelier de Prusse Bismarck.

Aussi incroyable que cela puisse paraître, c'est cette dépêche qui va entraîner la déclaration de guerre de la France à la Prusse. La formulation « le roi a refusé de recevoir encore une fois l'ambassadeur français et lui a fait dire par l'adjudant de service » est jugée humiliante pour la France, alors qu'il s'agit d'une incompétence du traducteur, qui a traduit le mot allemand « adjutant » par « adjudant » (donc un simple militaire de grade subalterne) alors qu'il s'agit en vérité d'« aide de camp » (et celui-ci était un prince, qui pouvait donc très bien s'adresser à l'ambassadeur français).
L'affaire est montée en épingle par la presse. Le 19 juillet, le ministre Émile Ollivier déclare officiellement la guerre à la Prusse, qui obtient l'appui d'autres États allemands. Napoléon III, pacifiste mais fatigué par une maladie, laisse faire.

Étape 2

L'armée française n'est pas préparée

doc. 1 Des informations inquiétantes.
Questionnaire à photocopier.
Ces deux dépêches montrent l'état d'impréparation de l'armée française au tout début de la guerre de 1870.

Phase de réflexion individuelle à partir du questionnaire

Phase orale collective
Faire lire à haute voix la première dépêche.
▸ De quand date-t-elle ? *Du 20 juillet 1870.*
Rappeler que la guerre a été déclarée le 19 juillet. Faire situer Metz sur une carte pour montrer que cette armée allait être en première ligne.
Faire lire et dater la seconde dépêche. Mettre en évidence l'incroyable manque d'organisation de cette armée.

En profiter pour préciser les effectifs des belligérants : face aux 250 000 soldats français se trouvent 500 000 Prussiens et Allemands d'autres États alliés de la Prusse bien équipés. Ce gros écart dans les effectifs s'explique par le fait que la Prusse a établi la conscription obligatoire pour tous, alors qu'en France, depuis la Restauration, on pratique (comme sous Louis XVI) un système de tirage au sort avec un temps très long de service militaire pour les malchanceux qui tirent le mauvais numéro !
Donner une anecdote qui a son importance : l'armée française est équipée du fusil Chassepot, le meilleur à l'époque, mais elle commande ses munitions à une fabrique belge dont le principal actionnaire est... le fils du roi de Prusse ! Les munitions n'arriveront pas à temps sur le champ de bataille.
Tous ces éléments ne sont cependant pas suffisants pour expliquer la défaite (les armées qui se sont rendues avaient encore des cartouches par millions !). Plus décisif est le fait que les Prussiens ont de nombreux canons Krupp, les plus puissants et les plus modernes.
Dès les premières semaines, l'armée française subit d'importantes défaites. Le 2 septembre, elle livre bataille à Sedan...

Étape 3

Une défaite rapide

doc. 2 « Le désastre de Sedan » (et cahier couleur p. 10).
Questionnaire à photocopier.
Ce document illustre la défaite de Sedan.

Phase de réflexion individuelle à partir du questionnaire

Phase orale collective
Faire lire le titre et le sous-titre du document en insistant sur le sens des mots importants :
- « Désastre » : il ne s'agit donc pas d'une simple défaite... ;
- « l'ex-empereur » : d'après le document, Napoléon III n'est plus empereur. En fait, il est fait prisonnier par les Prussiens. Apprenant cela, le peuple parisien fait une révolution sans violence et proclame la République (à l'Hôtel de ville... comme toujours !) le 4 septembre 1871. Un gouvernement de défense nationale est mis en place ;
- « livre aux Prussiens » : cette formulation est presque une accusation de trahison... ;
- « 80 000 hommes » : le nombre est précisé pour montrer l'importance de la défaite.

Lecture de l'image : faire reconnaître Napoléon III dans le carrosse. Le fait que les soldats lui tournent le dos montre qu'ils le renient, comme le fera bientôt le pays tout entier. Préciser qu'après une courte captivité en Allemagne, Napoléon III s'exilera en Angleterre où il mourra en 1873.

Indiquer qu'une nouvelle reddition aura lieu le 27 octobre à Metz. Elle entraînera la capture de 180 000 soldats français. L'incompétence et le manque de combativité des chefs de l'armée ont été flagrants (d'où cette impression de trahison perceptible sur le doc. 2). Bazaine, qui dirigeait la place de Metz, fut d'ailleurs condamné à mort après la guerre.
Les Prussiens arrivent bientôt devant Paris qui est assiégé à partir du 19 septembre 1870 (moins de trois semaines après Sedan).

Étape 4

Paris assiégé 4 mois

doc. 3a Léon Gambetta quitte Paris assiégé (de septembre 70 à janvier 71) pour organiser la lutte depuis Tours.
doc. 3b « Boucherie canine et féline », affiche visible sur les murs de la capitale pendant l'hiver 1870-1871.
Questionnaires à photocopier.
Ces deux documents illustrent deux des aspects insolites du siège de Paris et devraient marquer la mémoire des élèves.

Étude du doc. 3a :
Phase de réflexion individuelle à partir du questionnaire

Phase orale collective

Faire lire la phrase présentant le document : Paris est assiégé du 19 septembre 1870 au 28 janvier 1871. Comme il est impossible d'entrer ou de sortir de la ville encerclée par l'armée prussienne, une partie des communications avec l'extérieur se fait avec des ballons.

Informations complémentaires : Communiquer pendant le siège de Paris

Pendant le siège de Paris, la capitale communiqua avec l'extérieur en utilisant différents moyens :

- Les pigeons voyageurs : ils transportaient des dépêches micro-photographiées stockées dans un tube qui était fixé à la queue du pigeon. Beaucoup de ces pigeons furent tués par les Prussiens qui les tiraient au fusil ou lançaient des faucons à leur poursuite.
- Les ballons : 65 ballons quittèrent Paris pendant le siège, dont 47 pour le courrier postal. Chaque lettre ne devait pas dépasser 4 grammes, et chaque ballon en emportait un maximum de 400 kilos.
- Les boules de Moulins : ce système devait permettre aux Parisiens de recevoir du courrier. Les lettres qui leur étaient destinées étaient regroupées à Moulins, enfermées dans des boules en zinc de 30 cm de diamètre (munies d'ailettes) puis transportées du côté de Montereau (en amont de Paris) afin d'être jetées à la Seine. Le courant devait alors les emporter jusqu'à Paris où des filets tendus en travers du fleuve étaient censés récupérer ces boules. Sur les 55 boules ainsi expédiées, aucune n'arriva à destination. On en retrouva en 1968 et en 1982 à l'occasion d'un dragage de la Seine. Le courrier qu'elles recelaient étaient encore intact (et valait une petite fortune !). ■

Présenter rapidement le personnage de Gambetta : Léon Gambetta (1838-1882) était député d'opposition en 1869. Il fut nommé ministre de l'Intérieur et de la Guerre dans le gouvernement de Défense nationale. La gravure le représente quittant Paris pour aller organiser la résistance à Tours (qu'il réussit à atteindre). Noter qu'il est représenté avec le drapeau national à la main : il incarne le patriotisme ! Le gouvernement de Défense nationale parviendra en effet à organiser des armées et une contre-attaque, mais sans grand succès.

Étude du doc. 3b :

Phase de réflexion individuelle à partir du questionnaire

Phase orale collective

Dater le document et faire préciser que le siège de Paris se déroule durant un hiver très rigoureux.

Faire lire le texte, préciser le sens de « canine » et « féline » si nécessaire.

Noter la mention « résistance à outrance » et la rapprocher de la devise de Léon Gambetta : « guerre à outrance ». Cette affiche de la boucherie Carteret et Cie est donc un appel à la résistance à tout prix.

► Contre qui s'agit-il de résister ? *Contre les Allemands qui assiègent et affament Paris.*

Relever la mention : « légalité – salubrité ». Que rappelle-t-elle ? C'est assurément un clin d'œil à notre devise nationale : « Liberté, Égalité, Fraternité ». Que signifie-t-elle ? Un recours éventuel au dictionnaire permettra de préciser que ces deux mots garantissent que ce commerce est légal (autorisé par les autorités) et qu'il s'agit de viande saine et propre à la consommation. De toute évidence, la boucherie achète les animaux en toute légalité.

Indiquer que l'on mangea de tout pendant le siège de Paris : des chiens, des chats, des brochettes de moineaux, les animaux du zoo et même les rats des égouts...

Informations complémentaires

Pendant que se poursuit le siège de Paris, les représentants des États allemands réunis à Versailles dans la galerie des Glaces (noter le choix symbolique du lieu !), sur invitation de Bismarck, proclament, le 18 janvier 1871, Guillaume Ier « empereur d'Allemagne » : il a donc réussi à faire l'unification allemande sur les ruines de l'Empire français... C'est la naissance du « deuxième Reich » (le 1er, c'était le Saint-Empire romain germanique, de 962 à 1806, et c'est Napoléon 1er qui y avait mis fin). ■

Le gouvernement français, admettant sa défaite, décide que Paris doit capituler et demande à négocier la paix (28 janvier 1871). Un traité préliminaire est signé à Versailles le 26 février 1871 (le traité de paix définitif sera conclu à Francfort en mai). La France doit rendre à la Prusse l'Alsace et la Lorraine (qui avaient autrefois appartenu au Saint-Empire germanique) et payer une indemnité de 5 milliards de francs-or. C'est contre leur gré que les Parisiens ont dû se résigner à la capitulation de leur ville, après tous les sacrifices qu'ils ont consentis ; on en verra les conséquences dans la séquence suivante.

Informations complémentaires : À quoi correspondent aujourd'hui 5 milliards de francs-or ?

• Commençons par calculer le poids d'or représenté par cette somme :

Sachant que le franc (c'était toujours le franc-germinal) était défini par un poids d'or fin de 0,290 g, et en admettant que l'Allemagne se fait payer en lingots d'or, et non en pièces (qui, outre qu'elles sont moins pratiques à entreposer et à réutiliser, comportent toujours un alliage), demander aux élèves de calculer combien de kilogrammes puis de tonnes d'or a récupéré l'Allemagne pour ces 5 milliards… puis se demander ce que Bismarck allait en faire (les fondre, en faire des pièces et créer le mark-or bien sûr !).

Après quelques simplifications et conversions, on obtient un poids de… 1 450 tonnes d'or !

• Calculons ensuite le prix de cette masse d'or :

Sur la base de 8 500 euros le kilo (avril 2006), cela représente une somme de 12 325 000 000 euros (12 milliards 325 millions d'euros !).

En termes de pouvoir d'achat aujourd'hui : 54 Airbus A380 (228 M d'€ pièce), ou 31 viaducs de Millau (394 M d'€ pièce), ou 1 760 km d'autoroute (en terrain plat, sans ouvrages d'art, 7 M d'€ le km). Mais il n'est pas facile d'estimer ce que cela représentait comme pouvoir d'achat en 1871… ■

Indiquer que cette guerre aura coûté la vie à 139 000 Français et 47 000 Allemands. Tout cela pour quelques mots provocateurs dans une dépêche…

Étape 5

Une paix honteuse pour les Français

doc. 4 « La France signant les préliminaires d'un traité de paix » (et cahier couleur p. 10).
Questionnaire à photocopier.
Cette allégorie, riche de symboles, montre comment le traité de Versailles fut perçu par les Français.

Phase de réflexion individuelle à partir du questionnaire

Phase orale collective
Faire dater le document : peu de temps après la signature du traité préliminaire.
Préciser que *L'Illustration* est un célèbre journal illustré créé en 1843 (et qui disparaîtra en 1944 pour cause de collaboration). C'est par des dessins comme celui-ci qu'on illustrait l'actualité, et cet hebdomadaire s'en était fait une spécialité. Il sera le premier à publier une photo en noir et blanc (1891) puis en couleurs (1907).

Informations complémentaires : Photographie et journalisme

La photo n'apparut dans les journaux qu'en 1891 pour deux raisons principales :

1) Le matériel était très encombrant et les temps de pose très longs, d'où la difficulté de faire des photos instantanées pour des reportages « sur le vif ».

2) Le transfert des photos sur un support imprimé, reproduit à des centaines de milliers d'exemplaires (technique mise au point dans les années 1880), est resté longtemps très coûteux, et donc hors de portée d'un hebdomadaire bon marché. ■

Demander aux élèves de décrire la scène et apporter les précisions nécessaires :
L'empereur Guillaume Ier (assis), Bismarck et ses généraux menacent une femme qui représente la République française.
Celle-ci est contrainte (un couteau sous la gorge) de signer un document (l'armistice ?)
On lui enlève deux enfants (l'Alsace et la Lorraine).
À ses pieds gisent deux enfants morts (les soldats tués, les régions ravagées…).
Des soldats ennemis pillent un coffre (les indemnités de guerre).
Un autre brandit une torche (saccages et pillages auxquels se sont livrées les troupes occupantes).

Informations complémentaires : « L'Alsace-Lorraine »

Ce n'est pas toute la Lorraine qui fut annexée en même temps que l'Alsace, mais sa moitié orientale (celle qui avait des gisements de fer et de charbon et beaucoup d'industries), soit 2 cantons des Vosges, 2 arrondissements de ce que l'on appelait alors la Meurthe et presque toute la Moselle. La Meuse et presque toute la Meurthe (avec Nancy) restaient françaises.

Pour conserver vivace le souvenir de la Moselle perdue, on rattacha à la Meurthe l'étroite bande nord/sud de Moselle que les Allemands n'avaient pas voulu prendre… et la Meurthe prit désormais le nom de Meurthe-et-Moselle. Cela reste très visible encore dans la forme de ce département, avec une excroissance bizarre de forme allongée : on peut inviter les élèves à se reporter à une carte pour le vérifier ! ■

Préciser que ce genre d'images enracinera dans le public le sentiment « d'ennemi national » que représente alors l'Allemand, et qui conduira le pays vers la « revanche » : la guerre de 14/18.

Synthèse (orale)

Qu'avons-nous appris ?

- Le 19 juillet 1870, la France déclare la guerre à la Prusse. Cette déclaration de guerre est motivée par une dépêche jugée humiliante.
- L'armée française est mal organisée et très mal préparée pour entrer en guerre. Elle n'aligne que 250 000 soldats alors que Prussiens et Allemands sont 500 000.
- L'armée française subit plusieurs défaites importantes. Le 2 septembre 1870, Napoléon III est fait prisonnier avec 80 000 soldats. En octobre, 180 000 soldats sont faits prisonniers à Metz.
- Suite à cette défaite, l'Empereur est destitué. La République est proclamée à Paris. Un gouvernement de Défense nationale est constitué.
- Après une courte captivité en Allemagne, Napoléon III s'exile en Angleterre où il meurt en 1873.
- Les Prussiens assiègent Paris du 19 septembre 1870 au 28 janvier 1871. Ce siège est très dur pour les Parisiens qui n'ont plus rien à manger. Différents moyens de communications sont utilisés afin de garder le contact avec le reste de la France (pigeons voyageurs, ballons, boules de Moulins).
- La France demande à faire la paix le 28 janvier 1871. Par le traité préliminaire de paix signé fin février, elle doit céder l'Alsace et une partie de la Lorraine et payer de lourdes indemnités.
- Profitant de leur victoire, les Allemands ont décidé de s'unifier autour de la Prusse en Empire allemand.

Élaboration du texte de référence

Phase écrite collective (au tableau)

Titre : La guerre de 1870 et la fin du second Empire

1. La déclaration de guerre.
À la suite d'une dépêche jugée humiliante (la dépêche d'Ems), la France déclare la guerre à la Prusse le 19 juillet 1870. Les deux documents 1 montrent que l'armée était bien mal préparée pour entrer en guerre.
Documents 1a et 1b

2. Une écrasante défaite
L'armée française n'aligne que 250 000 soldats alors que Prussiens et Allemands sont 500 000. Elle subit plusieurs défaites importantes.
Le 2 septembre 1870, Napoléon III est fait prisonnier avec 80 000 soldats (document 2). En octobre, 180 000 soldats sont faits prisonniers à Metz. Suite à cette défaite, l'Empereur est destitué. La République est proclamée à Paris. Un gouvernement de Défense nationale est constitué.
Document 2

3. Le siège de Paris
Les Prussiens assiègent Paris du 19 septembre 1870 au 28 janvier 1871. Ce siège est très dur pour les Parisiens qui n'ont plus rien à manger. Différents moyens de communication sont utilisés afin de garder le contact avec le reste de la France (pigeons voyageurs, ballons, boules de Moulins).
Document 3

4. La fin de la guerre franco-allemande
La France demande à faire la paix le 28 janvier 1871. Par le traité préliminaire de paix signé fin février, elle doit céder l'Alsace et une partie de la Lorraine et payer de lourdes indemnités.
Cette guerre aura coûté la vie à 139 000 Français et 47 000 Allemands. Les Français vont désormais espérer une revanche sur l'Allemagne maintenant unifiée.
Document 4

Phase écrite individuelle (sur le cahier)

Lexique

Prusse : ancien État de l'Allemagne du nord.
Annexion : action de rattacher un territoire à un État.

Personnages historiques

Guillaume Ier (1797-1888) : roi de Prusse puis Empereur des Allemands.
Bismarck Otto (1815-1898) : homme politique allemand. Chancelier de la Prusse puis de l'Empire allemand.
Gambetta Léon (1838-1882) : homme politique français.

10
Fiche documents

La guerre de 1870 et la fin du second empire

Document 1

Metz, le 20 juillet 1870, 9 h 50 :
Il n'y a à Metz ni sucre, ni café, ni riz, ni eau-de-vie, ni sel, peu de lard et de biscuits. Envoyez d'urgence au moins un million de rations sur Thionville.
Intendant général Blondeau
Belfort, le 21 juillet 1870, 7 h 30 :
Suis arrivé à Belfort – Pas trouvé ma brigade – Pas trouvé général de division – Que dois-je faire ? – Sais pas où sont mes régiments.
Général Michel

Des informations inquiétantes.
Dépêches militaires.

Document 2

Le désastre de Sedan.
Image d'Épinal, fin du XIXe siècle.

Document 3

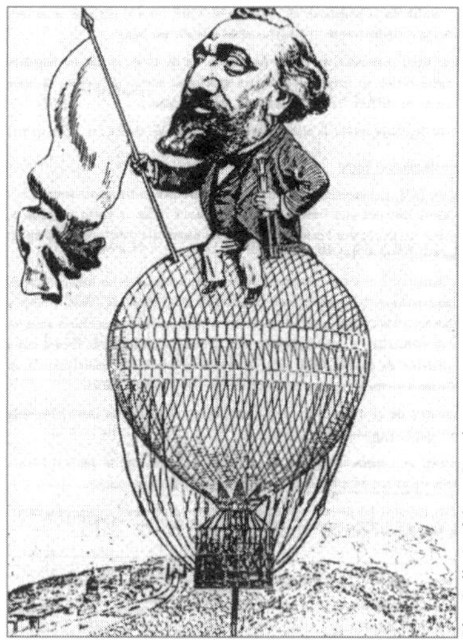

a **Léon Gambetta quitte Paris assiégé (de septembre 1870 à janvier 1871) pour organiser la lutte depuis Tours.**

b **Affiche visible sur les murs de la capitale pendant l'hiver 1870-1771. La population est affamée.**

Document 4

La France signant les préliminaires d'un traité de paix.
Dessin publié par le journal *L'Illustration* le 11 mars 1871.

10 Fiche questionnaire

La guerre de 1870 et la fin du second empire

Document 1

1. Que demande le général Blondeau ?

2. Que peut-on déduire du texte du général Michel ?

3. Ces deux textes donnent-ils raison à Napoléon III qui vient de déclarer la guerre à la Prusse ?

Document 3a

1. Que nous apprend la phrase présentant ce document ?

2. Pourquoi Léon Gambetta est-il sur un ballon ?

Document 3b

1. De quand date cette affiche ? Où pouvait-on la voir ?

2. Que nous apprend-elle sur la situation des Parisiens en cette année ?

Document 2

1. Que nous apprend le titre de ce document ?

2. Qui est le personnage vu de face dans le carrosse ? À ton avis, pourquoi les soldats lui tournent-ils le dos ?

Document 4

1. Que nous apprend le titre de ce document ?

2. Quel personnage représente la France ?

3. Que représentent les enfants morts à ses pieds ?

4. À quelle armée appartiennent les soldats ?

5. Que font les soldats ? Repère une scène et décris-la.

10 Fiche questionnaire

La guerre de 1870 et la fin du second empire

Document 1

1. Que demande le général Blondeau ?

2. Que peut-on déduire du texte du général Michel ?

3. Ces deux textes donnent-ils raison à Napoléon III qui vient de déclarer la guerre à la Prusse ?

Document 3a

1. Que nous apprend la phrase présentant ce document ?

2. Pourquoi Léon Gambetta est-il sur un ballon ?

Document 3b

1. De quand date cette affiche ? Où pouvait-on la voir ?

2. Que nous apprend-elle sur la situation des Parisiens en cette année ?

Document 2

1. Que nous apprend le titre de ce document ?

2. Qui est le personnage vu de face dans le carrosse ? À ton avis, pourquoi les soldats lui tournent-ils le dos ?

Document 4

1. Que nous apprend le titre de ce document ?

2. Quel personnage représente la France ?

3. Que représentent les enfants morts à ses pieds ?

4. À quelle armée appartiennent les soldats ?

5. Que font les soldats ? Repère une scène et décris-la.

11

La Commune de Paris (18 mars 1871-28 mai 1871)

Objectif disciplinaire

Découvrir l'épisode de la Commune de Paris.

Objectifs méthodologiques

Observer des photos et gravures.

Mettre en relation un poème et des documents visuels.

Document 1

Photographie d'une barricade des Fédérés, rue de Charonne

Document 2

Le mur des Fédérés, cimetière du Père-Lachaise, le 28 mai 1871

Document 3

Poème de Victor Hugo : « Sur une barricade »

Document 4

Photographie de Louise Michel devant le conseil de guerre en 1871

Étape 1

Phase orale collective : introduction avant l'étude des documents proposés

Rappeler la situation de Paris dans le contexte de 1870-71 : proclamation de la République et désignation d'un gouvernement de Défense nationale par le peuple de Paris ; résistance à outrance décidée par les Parisiens ; siège de Paris ; capitulation de Paris décidée malgré les sacrifices de sa population...

Dans une France en partie occupée par les Allemands eurent lieu des élections législatives, le 8 février 1871. La nouvelle Assemblée nationale, à majorité conservatrice, installée à Versailles car Paris était trop peu sûr encore et trop mal approvisionné, désigna en son sein Adolphe Thiers « chef du pouvoir exécutif de la République française ».

Il poursuivit à ce titre les négociations pour la paix avec l'Allemagne. Mais Paris allait remettre en cause à la fois les conditions de la paix qui se préparait et le pouvoir légalement élu...

Étape 2

Comprendre l'origine et la forme de l'insurrection

doc. 1 Photographie d'une barricade des Fédérés, rue de Charonne, en 1871 (et cahier couleur p. 11).

Questionnaire à photocopier.

Ce document est l'un des premiers témoignages photographiques de notre histoire. Il marque un seuil important dans la documentation historique qui, jusqu'à présent, a été alimentée par des illustrations (miniatures, tableaux...) inévitablement influencées par la perception de leur auteur.

Phase de réflexion individuelle à partir du questionnaire

Phase orale collective

1. Remarquer que ce document est une photographie. C'est en effet vers la fin du XIXe siècle que la photographie apparaît en tant que témoignage historique.
   Renvoyer les enfants à la légende pour dater et situer le cliché : cette photo a été prise en 1871, rue de Charonne (dans le 11e arrondissement, pas très loin de la Bastille).
   Noter les bâtiments, la largeur de la rue et, bien sûr, la barricade qui barre la voie sur toute sa largeur.
   - Pourquoi et contre qui cette barricade a-t-elle été élevée ?

Revenir aux informations données en introduction puis compléter en précisant que Thiers a envoyé, le 18 mars 1871, les soldats de l'armée régulière (les « Versaillais ») pour enlever les canons de Belleville et de Montmartre. Ces canons avaient été placés là pour défendre Paris assiégé et devaient être retirés suite à la capitulation. Les Parisiens se sont violemment opposés aux Versaillais, fusillant les deux généraux chargés de récupérer les canons, et ont formé un gouvernement révolutionnaire : la Commune de Paris. Cette barricade fait partie du dispositif destiné à empêcher les Versaillais de reprendre le contrôle de Paris.

2. Observer les nombreux personnages qui apparaissent devant, sur et derrière la barricade. La légende identifie ces personnes comme des Fédérés.
   Une des définitions du dictionnaire précise qu'un Fédéré était un partisan armé de la Commune de Paris.

Expliquer que ce nom de Fédéré a été donné aux Parisiens insurgés qui voulaient remplacer le gouvernement français (soupçonné de trahison) par une fédération de communes dirigées par des conseils communaux. Ceci leur a valu le surnom péjoratif de « Communard » à ne pas confondre avec l'adjectif « communiste ». La ville de Paris était devenue, à l'issue des élections du 26 mars, une commune dirigée par un gouvernement populaire autonome où figuraient des représentants des divers courants socialistes. C'est à cette époque que le drapeau rouge fut adopté (symbole de la lutte prolétarienne et du sang versé par le peuple) et qu'Eugène Pottier écrivit le chant *L'Internationale*.

Remarquer la présence d'une femme (au premier plan, à gauche). Signaler, on le verra plus tard avec l'exemple de Louise Michel, que les femmes ont été très actives durant l'épisode de la Commune. Observer les armes des Fédérés : fusils, canons (ceux-là même que Thiers voulait reprendre aux Parisiens) ainsi que les tambours et uniformes. Il s'agit ici de l'uniforme de la Garde nationale qui s'est très souvent ralliée au peuple. Créée le 13 juillet 1789 à partir d'un ensemble de 16 légions bourgeoises, la Garde nationale a participé à la prise de la Bastille, a eu pour chef La Fayette (en décembre 1789), a participé à la révolution de juillet 1830 et s'est ralliée à la Commune en 1871.

3. On pourra suggérer aux enfants de compléter leur observation en se reportant au document 1b de la séquence 2 et premier vers du poème de Victor Hugo. Le pavé était le matériau de base des barricades.

▸ Que pouvait-on y ajouter ?

Valider toutes les réponses mentionnant ce qui est lourd et encombrant : charrettes, mobilier, grilles de fer, etc.

4. Préciser où cette barricade se trouvait : dans un quartier de l'est de Paris, resté populaire et ouvrier, comme le sont aussi ceux des hauteurs de Belleville et de Montmartre où a commencé l'insurrection.

▸ À quoi pouvait-elle servir ?

Les Fédérés avaient dressé de nombreuses barricades pour arrêter les Versaillais (soldats de l'armée régulière commandés par les généraux Mac Mahon et Galliffet), chargés par Thiers de mettre fin au gouvernement populaire autonome de la Commune.

Signaler que ces barricades ne constituaient pas des défenses solides et qu'elles ont été le plus souvent prises à revers et « nettoyées », comme le décrit Victor Hugo dans son poème (voir document 3).

Étape 3

La défaite des insurgés

doc. 2 Exécution d'un groupe d'insurgés contre le mur des Fédérés au Père-Lachaise sous la Commune (et cahier couleur p. 11).

Questionnaire à photocopier.

Cette image pourra être comparée au tableau de Goya *El tres de mayo*[1] qui montre également une exécution sommaire au cours de laquelle un des personnages exécutés lève lui aussi les bras au ciel dans un geste dérisoire de protestation. Cette gravure illustre la sévérité avec laquelle l'insurrection de la Commune a été réprimée lors de la « semaine sanglante » du 21 au 28 mai 1871, et montre qu'à travers les ans, l'horreur accompagne souvent l'Histoire.

Phase de réflexion individuelle à partir du questionnaire

Phase orale collective

1. L'image est suffisamment réaliste et la légende le précise : il s'agit de l'exécution d'une quinzaine de personnes.

2. On reviendra sur l'aspect collectif de cette exécution. Bien que le peloton d'exécution ne soit pas directement visible, on distingue les ombres des soldats qui le composent sur le sol (en bas à gauche) ainsi que la fumée de la salve qui vient d'être tirée. Ces détails indiquent que les condamnés sont fusillés. Tout suggère qu'il s'agit d'une exécution dite sommaire (pas de jugement ni de condamnation officielle).

Les derniers Communards ont en effet été rassemblés contre le mur du cimetière du Père-Lachaise, dans lequel ils s'étaient retranchés pour livrer leur ultime combat.

3. Noter l'absence d'uniformes. On distingue même, vers le centre de la rangée de condamnés, deux femmes (en robes). Il s'agit bien de Communards, des civils qui s'opposaient à l'armée régulière des Versaillais.

4. Un recours au dictionnaire aura établi qu'un insurgé est un agitateur, un révolté ou un révolutionnaire.

▸ Contre quoi les Communards s'étaient-ils révoltés ?

Évoquer le sentiment de trahison éprouvé par les Parisiens au cours du siège de Paris, puis la colère due aux conditions désastreuses des préliminaires de paix. Rappeler les événements qui ont déclenché l'insurrection (doc. 1, question 1).

La mort de deux généraux ainsi que les exécutions d'otages et la destruction de monuments publics (des églises, l'Hôtel de Ville, les Tuileries) ont poussé Thiers à se montrer impitoyable envers les insurgés.

5. La légende indique que ce mur du cimetière porte aujourd'hui le nom de « mur des Fédérés ». C'est en effet le mur contre lequel 147 Communards (ou Fédérés) ont été exécutés le 28 mai, à la fin de la semaine sanglante. Il s'agissait des survivants d'un groupe de 200 insurgés qui s'étaient retranchés avec les derniers canons de Belleville dans le cimetière du Père-Lachaise. Des témoignages rapportent que, à court de munitions, les plus enragés ont livré leur dernier combat à l'arme blanche entre les tombes.

On profitera de cette question pour consolider les correspondances : Communards / Fédérés / insurgés / révoltés et Versaillais / armée régulière dirigée par le gouvernement de Thiers.

1. Voir *40 séquences de géographie au CM1*, p. 200.

Étape 4

Les héros des barricades

doc. 3 Poème de Victor Hugo écrit en juin 1871.
doc. 4 Portrait photographique de Louise Michel en 1871.
Questionnaires à photocopier.
Lorsque Victor Hugo écrit ce poème, il est encore sous le choc des atrocités dont les rues de Paris ont été le théâtre quelques jours plus tôt. Ces quelques vers, devenus classiques dans notre littérature, prennent ici une valeur de témoignage et alimentent la mythologie de l'enfant héros (Barra, Viala, Gavroche) auquel nos élèves ne manqueront pas de s'associer.
Le portrait photographique de Louise Michel permet d'évoquer la place des femmes dans les luttes révolutionnaires et le sort des quelques 4 000 Communards déportés en Nouvelle-Calédonie.

Étude du document 3 :
Phase de réflexion individuelle à partir du questionnaire

Phase orale collective

1. Renvoyer les enfants qui ne peuvent répondre à la légende. Ce poème a été écrit par Victor Hugo en juin 1871. Constater que les exécutions du 28 mai n'ont eu lieu que quelques jours avant ! Le poète est donc toujours sous le choc des atrocités commises pendant « la semaine sanglante ». Il est évident que ce poème a été inspiré à Victor Hugo par les événements qui viennent de se dérouler. Le témoignage de Victorine B. dans *Souvenirs d'une morte-vivante,* paru en 1909, atteste même de la réalité de cet incident. L'enfant et la montre ont existé !
2. Mettre le texte du poème en relation avec les deux documents précédents. Relire le premier vers pour établir que la scène se déroule en ville et plus exactement... à Paris.
3. Mettre en commun les informations trouvées sur Viala : jeune révolutionnaire et patriote français, né à Avignon et mort à 13 ans en 1793. Joseph Viala était, malgré son jeune âge, membre de la garde nationale ; il a été tué par les royalistes alors qu'il tentait de couper les câbles des pontons servant à traverser la Durance. Il représente, avec Barra et Gavroche (un autre personnage créé par Victor Hugo), l'image de l'enfant héros.
4. Rappeler aux enfants l'histoire du jeune Barra[2], mort en allant chercher des cartouches pour les défenseurs d'une barricade durant une révolte populaire de 1832, ainsi que les exploits de Gavroche. Préciser toutefois qu'au contraire de Barra et de Viala, Gavroche n'a pas véritablement existé mais reste aujourd'hui le symbole d'une forme de courage et d'engagement populaire.

Étude du document 4 :
Phase de réflexion individuelle à partir du questionnaire

Phase orale collective

1. La légende identifie Louise Michel. Noter qu'elle porte le deuil. De qui ? Valider toutes les réponses qui suggèrent que Louise Michel portait le deuil de ses compagnons tombés durant la semaine sanglante. Préciser que l'épisode de la Commune de Paris a fait entre 20 et 30 000 victimes !
2. Encourager les enfants à recourir au dictionnaire puis recueillir les réponses. Le conseil de guerre est l'ancêtre du tribunal militaire. On y jugeait les ennemis capturés.
3. Constater qu'en 1871, il n'y avait pas de femmes combattantes dans l'armée française.
   - Pourquoi, donc, Louise Michel s'est-elle trouvée devant le conseil de guerre ?

Expliquer qu'elle a figuré parmi les meneurs du mouvement de la Commune, ce qui lui a valu le surnom de « Vierge Rouge ». À ce titre, elle a été jugée comme tous les insurgés et considérée comme ayant pris part à une guerre civile.

4. Noter que Louise Michel a été déportée en Nouvelle-Calédonie avec 4 000 autres acteurs (hommes et femmes) de la Commune.
5. Recueillir et compléter au besoin les informations obtenues. Louise Michel a été amnistiée (graciée) en 1880 et est morte à Marseille en 1905, âgée de 75 ans. Noter que sur les 297 stations du métro parisien une seule (!) porte le nom d'une femme : la station Louise-Michel.

Informations complémentaires

Victor Hugo (encore lui !) a écrit en décembre 1871 un poème intitulé « Viro Major » en hommage à... Louise Michel, qu'il a très bien connue. On le trouvera dans le site http://drapeaunoir.avenir-geopolitique.net/commune/michel/poemes.html

Conséquence de l'insurrection parisienne de 1871, pendant plus d'un siècle, notre capitale a été dotée d'un régime d'administration spécial et... privée de maire ! Il a fallu attendre 1977 pour que Paris ait à nouveau un maire : Jacques Chirac ! ■

2. Voir *40 séquences de géographie au CM1*, p. 179.

Synthèse (orale)

Qu'avons-nous appris ?

- Le 18 mars 1871, Thiers, chef du gouvernement installé à Versailles depuis février, a envoyé des soldats (les Versaillais) reprendre les canons placés sur les hauteurs de Paris (Belleville et Montmartre). Les Parisiens, se sentant trahis, ont refusé d'être désarmés et se sont révoltés. Ils ont gardé les canons, fusillé les deux généraux versaillais et formé un gouvernement révolutionnaire local connu sous le nom de « Commune de Paris ».
- Durant les deux mois de cette insurrection, des barricades ont été élevées à travers les boulevards de Paris, le drapeau rouge a été adopté comme symbole de la révolte et Eugène Pottier a écrit le célèbre chant révolutionnaire : *L'Internationale*. Les femmes, parmi lesquelles Louise Michel, surnommée la Vierge Rouge, et les enfants ont été très actifs pendant la Commune.
- Sur les ordres de Thiers, l'insurrection a été sévèrement réprimée pendant la « semaine sanglante », du 22 au 28 mai 1871. Les derniers insurgés (les Fédérés, ou Communards) ont été fusillés contre un mur du cimetière du Père-Lachaise, appelé aujourd'hui « mur des Fédérés ». On estime que 20 à 30 000 personnes sont mortes pendant ces deux mois et que 4 000 autres, comme Louise Michel, ont été déportées vers la Nouvelle-Calédonie .

Élaboration du texte de référence

Phase écrite collective (au tableau)

Titre : La Commune

En 1871, les Parisiens se sont révoltés contre le gouvernement de Thiers. Ils ont instauré la Commune de Paris avec un gouvernement indépendant.

Document 1

Cette insurrection a duré environ deux mois et a été très durement réprimée par l'armée. Les Communards qui n'ont pas été tués sur les barricades dans Paris ont été fusillés ou déportés.

Documents 2 et 3

C'est pendant la Commune que le drapeau rouge a été adopté pour symboliser la révolte et que la célèbre chanson *L'internationale* a été écrite. Louise Michel est un des personnages que la Commune a rendus célèbres.

Document 4

Phase écrite individuelle (sur le cahier)

Lexique

Communard : partisan de la Commune.
Fédéré : partisan de la Commune qui souhaitait remplacer le gouvernement français par une fédération de communes.
Versaillais : soldat de l'armée régulière envoyée par le gouvernement de Thiers depuis Versailles.

11
Fiche documents

La Commune de Paris
(18 mars 1871-28 mai 1871)

Document 1

BIS / Ph. Coll. Archives Larbor

La rue de Charonne à Paris, en 1871 : une barricade des Fédérés.

Document 2

BIS / Ph. J.-L. Charmet © Archives Larbor

Exécution d'un groupe d'insurgés contre le mur des Fédérés au Père-Lachaise, sous la Commune, le 28 mai 1871.
Crayon rehaussé de gouache, A.-H. Darjou.

Document 3

Sur une barricade
Sur une barricade, au milieu des pavés
Souillés d'un sang coupable et d'un sang pur lavés,
Un enfant de douze ans est pris avec des hommes.
– Es-tu de ceux-là, toi ? – L'enfant dit : Nous en sommes.
– C'est bon, dit l'officier, on va te fusiller.
Attends ton tour. – L'enfant voit des éclairs briller,
Et tous ses compagnons tomber sous la muraille.
Il dit à l'officier : Permettez-vous que j'aille
Rapporter cette montre à ma mère chez nous ?
– Tu veux t'enfuir ? – Je vais revenir. – Ces voyous
Ont peur ! Où loges-tu ? – Là, près de la fontaine.
Et je vais revenir, monsieur le capitaine.
– Va-t'en, drôle ! – L'enfant s'en va. – Piège grossier !
Et les soldats riaient avec leur officier,
Et les mourants mêlaient à ce rire leur râle ;
Mais le rire cessa, car soudain l'enfant pâle,
Brusquement reparu, fier comme Viala,
Vint s'adosser au mur et leur dit : Me voilà.
La mort stupide eut honte, et l'officier fit grâce.

Poème de Victor Hugo (juin 1871).

Document 4

Ph. © International Institute of Social History

Louise Michel devant le conseil de guerre en 1871.

11 La Commune de Paris

(18 mars 1871-28 mai 1871)

Fiche questionnaire

Document 1

1. Où et quand cette photographie a-t-elle été prise ? Que montre-t-elle ?
2. Qui sont les personnes visibles ? Vérifie le sens du mot « Fédéré » dans un dictionnaire.
3. Avec quoi, selon toi, la barricade a-t-elle été construite ?
4. À ton avis, pourquoi cette barricade a-t-elle été construite ?

Document 2

1. Que représente cette gravure ?
2. Comment se déroule cette exécution ? Semble-t-elle avoir été préparée ?
3. Les personnes exécutées sont-elles des civils ou des soldats ?
4. Qu'est-ce qu'un insurgé ?
5. Quel nom porte maintenant ce mur du cimetière ? Pourquoi ?

Document 3

1. Qui a écrit ce poème ? Quand ? À ton avis, de quel événement réel le poète s'est-il inspiré ?
2. L'action se situe-t-elle à la ville ou à la campagne ? Comment le sais-tu ?
3. Qui était Viala ? Que sait-on de lui ? Aide-toi d'une encyclopédie.
4. Connais-tu d'autres personnages qui lui ressemblent dans l'histoire de notre pays ?

Document 4

1. Qui est cette personne ? Comment est-elle habillée ?
2. Qu'est-ce qu'un conseil de guerre ?
3. Y avait-il des femmes dans l'armée française en 1871 ? Pourquoi une femme s'est-elle trouvée devant le conseil de guerre ?
4. À quelle peine Louise Michel a-t-elle été condamnée ? Utilise une encyclopédie.
5. Que sais-tu d'autre à propos de Louise Michel ?

11 La Commune de Paris

(18 mars 1871-28 mai 1871)

Fiche questionnaire

Document 1

1. Où et quand cette photographie a-t-elle été prise ? Que montre-t-elle ?
2. Qui sont les personnes visibles ? Vérifie le sens du mot « Fédéré » dans un dictionnaire.
3. Avec quoi, selon toi, la barricade a-t-elle été construite ?
4. À ton avis, pourquoi cette barricade a-t-elle été construite ?

Document 2

1. Que représente cette gravure ?
2. Comment se déroule cette exécution ? Semble-t-elle avoir été préparée ?
3. Les personnes exécutées sont-elles des civils ou des soldats ?
4. Qu'est-ce qu'un insurgé ?
5. Quel nom porte maintenant ce mur du cimetière ? Pourquoi ?

Document 3

1. Qui a écrit ce poème ? Quand ? À ton avis, de quel événement réel le poète s'est-il inspiré ?
2. L'action se situe-t-elle à la ville ou à la campagne ? Comment le sais-tu ?
3. Qui était Viala ? Que sait-on de lui ? Aide-toi d'une encyclopédie.
4. Connais-tu d'autres personnages qui lui ressemblent dans l'histoire de notre pays ?

Document 4

1. Qui est cette personne ? Comment est-elle habillée ?
2. Qu'est-ce qu'un conseil de guerre ?
3. Y avait-il des femmes dans l'armée française en 1871 ? Pourquoi une femme s'est-elle trouvée devant le conseil de guerre ?
4. À quelle peine Louise Michel a-t-elle été condamnée ? Utilise une encyclopédie.
5. Que sais-tu d'autre à propos de Louise Michel ?

12

La IIIe République (1871-1914) (1) À la recherche d'un régime stable

Objectifs disciplinaires

Découvrir le fonctionnement constitutionnel de la IIIe République et la succession de ses Présidents.

Comprendre l'importance et le caractère symbolique du 14 juillet dans notre pays.

Objectifs méthodologiques

Lire un texte de loi.

Effectuer une recherche biographique simple.

Mettre en relation une photographie et un texte.

Poster 5

Hippodrome de Longchamp, 1880 : le premier défilé militaire du 14 Juillet

Document 1

Extraits du texte de loi du 25 février 1875 sur l'organisation des pouvoirs publics

Document 2

Liste chronologique des présidents de la IIIe République

Documents 3

a) Photographie du premier défilé militaire du 14 Juillet, en 1880 à Longchamp

b) Extrait du programme de la célébration du 14 juillet 1880

Étape 1

Une nouvelle République pour un nouveau régime

doc. 1 Extraits de la loi du 25 février 1875 relative à l'organisation des pouvoirs publics.

Questionnaire à photocopier.

Une lecture expliquée de ces articles permettra de comprendre l'équilibre des pouvoirs (législatif et exécutif) sous la IIIe République. Ce sera également l'occasion de montrer comment un régime parlementaire s'est progressivement instauré dans notre pays.

Phase de réflexion individuelle à partir du questionnaire

Phase orale collective

1. Le titre du document permet de le dater : le 25 février 1875.

▸ Qu'est-ce que « les pouvoirs publics » ?

Valider les réponses qui établissent la relation avec les autorités ou le gouvernement. Ce texte, bien que provisoire à l'origine, a en effet valeur de constitution. Noter que la IIIe République débute officiellement en 1871 (avec l'élection en février d'une Assemblée nationale et en août l'attribution à Thiers du titre de président de la République), voire le 4 septembre 1870 (proclamation de la République par les Parisiens, voir séquence 10). Constater que les lois « fondatrices » de la IIIe République n'ont été votées que… 4 ans plus tard ! Cela n'a pas empêché les organes des pouvoirs publics de se mettre en place et de fonctionner avant 1875, mais montre qu'on avait du mal à se mettre d'accord pour définir le nouveau régime…

Information complémentaire

Les lois de 1875 fixaient en la complétant une solution d'attente élaborée en plusieurs étapes depuis 1871. En fait, beaucoup de parlementaires espéraient encore rétablir une monarchie constitutionnelle, avec sur le trône le comte de Chambord (voir la biographie de celui-ci en séquence 2). L'instauration dès 1873 du septennat, pour le maréchal Mac-Mahon, monarchiste notoire, avait permis de gagner du temps pour préparer le retour d'un roi. L'échec de cette restauration rendit le provisoire définitif… ■

2. Mettre les réponses en commun pour dégager et adopter collectivement des définitions du type :
- pouvoir législatif : pouvoir de faire (voter) les lois ;
- pouvoir exécutif : pouvoir de faire exécuter (appliquer) les lois.

3.

▸ Qui détenait le pouvoir législatif ?

Relire au besoin l'article 1. Le pouvoir législatif y est attribué aux deux assemblées : la Chambre des députés et le Sénat. Préciser que ces deux assemblées sont parfois désignées comme « les Chambres ». (Voir les articles 3, 6 et 7.)

Ajouter que si les députés sont élus par le peuple (suffrage universel direct), les sénateurs, eux, étaient selon une loi complémentaire élus par les élus locaux et les députés (suffrage indirect).

▸ Qui détenait le pouvoir exécutif ?

Mettre en relation la définition retenue collectivement et l'article 3 : le président promulgue (publie) les lois, en surveille et en assure l'exécution. C'est donc bien lui qui, selon ce texte, détient le pouvoir exécutif. Une relecture de l'article 7 confirmera cette observation. En cas de vacance (= vide), c'est le Conseil des ministres qui est investi du pouvoir exécutif.

4. Revenir à l'article 1 : la Chambre des députés est nommée par le suffrage universel.

▸ Qu'est-ce que le suffrage universel ?

Rappeler qu'il s'agit du droit de vote donné à tous les citoyens, mais que les femmes n'ont pu voter en France qu'à partir de 1944 (!). C'est donc le peuple qui élisait (et qui élit toujours) les députés.

Souligner que les députés sont élus à l'occasion des élections législatives.

5. Revenir à l'article 2 : le président est élu par le Sénat et la Chambre des députés. Rappeler que ce mode de scrutin est appelé suffrage indirect par opposition au suffrage direct.

► Qu'est-ce que le mandat du Président ?

Expliquer au besoin que c'est la période pour laquelle il est élu. Ici : 7 ans renouvelables. Préciser qu'il en sera ainsi jusqu'en 2000, date à laquelle le mandat présidentiel sera ramené à 5 ans.

6. Constater le rôle exécutif du Président (article 3) et son pouvoir de dissoudre la Chambre des députés (article 5). Expliquer le sens de « dissoudre » : renvoyer les députés chez eux et recommencer les élections.

7. Recueillir les réponses de l'ensemble de la classe. Adopter une explication collective du type : les ministres sont solidaires et constituent en bloc le Conseil des ministres (le gouvernement). Ils sont responsables devant les Chambres. Le gouvernement est donc renversé si les Chambres rejettent (votent contre) un programme, une loi ou une mesure qu'il leur propose, manifestant ainsi qu'elles désapprouvent le gouvernement, qu'elles lui retirent leur confiance. Montrer que les deux pouvoirs sont ainsi équilibrés : le président de la République peut dissoudre l'Assemblée mais l'Assemblée peut désavouer le gouvernement.

Informations complémentaires

Mac-Mahon, 2e président de la IIIe République, élu par les conservateurs et notamment les monarchistes, se trouva en 1876 face à une Assemblée nationale à majorité républicaine. Jugeant qu'il lui était impossible de gouverner dans ces conditions, il prononça en 1877 la dissolution de l'Assemblée nationale. L'année suivante, les élections législatives virent à nouveau le succès des républicains. Mac-Mahon se trouva finalement contraint de démissionner, ce qu'il fit en janvier 1879. À partir de ce moment, les Présidents successifs renoncèrent à user de leur pouvoir de dissolution et choisirent prudemment leur Premier ministre parmi la majorité représentée au parlement. On parle depuis de régime parlementaire, par opposition au régime présidentiel. On notera que le chef du gouvernement est appelé président du Conseil sous la IIIe et la IVe République. C'est donc finalement le président du Conseil (l'équivalent de notre Premier ministre) qui détient le pouvoir exécutif et qui fixe les orientations politiques du gouvernement. ■

Étape 2

Quatorze Présidents en 70 ans

doc. 2 Liste chronologique des présidents de la IIIe République.

Questionnaire à photocopier.

Ce document permettra aux enfants de mesurer l'étendue de la IIIe République dans le temps (70 années !) et le nombre de ses Présidents (14). Une brève recherche biographique illustrera les destinées variées de ces personnages qui ne restent souvent pour nos élèves que de vagues noms sur des plaques de rues.

Phase de réflexion individuelle à partir du questionnaire

Phase orale collective

1. Relever les deux dates extrêmes dans la liste : 1871 et 1940. Une simple soustraction permet de constater que la IIIe République a duré 70 années. En effet, l'année 1871 étant à compter, la soustraction en question est la suivante : 1940 – 1870.

2. Les enfants seront facilement arrivés au total de 14 présidents successifs. On pourra répondre aux interrogations concernant Paul Deschanel en précisant qu'il a démissionné pour raisons de santé quelques mois seulement après son élection.

3. S'assurer que tous les Présidents sont « couverts » et veiller à ce que les enfants effectuent leur recherche par petits groupes en se limitant aux ressources d'un simple dictionnaire encyclopédique. Demander à chaque groupe de présenter brièvement son Président au cours d'un « mini-exposé » en précisant comment son mandat s'est terminé.

4. Les petits exposés auront permis de constater la variété des destins des Présidents successifs : 7 démissions, 1 mort en exercice, 2 assassinats et relativement peu de mandats de 7 ans effectués complètement (5 en tout).

5. On conseillera aux élèves de se référer à la période couverte par la IIIe République. La Commune de Paris ayant fait l'objet de la séquence précédente, les enfants seront tentés dans un premier temps d'identifier cet épisode comme l'événement important recherché. On rappellera au besoin les dates des deux guerres mondiales qui auront sans doute été évoquées à l'occasion des congés du 11 novembre et du 8 mai. Constater que la Première Guerre mondiale s'est déroulée pendant la IIIe République. Noter également que le début de la Seconde Guerre mondiale en marque la fin.

Étape 3

L'instauration de la fête nationale

poster 5 et doc. 3a Photographie du premier défilé militaire du 14 Juillet, en 1880 à Longchamp.
doc. 3b Extrait du programme de la journée.
Questionnaires à photocopier.
Ces deux documents, mis en parallèle, montrent l'importance particulière de cet événement qui est à l'origine de notre fête nationale.

Phase de réflexion individuelle à partir du questionnaire

Phase orale collective
Étude du document 3a :

1. Les enfants auront remarqué que cette photographie représente un défilé militaire. Souligner la qualité remarquable de ce document, vu son âge, et s'agissant de sujets en mouvement.
2. La légende du document date et situe l'événement : le 14 juillet 1880 sur l'hippodrome de Longchamp (à Paris).
3. Rappeler au besoin que le 14 juillet est la date anniversaire de la prise de la Bastille (lors de révolution de 1789) et de la fête de la Fédération (le 14 juillet 1790) placée sous le signe de la fraternité et de l'unité nationale. Souligner le caractère symbolique de cette date pour la fête nationale.
   Observer l'ampleur de l'événement, la longueur des tribunes officielles, le nombre de cavaliers, les différents corps (hommes à pied devant et cavaliers derrière – crottin oblige !). Un tel défilé nécessitait un espace que seul l'hippodrome de Longchamp offrait aux portes de Paris.

▸ Où a lieu de nos jours le défilé militaire du 14 juillet ?

Sur les Champs-Élysées, à Paris où, même aujourd'hui, la cavalerie passe... en dernier !

4. Noter le grand drapeau au-dessus de la tribune présidentielle. Les enfants l'auront remarqué : c'est le drapeau tricolore. Noter également l'estrade sur laquelle les personnalités ont pris place.

▸ Qui était président de la République en 1880 ?

Jules Grévy, qui se trouvait, bien sûr, à la manifestation, entouré des présidents des deux Chambres parmi lesquels Léon Gambetta, président de l'Assemblée nationale.
La description du drapeau tricolore se résumera à ses couleurs : bleu, blanc et rouge en trois bandes verticales, le bleu étant du côté de la hampe (du mât) du drapeau.

5. Recueillir les réponses de la classe. Faire appel aux souvenirs du CM1[1] ainsi qu'à ceux de la séquence 2 du présent livre et les compléter au besoin pour établir la correspondance :
   – bleu et rouge —> les couleurs de Paris représentant le peuple ;
   – blanc —> la couleur du roi.

Rappeler que pendant la Révolution française, le 14 juillet 1790, le roi Louis XVI lui-même avait accepté ces couleurs qui signifiaient que le peuple était avec lui au cours de la fête de la Fédération à Paris.

Informations complémentaires

De 1830 à 1871, le drapeau tricolore était redevenu le symbole national. Cependant, les premières années de la IIIe République étaient incertaines quant à la nature du régime, et ce n'est qu'en 1880 que, le régime républicain étant désormais destiné à durer, on décida de rétablir officiellement les trois couleurs.

C'est également au cours des années 1879-1880, avec la consolidation du régime, que s'imposent définitivement les autres symboles républicains[2] : *la Marseillaise* comme hymne national, l'inscription « liberté, égalité, fraternité » au fronton des édifices publics, et l'effigie de Marianne. Inviter les élèves à se les remémorer ! ■

Étude du document 3b :

1. Renvoyer les enfants qui hésitent à la légende du document. Il s'agit toujours de la première célébration du 14 juillet en 1880.
2. Relever le caractère symbolique et national de cette fête. C'est la fête de la nation française.
3. Les moments forts sont clairement identifiés : remise des drapeaux à l'armée et inauguration d'un monument sur l'ancienne place du Château d'eau.

▸ Où se trouvait l'armée ce jour-là ?

Renvoyer les enfants qui hésitent au document 3a : à Longchamp naturellement ! C'est bien là qu'a eu lieu la cérémonie de remise des drapeaux aux différents corps d'armée. Chaque chef de corps, au fur et à mesure de l'appel des régiments, recevait le drapeau des mains du président de la République. Plus que jamais, ce jour-là, l'armée était l'armée du peuple pour défendre la République. Rappeler que le service militaire a longtemps, comme l'école, été considéré comme le creuset de la nation républicaine et donc... obligatoire.

4. Si personne n'a trouvé, aider les enfants en demandant :

▸ Que fête-t-on le 14 juillet ?

Recueillir oralement les réponses à cette question et valider celles qui identifient le 14 juillet comme la fête de la République. La place du Château d'eau porte désormais le nom de Place de la

1. Voir *40 séquences d'histoire au CM1*, pp. 181 *s.*
2. *Ibiddem.*

République. Le monument surmonté d'une femme en bronze symbolisant la République a fait l'objet d'un concours remporté par deux frères, Léopold et Charles Morice.

5. Relever oralement les réponses. Dresser une liste collective de ce qui fait du 14 juillet une fête nationale : congé public, défilé militaire, bal populaire, etc. Noter que si le défilé militaire se déroule de nos jours sur les Champs-Élysées, et non plus à Longchamp, il passe toujours devant une tribune officielle dans laquelle se tient, comme en 1880... le président de la République.

Synthèse (orale)

Qu'avons-nous appris ?

- La IIIe République a duré de 1871 à 1940. Elle a connu 14 Présidents. Ceux-ci étaient élus pour 7 ans par les sénateurs et les députés.
- Deux d'entre eux ont été assassinés et nombreux sont ceux qui ont démissionné avant la fin de leur mandat.
- Sous la IIIe République, le Sénat et la Chambre des députés détenaient le pouvoir législatif, tandis que le pouvoir exécutif revenait au président de la République. Comme les députés étaient élus au suffrage universel, il pouvait arriver qu'ils rejettent la politique du gouvernement et le renversent.
- Progressivement, le chef du gouvernement, aussi appelé président du Conseil (aujourd'hui le Premier ministre), a été choisi pour représenter le parti majoritaire à la Chambre des députés. C'est finalement lui qui détenait le pouvoir exécutif. On parle alors d'un régime parlementaire car le Parlement a plus de pouvoir que le président de la République.
- Le 14 juillet 1880 a eu lieu pour la première fois une grande fête nationale pour célébrer la République. Un grand défilé militaire s'est déroulé à Longchamp et on a inauguré un monument sur une place rebaptisée place de la République. Depuis ce jour, le 14 juillet est notre fête nationale.

Élaboration du texte de référence

Phase écrite collective (au tableau)

Titre : La IIIe République

Sous la IIIe République, le pouvoir législatif appartenait au Sénat et à la Chambre des députés. Les députés étaient élus au suffrage universel direct.
Le Président était chargé, avec le Conseil des ministres, du pouvoir exécutif. Il était élu pour 7 ans par les sénateurs et les députés.

Document 1

La IIIe République a commencé en 1871 et a pris fin en 1940. 14 Présidents se sont succédé. Deux d'entre eux ont été assassinés et sept autres ont démissionné avant la fin de leur mandat.

Document 2

Le 14 juillet 1880 a eu lieu pour la première fois une grande fête pour célébrer la République. Depuis cette date, le 14 juillet est notre fête nationale.

Document 3

Phase écrite individuelle (sur le cahier)

Lexique

Dissoudre la Chambre : renvoyer les députés chez eux et recommencer les élections.
Parlement : Sénat et Chambre des députés.
Pouvoir législatif : pouvoir de faire (voter) les lois.
Pouvoir exécutif : pouvoir de faire exécuter (appliquer) les lois.
Président du Conseil : chef du gouvernement (l'équivalent de notre Premier ministre).

12 Fiche documents

La IIIe République (1871-1914) (1) À la recherche d'un régime stable

Document 1

Article 1. – Le pouvoir législatif s'exerce par deux assemblées : la Chambre des députés et le Sénat. – La Chambre des députés est nommée par le suffrage universel, dans les conditions déterminées par la loi électorale. [...]
Article 2. – Le président de la République est élu à la majorité absolue des suffrages par le Sénat et par la Chambre des députés réunis en Assemblée nationale. Il est nommé pour sept ans. Il est rééligible.
Article 3. – Le président de la République a l'initiative des lois, concurremment avec les membres des deux Chambres. Il promulgue les lois lorsqu'elles ont été votées par les deux chambres ; il en surveille et en assure l'exécution. [...]
Article 5. – Le président de la République peut, sur l'avis conforme du Sénat, dissoudre la Chambre des députés avant l'expiration légale de son mandat. [...]
Article 6. – Les ministres sont solidairement responsables devant les Chambres de la politique générale du gouvernement, et individuellement de leurs actes personnels. Le président de la République n'est responsable que dans le cas de haute trahison.
Article 7. – En cas de vacance par décès ou pour toute autre cause, les deux Chambres procèdent immédiatement à l'élection d'un nouveau Président. – Dans l'intervalle, le Conseil des ministres est investi du pouvoir exécutif.

Loi du 25 février 1875 relative à l'organisation des pouvoirs publics.

Document 2

Adolphe Thiers	1871 – 1873
Mac-Mahon	1873 – 1879
Jules Grévy	1879 – 1887
Sadi Carnot	1887 – 1894
Jean-Casimir Périer	1894 – 1895
Félix Faure	1895 – 1899
Émile Loubet	1899 – 1906
Armand Fallières	1906 – 1913
Raymond Poincaré	1913 – 1920
Paul Deschanel	1920
Alexandre Millerand	1920 – 1924
Gaston Doumergue	1924 – 1931
Paul Doumer	1931 – 1932
Albert Lebrun	1932 – 1940

Les présidents de la IIIe République.

Document 3

Collection JD. www.military-photos.com

a **Hippodrome de Longchamp, 1880 : le premier défilé militaire du 14 Juillet.**

« Deux cérémonies importantes doivent dominer toute la fête : la distribution des nouveaux drapeaux à l'armée, et l'inauguration, sur l'ancienne place du Château d'eau, du monument qui a fait l'objet d'un concours ouvert l'année dernière par la Ville de Paris. »

b **Extrait du programme de la célébration du 14 Juillet 1880.**

12 Fiche questionnaire

La IIIe République (1871-1914) (1) À la recherche d'un régime stable

Document 1

1. Quand cette loi a-t-elle été votée ?
Pour quoi faire ?

2. Utilise un dictionnaire pour expliquer ce qu'est :
- le pouvoir législatif
- le pouvoir exécutif

3. En France, sous la IIIe République, qui détenait le pouvoir législatif ?
Et le pouvoir exécutif ?

4. Qui votait pour élire les députés ?

5. Comment le président de la République était-il élu ?
Quelle était la durée de son mandat ?

6. Quel était le rôle du président de la République ?

7. Que signifie la phrase : « Les ministres sont solidairement responsables devant les Chambres de la politique générale du gouvernement » dans l'article 6 ?

Document 2

1. Quand la IIIe République a-t-elle débuté ?
Quand a-t-elle fini ?

2. Combien de Présidents a-t-elle comptés ?

3. Choisis un de ces Présidents et effectue une rapide recherche dans une encyclopédie pour essayer de savoir quel a été son parcours (ce qu'il a fait) et pourquoi son mandat a pris fin. Mets tes informations en commun avec celles de tes camarades.

4. Peux-tu maintenant expliquer pourquoi les durées des mandats des Présidents sont si différentes?

5. Un événement très important s'est déroulé pendant la IIIe république. Sais-tu lequel ?

Document 3a

1. Que représente ce document ?

2. Quand cette cérémonie a-t-elle eu lieu ? Où ?

3. À ton avis, pourquoi cet emplacement a-t-il été choisi ?

4. Observe le drapeau visible. Décris-le.

5. Que représentent les trois couleurs de notre drapeau ?

Document 3b

1. De quelle fête est-il question ?

2. Pourquoi cette fête est-elle particulièrement importante ?

3. Quels ont été les deux moments forts de cette fête ?

4. L'ancienne place du Château d'eau porte aujourd'hui un autre nom.
Peux-tu deviner lequel ?

5. Comment célèbre-t-on maintenant le 14 juillet ?
Que reste-t-il des célébrations de 1880 ?

13

La IIIe République (1871-1914) (2) Grands hommes et grandes idées

Objectifs disciplinaires

Découvrir les lois promulguées lors de la IIIe République concernant l'instruction publique et la séparation du culte et de l'État.

Mesurer l'impact de ces nouvelles lois sur notre société d'aujourd'hui.

Découvrir le personnage de Jean Jaurès et les origines du socialisme en France.

Objectifs méthodologiques

Lire et analyser des discours ou des textes de loi.

Les mettre en rapport les uns avec les autres pour établir des liens cohérents.

Document 1

Extraits du Programme de Belleville de Léon Gambetta, 1869, avec portrait

Documents 2

a) Portrait de Jules Ferry

b) Loi du 28 mars 1882 sur l'enseignement primaire

Document 3

Extraits de la loi du 9 décembre 1905 sur la séparation des Églises et de l'État

Document 4

Extrait d'un discours de Jean Jaurès, en 1903, avec portrait

Étape 1

Léon Gambetta

doc. 1 Extraits du Programme de Belleville de Léon Gambetta, 1869.
Questionnaire à photocopier.
Ce discours a été prononcé par Léon Gambetta à Belleville (commune maintenant devenue un quartier de Paris). Il y exposait les grandes lignes de son programme pour les élections législatives de 1869 : suffrage universel, liberté de la presse, séparation de l'Église et de l'État, instruction laïque… Les échos de ce programme sont évidents dans notre société.

Phase de réflexion individuelle à partir du questionnaire

Phase orale collective

1. La légende situe le texte : « Extraits du Programme de Belleville ».

▸ Qu'est-ce qu'un programme en politique ?

Valider les réponses qui définissent un programme comme un certain nombre de réformes (de changements) proposées.

2. Recours à la légende pour les élèves restés sans réponses : ce discours a été prononcé par Léon Gambetta en 1869 à l'occasion de la campagne pour les élections législatives. Rappeler que ces élections servent à élire les députés, représentants du peuple.

3. Constater que le mot « radicale » apparaît par deux fois dès le début de l'extrait. Recueillir les définitions de l'adjectif « radical » et adopter une définition commune du type : radical = profond. Léon Gambetta voulait donc aller au fond des problèmes.
Expliquer que Gambetta était candidat de l'opposition républicaine aux élections législatives de 1869 (les dernières qui aient eu lieu sous le second Empire) à l'issue desquelles il a été élu député. Rappeler (séquence n° 10) qu'il deviendra même, un an plus tard, dans le gouvernement provisoire républicain formé après le 4 septembre 1870, ministre de l'Intérieur et de la Guerre. Il était partisan de la guerre à outrance, ce qui allait motiver sa démission lors de la capitulation de Paris. Là encore, Gambetta réagissait en radical.

4. Recueillir les formulations proposées et adopter collectivement un résumé oral pour chaque article.

5. Relever les commentaires des enfants pour établir le sentiment général de la classe.

▸ Léon Gambetta était-il un personnage méritant une telle notoriété ?

Remarquer que le discours de Belleville établit bon nombre des principes qui gouvernent aujourd'hui encore notre société. Laisser les enfants juger.

Étape 2

Jules Ferry et l'école laïque, gratuite et obligatoire

doc. 2a Portrait de Jules Ferry (avec une brève présentation biographique en légende).
doc. 2b Extraits de la loi de mars 1882 sur l'enseignement primaire.
Questionnaires à photocopier.
Ces documents présentent le personnage de Jules Ferry ainsi que les principes de l'école laïque qu'il a largement contribué à faire adopter dans notre pays. La comparaison des programmes de l'époque avec ceux d'aujourd'hui sera à la fois amusante et intéressante.

Étude du document 2a :
Phase de réflexion individuelle à partir du questionnaire

Phase orale collective

1. Renvoyer les enfants à la légende du document. Jules Ferry y est brièvement présenté : plusieurs fois ministre de l'Instruction publique (ministre de l'Éducation nationale) de 1879 à 1883, puis président du Conseil (Premier ministre ou chef du Gouvernement) de 1883 à 1885.

2. Accepter les réponses, probablement nombreuses, justifiant le caractère obligatoire de l'instruction par la nécessité de savoir lire, écrire et compter pour passer des diplômes, trouver du travail, assurer son avenir, etc. Signaler qu'à l'époque les emplois étaient très souvent manuels (travaux de la ferme,

emplois dans des ateliers, des usines ou des mines) et ne nécessitaient pas une grande érudition.
Faire retrouver aux élèves (si nécessaire, revoir la séquence 5) que l'objectif essentiel de la scolarisation était de protéger les enfants d'une entrée trop précoce dans le monde du travail où ils effectuaient des tâches pénibles avec des salaires de misère.

3. Le retour au document 1 permet de constater que Léon Gambetta, proposait déjà, en 1869, l'instruction primaire laïque, gratuite et obligatoire. L'idée n'était donc pas nouvelle.

Informations complémentaires

L'accès à l'instruction faisait déjà l'objet de revendications dans les cahiers de doléances de 1789. En 1833, la loi Guizot imposait aux communes d'ouvrir et de financer une ou plusieurs écoles primaires et aux départements d'entretenir une école normale d'instituteurs. Mais l'école n'était pas obligatoire, ni gratuite pour les familles, et la loi Falloux accordait depuis 1850 un grand pouvoir de contrôle à l'Église catholique sur les écoles publiques. Victor Duruy, ministre de l'Instruction publique de 1863 à 1869, avait réduit le rôle de surveillance exercé sur les écoles par les curés. Il avait également fait ouvrir des écoles pour les filles et encouragé les communes à offrir la gratuité totale en échange de subventions. Sans diminuer les mérites de Jules Ferry, il est juste de signaler qu'il n'a fait que mettre un point final à une évolution amorcée depuis un siècle. ■

Étude du document 2b :
Phase de réflexion individuelle à partir du questionnaire

Phase orale collective

1. La légende date le texte : le 28 mars 1882.

2. Renvoyer les enfants aux notes biographiques accompagnant le document 2a. C'est bien Jules Ferry qui était alors ministre de l'Instruction publique. C'est pour cette raison que son nom reste associé aujourd'hui à l'école laïque, gratuite et obligatoire.

3. Relever collectivement les matières toujours enseignées (instruction civique, lecture, écriture, littérature, géographie, histoire, sciences naturelles, mathématiques, travaux manuels, dessin, musique et gymnastique). Noter que certaines appellations ont changé (sciences naturelles —> sciences de la vie et de la terre ou biologie ; gymnastique —> EPS).
Noter l'idée d'une instruction morale ajoutée à l'instruction civique.

▸ Que pouvait-on enseigner à travers l'instruction morale ?

Citer cet exemple des thèmes abordés à l'époque : « Les frères et sœurs doivent s'aimer et s'entraider mutuellement. Les aînés doivent protéger les petits et leur donner le bon exemple. Les uns et les autres doivent éviter les taquineries et les querelles... »
Noter aussi la disparition des exercices militaires pour les garçons et des travaux d'aiguille pour les filles.

▸ Pourquoi les garçons devaient-ils se livrer à des exercices militaires ?

Rappeler que la France vient de perdre une guerre et se prépare pour la « revanche ».

▸ Pourquoi les travaux d'aiguille ?

Signaler qu'à la fin du XIXe siècle, une « bonne épouse et mère » devait savoir coudre et tricoter. Il n'était pas question, à cette époque, de jeter une paire de chaussettes trouées ! Remarquer également que la confection industrielle n'était pas encore répandue.

4. Expliquer le verbe vaquer : être en vacances.

▸ Y a-t-il un jour sans école dans la semaine ? Lequel ?

À l'époque et jusqu'aux années 1970, le jeudi ; aujourd'hui, le mercredi.

▸ Pourquoi l'article 2 prévoit-il un jour sans école ?

Remarquer son usage initial : permettre aux parents qui le désirent de faire donner une instruction religieuse à leurs enfants car l'école de 1882 abandonne ce rôle. C'est le principe de laïcité.
Remarquer qu'en 1882, l'instruction morale et civique venait remplacer l'instruction morale et religieuse. L'enjeu était, pour les Républicains, de soustraire les enfants des classes populaires à l'influence de l'Église catholique en les instruisant dans des valeurs et des idées détachées de la religion.

▸ Que font les enfants aujourd'hui le mercredi ?

Faire un tour de classe pour recenser les activités régulières pratiquées par les élèves. Tirer les conclusions qui s'imposent (peu de pratique religieuse, accent sur les activités sportives ou musicales, etc.).

5. Recueillir les propositions et adopter un résumé collectif du style : « L'instruction est obligatoire pour tous de 6 à 13 ans. »

6. Constater que si certains des éléments du programme ont été modifiés (vu à la question 3) et si, dans certaines régions de France, l'organisation de la semaine a pu être modifiée (semaine de 4 jours, classe le mercredi matin), l'essentiel de la loi de 1882 reste d'actualité. Les principes de laïcité, de gratuité et le caractère obligatoire de l'instruction demeurent et ont même été renforcés puisque, aujourd'hui, l'instruction est obligatoire jusqu'à l'âge de 16 ans.

Étape 3

La République se sépare des Églises

doc. 3 Extrait de la loi de 1905 sur la séparation des Églises et de l'État.
Ces deux articles de la loi concernant la séparation des Églises et de l'État s'appuient sur deux principes fondamentaux qu'il est toujours utile de rappeler : chacun est libre en France de pratiquer la religion de son choix mais la République ne subventionne aucun culte.

Phase de réflexion individuelle à partir du questionnaire

Phase orale collective

1. Noter la date dans la ligne de titre : cette loi a été votée le 9 décembre 1905. Faire résumer oralement les deux articles pour en exprimer le principe fondamental. Retenir collectivement des formules telles que :
   Article 1 : chacun est libre de choisir sa religion.
   Article 2 : la République (l'État) ne paie pas pour l'exercice des cultes.
   Identifier les dépenses relatives à l'exercice d'un culte : construction et entretien du lieu de culte, salaire des ministres du culte, etc.
   Résumer les deux articles en une phrase du style : « En France, chacun pratique le culte de son choix mais ce n'est pas l'État qui paie. »
   Signaler que nous devons cette loi à Aristide Briand, plusieurs fois ministre et président du Conseil sous la IIIe République.
2. Phrase du document 1 : « la suppression du budget des cultes et la séparation de l'Église et de l'État ». Noter que la formulation n'a pratiquement pas changé à une exception : « l'Église », terme qui recouvre toutes les religions. Recenser les religions pratiquées dans les familles des élèves. Compléter au besoin avec les religions moins pratiquées en France pour dresser un inventaire le plus complet possible : catholicisme, protestantisme, orthodoxie, islam, judaïsme, bouddhisme, hindouisme.

Informations complémentaires

Exceptions à la règle de la séparation et de la laïcité : la Moselle et l'Alsace (allemandes en 1882 et en 1905), car le principe de laïcité était inconnu en Allemagne.

Comme avant 1882, un enseignement religieux était donné dans les locaux et sur le temps scolaire, et, comme avant 1905, l'État y finançait les cultes. Ce système a été conservé même après que la Moselle et l'Alsace sont redevenues françaises et y est toujours en vigueur (mais aujourd'hui, les enfants dont les parents ont formulé par écrit leur opposition sont dispensés de cours de religion). ■

3. Noter le rapport évident entre les deux articles. La loi de 1905 vient compléter celle de 1882 en précisant les domaines : l'État et le culte sont bien deux choses séparées.
4. L'adjectif laïc a déjà été plusieurs fois évoqué. Essayer d'en obtenir une définition collective sans recourir au dictionnaire. Adopter une formulation du type : « qui est indépendant de la religion ».

Étape 4

Jean Jaurès et le socialisme

doc. 4 Extrait d'un discours de Jean Jaurès en 1903.
Questionnaire à photocopier.
Cet extrait de discours ainsi que la photographie qui l'accompagne permettent de découvrir le personnage de Jean Jaurès et notamment sa foi en la démocratie et son humanisme. Ce sera l'occasion de situer l'apparition du parti socialiste dans l'histoire de notre pays.

Phase de réflexion individuelle à partir du questionnaire

Phase orale collective

1. L'introduction de l'extrait apporte les réponses : Jean Jaurès en 1903.
   C'était un député socialiste.

▸ Qu'est-ce que le socialisme ?

Recueillir les réponses de la classe et les compléter pour convenir que le socialisme est un courant d'idées qui a pour objectif la justice sociale, l'amélioration du sort des travailleurs par un profond changement de la société (obtenu selon certains, comme Jaurès, par un vote démocratique ou, selon d'autres, par une révolution). Le socialisme se situe à gauche.

▶ Que signifie « la gauche » ?
Expliquer que les notions de gauche, de centre et de droite en politique trouvent leur origine dans la disposition des députés dans l'hémicycle de l'Assemblée nationale, selon qu'ils sont assis à gauche, au centre ou à droite du président de l'Assemblée siégeant à la tribune. Rapprocher ce principe de celui qui a donné leur nom aux Montagnards, assis en haut des gradins sous la Convention.
On pourra préciser que c'est exactement le 28 août 1789, lorsque l'Assemblée nationale constituante s'est prononcée pour ou contre le veto royal, que les partisans se sont rangés à la droite du président de l'Assemblée et les adversaires à sa gauche. Depuis ce jour, à droite se trouvent les conservateurs, et à gauche les progressistes...

2. Relire le premier paragraphe. Relever les explications et retenir collectivement le sens de « faire un large crédit » = faire confiance. Insister sur l'importance de cette foi en la nature (la personne) humaine que l'on appelle l'humanisme.

▶ Quand Jaurès parle de « grandeur », de « destinée incomparable » de l'humanité, pense-t-il seulement au présent ? Qu'est-ce que la destinée ?
Convenir que Jaurès entrevoit de grands changements dans la société grâce à la grandeur, aux qualités, des hommes et des femmes.

▶ Qu'a-t-il fait pour contribuer à ce changement ?
Renvoyer les enfants à la légende du portrait qui indique que Jaurès a fondé le Parti socialiste français. Préciser que le Parti socialiste français, fondé en 1901, s'est allié en 1905 au Parti socialiste de France pour fonder le parti socialiste SFIO (Section française de l'Internationale ouvrière, alliée à d'autres partis socialistes d'Europe), ancêtre du parti socialiste d'aujourd'hui. Laisser entrevoir que ce parti aura une grande influence dans l'évolution politique de notre pays.

3. Relire collectivement le 2e paragraphe. Expliquer les passages ou expressions complexes pour s'assurer que tous ont bien compris que Jaurès préconise un partage plus équitable dans les domaines de la production et de la propriété. Faire surligner les mots-clés : atelier, travail, production, propriété ainsi que liberté, égalité et justice.
Faire résumer le paragraphe en une phrase. Adopter collectivement une formulation du type : « Jaurès voulait que les travailleurs soient propriétaires des moyens de production du pays et qu'ils les dirigent avec des chefs élus par eux. » Rapprocher ce résumé de la définition du socialisme qui vient d'être vue à la question 2.

▶ Qui, selon Jaurès, souhaiterait voir les moyens de production passer sous le contrôle du peuple ?
Renvoyer les élèves au début du paragraphe pour identifier le prolétariat comme le « demandeur ». Faire établir l'opposition : prolétaires (non propriétaires de moyens de production : les ouvriers, les paysans salariés) / bourgeois (propriétaires).

4. Revenir à la légende du portrait pour rappeler que Jean Jaurès a été assassiné.

▶ Quand ? Par qui ? Qu'est-ce qu'un nationaliste ?
Valider toutes les réponses qui décrivent un nationaliste comme quelqu'un de très attaché à la nation, prêt à tout (y compris à la guerre) pour la défendre. Noter que Jean Jaurès était opposé à la guerre. Sans entrer dans les détails, signaler qu'en 1914, la Première Guerre mondiale était prête à éclater. Conclure que Jaurès a été assassiné parce qu'il pensait que la guerre pouvait être évitée (rappeler sa foi en la nature humaine et en l'union des prolétaires de tous les pays, l'Internationale ouvrière) alors que d'autres personnes voulaient la guerre.

Synthèse (orale)

Qu'avons-nous appris ?

- En 1869, Léon Gambetta a été candidat aux élections législatives. Il a proposé une série de réformes importantes dans un discours appelé le Programme de Belleville. Il a été élu et ses idées ont progressé.
- En 1882, Jules Ferry, ministre de l'Instruction publique, a fait voter une loi sur l'enseignement primaire. L'instruction est devenue gratuite et obligatoire pour tous les enfants de 6 à 13 ans. L'instruction religieuse a été remplacée par l'instruction civique à l'école. C'est la laïcité. Les enfants pouvaient recevoir l'instruction religieuse de leur choix en dehors de l'école.
- En 1905, Aristide Briand a fait voter la loi concernant la séparation des Églises et de l'État. Depuis cette date, chacun est libre, en France, de choisir sa religion mais l'État ne participe pas aux dépenses liées à l'exercice du culte.
- Aujourd'hui, ces lois sont toujours appliquées.
- Jean Jaurès était un homme politique français qui croyait en l'humanité. C'était un humaniste. Il a fondé le journal *L'Humanité* et le parti socialiste français. Son parti s'est allié à un autre en 1905 pour fonder la SFIO (Section française de l'Internationale ouvrière), ancêtre du PS (parti socialiste) d'aujourd'hui.
  À son époque, les socialistes veulent que les secteurs essentiels au fonctionnement d'un pays (agriculture, industrie, finance et transports) appartiennent à la collectivité. Jean Jaurès a été assassiné.

Élaboration du texte de référence

Phase écrite collective (au tableau)

Titre : Les grands hommes et les grandes réformes de la IIIe République

Dès 1869, Léon Gambetta a proposé de nombreuses réformes importantes pour notre pays.

Document 1

Progressivement, grâce à des personnages comme Jules Ferry et Aristide Briand, des lois ont été votées pour mettre en place ces réformes. Jules Ferry a fait voter la loi sur l'enseignement primaire en 1882.

Document 2

Aristide Briand a fait voter celle sur la séparation des Églises et de l'État en 1905.

Document 3

Ces lois sont toujours en vigueur aujourd'hui.
Jean Jaurès était un socialiste et un humaniste. Il a fondé le parti socialiste français et plus tard la SFIO. Le socialisme était un courant de gauche qui voulait, pour mieux défendre les travailleurs, que les secteurs essentiels au fonctionnement d'un pays appartiennent à la collectivité. Jean Jaurès a été assassiné.

Document 4

Phase écrite individuelle

Lexique

Laïc : indépendant de la religion.
Prolétariat : classe sociale des ouvriers et des paysans salariés.

La IIIe République (1871-1914)
(2) Grands hommes et grandes idées

13
Fiche documents

Document 1

BIS / © Archives Larbor

a Léon Gambetta (1838–1882).

Citoyens,

Au nom du suffrage universel, base de toute organisation politique et sociale, donnons mandat à notre député d'affirmer les principes de la démocratie radicale et de revendiquer énergiquement :

– l'application la plus radicale du suffrage universel tant pour l'élection des maires et des conseillers municipaux, sans distinction de localité, que pour l'élection des députés ; [...]

– la liberté individuelle désormais placée sous l'égide des lois et non soumise au bon plaisir et à l'arbitraire administratifs ; [...]

– la liberté de la presse dans toute sa plénitude ; [...]

– la liberté d'association pleine et entière ;

– la suppression du budget des cultes et la séparation de l'Église et de l'État ;

– l'instruction primaire laïque, gratuite et obligatoire avec concours entre les intelligences d'élite, pour l'admission aux cours supérieurs, également gratuits [...].

b **Extraits du Programme de Belleville, discours prononcé par Léon Gambetta, candidat aux élections législatives, en 1869.**

Document 2

BIS / Ph. Eugène Pirou © Archives Larbor

a **Jules Ferry (1832–1893). Il a été plusieurs fois ministre de l'Instruction publique de 1879 à 1883, puis président du Conseil de 1883 à 1885.**

Article premier

L'enseignement primaire comprend :

L'instruction morale et civique

La lecture et l'écriture

La langue et les éléments de la littérature française

La géographie, particulièrement celle de la France

L'histoire, particulièrement celle de la France jusqu'à nos jours

Quelques leçons usuelles de droit et d'économie politique

Les éléments des sciences naturelles physiques et mathématiques ; leurs applications à l'agriculture, à l'hygiène, aux arts industriels, travaux manuels et usage des outils des principaux métiers

Les éléments du dessin, du modelage et de la musique

La gymnastique

Pour les garçons, les exercices militaires

Pour les filles, les travaux d'aiguille [...]

Article 2

Les écoles primaires publiques vaqueront un jour par semaine, outre du dimanche, afin de permettre aux parents de faire donner, s'ils le désirent, à leurs enfants, l'instruction religieuse en dehors des édifices scolaires. [...]

Article 4

L'instruction primaire est obligatoire pour les enfants des deux sexes âgés de six ans révolus à treize ans révolus ; elle peut être donnée soit dans les établissements d'instruction primaire ou secondaire, soit dans les écoles publiques ou libres, soit dans les familles, par le père de famille lui-même ou toute personne qu'il aura choisie. [...]

b **Loi du 28 mars 1882 sur l'enseignement primaire.**

13 Fiche documents

La IIIe République (1871-1914)
(2) Grands hommes et grandes idées

Document 3

Article premier. – La République assure la liberté de conscience. Elle garantit le libre exercice des cultes sous les seules restrictions édictées ci-après dans l'intérêt de l'ordre public.

Art. 2. – La République ne reconnaît, ne salarie ni ne subventionne aucun culte. En conséquence, à partir du 1er janvier qui suivra la promulgation de la présente loi, seront supprimées des budgets de l'État, des départements et des communes, toutes dépenses relatives à l'exercice des cultes. […]

Loi du 9 décembre 1905 concernant la séparation des Églises et de l'État.

Document 4

a **Jean Jaurès (1859-1914) fondateur du parti socialiste français. Opposé à la guerre, il mourra assassiné par un nationaliste.**

[…] Ce qui reste vrai, à travers toutes nos misères, à travers toutes les injustices commises ou subies, c'est qu'il faut faire un large crédit à la nature humaine ; c'est qu'on se condamne soi-même à ne pas comprendre l'humanité, si on n'a pas le sens de sa grandeur et le pressentiment de ses destinées incomparables.

[…] le prolétariat, dans son ensemble, commence à affirmer que ce n'est pas seulement dans les relations politiques des hommes, c'est aussi dans leurs relations économiques et sociales qu'il faut faire entrer la liberté vraie, l'égalité, la justice. Ce n'est pas seulement la cité, c'est l'atelier, c'est le travail, c'est la production, c'est la propriété qu'il veut organiser selon le type républicain. À un système qui divise et qui opprime, il entend substituer une vaste coopération sociale où tous les travailleurs de tout ordre, travailleurs de la main et travailleurs du cerveau, sous la direction de chefs librement élus par eux, administreront la production enfin organisée.

b **En 1903, Jean Jaurès, député socialiste du Tarn, assiste à la distribution des prix au lycée d'Albi où il a enseigné quand il était jeune professeur. Il y prononce un discours dont voici un extrait.**

La IIIe République (1871-1914) (2) Grands hommes et grandes idées

Document 1

1. D'où ce texte est-il extrait ?

2. Qui a prononcé ce discours ?
Quand et à quelle occasion ?

3. Gambetta était considéré comme un républicain <u>radical</u>.
Retrouve cet adjectif dans le texte. Que veut-il dire ?

4. Résume et reformule chacun des articles avec tes mots.
Compare ton travail avec celui de tes camarades.

5. De nombreuses rues et avenues de France portent le nom de Léon Gambetta.
Cela te paraît-il justifié ? Pourquoi ?

Document 2a

1. Qui était Jules Ferry ?

2. Il voulait que l'instruction devienne obligatoire pour tous les enfants.
À ton avis, pourquoi ?

3. L'idée de rendre l'instruction gratuite et obligatoire pour tous était-elle nouvelle ?
(Relis le document 1 avant de répondre.)

Document 2b

1. Quand ce texte de loi a-t-il été voté?

2. Qui était ministre de l'Instruction publique à cette époque ?

3. Parmi les matières mentionnées dans le premier article, lesquelles étudies-tu ?
Lesquelles ont disparu ?

4. Que prévoit l'article 2 ? Quel jour de la semaine est aujourd'hui réservé à l'instruction religieuse ? Que fais-tu ce jour-là ?

5. Résume l'article 4 en une phrase.

6. Que reste-t-il de cette loi aujourd'hui ?
Qu'est-ce qui a changé ?

Document 3

1. Quand cette loi a-t-elle été votée ?
Dans quel but ?

2. Retrouve dans le document 1 le passage qui montre que cette loi était déjà prévue dans le Programme de Belleville.

3. Relis l'article 2 de la loi du 28 mars 1882 (document 2b). A-t-il un rapport avec l'article 2 de la loi du 9 décembre 1905 ?
Lequel ?

4. Depuis la IIIe République, l'enseignement laïc a remplacé l'enseignement religieux dans les écoles publiques.
À ton avis, que signifie le mot « laïc » ?

Document 4

1. Qui a prononcé ce discours ? Quand ?
Que faisait-il à cette époque ?

2. En 1904, Jean Jaurès a fondé le journal *L'Humanité* qui existe encore aujourd'hui.
Peux-tu retrouver le titre de ce journal dans le texte du discours ? Que signifie dans le texte l'expression « faire un large crédit » ?
Que pensait Jean Jaurès de l'humanité ?

3. À quels domaines pense-t-il que la liberté, l'égalité et la justice doivent également s'étendre ? À la demande de qui ?

4. Comment Jean Jaurès est-il mort ?
À ton avis pourquoi ?

14

La IIIe République (1871-1914) (3) Scandales et crises

Objectifs disciplinaires

Découvrir deux affaires qui ont ébranlé la IIIe République : le scandale de Panama et la condamnation du capitaine Dreyfus.

Déceler la montée de l'antisémitisme en France.

Mesurer l'importance de la presse et son influence sur l'opinion publique.

Objectifs méthodologiques

Observer des caricatures pour en percevoir le message.

Lire une lettre ouverte dans la presse et en apprécier l'impact.

Document 1

Caricature illustrant le scandale du canal de Panama, 1893

Documents 2

a) Illustration de la dégradation du capitaine Dreyfus, 1895

b) Lettre ouverte d'Émile Zola au président de la République, 1898

c) Caricature de Caran d'Ache illustrant la division de l'opinion à propos de l'affaire Dreyfus, 1898

Étape 1

Le scandale de Panama

doc. 1 Caricature illustrant le scandale du canal de Panama, 1893 (et cahier couleur p. 12).
Questionnaire à photocopier.
Ce document illustre parfaitement la caricature politique de l'époque. Il met en scène un Georges Clemenceau corrompu qui danse sous la direction d'un obscur personnage que les conventions antisémites (chapeau – une kippa –, long nez, barbe et costume) désignent comme un « escroc juif».

Phase de réflexion individuelle à partir du questionnaire

Phase orale collective

1. Recueillir les réponses et adopter une définition collective du type : « Une caricature est un dessin fait pour se moquer. » Préciser qu'il s'agit ici d'une caricature à caractère politique : un dessin pour se moquer d'une personnalité politique qui a fait une chose que l'on veut critiquer ou dénoncer.
2. Faire décrire le dessin : un homme qui danse sur une scène de théâtre en jonglant avec des sacs. Des danseuses d'opéra en arrière-plan et un personnage à demi caché au premier plan et qui semble diriger le ballet.
3. Recueillir les informations obtenues dans l'encyclopédie. Constater que Georges Clemenceau était député depuis 1875. Il a provoqué la chute de Jules Ferry et est devenu plus tard président du Conseil (de 1906 à 1909).
4. Faire un tour de classe pour convenir que les sacs contiennent de l'argent. Il est donc question de corruption.

▸ Qu'est-ce que la corruption ?

Retenir une définition collective du type : lorsqu'une personne qui dispose du pouvoir accorde des faveurs en échange d'argent.

5. Observer le personnage situé au premier plan. Il apparaît par le trou du souffleur (celui qui souffle les répliques aux acteurs en panne de mémoire) et tient dans ses mains des papiers qui ressemblent à une partition musicale. C'est lui qui dirige le ballet. Faire décrire le personnage : petit chapeau, long nez, barbe, etc. Préciser qu'à l'époque, ces détails désignaient les financiers juifs dans l'esprit des antisémites (les anti-juifs). Cette caricature sous-entend donc que Georges Clemenceau était corrompu par des financiers juifs qui participaient au projet de construction du canal de Panama.
6. Chercher et situer le canal de Panama sur un planisphère. Remarquer qu'il évite de contourner l'Amérique du Sud et raccourcit considérablement la route des bateaux voulant passer de l'océan Atlantique à l'océan Pacifique.

▸ Présente-t-il un intérêt évident pour la France en particulier ?

Convenir qu'il ne sert pas plus à la France qu'à n'importe quel autre pays doté d'une marine marchande.

7. Revenir à la caricature pour établir le lien entre la corruption et le scandale. Préciser que le projet de construction du canal de Panama a provoqué la ruine de milliers de personnes qui avaient prêté de l'argent pour financer les travaux. Que la presse a été achetée pour cacher la vérité au public et que des hommes politiques ont été payés pour permettre aux responsables du projet d'emprunter toujours plus d'argent. Clemenceau lui-même, bien que non directement coupable de corruption, fut mis en cause et vit sa carrière politique interrompue pendant plusieurs années. Ils devint alors journaliste politique.

Informations complémentaires

En 1879, Ferdinand de Lesseps, rendu célèbre par la réalisation du canal de Suez, a lancé le projet du canal de Panama. 75 km à creuser. Durée et coût estimés des travaux : 12 ans et 600 millions de Francs. Les banques financent son projet mais rien ne marche comme prévu : lenteur des travaux, explosion des dépenses, épidémies sur le chantier (20 000 victimes !), c'est la catastrophe. Ferdinand de Lesseps lance une souscription auprès du public français pour obtenir toujours plus d'argent. Il s'en sert pour cacher la vérité en payant la presse. Il corrompt ensuite ministres et parlementaires pour faire voter des lois permettant de continuer à emprunter. Il fait appel à Gustave Eiffel pour résoudre les difficultés techniques. Finalement, le projet doit être abandonné. 85 000 souscripteurs sont ruinés. Un procès a lieu en 1893 à l'issue duquel seul l'ancien ministre des Travaux publics est condamné à 5 ans de prison.

Le canal de Panama sera fini par les Américains et ouvert en 1914. ■

Étape 2

L'affaire Dreyfus

doc. 2a Illustration de la dégradation du capitaine Dreyfus, 1895 (et cahier couleur p. 12).
doc. 2b Lettre ouverte d'Émile Zola au président de la République, 1898.
doc. 2c Caricature de Caran d'Ache illustrant la division de l'opinion à propos de l'affaire Dreyfus, 1898.
Questionnaires à photocopier.
Ces trois documents présentent les trois étapes majeures de l'affaire Dreyfus : la condamnation, la prise de position d'Émile Zola en faveur du capitaine Dreyfus et la division de l'opinion publique. Reflets de leur époque, ils donnent également la mesure de l'importance du rôle joué par la presse qui a tour à tour influencé puis alerté l'opinion pour finalement constater les effets de l'affaire Dreyfus sur notre société.

Étude du document 2a :
Phase de réflexion individuelle à partir du questionnaire

Phase orale collective

1. Préciser que la recherche concerne une dégradation militaire. Vérifier que les enfants ont compris le sens du mot : un officier est cassé (privé) de son grade. Il redevient un simple soldat. C'est la pire des punitions (hormis la peine de mort, bien sûr).
2. Faire identifier Dreyfus (au garde-à-vous au centre de l'illustration). Remarquer qu'il est passif. Il subit la punition, même s'il protesta lors de sa dégradation en criant : « Soldats, on déshonore un innocent ! Vive la France ! Vive l'armée ! »
3. Constater que le militaire brise le sabre du capitaine Dreyfus sur son genou. Le sabre était réservé aux officiers. Remarquer les objets sur le sol devant le capitaine : au cours d'une dégradation, on arrachait les galons, les épaulettes, les boutons et tout insigne fixés sur l'uniforme avant de les jeter par terre.
4. Recueillir les réponses des enfants. Retenir les motifs comme la désertion, la lâcheté ou la trahison.
   Préciser que Dreyfus a été condamné pour trahison. Il était accusé d'avoir livré des renseignements militaires confidentiels à l'Allemagne. Rappeler que, depuis la guerre de 1870, les relations entre la France et l'Allemagne ne sont pas les meilleures.

Informations complémentaires

L'accusation du capitaine Dreyfus repose sur le seul fait qu'un document retrouvé à l'Ambassade d'Allemagne à Paris portait une écriture ressemblant à celle de l'officier.

Il n'y avait donc aucune véritable preuve de sa culpabilité. Mais Alfred Dreyfus était originaire d'une famille juive alsacienne et dans le climat d'antisémitisme qui régnait en France à l'époque, il faisait un coupable idéal. Il a été condamné au bagne à perpétuité (en Guyane) en décembre 1894 avant d'être dégradé publiquement quelques jours plus tard. ■

5. La légende date l'événement : le 5 janvier 1895.

Étude du document 2b :
Phase de réflexion individuelle à partir du questionnaire

Phase orale collective
On précisera que le texte proposé est un très court extrait du début et de la conclusion d'une longue lettre (qui représenterait plus de six pages !) dans laquelle Émile Zola accuse dix personnes et trois institutions.

1. Renvoyer les enfants à la légende : il s'agit du quotidien *L'Aurore* du 13 janvier 1898.
   L'Aurore est un journal qui venait d'être créé (en 1897), avec comme directeur politique et éditorialiste Clemenceau ! C'est son implication dans l'affaire Dreyfus et dans la parution de « J'accuse » aux côtés de Zola qui relança sa carrière politique…

2. Relire le début de la lettre au besoin : Zola s'adresse au président de la République. Cette lettre est publiée dans un journal pour que tout le monde puisse également la lire. Préciser que ce genre de communication est appelé une lettre ouverte.

▸ À quoi peut servir une lettre ouverte ? Valider les réponses qui suggèrent qu'une lettre ouverte sert à alerter l'opinion.

3. Se reporter à la liste des présidents page 80. En 1898, le Président était Félix Faure.

4. Relire les passages correspondants de la lettre. Zola accuse personnellement le lieutenant-colonel du Paty de Clam (un autre officier de l'armée française) et trois experts en écriture (ceux-là mêmes qui ont conclu que l'écriture figurant sur le document trouvé à l'Ambassade d'Allemagne était celle de Dreyfus). Il accuse le premier de machination et les trois autres d'avoir menti à moins qu'ils ne soient aveugles !

Faire remarquer qu'Émile Zola accuse non seulement des personnes qu'il nomme mais aussi des organismes (des institutions) : les bureaux de la guerre (qui ont manipulé la presse pour tromper l'opinion) et les conseils de guerre (l'un ayant prononcé une condamnation illégale puisque le document attribué à Dreyfus avait en fait été rédigé par Esterhazy, et l'autre ayant acquitté une personne qu'il savait coupable... le même Esterhazy !).

▸ Qui Zola veut-il défendre ?

Faire un tour de classe pour constater l'évidence : il défend Dreyfus qu'il considère non coupable et condamné injustement.

Certains élèves s'étonneront peut-être que Zola ait attendu le 13 janvier 1898 pour prendre la défense de Dreyfus alors qu'il a été condamné en 1894. On précisera que Zola a réagi à deux faits majeurs : la découverte du vrai coupable en 1897 et son acquittement à l'issue d'un procès bâclé le 11 janvier 1898, deux jours avant la parution de son article dans *L'Aurore*.

5. Faire observer que les militaires ne sont pas jugés par des tribunaux ordinaires. Valider les réponses qui identifient le conseil de guerre comme le tribunal. Rappeler que l'on a déjà évoqué le conseil de guerre lors du procès de Louise Michel, à la fin de la Commune de Paris. Un large consensus devrait se dégager. Zola a été suffisamment convaincant et... les enfants savent maintenant que Dreyfus n'était pas coupable ! Constater qu'un innocent a néanmoins été mis au pilori par antisémitisme et pour sauvegarder l'honneur de l'armée dans un pays traumatisé par la récente défaite de 1871.

Informations complémentaires

La lettre d'Émile Zola a eu un retentissement spectaculaire. Le journal s'est vendu à plus de 200 000 exemplaires en quelques heures et Émile Zola a été poursuivi en justice. C'est ce qu'il cherchait ! Son procès a obligé les acteurs de l'affaire à venir témoigner et on a pu réunir et révéler au public des preuves de l'innocence de Dreyfus. Zola a finalement été condamné pour diffamation et a dû s'exiler quelque temps pour éviter la prison. Grâce à lui, le procès de Dreyfus a été revu et ce dernier a été gracié et libéré en 1899 (après 5 années au bagne) puis finalement réhabilité et réintégré dans l'armée en 1906. ■

Étude du document 2c :
Phase de réflexion individuelle à partir du questionnaire

Phase orale collective

1. et 2. La légende identifie le journal et l'auteur des dessins : Caran d'Ache dans *Le Figaro* du 14 février 1898, soit un mois après la lettre de Zola. Préciser que Caran d'Ache était un dessinateur humoristique français appelé Emmanuel Poiré. Né à Moscou, il a formé son nom d'artiste du mot russe « karandach » qui signifie : « crayon » !

3. Faire appel à l'observation des enfants : l'affaire Dreyfus est mentionnée dans les légendes.

4. Remarquer l'effet comique de l'enchaînement des deux dessins et de la deuxième légende : « Ils en ont parlé. »

▸ De quoi cette famille a-t-elle parlé ? De l'affaire Dreyfus, naturellement.

▸ Quel est le résultat ? Tout le monde se bat.

En conclure que les Français étaient très divisés. Évoquer les noms donnés aux partisans de Dreyfus (les dreyfusards) et ses adversaires (les antidreyfusards).

5. Remarquer que ces trois documents (tout comme le document 1) viennent de la presse française. En conclure que la presse jouait à l'époque un rôle très important d'information, certes, mais aussi parfois de manipulation de l'opinion. Les exemples du scandale de Panama et de l'affaire Dreyfus en sont de tristes illustrations. Revenir au document 2a et à l'inscription figurant sous l'illustration de couverture du journal : « Le traître » qui se passe de commentaires...

Synthèse (orale)

Qu'avons-nous appris ?

- En 1893, Ferdinand de Lesseps a lancé un projet pour construire un canal reliant l'océan Atlantique à l'océan Pacifique à travers l'isthme de Panama. Son entreprise a été un échec technique mais aussi une catastrophe humaine et financière. Il a payé la presse, pour cacher la vérité au public, et de nombreux hommes politiques pour pouvoir emprunter toujours plus d'argent. Georges Clemenceau lui-même fut entaché par le scandale. Finalement, le projet a été abandonné et des milliers de souscripteurs ont été ruinés. Ce sont les Américains qui ont terminé le canal en 1914.
- En 1894, Alfred Dreyfus, un officier de l'armée française, a été accusé de haute trahison. Bien que non coupable, il a été condamné au bagne à perpétuité et dégradé. Émile Zola a pris sa défense dans une lettre célèbre intitulée « J'accuse ». La France s'est alors divisée en deux camps : les dreyfusards (défenseurs de Dreyfus) et les anti-dreyfusards (qui pensaient que Dreyfus était coupable). Plus tard, Dreyfus a été gracié puis réhabilité.
- Le fait que certains financiers impliqués dans le scandale de Panama et Alfred Dreyfus étaient juifs a alimenté le climat d'antisémitisme qui régnait en France.
- Ces deux affaires ont montré que la presse jouait un rôle d'information très important mais qu'elle pouvait aussi servir à manipuler l'opinion.

Élaboration du texte de référence

Phase écrite collective (au tableau)

Titre : Les faux-pas de la IIIe République

Au cours de la IIIe République, deux affaires ont eu un grand retentissement.
Le scandale du canal de Panama a mêlé manipulation de la presse et corruption d'hommes politiques. Ce désastre technique et financier a ruiné des milliers de Français.

Document 1

L'affaire Dreyfus a vu un officier innocent condamné pour haute trahison. La France s'est trouvée divisée en deux : les dreyfusards et les anti-dreyfusards.

Documents 3a, 3b et 3c

Ces deux affaires ont aggravé le climat d'antisémitisme en France et montré combien la presse pouvait jouer un rôle important dans l'opinion publique.

Phase écrite individuelle (sur le cahier)

Lexique

Antisémitisme : forme de racisme anti-juifs.
Dreyfusard / anti-dreyfusard : partisan / adversaire de Dreyfus.
Réhabiliter : reconnaître l'innocence d'un condamné et lui rendre ses droits.
Souscripteur : personne qui participe à un emprunt public en prêtant son argent.

14 Fiche documents

La IIIe République (1871-1914) (3) Scandales et crises

Document 1

Georges Clemenceau et le scandale du canal de Panama, *Le Petit Journal* du 19 août 1893.

Document 2

a **La dégradation du capitaine Alfred Dreyfus le 5 janvier 1895, *Le Petit Journal* du 13 janvier 1895.**

J'Accuse...!
LETTRE AU PRÉSIDENT DE LA RÉPUBLIQUE
Par ÉMILE ZOLA

Monsieur le Président,

[...] quelle tache de boue sur votre nom — j'allais dire sur votre règne — que cette abominable affaire Dreyfus ! [...] La vérité, je la dirai, car j'ai promis de la dire, si la justice, régulièrement saisie, ne la faisait pas, pleine et entière. Mon devoir est de parler, je ne veux pas être complice. Mes nuits seraient hantées par le spectre de l'innocent qui expie là-bas, dans la plus affreuse des tortures, un crime qu'il n'a pas commis.

Et c'est à vous, monsieur le Président, que je la crierai, cette vérité, de toute la force de ma révolte d'honnête homme. Pour votre honneur, je suis convaincu que vous l'ignorez. Et à qui donc dénoncerai-je la tourbe malfaisante des vrais coupables, si ce n'est à vous, le premier magistrat du pays ? [...]

J'accuse le lieutenant-colonel du Paty de Clam d'avoir été l'ouvrier diabolique de l'erreur judiciaire, en inconscient, je veux le croire, et d'avoir ensuite défendu son œuvre néfaste, depuis trois ans, par les machinations les plus saugrenues et les plus coupables. [...]

J'accuse les trois experts en écritures, les sieurs Belhomme, Varinard et Couard, d'avoir fait des rapports mensongers et frauduleux, à mois qu'un examen médical ne les déclare atteints d'une maladie de la vue et du jugement.

J'accuse les bureaux de la guerre d'avoir mené dans la presse [...] une campagne abominable pour égarer l'opinion et couvrir leur faute.

J'accuse enfin le premier conseil de guerre d'avoir violé le droit, en condamnant un accusé sur une pièce restée secrète, et j'accuse le second conseil de guerre d'avoir couvert cette illégalité, par ordre, en commettant à son tour le crime juridique d'acquitter sciemment un coupable. [...]

b **Extraits de la lettre « J'accuse... ! » d'Émile Zola au président de la République, parue à la Une du journal *L'Aurore* du jeudi 13 janvier 1898.**

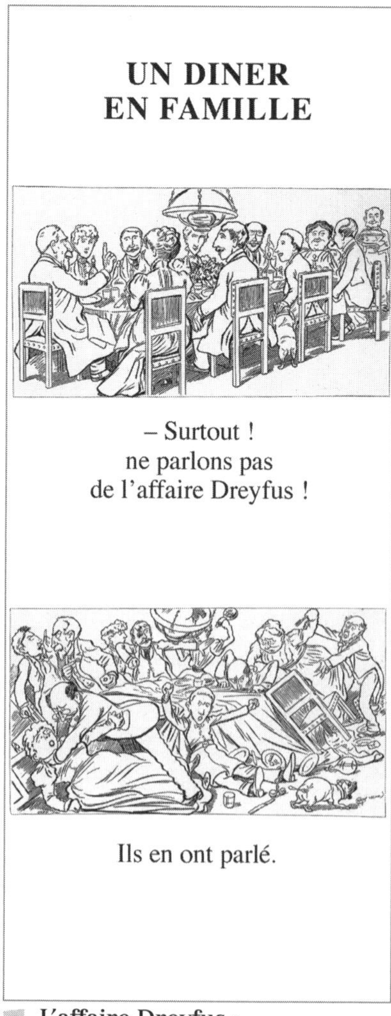

c **L'affaire Dreyfus : caricature de Caran d'Ache parue dans le journal *Le Figaro* du 14 février 1898.**

14 Fiche questionnaire

La IIIe République (1871-1914) (3) Scandales et crises

Document 1

1. Qu'est-ce qu'une caricature ?
2. Que représente celle-ci ?
3. Qui était Georges Clemenceau et quel était son rôle en 1893 ? Aide-toi d'une encyclopédie.
4. Que peuvent contenir les sacs avec lesquels il jongle ?
5. Que fait le personnage situé en bas à droite de l'illustration ? Comment est-il représenté ?
6. Où se trouve le canal de Panama ? À quoi sert-il ? Quel intérêt présente-t-il pour la France ?
7. À ton avis, pourquoi a-t-on parlé d'un « scandale de Panama » ?

Document 2a

1. Cherche ce que signifie le mot « dégradation » dans un dictionnaire et explique ce que représente ce document.
2. Lequel des personnages est Alfred Dreyfus?
3. Que fait le militaire qui lui fait face ?
4. À ton avis, pour quel motif peut-on vouloir dégrader un officier de l'armée ?
5. Quand cet événement a-t-il eu lieu ?

Document 2b

1. Dans quel journal cet article a-t-il été publié ? Quand ?
2. Qui l'a écrit ? Pour s'adresser à qui ?
3. Qui était président de la République au moment de l'affaire Dreyfus ? (Aide-toi du document 2 de la séquence 12.)
4. Qui Émile Zola accuse-t-il ? De quoi ? Pour défendre qui ?
5. Par quel tribunal Dreyfus a-t-il été condamné ? Le procès semble-t-il avoir été juste ?

Document 2c

1. Dans quel journal cette caricature a-t-elle été publiée ? Quand ?
2. Qui en est l'auteur ?
3. Quel en est le sujet ?
4. Quelle image donne-t-elle de l'opinion des Français sur l'affaire Dreyfus ?
5. D'où proviennent les trois documents concernant cette affaire ?

1er BILAN De la royauté à la République (1815-1914)

Nom : ....

Prénom : ....

Nombre de bonnes réponses : .... /20

1. La monarchie est restaurée en France après l'abdication définitive de Napoléon.
En quelle année était-ce ? Entoure la bonne réponse.

1789 1805 1815 1835

2. Que désigne le terme « les Trois Glorieuses » ? Entoure la bonne réponse.

3 femmes célèbres 3 jours d'émeutes révolutionnaires 3 jours de fête nationale

3. Quelle invention essentielle est à l'origine de la révolution industrielle,
et quelle source d'énergie lui permet de fonctionner ?

....

....

4. Qui est l'auteur du texte dont voici un extrait ?

« Où vont tous ces enfants dont pas un seul ne rit ?
Ces doux êtres pensifs que la fièvre maigrit ?
Ces filles de huit ans qu'on voit cheminer seules ? »

....

5. Quel roi gouverne la France durant la période appelée « monarchie de Juillet », de 1830 à 1848 ?
Entoure la bonne réponse.

Louis XVIII Louis-Philippe Ier Charles X Louis XVI

6. Quel régime est établi en France après la fuite du roi en 1848 ? Entoure la bonne réponse.

une monarchie un empire une république

7. Indique deux décisions importantes prises par la IIe République.

....

....

8. Quel est le nom du seul Président élu à la tête de la IIe République ?
Que deviendra-t-il après le 2 décembre 1852 ?

....

....

9. Pourquoi le baron Haussmann est-il resté célèbre ?

....

10. À quel pays la France s'affronte-t-elle au début de la guerre de 1870 ?

....

De la royauté à la République (1815-1914)

Nom : .... **Prénom :** ....

11. Numérote ces chefs d'États de 1 à 7 dans l'ordre chronologique.

◯ Louis-Napoléon Bonaparte – ◯ Charles X – ◯ Napoléon Ier – ◯ Louis XVIII

◯ Adolphe Thiers – ◯ Napoléon III – ◯ Louis-Philippe Ier

12. En quelle année les Parisiens se sont-ils révoltés contre le gouvernement de Thiers ?
Quel nom donne-t-on à cette insurrection ?

....

13. Quel drapeau et quelle chanson symbolisent la révolte depuis cet épisode ?

....

14. Combien d'années la IIIe République a-t-elle duré ? Entoure la bonne réponse.

3 12 70 150

15. Qu'est-ce que le pouvoir législatif ? Le pouvoir exécutif ?

Le pouvoir législatif : ....

....

Le pouvoir exécutif : ....

....

16. Relie chaque forme de pouvoir au groupe qui le détient sous la IIIe République.

Le pouvoir exécutif • • Le Sénat et la Chambre des députés

Le pouvoir législatif • • Le Président et le Conseil des ministres

17. En quelle année le 14 juillet est-il devenu la fête nationale de notre pays ? Entoure la bonne réponse.

1789 1880 1918 1945 2000

18. Nomme 3 grands hommes de la IIIe République.

....

....

....

19. Durant la IIIe République, deux lois très importantes ont été adoptées. Entoure-les.

La scolarité est devenue obligatoire.

La peine de mort a été supprimée.

L'allemand est devenu la deuxième langue de la France.

L'État s'est séparé de l'Église.

On a interdit de fumer dans les restaurants.

20. Le procès qui a injustement condamné un officier juif de l'armée française en 1895 est connu sous le nom de l'affaire ....

15

La colonisation (1) La France, une ancienne puissance coloniale

Objectifs disciplinaires

Découvrir l'étendue de l'empire colonial français et les différentes phases de sa construction.

Comprendre la variété des destins des régions concernées.

Percevoir l'aspect « légal » de l'esclavage à la fin du XVIIe siècle.

Objectifs méthodologiques

Observer une carte et utiliser le code couleur de sa légende pour repérer différents secteurs.

Combiner localisation géographique et chronologie des événements.

Lire des articles extraits d'un texte de loi.

Document 1

Planisphère montrant l'évolution de l'empire colonial français du XVIIe siècle à nos jours

Document 2

Extraits du « code noir » de Louis XIV, mars 1685

Étape 1

Observer l'évolution géographique de l'empire colonial français

doc. 1 Planisphère montrant l'évolution de l'empire colonial français du XVIIe siècle à nos jours.

Questionnaire à photocopier.

Ce document présente la plupart des différentes régions du monde ayant, à un moment ou à un autre, appartenu à l'empire colonial français. Le code couleur de la légende permet de distinguer les parties les plus anciennes de celles acquises après la date charnière de 1803, correspondant à la cession de certains territoires par Napoléon.

Phase de réflexion individuelle à partir du questionnaire

Phase orale collective

1. Tous les élèves devraient avoir reconnu un planisphère et, à l'aide du titre du document, compris que les zones identifiées correspondent à différentes parties de l'empire colonial français.
2. Les premières réponses concerneront certainement les États-Unis d'Amérique, le Canada et l'Inde. Situer la Louisiane de l'époque (dont la Louisiane d'aujourd'hui n'est qu'une petite partie) sur la carte, immense étendue couvrant tout le centre actuel des États-Unis. L'explorateur Cavelier de la Salle baptisa cette région « Louisiane » en l'honneur de Louis XIV, en 1682.

   Attirer l'attention des enfants sur les zones représentées en gris clair : la Guyane, les Antilles (Martinique et Guadeloupe), l'île de la Réunion et Saint-Pierre-et-Miquelon qui appartenaient au 1er empire colonial et sont encore françaises à ce jour. Préciser que ce sont des départements d'outre-mer, à l'exception de Saint-Pierre-et-Miquelon qui a un statut à part (collectivité d'outre-mer). Lorsqu'on est à la Martinique, par exemple, on est en France. Distinguer au passage « outre-mer » (situé au-delà des mers par rapport à la France) et « outremer », la couleur d'un bleu intense.

   Signaler l'existence de « collectivités d'outre-mer » (anciennement les territoires d'outre-mer) colonisées plus tard, comme la Polynésie Française, la Nouvelle-Calédonie, Mayotte, Wallis et Futuna, ces dernières étant plus autonomes que les départements.
3. Valider les réponses du type : « Ils cherchaient l'aventure. Ils voulaient changer de vie. » On vit ainsi arriver en Amérique et aux Antilles, au début du XVIIe siècle, des laissés-pour-compte (ceux qui avaient tout perdu), des déportés et des aventuriers. Vinrent ensuite des colons (personnes venues peupler ou exploiter la colonie) pour créer des plantations de canne à sucre dans lesquelles travaillaient des esclaves venus d'Afrique noire.
4. Encourager les enfants à revenir sur les séquences consacrées à la période concernée : Napoléon, les guerres napoléoniennes... Signaler qu'en 1803, Napoléon a vendu aux Américains la dernière partie de la Louisiane appartenant encore à la France pour financer son effort de guerre. En signant le traité de Paris en 1763 (qui met fin à une guerre de sept années dressant l'Angleterre contre la France et l'Espagne), la France avait déjà perdu le Canada, la partie est de la Louisiane et la plupart de ses établissements en Inde.

   Rappeler également la campagne d'Égypte de Napoléon, qui fut pour les Français une première incursion en Afrique du Nord. Noter que c'est essentiellement vers l'Afrique que va s'orienter la politique coloniale de la France au XIXe siècle.
5. Faire identifier les parties du monde concernées : Algérie (entre 1803 et 1850, avec la prise d'Alger en 1830) et, plus tard, le reste de l'Afrique du Nord, l'Afrique noire (centre et ouest), Madagascar et l'Extrême-Orient (Asie du Sud-Est).
6. Mettre à la disposition des enfants un planisphère actuel permettant d'identifier les pays concernés. Relever les réponses de la classe pour en dresser au tableau la liste la plus complète possible. Noter qu'aucun de ces pays n'appartient aujourd'hui à la France.

Préciser qu'au fil des années, ces pays ont cessé de faire partie de l'empire colonial français. Ajouter que ce processus est appelé la décolonisation. Souligner que l'indépendance de l'Algérie, comme celle du Viêtnam, a été particulièrement douloureuse puisqu'elle a, dans les deux pays, fait l'objet d'une guerre. On se contentera de prévenir que la guerre d'Indochine (ancien nom du Viêtnam) et la guerre d'Algérie seront traitées dans des séquences ultérieures.

Étape 2

Le cadre législatif de l'esclavage au XVIIe siècle

doc. 2 Extraits du « code noir » de Louis XIV.
Questionnaire à photocopier.
Ce texte, promulgué par Louis XIV, et baptisé par la suite le « code noir », présente l'esclavage sous un aspect strictement légal. Les articles en ont été choisis de façon à mettre clairement en lumière le statut des esclaves, leurs différences de traitement selon qu'ils étaient baptisés ou non, leurs conditions de vie, mais aussi le fait que leurs maîtres avaient envers eux certaines obligations.

Phase de réflexion individuelle à partir du questionnaire

Phase orale collective

1. Renvoyer les enfants à la légende : le texte a été signé par le roi, en mars 1685, à Versailles. C'est Colbert, homme d'État sous Louis XIV, qui l'a conçu.

2. Recueillir les propositions jusqu'à identification du mot « édit ».

▸ Qu'est-ce qu'un édit ? Ce mot éveille-t-il des souvenirs ?

Valider les réponses qui décrivent un édit comme un texte légal, une décision du roi. Rappeler au besoin la révocation de l'édit de Nantes qui a eu lieu… en 1685.

3. Revenir au titre du document : « Le code noir ». Voir ce que ce nom évoque chez les enfants :

▸ Pourquoi code ? Pourquoi noir ?

Faire appel à leurs souvenirs d'histoire (le code Napoléon, ou code civil, reste le fondement de notre système de lois). Faire établir la relation entre « noir » et esclave noir. En conclure que le code noir contient des lois concernant les esclaves noirs.

4. Renvoyer les élèves à la séquence concernée sur la IIe République. Constater que l'esclavage n'a été aboli définitivement en France qu'en 1848.

5. Valider les réponses qui désignent l'Afrique noire. Rappeler au besoin les principes du commerce triangulaire : des bateaux quittent l'Europe à destination de l'Afrique où ils échangent des marchandises contre des prisonniers. Les prisonniers sont transportés dans les colonies d'Amérique où ils vont travailler comme esclaves dans des mines ou des plantations. Les bateaux reviennent en Europe chargés des produits des mines ou des plantations (coton, sucre…). Noter que le commerce des esclaves, également appelé « traite des Noirs », a surtout été pratiqué par les Anglais et les Français. En raison des conditions inhumaines dans lesquelles les esclaves étaient transportés, la traite des Noirs a été abolie avant l'esclavage (dès 1806 par l'Angleterre et en 1815, 1818, 1827, 1831 par la France).

▸ Que signifie cette répétition de lois sur le même sujet ?

Faire réfléchir les élèves sur la difficulté à faire entrer en vigueur une mesure qui heurtait de si gros intérêts – ceux des armateurs de Nantes et de Bordeaux dont la traite avait fait la fortune par exemple.

6. Revenir au document 1.

▸ Quelles étaient les possessions françaises en 1685 ?

Repérer la Louisiane où les esclaves étaient employés dans les plantations de canne à sucre, d'indigotier (pour la teinture bleu indigo), de riz et de tabac (le coton viendra plus tard) ; les Antilles et la Réunion (île Bourbon au XVIIe siècle) où l'on cultivait la canne à sucre. Noter que la manufacture des sucres est mentionnée dans l'article 6.

7. Faire relire les articles 33 et 38 montrant la sévérité du traitement des esclaves : mutilations, marquage au fer rouge et peine de mort y sont prescrits.
Observer l'article 12 qui montre que des esclaves pouvaient se marier et que les enfants nés de ces mariages devenaient également propriété des maîtres.
Remarquer également l'article 14 qui fait état de la différence de traitement en cas de décès, selon qu'un esclave était baptisé ou non.

8. Faire relire les articles concernés :
– article 6 : obligation de chômer le dimanche ;
– article 22 : quantité minimum de nourriture à fournir à chaque esclave chaque semaine ;
– article 25 : obligation de fournir des vêtements ;
– article 27 : obligation de soigner les malades, les vieux et les infirmes ou, à défaut, de payer 6 sols (sous) par jour et par esclave pour ses soins et sa nourriture.

Pour éviter la lutte du camp des « OUI » contre celui des « NON » au sujet du respect de leurs obligations par les maîtres, poser la question :

- Le roi pouvait-il vérifier que les obligations étaient respectées par les maîtres ? Comment ?

Constater qu'il devait être bien difficile de vérifier la bonne application des lois de l'autre côté de l'Atlantique au temps de la marine à voile.

Synthèse (orale)

Qu'avons-nous appris ?

- La France a établi des colonies à travers le monde à partir du XVIIe siècle. Les premières ont été fondées principalement en Amérique du Nord, aux Antilles et en Inde. On y employait, dans les plantations, des esclaves venus d'Afrique noire. Le « code noir », un édit signé par Louis XIV en 1685, régissait les conditions de vie des esclaves. La France a progressivement perdu presque toutes ses colonies, d'abord avec le traité de Paris en 1763, puis lorsque Napoléon a vendu le reste de la Louisiane aux Américains en 1803.
- Un nouvel empire colonial a ensuite été constitué en Afrique (nord, ouest et centre), à Madagascar et en Asie. Avec la décolonisation, la France a perdu également ces nouveaux territoires. L'Indochine et Algérie ne sont devenues indépendantes qu'à l'issue de deux guerres.
- De l'empire colonial français, il ne reste aujourd'hui que quelques départements d'outre-mer (la Guadeloupe, la Martinique, l'île de la Réunion et la Guyane), et quelques îles comme Saint-Pierre-et-Miquelon, la Polynésie française et la Nouvelle-Calédonie appelées aujourd'hui « collectivités d'outre-mer ».

Élaboration du texte de référence

Phase écrite collective (au tableau)

Titre : L'empire colonial français

Aux XVIIe et XVIIIe siècles, la France a établi des colonies en Amérique, aux Antilles et en Inde.

Document 1

On y employait des esclaves venus d'Afrique, leur vie était régie par le code noir.

Document 2

Progressivement, jusqu'en 1803, nous en avons perdu l'essentiel.
Au cours du XIXe siècle, la France a poursuivi une politique coloniale principalement en Afrique et en Indochine, en commençant par l'Algérie. Tous ces territoires sont maintenant devenus des pays indépendants. Aujourd'hui, il ne reste plus de l'empire colonial français que quelques départements d'outre-mer : la Guadeloupe, la Martinique, l'île de La Réunion et la Guyane et quelques îles comme Saint-Pierre-et-Miquelon, la Polynésie française et la Nouvelle-Calédonie appelées « collectivités d'outre-mer. »

Phase écrite individuelle (sur le cahier)

Lexique

Colon : personne venue peupler ou exploiter une colonie.
Colonie : lieu où s'établit une population venue d'ailleurs, qui y impose ses lois et son système de gouvernement.
Métropole : territoire d'origine d'un État qui a des colonies.
Plantation : exploitation où l'on cultive une espèce particulière.
Outre-mer : situé au-delà des mers.
Outremer : bleu intense.
Sol : synonyme de sou.
Traite des Noirs : le commerce des esclaves.

La colonisation (1) La France, une ancienne puissance coloniale

15
Fiche documents

Document 1

Évolution de l'empire colonial français du XVIIe siècle à nos jours.

Document 2

Le code noir.

Article 6 – Enjoignons à tous nos sujets [...] d'observer les jours de dimanche et de fêtes [...]. Leur défendons de travailler ni de faire travailler leurs esclaves auxdits jours depuis l'heure de minuit jusqu'à l'autre minuit à la culture de la terre, à la manufacture des sucres et à tous autres ouvrages [...].

Article 12 – Les enfants qui naîtront des mariages entre esclaves seront esclaves et appartiendront aux maîtres des femmes esclaves et non à ceux de leurs maris, si le mari et la femme ont des maîtres différents.

Article 14 – Les maîtres seront tenus de faire enterrer en terre sainte, dans les cimetières destinés à cet effet, leurs esclaves baptisés. Et, à l'égard de ceux qui mourront sans avoir reçu le baptême, ils seront enterrés la nuit dans quelque champ voisin du lieu où ils seront décédés.

Article 22 – Seront tenus les maîtres de faire fournir, par chacune semaine, à leurs esclaves âgés de dix ans et au-dessus, pour leur nourriture, deux pots et demi, mesure de Paris, de farine de manioc [...] avec deux livres de bœuf salé, ou trois livres de poisson [...].

Article 25 – Seront tenus les maîtres de fournir à chaque esclave, par chacun an, deux habits de toile ou quatre aunes de toile, au gré des maîtres.

Article 27 – Les esclaves infirmes par vieillesse, maladie ou autrement [...] seront nourris et entretenus par leur maîtres, et, en cas qu'ils les eussent abandonnés, lesdits esclaves seront adjugés à l'hôpital, auquel les maîtres seront condamnés de payer 6 sols par chacun jour, pour la nourriture et l'entretien de chacun esclave.

Article 33 – L'esclave qui aura frappé son maître, sa maîtresse ou le mari de sa maîtresse, ou leurs enfants avec contusion ou effusion de sang, ou au visage, sera puni de mort.

Article 38 – L'esclave fugitif qui aura été en fuite pendant un mois, à compter du jour que son maître l'aura dénoncé en justice, aura les oreilles coupées et sera marqué d'une fleur de lys à une épaule ; s'il récidive un autre mois pareillement du jour de la dénonciation, il aura le jarret coupé, et il sera marqué d'une fleur de lys sur l'autre épaule ; et, la troisième fois, il sera puni de mort.

Articles extraits de l'édit du roi sur les esclaves des îles d'Amérique, mars 1685, à Versailles.

15 Fiche questionnaire

La colonisation
(1) La France, une ancienne puissance coloniale

Document 1

1. Que représente cette carte ?
2. À quels pays d'aujourd'hui correspondent les territoires du premier empire colonial français ?
3. Pour quelles raisons des Français sont-ils allés s'installer si loin de la France ?
4. Qui dirigeait la France en 1803 ? Pourquoi cette date est-elle importante dans l'histoire coloniale française ?
5. Quelles parties du monde la France a-t-elle colonisées après 1803 ?
6. Peux-tu citer certains des pays auxquels elles correspondent ? Appartiennent-ils toujours à la France ?

Document 2

1. Quand et où ce texte a-t-il été signé ? Par qui ?
2. Quel mot de la légende indique qu'il s'agit d'un texte de loi ?
3. Par quel nom est-il connu aujourd'hui ? Qu'évoque ce nom pour toi ?
4. Cherche dans la séquence 7 (concernant la IIe République) jusqu'à quelle date ce texte est resté en vigueur.
5. À l'origine, d'où venaient les esclaves dont il est question ?
6. Dans quelles régions étaient-ils employés ? À quoi faire ?
7. Quels articles montrent que les esclaves étaient traités très durement ?
8. Quels articles montrent que les maîtres avaient des obligations envers leurs esclaves ? Penses-tu que tous les maîtres respectaient ces obligations ?

15 Fiche questionnaire

La colonisation
(1) La France, une ancienne puissance coloniale

Document 1

1. Que représente cette carte ?
2. À quels pays d'aujourd'hui correspondent les territoires du premier empire colonial français ?
3. Pour quelles raisons des Français sont-ils allés s'installer si loin de la France ?
4. Qui dirigeait la France en 1803 ? Pourquoi cette date est-elle importante dans l'histoire coloniale française ?
5. Quelles parties du monde la France a-t-elle colonisées après 1803 ?
6. Peux-tu citer certains des pays auxquels elles correspondent ? Appartiennent-ils toujours à la France ?

Document 2

1. Quand et où ce texte a-t-il été signé ? Par qui ?
2. Quel mot de la légende indique qu'il s'agit d'un texte de loi ?
3. Par quel nom est-il connu aujourd'hui ? Qu'évoque ce nom pour toi ?
4. Cherche dans la séquence 7 (concernant la IIe République) jusqu'à quelle date ce texte est resté en vigueur.
5. À l'origine, d'où venaient les esclaves dont il est question ?
6. Dans quelles régions étaient-ils employés ? À quoi faire ?
7. Quels articles montrent que les esclaves étaient traités très durement ?
8. Quels articles montrent que les maîtres avaient des obligations envers leurs esclaves ? Penses-tu que tous les maîtres respectaient ces obligations ?

16

La colonisation (2) L'expansion coloniale française au XIXe siècle

Objectifs disciplinaires

Découvrir la conquête de l'Algérie à travers l'illustration d'un de ses épisodes déterminants : la prise de la smala d'Abd el-Kader.

Connaître le personnage d'Abd el-Kader.

Identifier les pays d'Afrique et d'Asie concernés par la politique coloniale française au XIXe siècle.

Comprendre les liens entre la politique coloniale de la France et son influence linguistique dans le monde d'aujourd'hui.

Objectifs méthodologiques

Repérer les indices pertinents sur un tableau (vue générale et détail), sur un portrait photographique et sur un timbre poste. Les utiliser pour tirer les enseignements utiles.

Mettre en relation deux cartes géographiques.

Documents 1a et 1b et posters 6 et 7

Prise de la smala d'Abd el-Kader (vue d'ensemble et détail)

Document 1c

Portrait photographique d'Abd el-Kader

Document 2

Carte de l'Afrique francophone aujourd'hui

Document 3

Timbre de la poste d'Indochine émis en 1920

Étape 1

La conquête de l'Algérie

doc. 1a et posters 6 et 7 Prise de la smala d'Abd el-Kader (vue d'ensemble).
doc. 1b Prise de la smala d'Abd el-Kader (détail).
doc. 1c Portrait d'Abd el-Kader.
Questionnaires à photocopier.

Le tableau représente une scène qui marque un tournant décisif dans la conquête de l'Algérie. Son observation sera riche d'enseignements.

Le portrait permet de présenter Abd el-Kader et sa résistance à la conquête de son pays.

Étude du document 1a
Phase de réflexion individuelle ou en petit groupe à partir du questionnaire

Phase orale collective

Signaler aux enfants les dimensions monumentales de cette œuvre : 4,89 m de hauteur sur 21,39 m de longueur ! Tiendrait-il dans la classe ?

Avant de répondre aux questions, les élèves iront observer par petits groupes la reproduction du tableau sur les posters juxtaposés. Ils pourront ainsi se livrer à une observation de détail et prendre les notes qu'ils jugeront nécessaires.

1. Renvoyer les élèves à la légende : *Prise de la smala d'Abd el-Kader*. Les élèves s'interrogeront certainement sur le sens du mot « smala » : leur expliquer qu'on va le découvrir en observant le tableau.
2. Même chose : ce tableau de Horace Vernet est exposé au musée national du château de Versailles. Préciser que Horace Vernet a peint ce tableau peu de temps après la bataille (entre 1843 et 1845).
3. Prévenir les enfants qu'il est inutile de chercher Taguin sur une carte de l'Algérie. Il s'agit du nom d'un oued (non représenté car trop petit) que l'on localisera approximativement à environ 200 km au sud d'Alger. Demander plutôt aux enfants d'observer l'arrière-plan et le premier plan du tableau pour décrire le paysage dans lequel se déroule l'action : hauteurs désertiques dans le lointain, sol aride au premier plan. La bataille a eu lieu dans une zone de plateaux semi-arides.
4. Revenir à la légende : le 16 mai 1843, en Algérie.
   - Sous quel régime la France vit-elle alors ? *Nous sommes sous le règne de Louis-Philippe.*
   - Pourquoi les Français sont-ils présents en Algérie ? *La conquête de l'Algérie a commencé en 1830* (voir séquence précédente) *et a duré 18 ans.*

Informations complémentaires

En 1830, à la fin du règne de Charles X, le mécontentement croissant des Français et de leurs députés allait aboutir, fin juillet, à l'épisode des Trois Glorieuses (voir séquence 2). Pour restaurer son prestige, le gouvernement a utilisé le prétexte d'un incident survenu trois ans plus tôt (!) entre le consul de France en Algérie et le dey (chef du gouvernement local), pour lancer une expédition punitive sur Alger. Cette opération militaire fut un succès qui se solda par la prise d'Alger, puis, de fil en aiguille, conduisit à la conquête de toute l'Algérie. Cette conquête fut longue et difficile car une partie de la population y opposa une résistance acharnée. ■

5. La légende identifie les attaquants : l'armée française. Remarquer que les cavaliers, à gauche et au centre du tableau sont en train de charger le campement. Préciser qu'ils étaient sous le commandement du duc d'Aumale, quatrième fils de Louis-Philippe.
6. De nombreux détails montrent que les habitants de la smala ont été pris par surprise : civils (dont des femmes) et bétail au milieu de la mêlée, pas de fortifications, pas de résistance réelle sauf quelques guerriers isolés, etc.

   Préciser que la smala a été repérée par hasard au cours d'une reconnaissance et que le duc d'Aumale a décidé de l'attaquer à la tête de sa cavalerie (forte de 500 à 600 hommes) sans attendre l'infanterie dont il pouvait disposer. L'effet de surprise fut total et permit de remporter la victoire contre un ennemi largement supérieur en nombre (environ 6 000 guerriers algériens). Ce fait d'armes fit de lui un véritable héros et on parla fort peu du massacre des populations environnantes qui s'ensuivit.

Étude du document 1b
Phase de réflexion en petit groupe à partir du questionnaire

Phase orale collective
Faire observer par petits groupes la partie du poster correspondant au détail fourni sur la fiche document.

7. Recenser et décrire les détails observés. Dans un premier temps, les enfants auront remarqué les toiles des tentes et les chameaux équipés de curieuses constructions couvertes de toiles.
- À quoi servaient ces structures portées par les chameaux ? *À transporter des choses ou des personnes.*

Préciser que ces sortes de paniers géants constituaient des cabines pouvant accueillir plusieurs passagers pour voyager à dos de chameau. Équipées de coussins et de tapis, ces cabines garantissaient un grand confort et les tentures qui les recouvraient protégeaient leurs occupants du soleil, du vent et de la poussière.
- À qui de tels équipages pouvaient-ils appartenir ?

Valider les réponses désignant une personne riche et, pourquoi pas, Abd el-Kader lui-même.
Observer les nombreuses tentes dans le lointain. Remarquer qu'il s'agit d'une véritable ville. Voir également, au premier plan, les animaux (vaches, chèvre) et les divers objets (vases, marmites, sacs, etc.). Noter le personnage, en bas à gauche, qui fuit devant l'attaquant en emportant ses biens (coffret, etc.). Ce n'est ni un soldat, ni un pauvre à en juger par ses vêtements. Certains habitants de cette ville de tentes avaient donc des richesses.

8. L'observation des tentes et des chameaux aidera à la réponse.
- Comment appelle-t-on des gens qui ne vivent pas en lieu fixe mais se déplacent constamment ?

Utiliser les réponses pour conclure qu'il s'agit d'une ville de nomades. Les habitants de la smala pouvaient ainsi se déplacer avec leurs biens et leur bétail. C'est une des raisons pour lesquelles la smala d'Abd el-Kader est restée si longtemps insaisissable.

9. Noter que deux orthographes du mot sont acceptées : smala et smalah. Recueillir les réponses de la classe. Valider les suivantes : famille nombreuse, maisonnée, réunion de tentes autour de celle d'un chef. Souligner, comme l'observation du tableau l'a montré, que la smala d'Abd el-Kader était immense. Il s'agissait en fait d'une véritable capitale itinérante abritant environ 30 000 personnes avec toutes leurs richesses et... 60 000 têtes de bétail !
- Que sont devenues ces richesses après la bataille ?

Signaler que si le Duc d'Aumale a fait plusieurs milliers de prisonniers le 16 mai 1843, il a également amassé un butin considérable !

Étude du document 1c
Phase de réflexion individuelle à partir du questionnaire

Phase orale collective

1. Le titre du tableau de Horace Vernet aura éveillé la curiosité des enfants : qui était Abd el-Kader ? Montrer que ce portrait leur apporte la réponse. Abd el-Kader était un émir ayant vécu pendant l'essentiel du XIXe siècle.
- Qu'est-ce qu'un émir ?

Faire chercher la réponse dans un dictionnaire : un prince, un gouverneur ou un chef militaire. En terre d'islam, un « prince » est toujours un chef religieux. Ajouter qu'Abd el-Kader s'était fait proclamer « sultan des Arabes » en 1832, deux ans après la prise d'Alger par les Français, et avait déclaré le jihad (guerre sainte) contre les infidèles.
- Quel âge avait-il alors ? *24 ans.*

2. Observer la photographie.
- Quand a-t-elle été prise ? *1865.*
- Quel âge a-t-il alors ? *57 ans.*

Relever les détails : barbe, costume, turban. Noter l'allure et le regard, le costume (avec un simple burnous blanc). Relever les adjectifs proposés pour le décrire : grand, fier, décidé, intelligent, dur, calme, courageux, sévère, etc.
- Quel genre d'adversaire pouvait-il être ? Facile à vaincre ou redoutable ?

Préciser que de 1832 à 1843, Abd el-Kader, qui avait réussi à faire autour de lui l'unité de plusieurs tribus arabes, a tenu tête aux Français en restant toujours insaisissable. Il leur a infligé plusieurs défaites militaires et a fait massacrer des colons qui s'installaient autour d'Oran et d'Alger.

3. Renvoyer au document 1 : Abd el-Kader a perdu sa smala en 1843. Cette grave défaite militaire l'a privé non seulement d'une grande partie de ses troupes mais aussi de l'essentiel de son entourage et de ses richesses. Absent le 16 mai 1843, Abd el-Kader n'a pas été fait prisonnier mais a dû se réfugier au Maroc voisin. Plus tard, capturé par les Français, il a été emprisonné de 1847 à 1852, puis a fini sa vie en Syrie, se consacrant à l'étude de la religion (d'où le burnous blanc, signe de pureté). Il fait figure de héros pour les Algériens qui le considèrent comme un saint.

NB : les élèves les plus observateurs auront remarqué que l'émir porte ici la grand-croix de la Légion d'honneur (comme Louis-Philippe, p. 43), ce qui les surprendra sans doute... Expliquer qu'il était en fait devenu après 1852, par amitié pour Napoléon III qui l'avait libéré de sa captivité, un fidèle ami de la France. Lors de troubles en Syrie en 1860, il protégea des chrétiens dont la vie était menacée, et c'est pour cela qu'il reçut de Napoléon III cette décoration, dont il était très fier !

4. Recueillir les réponses de la classe. Convenir collectivement que la victoire du 16 mai 1843 marque un tournant décisif dans la conquête de l'Algérie. Abd el-Kader, en fuite, ne put mener une résistance efficace contre les envahisseurs français et dut finalement se rendre en 1847. L'année suivante, en 1848, l'Algérie est devenue une partie de la France (cela est noté dans la Constitution). Elle le restera jusqu'à l'indépendance, à l'issue du référendum de 1962.

Informations complémentaires

De 1830 à 1962, l'histoire de l'Algérie française a été tumultueuse. De nombreuses révoltes éclatèrent, le plus souvent réprimées dans le sang.

Pour mieux comprendre l'attachement de la France à l'Algérie, il est important de noter que l'Algérie a été utilisée comme terre de peuplement, notamment à partir de 1871, date à laquelle 100 000 hectares de terre ont été attribués aux immigrants d'Alsace-Lorraine qui refusaient de devenir allemands. Il suffisait alors de vivre pendant neuf ans sur la terre concédée pour en devenir propriétaire.

Louis-Henri de Gueydon, gouverneur civil de l'Algérie, résumait ainsi la situation en 1872 : « Il ne faut pas se le dissimuler : ce que veulent les politiciens, et avec eux la grande majorité des colons, c'est la souveraineté des élus de la population française et l'écrasement, j'ose dire le servage, de la population indigène. » ■

Étape 2

L'usage de la langue française dans le monde, conséquence de la colonisation

doc. 2 Carte des pays francophones d'Afrique aujourd'hui.
Questionnaire à photocopier.
Cette carte identifie les nombreux pays francophones d'Afrique. Comparée au document 1 de la séquence précédente, elle amènera les enfants à mieux comprendre l'étendue et les effets encore perceptibles à ce jour de la politique coloniale de la France sur le continent africain au XIXe siècle.

Phase de réflexion individuelle à partir du questionnaire

Phase orale collective

1. Les enfants auront reconnu la carte de l'Afrique. Renvoyer ceux auxquels la silhouette du continent n'évoque rien au titre du document : « L'Afrique francophone ».

2. Recenser les pays grisés et dresser leur liste au tableau. Faire collectivement le décompte : le français est parlé (comme langue officielle ou langue d'usage fréquent) dans 22 pays représentés sur cette carte.

- Qu'est-ce qu'une langue officielle ? *La langue de l'État, de l'administration et de l'enseignement.*
- Quelles autres langues peuvent être employées dans ces pays ?

Poser la question particulièrement pour le Maroc, l'Algérie et la Tunisie. Constater que ces trois pays utilisent officiellement l'arabe. Évoquer la notion de pays arabophones en précisant que ces pays s'étendent jusqu'en Asie, avec la totalité de la péninsule arabique et que l'arabe est une langue partagée par plus de 20 pays dont l'Égypte, le Soudan et l'Irak. Dans chacun de ces pays, la langue parlée a tellement évolué qu'un Marocain et un Égyptien ne pourront pas forcément se comprendre. Mais « l'arabe standard moderne », la langue écrite, intellectuelle et administrative, garde une certaine unité.
Prendre également l'exemple du Sénégal. Valider les réponses qui suggèrent l'usage de langues locales. Préciser qu'il existe six langues ou dialectes principaux au Sénégal dont le plus répandu est le wolof. Ajouter que les autres pays d'Afrique noire comptent également de nombreux dialectes. On parlerait, selon les spécialistes, plus de 1 200 langues ou dialectes distincts en Afrique. Pour un jeune Africain, il est normal de parler 2, 3 ou 4 langues différentes !

3. Recueillir les remarques des enfants. Constater que les pays d'Afrique colonisés par la France sont les mêmes que les pays francophones d'Afrique à l'exception de l'ex-Congo belge, du Burundi et du Rwanda. La République démocratique du Congo (ex-Zaïre) est une ancienne colonie belge (rendue célèbre par l'épisode de *Tintin au Congo*) où l'on parle le français comme en Belgique. C'est également le cas du Burundi et du Rwanda, colonies allemandes à l'origine, qui ont été confiées à la Belgique après la Première Guerre mondiale. Le Togo et le Cameroun, également colonies allemandes, ont été, quant à eux, récupérés par la France dans le même contexte. Finir en précisant que tous ces pays sont aujourd'hui indépendants.

4. Faire établir la relation de cause à effet rendue possible par la comparaison des deux cartes : on parle le français dans ces pays car cette langue y a été introduite au moment de la colonisation.
Préciser toutefois que le français ne s'est pas imposé dans ces pays seulement parce qu'il permettait aux colons de communiquer avec les indigènes. Très souvent, il a été adopté comme langue commune par des tribus d'une même région parlant des dialectes différents et qui, devenues plus mobiles avec le développement des routes et des transports, souhaitaient communiquer entre elles. Par la suite, le français est resté, même après l'indépendance, la langue parlée par une élite (dans l'administration, les universités) et par les personnes employées dans les affaires internationales ou le tourisme. Il permettait également de poursuivre des études ou de trouver du travail en France.
5. Recenser les régions identifiées par les élèves. Montrer, à travers quelques exemples, que le français reste une langue répandue dans le monde même si elle ne jouit pas partout du même statut selon que l'on va du Québec à la Nouvelle-Calédonie en passant par la Martinique ou le Vanuatu.

Étape 3

Découvrir une autre colonie française, l'Indochine, à travers un de ses explorateurs

doc. 3 Timbre de la poste indochinoise de 1920.
Questionnaire à photocopier.
Ce timbre suggère clairement l'existence de liens anciens entre la France et l'Indochine. Il désigne également l'un des premiers acteurs de la politique coloniale de la France dans cette partie de l'Asie.

Phase de réflexion individuelle à partir du questionnaire

Phase orale collective

1. Identifier collectivement un timbre de 1920. Faire décrire l'illustration : un marin en uniforme sur un bateau. Remarquer d'autres bateaux en arrière plan. Nous n'avons donc pas affaire à un navigateur solitaire mais au responsable d'une expédition importante. Quels détails permettent de dater la scène ? Observer l'uniforme du marin et le canon visible derrière lui.

▸ Utilisait-on encore de tels canons en 1920 ?
En déduire que l'expédition est plus ancienne et qu'il s'agit d'un timbre émis beaucoup plus tard (un timbre commémoratif).
▸ Qui pouvait être ce personnage ?
Les plus observateurs auront noté l'inscription en bas du timbre : Doudart de Lagrée. On leur livrera son prénom : Ernest.

2. Mettre en commun le résultat des recherches pour établir oralement une courte biographie de Doudart de Lagrée qui réponde aux questions. Marin français né en 1823 et mort en 1868, il a créé des liens entre la France et le Cambodge (que l'on situera sur un planisphère) et il a remonté le Mékong et exploré le Yunnan (province de la Chine du Sud que l'on situera également). Remarquer qu'il est mort dans le Yunnan (faire calculer son âge : 45 ans). Conclure collectivement que le métier d'explorateur au XIXe siècle était encore un métier dangereux !
3.
▸ Quel chemin Doudart de Lagrée a-t-il dû emprunter pour se rendre en Extrême-Orient ?
Préciser que le canal de Suez n'avait pas encore été creusé. Il faudra attendre Ferdinand de Lesseps en 1869 ! Comparer la voie terrestre (avec de nombreux pays aux routes incertaines et de nombreux obstacles montagneux à franchir) et la voie maritime. Conclure que le choix de la voie maritime s'imposait.
4. Revenir au document et noter le bandeau vertical : « Postes Indochine ». Il s'agit de l'Indochine française.
▸ Quels pays ce nom évoque-t-il ? *L'Inde et la Chine*.
En effet Indochine est le nom donné à la péninsule comprise entre l'Inde et la Chine, dont une partie seulement a appartenu à la France.
Constater que ce pays n'existe plus aujourd'hui. Il s'est donc passé quelque chose depuis 1920. Prévenir que l'on en apprendra plus sur l'histoire de cette région dans une séquence ultérieure.

Informations complémentaires

L'Indochine française regroupait des pays colonisés par la France parmi lesquels : l'Annam, la Cochinchine et le Tonkin (qui forment aujourd'hui le Viêtnam), le Cambodge (aujourd'hui appelé Kampuchea) et le Laos. ■

5. Recueillir les résultats des recherches et écrire les noms des pays correspondant aujourd'hui à l'ancienne Indochine française : Viêtnam, Laos et Kampuchea (anciennement appelé Cambodge). Les situer collectivement sur un planisphère.

Synthèse (orale)

Qu'avons-nous appris ?

- En 1830 la France a entrepris la conquête de l'Algérie. Abd el-Kader, un émir arabe puissant, a lutté farouchement contre l'implantation des colons dans son pays. Il a finalement été vaincu après avoir perdu sa smala (sa capitale itinérante), prise par le duc d'Aumale en 1843. En 1848, l'Algérie faisait partie du territoire français.
- On parle le français dans de nombreux pays d'Afrique. Pour beaucoup d'entre eux, c'est même la langue officielle. Ces pays sont ceux qui ont été colonisés par la France et la Belgique au XIXe siècle.
- Doudart de Lagrée était un marin français du XIXe siècle. Il a mené des expéditions en Asie du Sud-Est, dans des régions qui ont ensuite été colonisées et réunies pour former l'Indochine. L'Indochine n'existe plus aujourd'hui ; à sa place, on trouve le Viêtnam, le Laos et le Kampuchea.

Élaboration du texte de référence

Phase écrite collective (au tableau)

Titre : L'expansion coloniale française au XIXe siècle

La conquête de l'Algérie par la France a duré de 1830 à 1848. Abd el-Kader, un émir arabe, s'y est farouchement opposé mais il a été finalement vaincu.

Documents 1a, 1b et 1c

De nombreux pays d'Afrique ont également été colonisés par la France. Ces pays sont maintenant indépendants mais on y parle encore le français.

Document 2

En Asie du Sud-Est, la France a colonisé et rassemblé plusieurs pays pour former l'Indochine française. Aujourd'hui, l'Indochine n'existe plus ; elle a été remplacée par d'autres pays dont le Viêtnam.

Document 3

Phase écrite individuelle (sur le cahier)

Lexique

Émir : nom donné à un prince, un gouverneur ou un chef militaire arabe.
Langue officielle : langue utilisée dans un État pour l'administration et l'enseignement.
Smala : réunion de tentes (et de leurs occupants) autour de celle du chef.

16 Fiche documents

La colonisation (2) L'expansion coloniale française au XIXe siècle

Document 1

a « Prise de la smala d'Abd el-Kader par le duc d'Aumale à Taguin – Algérie, le 16 mai 1843 ».
Tableau de Horace Vernet, musée national du château de Versailles.

Ph. © Gérard Blot : Hervé Lewandowski / RMN

b « Prise de la smala d'Abd el-Kader » – détail.

Ph. © Gérard Blot : Hervé Lewandowski / RMN

c L'émir Abd el-Kader (1808-1883) photographié en 1865.

Ph. © Franck Raux / RMN

Document 2

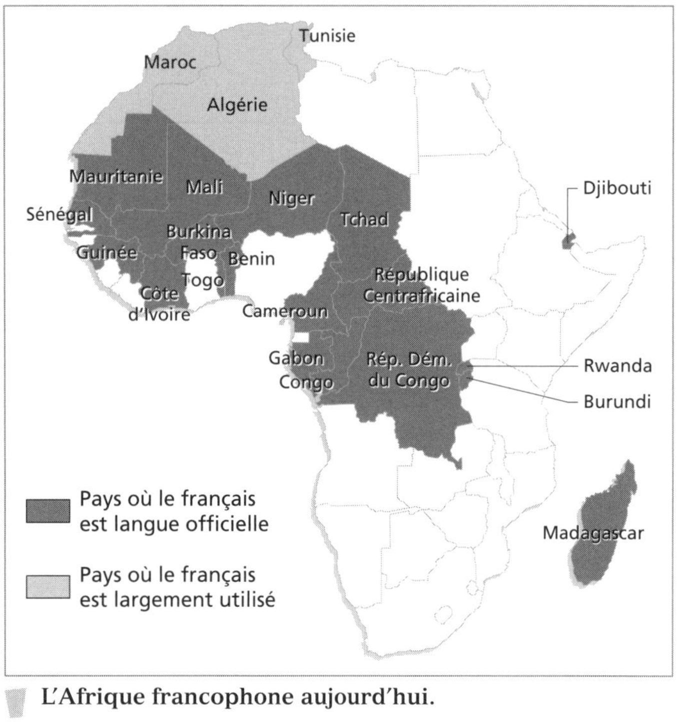

L'Afrique francophone aujourd'hui.

Document 3

Timbre de la poste indochinoise émis en 1920.

Ph. © Musée de la Poste-DR

La colonisation
(2) L'expansion coloniale française au XIXe siècle

Document 1a

1. Quel est le titre de ce tableau ?

2. Qui l'a peint et où peut-on le voir ?

3. Où cette scène se déroule-t-elle ?
Décris le paysage.

4. Quand cet événement a-t-il eu lieu ?
Dans quel pays ?

5. Qui sont les cavaliers ?
Que font-ils ?

6. Les habitants du campement ont-ils l'air prêts à se défendre ?

Document 1b

7. Que montre ce détail ?

8. Quel pouvait être le mode de vie des habitants de ces tentes ?

9. Peux-tu maintenant expliquer ce qu'est une smala ?

Document 1c

1. Qui était cet homme ?
Quand a-t-il vécu ?

2. Décris-le.
Quel genre d'homme semble-t-il être ?

3. Que lui est-il arrivé en 1843 ?

4. Cet événement a-t-il été important dans l'histoire de l'Algérie ?
Pourquoi ?

Document 2

1. Que représente cette carte ?

2. Dans combien de pays d'Afrique parle-t-on le français ?
Penses-tu que le français est la seule langue qu'on y emploie ?

3. Compare cette carte avec le document 1 de la séquence précédente.
Que remarques-tu ?

4. Pourquoi utilise-t-on le français dans les pays d'Afrique francophone ?

5. Dans quelles autres parties du monde parle-t-on le français ?

Document 3

1. Quelle est la nature de ce document ?
De quand date-t-il ?
Que représente-t-il ?

2. Fais une recherche sur Doudart de Lagrée.
Quand a-t-il vécu ?
Qu'a-t-il fait ?
Où est-il mort ?

3. Pourquoi est-il représenté sur un bateau ?

4. Dans quel pays ce timbre était-il utilisé ?
Ce pays existe-t-il toujours ?

5. Quels pays ont aujourd'hui remplacé l'Indochine ?
Aide-toi d'un planisphère.

17

La colonisation (3) La politique coloniale française au XIXe siècle

Objectifs disciplinaires

Connaître les motivations et le contexte de la politique coloniale de la France au XIXe siècle.

Découvrir le personnage de Lyautey, son rôle au Maroc et son approche de la question coloniale.

Prendre conscience des mentalités de l'époque concernant les populations des pays colonisés.

Objectifs méthodologiques

Observer un timbre poste.

Lire des textes pour en extraire des informations.

Document 1

Extrait d'un discours de Jules Ferry, en 1885

Documents 2

a) Timbre du Maroc à l'effigie du maréchal Lyautey, 1935

b) Déclaration du maréchal Lyautey, vers 1912

Document 3

L'opinion d'un responsable de l'administration coloniale à Madagascar

Étape 1

Pour l'expansion coloniale française

doc. 1 Extrait d'un discours de Jules Ferry en 1885.

Questionnaire à photocopier.

Ce texte définit clairement les motivations de la politique d'expansion coloniale de la France. Il apporte également un éclairage nouveau sur la personne de Jules Ferry et sur les mentalités de l'époque en matière de colonialisme et d'égalité des races.

Phase de réflexion individuelle à partir du questionnaire

Phase orale collective

1. Revenir au titre et à la légende. Il s'agit d'un discours prononcé par Jules Ferry à la Chambre des députés, le 28 juillet 1885.

2. Renvoyer les enfants au document 2a de la séquence 13 (les grands hommes de la IIIe République) pour retrouver son portrait et un aperçu de son parcours politique. Noter que jusqu'en mars 1885, donc quelques mois avant ce débat, et depuis deux ans, Jules Ferry était président du Conseil. Rappeler que ce titre désigne le Premier ministre ou le chef du gouvernement sous la IIIe et la IVe République. Il détenait en même temps le ministère des Affaires étrangères (signe que c'était sa priorité), essentiellement pour pouvoir mettre en pratique ses idées sur la colonisation.

3. Adopter collectivement une explication du type : l'expansion coloniale consiste à étendre les territoires déjà colonisés et à se tourner vers de nouveaux pays pour augmenter le nombre de nos colonies.

4. Relire collectivement la première phrase de l'extrait qui souligne précisément les trois motivations fondamentales de l'expansion coloniale : économie, civilisation et politique.

Approfondir une à une ces trois idées à l'aide du reste du texte :

– Économie :

▸ Quel est l'intérêt économique ?

Noter que Jules Ferry indique que les échanges commerciaux s'étendent désormais jusqu'aux extrémités du monde et que l'économie française a besoin de développer l'exportation de ses produits vers ces pays reculés. Il évoque les traités de 1860 qui ont ouvert les colonies françaises à la concurrence anglaise et obligent la France à chercher de nouveaux marchés.

Noter que J. Ferry ne mentionne pas un autre aspect, pourtant essentiel : la recherche de ressources naturelles exploitables (produits agricoles et miniers).

– Civilisation :

▸ Qu'est-ce qu'un pays civilisé dans l'esprit de Jules Ferry ?

Valider les réponses qui décrivent un pays civilisé comme un pays doté d'un mode de gouvernement, d'un système de lois et d'une économie semblables à ceux de la France de l'époque. Pour Jules Ferry, la France a le devoir d'apporter les bienfaits de la civilisation aux pays qui ne les connaissent pas encore.

– Politique :

Souligner l'aspect stratégique de la politique coloniale. Il s'agit d'avoir sur tous les continents et dans tous les océans des bases solides pour abriter et ravitailler notre flotte.

5. Noter la simplicité choquante de l'analyse de Jules Ferry : il y a sur la Terre des races supérieures et des races inférieures, et il est légitime que les unes dominent les autres dans leur propre intérêt !

▸ Que penserait-on d'un homme politique qui tiendrait un tel discours aujourd'hui ?

Recueillir les réponses de la classe et convenir collectivement qu'il serait immédiatement condamné pour propos racistes et très certainement frappé d'inéligibilité. Replacer ces propos dans leur contexte. Ils datent de plus d'un siècle. Constater que les mentalités ont – heureusement (!) – évolué depuis.

6. Relever les noms des villes, régions ou pays mentionnés : Saïgon, Cochinchine, Tunisie, Madagascar. Situer ces territoires et rappeler la création de l'Indochine française vue lors de la séquence précédente.

7. Revenir à la carte de l'empire colonial français (doc. 1 de la séquence 13) pour constater que les recommandations de Jules Ferry ont été suivies. Les députés français étaient pourtant loin d'être unanimes pour soutenir Jules Ferry dans cette voie, la dernière phrase de cet extrait le laisse d'ailleurs deviner. Georges Clemenceau, notamment, considérait que la France avait mieux à faire que de dépenser des sommes considérables à courir les mers alors qu'il lui fallait préparer la revanche contre l'Allemagne. La France a cependant mené durant la fin du XIXe siècle et le début du XXe siècle une politique d'expansion coloniale très active.

Étape 2

Pour une « politique indigène »

doc. 2a Timbre du Maroc de 1935 à l'effigie du maréchal Lyautey.
doc. 2b Déclaration du maréchal Lyautey, vers 1912.
Questionnaires à photocopier.

La personnalité du maréchal Lyautey a marqué l'histoire coloniale de la France. Ces documents le présentent et montrent que l'expansion coloniale française n'a pas été uniquement faite de conquêtes sanglantes.

Étude du document 2a :
Phase de réflexion individuelle à partir du questionnaire

Phase orale collective

1. Recenser les informations fournies par le document : Lyautey était un maréchal. Il est né en 1854 et mort en 1934. Noter la date figurant sur le timbre : 1935. Il est donc paru l'année suivant la mort de Lyautey (à titre posthume). Expliquer le terme. C'était un soldat et un administrateur. Il « a donné le Maroc à la France ».

▸ Qu'est-ce qu'un maréchal ?

Préciser que, dans l'armée française, le titre de maréchal est une dignité décernée à un général pour services exceptionnels rendus en temps de guerre.

▸ L'expression « a donné le Maroc à la France » est-elle à prendre au sens propre ? Lyautey était-il propriétaire du Maroc pour pouvoir ainsi le donner à la France ?

Convenir collectivement que non mais que c'est Lyautey qui a fait du Maroc une colonie française.

2. Relire l'inscription sous le timbre : « soldat et administrateur ». Constater que le rôle de Lyautey n'a pas été uniquement militaire.

3. Relever les définitions de la classe. En adopter collectivement une du type : un administrateur est quelqu'un qui gère, qui dirige. Il ne s'agit plus de conquête, mais d'organisation générale d'un pays : ordre, justice, transports, économie, etc.

4.

▸ Quelles raisons peuvent pousser quelqu'un à vouloir être enterré quelque part ?

Faire un tour de classe pour conclure que Lyautey était profondément attaché au Maroc et à ses habitants.

▸ Pourquoi ?

Valider les réponses suggérant qu'il y a vécu longtemps, qu'il a fait (organisé) le Maroc moderne et qu'il le considérait comme son pays. Relier ces remarques à l'expression « a donné le Maroc à la France ».

Informations complémentaires

Lyautey a été Résident général du Maroc de 1912 à 1925, après avoir été affecté au Tonkin (1894) à Madagascar (1897) et en Algérie (1903).

Noter la différence entre un Résident général et un Gouverneur civil comme Louis-Henri de Gueydon en Algérie, évoqué à la séquence précédente :

– un Gouverneur civil dirigeait une colonie ou un territoire appartenant à la France ;

– un Résident général administrait un protectorat (un pays dépendant de la France sans lui appartenir – par exemple, il conserve son roi s'il en a un, ses coutumes et certaines de ses lois tant qu'elles ne contrarient pas les intérêts de la France). Le Cambodge, la Tunisie et le Maroc étaient des protectorats français. ■

5. Convenir collectivement que non. Préciser que le Maroc n'a en fait jamais appartenu à la France puisqu'il s'agissait d'un protectorat.

Étude du document 2b :
Phase de réflexion individuelle à partir du questionnaire

Phase orale collective

1. Recueillir les réponses après avoir au besoin précisé la notion d'indigène (un habitant du pays). Retenir collectivement une définition du type : la politique indigène, c'est la façon dont on doit se comporter avec les indigènes d'un pays ; c'est la manière de concevoir les relations avec eux.

2. Relire collectivement le texte. Relever les mots-clés qui permettent de répondre : respecter, étudier, comprendre. Noter que c'est ce que Lyautey recommande de faire.

- Peut-on trouver dans le texte un verbe qui résume, au contraire, ce que Lyautey recommande de ne pas faire ?

Laisser chercher et trouver le verbe « imposer ».

3. Recueillir les réponses. Noter que Lyautey emploie lui-même les mots « patience et dextérité ». Rapprocher la dextérité (adresse, habileté) de la diplomatie. Signaler que si Lyautey favorisait la patience et la diplomatie, c'est lui qui a écrasé la révolte d'Abd el-Krim (chef nationaliste marocain que l'on pourra comparer à Abd el-Kader en Algérie), dans le Rif, entre 1921 et 1926. Il est certain que la patience et la diplomatie n'ont pas été employées lors de cette opération menée par Lyautey le soldat !

Étape 3

Des infrastructures développées... mais à quel prix ?

doc. 3 L'opinion d'un responsable de l'administration coloniale à Madagascar.

Questionnaire à photocopier.

Ces remarques, bien que leur auteur ne soit pas identifié avec précision, constituent un témoignage historique. Elles soulignent l'impact de la politique coloniale sur un pays, ici Madagascar, et révèlent le recours au travail forcé. Elles pourront être rapprochées des remarques de Louis-Henri de Gueydon (voir la séquence précédente) qui fait référence au servage de la population indigène.

Phase de réflexion individuelle à partir du questionnaire

Phase orale collective

1. Constater que l'auteur de ces lignes est seulement désigné comme un chef de province. On ne connaît pas son identité précise. Noter que ce témoignage a néanmoins une valeur historique car il émane d'une personne qui a vécu sur place et qui faisait partie des autorités coloniales. En déduire qu'il était français. On pourra combiner la date du début de la colonisation de Madagascar (1897) et l'expression « depuis 25 ans » utilisée dans l'extrait pour dater son témoignage au début des années 1920.

2. Le pays est identifié dans le texte. Situer Madagascar sur la carte de l'empire colonial français ou sur celle de l'Afrique francophone.

- Quel pouvait être le rôle d'un chef de province ?

Rapprocher ce rôle, à une moindre échelle, de celui de Lyautey au Maroc. C'est un rôle d'administrateur. Noter qu'un administrateur est également chargé du développement d'une région.

- En quoi consiste cette tâche ?

Remarquer la mention faite des travaux de construction : routes, chemins de fer. Évoquer la notion d'infrastructure.

- De quoi un pays « civilisé » a-t-il besoin pour fonctionner ?

Recueillir les propositions de la classe pour recenser les besoins : voies de communication, ports, aéroports, système de télécommunication, hôpitaux, écoles, industries, banques, commerces, etc. Préciser que la France a largement contribué au développement des infrastructures de ses colonies en assurant leur financement, la conception et la conduction des travaux tandis que le pays fournissait... la main d'œuvre.

3. Recueillir les réponses. Établir la relation : persuader = convaincre. Rappeler les propos de Lyautey qui préconisait le recours à la patience et à la diplomatie (la persuasion). Constater l'utilité de la persuasion pour obtenir quelque chose de quelqu'un... en douceur (autrement que par la force).

4.

- Quelle alternative reste-t-il quand la persuasion n'a pu aboutir ?

Évoquer la notion de travail forcé qui rapproche les conditions de travail des indigènes de l'esclavage, pourtant aboli en 1848.

La contrainte exercée par les colons consistait en un impôt auquel les indigènes étaient assujettis. Cet impôt était si lourd que, ne pouvant le payer en espèces, les indigènes étaient contraints de le payer... en travail. À Madagascar, l'impôt était directement exprimé en jours de travail, ce qui revenait à réinstaurer la corvée, comme au Moyen Âge.

5. Relire collectivement le passage concerné. Relever les termes employés : grand enfant, paresseux, indolent. Chercher les synonymes de ce mot dans un dictionnaire : avachi, endormi, insouciant, paresseux, etc.
Recueillir les réactions des enfants vis-à-vis de cette description. Convenir collectivement qu'elle est inacceptable car elle généralise un jugement négatif et méprisant porté sur les indigènes. Établir le lien évident entre l'expression de cette opinion et le racisme. Montrer qu'elle s'inscrit dans les mentalités de l'époque et qu'elle s'apparente à l'analyse de Jules Ferry concernant les différentes races.

6. Recueillir les propositions et en adopter collectivement une du style : si on n'avait pas forcé les indigènes malgaches à travailler pendant 25 ans, on n'aurait pas pu construire les infrastructures de Madagascar.

Synthèse (orale)

Qu'avons-nous appris ?

- Jules Ferry était partisan d'une politique active d'expansion coloniale. Selon lui, elle se justifiait par la nécessité d'exporter nos produits dans le monde entier et d'avoir des bases solides pour notre marine sur tous les continents. Il pensait également que les Européens étaient une race supérieure et qu'ils avaient le devoir de civiliser les races inférieures.
- Le maréchal Lyautey est un personnage qui a marqué l'histoire coloniale de la France. Il a dirigé et organisé le Maroc de 1912 à 1925. Il recommandait de respecter et de comprendre les populations indigènes au lieu de leur imposer notre culture et notre civilisation. Il a tenu à être enterré au Maroc qu'il considérait comme son pays.
- Les colonies françaises ont été développées par la mise en place d'infrastructures (équipements, services, etc.). La France finançait et conduisait les travaux, et la population indigène fournissait la main d'œuvre. Dans certains cas, on avait recours au travail forcé.

Élaboration du texte de référence

Phase écrite collective (au tableau)

Titre : La politique coloniale française au XIXe siècle

Sous la IIIe République, des hommes politiques comme Jules Ferry ont encouragé l'expansion coloniale dans le monde entier pour des raisons économiques et stratégiques ainsi que pour « civiliser » les populations indigènes qui étaient souvent considérées de race inférieure à cette époque.

Document 1

Le maréchal Lyautey a influencé la politique coloniale de la France en recommandant, lui, de respecter les populations indigènes. Il a organisé le développement du Maroc au début du XXe siècle.

Documents 2a et 2b

La France a doté ses colonies d'infrastructures (équipements et services) en finançant et en dirigeant des travaux réalisés par la main d'œuvre indigène. On avait parfois recours au travail forcé.

Document 3

Phase écrite individuelle (sur le cahier)

Lexique

Indigène : habitant d'un pays d'outre-mer avant sa colonisation.
Infrastructure : ensemble des équipements et des services nécessaires (à un pays).
Protectorat : pays dépendant d'un autre sans lui appartenir.

17 Fiche documents

La colonisation
(3) La politique coloniale française au XIXe siècle

Document 1

Débat sur la politique coloniale à la Chambre des députés, séance du 28 juillet 1885

« On peut rattacher le système d'expansion coloniale à trois ordres d'idées : à des idées économiques, à des idées de civilisation, à des idées d'ordre politique et patriotique [...].

Ce qui manque à notre grande industrie, que les traités de 1860 ont irrévocablement dirigée dans la voie de l'exportation, ce qui lui manque de plus en plus, ce sont les débouchés [...]. La concurrence, la loi de l'offre et de la demande, la liberté des échanges, [...] tout cela rayonne dans un cercle qui s'étend jusqu'aux extrémités du monde. C'est là un problème extrêmement grave. [...]

Il y a un second point que je dois aborder [...] c'est le côté humanitaire et civilisateur de la question [...]. Les races supérieures ont un droit vis-à-vis des races inférieures. Je dis qu'il y a pour elles un droit parce qu'il y a un devoir pour elles. Elles ont le devoir de civiliser les races inférieures [...].

[...] Je dis que la politique coloniale de la France, que la politique d'expansion coloniale, celle qui nous a fait aller, sous l'Empire, à Saïgon, en Cochinchine, celle qui nous a conduits en Tunisie, celle qui nous a amenés à Madagascar, je dis que cette politique d'expansion coloniale s'est inspirée d'une vérité [...] à savoir qu'une marine comme la nôtre ne peut se passer, sur la surface des mers, d'abris solides, de défenses, de centres de ravitaillement [...].

[...] En regardant comme un piège, comme une aventure toute expansion vers l'Afrique ou l'Orient, vivre de cette sorte pour une grande nation, croyez-le bien, c'est abdiquer [...]. »

Extraits de l'intervention de Jules Ferry.

Document 2

a **Timbre poste du Maroc de 1935 à l'éffigie du maréchal Lyautey.**

« Respecter leurs intérêts moraux, c'est là la politique indigène [...]. C'est, peu à peu, les amener à sentir les bienfaits de la domination étrangère et à l'accepter au lieu de la subir [...]. C'est plus difficile car cela implique d'abord le désir et la faculté d'étudier les indigènes, de les comprendre, de pénétrer leurs institutions et leurs sentiments [...]. La politique indigène part du principe que, bonnes ou mauvaises, un peuple tient à ses coutumes et à ses institutions, et que les nôtres, fussent-elles meilleures, lui paraîtront odieuses si l'on prétend lui en imposer le respect ou seulement l'usage, que notre civilisation à notre gré si parfaite l'étonne et le choque et que, si convaincus que nous soyons que son intérêt est de quitter la sienne pour la nôtre, il importe de l'acheminer lentement à force de patience et de dextérité. »

b **Propos attribués au Maréchal Lyautey, vers 1912.**
Dans les publications parues sur le maréchal Lyautey (1854-1934) après sa mort, on résumait sa carrière ainsi :
« Soldat et Administrateur (a donné le Maroc à la France) ».

Document 3

« Si l'administration supérieure et les chefs de province et district n'avaient employé que la persuasion depuis 25 ans à Madagascar, les routes d'intérêt général, les travaux importants comme les chemins de fer, n'auraient jamais pu être construits, les principales exploitations européennes n'auraient pu être créées. Il ne faut pas perdre de vue que l'indigène est un grand enfant en général, qu'il est paresseux, indolent [...] »

L'opinion d'un chef de province de Madagascar.

La colonisation
(3) La politique coloniale française au XIXe siècle

Document 1

1. Qui a prononcé ces mots ?
   Quand et à quelle occasion ?
2. Quels postes Jules Ferry a-t-il occupés ?
   Reporte-toi au document 2a
   de la séquence 13.
3. Que signifie l'expression
   « expansion coloniale » ?
4. Quelles sont les trois raisons
   pour lesquelles Jules Ferry pensait
   que la France devait avoir une politique
   d'expansion coloniale ?
5. Que pensait Jules Ferry des différentes races
   qui peuplent la planète ?
   Un homme politique pourrait-il tenir
   le même genre de discours aujourd'hui ?
   Pourquoi ?
6. Vers quels continents Jules Ferry
   voulait-il encourager l'expansion ?
7. Ses recommandations ont-elles été suivies ?

Document 2a

1. Que nous apprend ce document
   sur le maréchal Lyautey?
2. Était-il seulement un soldat ?
3. Qu'est-ce qu'un administrateur ?
4. Avant sa mort, Lyautey a demandé
   à être enterré à Rabat.
   À ton avis, pourquoi ?
5. Le Maroc appartient-il à la France
   aujourd'hui ?

Document 2b

1. Que signifie l'expression
   « politique indigène » utilisée
   par le maréchal Lyautey ?
2. Selon Lyautey, que devaient
   d'abord faire les colons pour se faire
   accepter par les indigènes ?
3. Pour étendre l'influence française sur un pays,
   quels moyens Lyautey préférait-il utiliser :
   – la force militaire ?
   – la patience et la diplomatie ?

Document 3

1. Qui est l'auteur de ces lignes ?
   À ton avis, quelle était sa nationalité ?
2. Dans quelle partie du monde
   cette personne vivait-elle ?
   Qu'y faisait-elle ?
3. Qu'est-ce que la persuasion ?
   Dans quel but l'utilise-t-on en général ?
4. À ton avis, quel moyen ce chef de province
   employait-il quand la persuasion
   ne suffisait pas à faire travailler
   les indigènes ?
   Qu'en penses-tu ?
5. Comment décrit-il les indigènes dans ce texte ?
   Selon toi, cette description
   est-elle acceptable ?
   Pourquoi ?
6. Résume ces quelques lignes en une phrase.

18

La Première Guerre mondiale (1914-1918)
(1) Les débuts du conflit

Objectifs disciplinaires

Apprendre qu'un conflit d'ampleur mondiale s'est déclenché en 1914.

Découvrir les pays belligérants, leurs alliances et les enjeux de la guerre.

Objectifs méthodologiques

Observer un monument commémoratif de l'événement.

Rechercher des informations dans un article de journal et sur une affiche d'époque.

Documents 1a et 1b

Photographies d'un monument aux morts de la Première Guerre mondiale

Document 2

Extrait d'un article paru dans le journal allemand *Die Post* en février 1914

Document 3

Affiche de 1914 annonçant la mobilisation générale

Document A

Carte de l'Europe avant la Première Guerre mondiale (1914)

Étape 1

Un conflit qui a profondément marqué chaque commune de France

doc. 1a et 1b Photographies d'un monument aux morts de la Première Guerre mondiale (et cahier couleur p. 13).
Questionnaires à photocopier.
Chaque ville ou village de France possède son monument aux morts. L'observation de ces photographies amènera les enfants à s'interroger sur l'emplacement de celui de leur commune et à tirer la conclusion évidente : « Il s'est passé quelque chose. »

Étude du document 1a :
Phase de réflexion individuelle à partir du questionnaire

Phase orale collective

1. Recueillir les réponses pour établir qu'il s'agit d'un monument aux morts avec une statue représentant un soldat et un chien. La présence d'un chien pourra étonner les enfants. Expliquer que l'homme ainsi représenté est un veilleur, les bras croisés pour se protéger du froid tout en restant immobile. Le chien est le compagnon de la sentinelle. Il veille à ses côtés.
2. Faire décrire l'équipement du soldat : manteau (capote), casque, fusil à baïonnette, petites sacoches de cuir à la ceinture (cartouchières), musette, sac à dos (havresac), souliers et bandes de tissu enroulées autour des jambes (bandes molletières).
3. Renvoyer les enfants à la légende pour localiser le monument dans la Marne. Situer le département de la Marne sur une carte de France, en Champagne-Ardennes. C'est dans cette zone que se situe l'un des fronts les plus meurtriers du conflit (entre 1915 et 1918).
4. Faire un tour de classe pour recenser les élèves qui ont déjà vu le monument aux morts de la commune de leur domicile. Leur demander de le localiser et de le décrire avec précision. Porte-t-il une statue ou une simple stèle commémorative ? Porte-t-il des inscriptions ? Lesquelles ?
5. Recueillir les réponses pour convenir collectivement qu'un tel monument sert à commémorer (rappeler) la Première Guerre mondiale (et souvent, celles qui ont suivi).

▸ Certains élèves de la classe ont-ils participé à une cérémonie commémorative au monument aux morts de leur commune ?

Si oui, on fera profiter la classe de leur expérience à l'aide de quelques questions :

▸ Avec qui sont-ils allés à cette cérémonie ? À quelle date ? Que commémorait-on ? Comment la cérémonie s'est-elle déroulée ?

Étude du document 1b :
Phase de réflexion individuelle à partir du questionnaire

Phase orale collective

1.

▸ Ces noms sont-ils vraiment des noms d'enfants ? Pourquoi alors sont-ils appelés des « enfants de Sainte-Menehould » ?

Convenir qu'il s'agissait de jeunes hommes originaires de Sainte-Menehould. Valider les réponses qui les identifient comme des soldats ayant pris part à la guerre.

2. Établir collectivement qu'ils sont morts au combat.

3.

▸ Combien cette liste compte-t-elle de noms ? *Revenir à la légende : 72.*

▸ La liste est-elle complète ?

Remarquer que les noms sont classés par ordre alphabétique et que la liste débute à la lettre D pour finir à la lettre M. Elle ne couvre donc que 10 des 26 lettres de l'alphabet.

▸ Que peut-on en conclure ?

Valider les réponses suggérant l'existence d'autres plaques qui portent les noms de A à D et de M à Z. Confirmer qu'elles sont fixées sur les différentes faces du socle de la statue (socle que le document 1a ne montre pas).

4. Faire effectuer un calcul prenant en compte le nombre des noms visibles (72) et le nombre de lettres sur lesquelles ces noms sont répartis (10). Adopter une moyenne arrondie de 7 noms par lettre et supprimer les 4 dernières lettres de l'alphabet (fort peu de noms commençant par w, x, y ou z) pour arriver au total de 7 X 22 = 154 soit environ 150 morts pour la commune.

5. Proposer aux enfants d'essayer (avant de répondre à la question posée) d'évaluer collectivement la population masculine de Sainte-Menehould ayant participé à la guerre. Population totale en 1914 : 4 000, soit environ 2 000 habitants de sexe masculin. Préciser que les soldats envoyés à la guerre (mobilisés) avaient généralement entre 20 et 40 ans. À une époque où l'espérance de vie était d'environ 60 ans, cela représente grossièrement un tiers de la population masculine soit approximativement 600 à 700 soldats. On peut donc considérer que Sainte-Menehould a perdu environ 1 quart de ses hommes jeunes (150 pour 600). Laisser les enfants méditer sur ce chiffre.
Noter au passage que certains noms apparaissent 2 fois, 3 fois voire 4 fois sur la plaque. C'est le cas notamment des Jolly et des Mathieu.

► Que peut-on en conclure ? Ce sont sans doute des frères ou des cousins, des jeunes gens appartenant à la même famille, etc.
Sans entrer dans les détails (on y reviendra dans une séquence ultérieure), laisser entrevoir les conséquences d'un conflit aussi meurtrier sur la démographie d'un pays.

Étape 2

1914 : une situation explosive

doc. 2 Extrait d'un article paru dans le journal allemand *Die Post* en 1914.
doc. A Carte de l'Europe avant la Première Guerre mondiale, en 1914 (à photocopier p. 121).
Questionnaire à photocopier.
Cet article paru dans la presse allemande suggère clairement l'imminence d'un conflit tout en désignant les pays qui pourraient y prendre part ainsi que le jeu des alliances qui les lient les uns aux autres. Il permettra aux enfants de dater la Première Guerre mondiale et d'en identifier les principaux protagonistes. Il laisse également entrevoir ses enjeux.

Phase de réflexion individuelle à partir du questionnaire

Phase orale collective

1. Les réponses sont dans la légende : journal allemand *Die Post*, le 24 février 1914. Préciser que cet article a été écrit par un journaliste non identifié sur le document.

2. Recueillir les informations obtenues par la classe. S'assurer que tous savent que la Triple Alliance (également appelée Triplice) réunissait l'Allemagne, l'Autriche et l'Italie. Ce pacte défensif avait été conclu en 1882 par les trois pays pour se défendre en cas d'agression par la France ou la Russie.
Observer la carte fournie. Situer les trois pays membres de la Triple Alliance. Remarquer leur position « vulnérable » entre la France et la Russie.

3. Relever les noms de la France, l'Angleterre, la Russie, l'Autriche (l'armée autrichienne est mentionnée), l'Italie, l'Allemagne, la Turquie (Empire ottoman) et la Roumanie. Les noms des trois membres de la Triple Alliance seront vite entourés car ils ont été identifiés à la question précédente.

► Quels sont les pays qui, d'après cet article, seraient leurs alliés ?

Relire la phrase concernant la Turquie et la Roumanie. Convenir collectivement qu'il s'agit de deux alliés potentiels de la Triple Alliance et entourer également leur nom. Dans un premier temps, leurs adversaires seront identifiés par défaut : il s'agit des trois derniers pays dont les noms n'ont pas été entourés. Renvoyer les enfants au premier paragraphe. Noter que la France, l'Angleterre et la Russie y sont implicitement désignés comme les adversaires (elles avaient en effet formé leur propre système d'alliance : la Triple Entente).

4. Faire colorier les pays sur la carte avec les couleurs indiquées. Observer les deux « camps » ainsi constitués. Noter qu'à quelques pays près, c'est pratiquement toute l'Europe qui va être impliquée dans le conflit. Souligner que, contrairement aux prévisions du journaliste, l'Italie, après avoir voulu rester neutre s'est retournée contre ses alliés et est entrée dans le conflit aux côtés de la France. La Roumanie a attendu 1916 pour finalement choisir, elle aussi, le camp de l'Entente.

5. Afficher au tableau une carte de l'Europe pour permettre la comparaison. Remarquer l'étendue de l'Allemagne, de l'Autriche et de la Russie de 1914 par rapport à aujourd'hui. Noter l'absence de la Pologne.

6. Relire collectivement les passages soulignés. Dégager les deux objectifs suggérés par le journaliste : contrôler la politique européenne et assurer l'avenir de l'Allemagne. Autrement dit, établir la prééminence allemande, qui vise à être la première grande puissance en Europe. Souligner l'expression « conflit d'intérêts » utilisée dans l'article.

- Qu'est-ce qu'un conflit d'intérêts ? *C'est quand deux personnes ou deux pays veulent la même chose.*

7. Relever avec les enfants les mots ou expressions relatifs à un affrontement : le combat, la guerre, nos adversaires, profiter du moment favorable, une offensive résolue, provoquer la guerre, un conflit d'intérêts, etc. Conclure collectivement que le journaliste n'est pas seulement convaincu que la guerre est inévitable, il pense qu'elle est nécessaire et que n'importe quel prétexte sera bon pour la déclencher. Remarquer l'expression « par une offensive résolue » qui résume toute la stratégie des Allemands au début du conflit : écraser très vite les Français et les Anglais pour ensuite se retourner contre les Russes avant que ceux-ci n'aient eu le temps de s'organiser.

Étape 3

Août 1914 : la France mobilise ses troupes

doc. 3 Affiche de 1914 annonçant la mobilisation générale (et cahier couleur p. 13).
Questionnaire à photocopier.
Cette affiche vient confirmer les observations des documents précédents : la guerre n'est plus une possibilité, elle est sur le point d'éclater.

Phase de réflexion individuelle à partir du questionnaire

Phase orale collective

1. Renvoyer les enfants à la légende : il s'agit d'une affiche.

2. Où trouve-t-on d'ordinaire les affiches ? Recueillir les réponses : sur les murs, les panneaux d'information, etc.

3. Revenir à la légende : 1914, le 1er août exactement.

4. Demander aux enfants de déchiffrer tous les mots lisibles. Remarquer qu'il est question de l'armée de terre et de l'armée de mer. Signaler que l'armée de l'air n'en était encore qu'à ses débuts.

- Que veut dire le verbe mobiliser ?

Voir les définitions du dictionnaire pour montrer l'aspect militaire du terme : mettre sur le pied de guerre, etc.
En faire déduire le sens de l'expression mobilisation générale : l'armée de terre et l'armée de mer sont concernées, tous les hommes en âge de combattre doivent se rendre disponibles pour l'un ou l'autre de ces deux corps et rejoindre le poste auquel on les affecte. Ils recevront un « ordre de route ».

5.

- Quand décrète-t-on une mobilisation générale ?

Valider toutes les réponses qui établissent le lien entre la mobilisation et la guerre. Préciser que la mobilisation générale de 1914 a en fait précédé (de deux jours) la déclaration de guerre entre l'Allemagne et la France.

- Pourquoi la France s'est-elle préparée à la guerre ?

Rappeler que la France a subi une défaite contre l'Allemagne en 1871 qui lui a coûté la perte de l'Alsace et de la Lorraine. Mettre en évidence le désir français de revanche et le souci d'être, cette fois, prêt au combat. De plus, dans les jours précédents, plusieurs déclarations menaçantes venant d'Allemagne ont laissé deviner qu'elle allait déclarer la guerre et attaquer sous peu. Mobiliser prend du temps et il fallait être prêt. Souligner que beaucoup pensaient que cette guerre serait très courte.

- Sous quel nom la Première Guerre mondiale est-elle également connue ? *La Guerre de 14-18.*
- Est-ce court ? Faire calculer aux enfants la durée du conflit.

Informations complémentaires : Petite chronologie des événements ayant mené à la Première Guerre mondiale

Depuis le début du siècle, la zone dangereuse de l'Europe était la péninsule balkanique (entre l'empire austro-hongrois et la Grèce). Cette région était constituée de plusieurs petits États fréquemment opposés, et convoités par de grands voisins comme l'Autriche et la Russie.

Parmi eux, la Serbie, qui voulait devenir une puissance régionale, s'était alliée à la France et à la Russie mais se heurtait à l'Autriche qui avait annexé la province de Bosnie-Herzégovine, revendiquée par la Serbie parce que peuplée en partie de Serbes. C'est pourquoi, lorsque le 28 juin 1914, François-Ferdinand, l'héritier de l'empire austro-hongrois*, a été assassiné par un terroriste serbe à Sarajevo (en Bosnie), un engrenage fatal s'est mis en route.
– Le 8 juillet, l'Autriche-Hongrie déclare la guerre à la Serbie qu'elle accuse d'être responsable de l'attentat et l'envahit.
– Le 30 juillet, le tsar Nicolas II décrète la mobilisation générale en Russie.
– Le 31 juillet, Jean Jaurès est assassiné à Paris.
– Le 1er août, l'Allemagne déclare la guerre à la Russie. La France décrète la mobilisation générale.
– Le 2 août, un incident éclate à la frontière entre l'Allemagne et la France.
– Le 3 août, l'Allemagne déclare la guerre à la France.
– Le 4 août, l'Angleterre déclare la guerre à l'Allemagne. ■

* Voir lexique.

Synthèse (orale)

Qu'avons-nous appris ?

- Dans toutes les communes de France, on a dressé un monument aux morts pour commémorer la Première Guerre mondiale. Ce monument porte en général les noms des très nombreux soldats qui sont morts au combat.
- En 1914, des conflits d'intérêts opposaient les pays de la Triple Alliance (l'Allemagne, l'empire austro-hongrois et l'Italie) à la France, l'Angleterre et la Russie (l'Entente). La Turquie et la Roumanie figuraient parmi les alliés possibles de la Triple Alliance.
- À la suite de l'assassinat de François-Ferdinand, l'héritier de l'empire austro-hongrois, à Sarajevo le 28 juin 1914, l'Autriche-Hongrie a déclaré la guerre à la Serbie. Le jeu des alliances a provoqué l'engagement d'autres pays dont l'Allemagne et la Russie jusqu'à ce que l'Allemagne déclare la guerre à la France, le 3 août 1914.
- En France, depuis la défaite de 1871 contre l'Allemagne, beaucoup rêvaient de reprendre l'Alsace et la Lorraine. Pour se préparer à la guerre, on a décrété la mobilisation générale le 1er août 1914. Tous les hommes en âge de combattre devaient rejoindre l'armée de terre ou l'armée de mer. On pensait que la guerre serait courte, mais elle a duré plus de 4 ans.

Élaboration du texte de référence

Phase écrite collective (au tableau)

Titre : Les débuts de la Première Guerre mondiale

En 1914, les pays d'Europe étaient divisés par des conflits d'intérêts. L'Allemagne et ses alliés (dont l'Autriche-Hongrie et la Turquie) étaient opposés à la France, l'Angleterre et la Russie.
L'assassinat de François-Ferdinand, le futur empereur d'Autriche-Hongrie, a déclenché, à cause du jeu des alliances, la guerre entre l'Autriche-Hongrie et la Serbie, puis entre l'Allemagne et la Russie et finalement entre l'Allemagne et la France et l'Angleterre.

Documents 2 et 3

Beaucoup de Français voulaient faire la guerre contre l'Allemagne pour reprendre l'Alsace et la Lorraine perdues en 1871. Aujourd'hui, dans chaque commune de France, un monument est élevé à la mémoire des très nombreux morts de cette guerre qui a duré 4 ans.

Documents 1a et 1b

Phase écrite individuelle (sur le cahier)

Lexique

Balkans : région du sud de l'Europe située entre la mer Adriatique et la mer Noire.
Conflit d'intérêts : quand plusieurs personnes (ou pays) s'affrontent parce qu'ils veulent la même chose.
Empire austro-hongrois : empire constitué par la réunion de l'empire d'Autriche, du royaume de Hongrie et de la Bosnie-Herzégovine entre 1867 et 1918.
Mobilisation générale : l'ordre de rejoindre l'armée à tous les hommes en âge de combattre.
Triple Alliance : traité d'alliance conclu en 1882 entre l'Allemagne, l'empire austro-hongrois et l'Italie.

La Première Guerre mondiale (1914-1918) (1) Les débuts du conflit

Document 1

Ph © Jean-Pierre Husson-Histoire et Mémoire

a Monument aux morts de Sainte-Menehould (Marne).

Ph © Jean-Pierre Husson-Histoire et Mémoire

b 72 enfants de Sainte-Menehould morts pour la France.

Document 2

« La France n'est pas encore prête pour le combat. L'Angleterre est aux prises avec des difficultés intérieures et coloniales. La Russie redoute la guerre, parce qu'elle craint la révolution intérieure. Allons-nous attendre que nos adversaires soient prêts ou devons-nous profiter du moment favorable [...] ?

L'armée autrichienne est encore fidèle et utile. L'Italie est encore fermement attachée à la Triple Alliance [...] elle sait [...] que, si l'Allemagne est battue, elle sera livrée sans remède à la violence de la France et de l'Angleterre et elle perdra sa position indépendante en Méditerranée [...].

Nous pouvons également compter le cas échéant sur la Turquie et la Roumanie. Nous avons ainsi encore des atouts en main, nous pourrions tenir les commandes de la politique européenne, par une offensive résolue, et nous pourrions assurer notre avenir.

Cela ne veut pas dire que nous devons provoquer la guerre ; mais là où se manifeste un conflit d'intérêts [...] nous ne devrions pas reculer, mais le faire dépendre de la guerre et la commencer par une offensive résolue ; peu importe le prétexte, car il ne s'agit pas de cela, mais de tout notre avenir, qui est en jeu. »

Extrait d'un article paru dans le journal allemand *Die Post*, le 24 février 1914.

Document 3

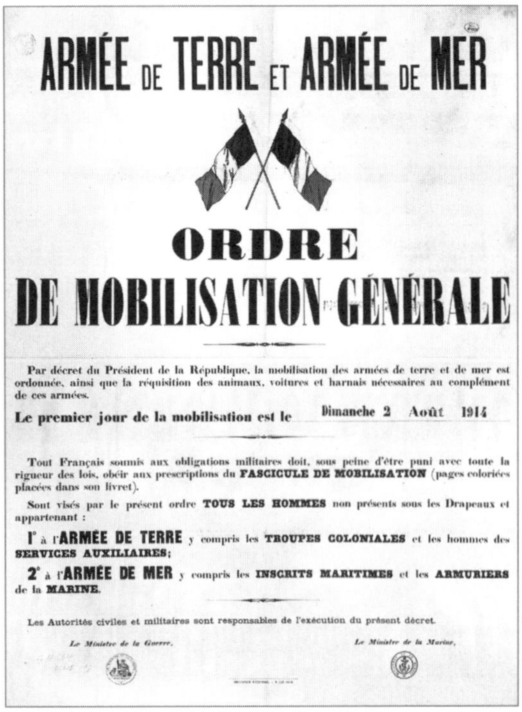
ARMÉE DE TERRE ET ARMÉE DE MER

ORDRE DE MOBILISATION GÉNÉRALE

Par décret du Président de la République, la mobilisation des armées de terre et de mer est ordonnée, ainsi que la réquisition des animaux, voitures et harnais nécessaires au complément de ces armées.

Le premier jour de la mobilisation est le Dimanche 2 Août 1914

Tout Français soumis aux obligations militaires doit, sous peine d'être puni avec toute la rigueur des lois, obéir aux prescriptions du **FASCICULE DE MOBILISATION** (pages coloriées placées dans son livret).

Sont visés par le présent ordre **TOUS LES HOMMES** non présents sous les Drapeaux et appartenant :

1° à l'**ARMÉE DE TERRE** y compris les **TROUPES COLONIALES** et les hommes des **SERVICES AUXILIAIRES** ;

2° à l'**ARMÉE DE MER** y compris les **INSCRITS MARITIMES** et les **ARMURIERS** de la **MARINE**.

Les Autorités civiles et militaires sont responsables de l'exécution du présent décret.

Le Ministre de la Guerre, *Le Ministre de la Marine,*

BIS / Ph. Coll. Archives Larbor

Ordre de mobilisation générale (affiche de 1914).

La Première Guerre mondiale (1914-1918) (1) Les débuts du conflit

18
Fiche documents

Document A

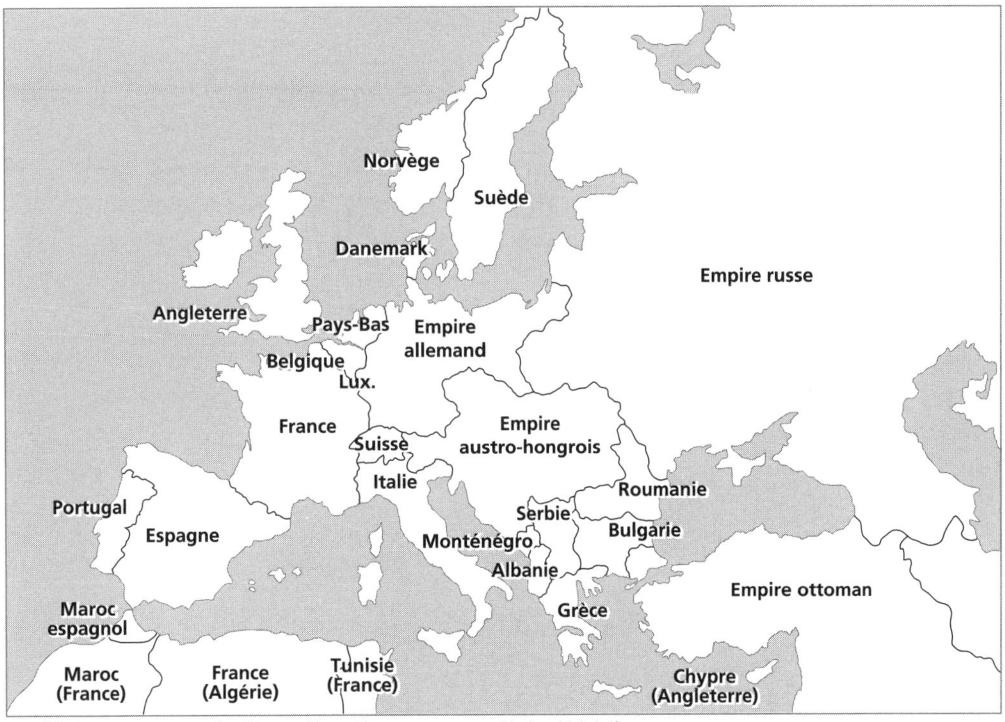

L'Europe avant la Première Guerre mondiale (1914).

La Première Guerre mondiale (1914-1918) (1) Les débuts du conflit

18
Fiche documents

Document A

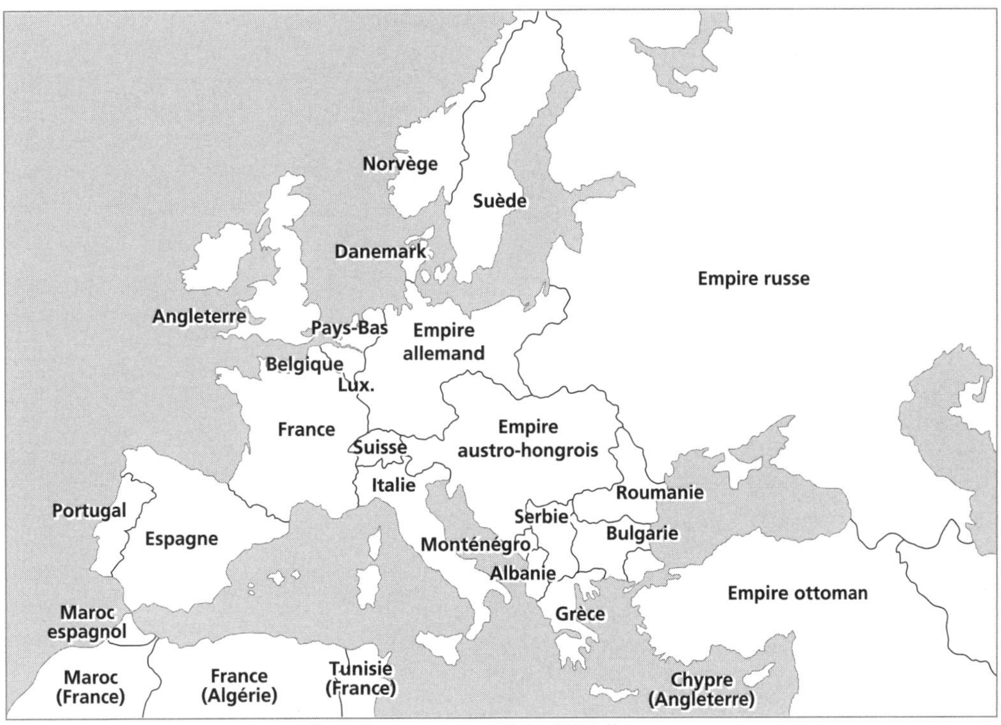

L'Europe avant la Première Guerre mondiale (1914).

18
Fiche questionnaire

La Première Guerre mondiale (1914-1918) (1) Les débuts du conflit

Document 1a

1. Que représente cette photographie ?

2. Comment ce personnage est-il équipé ?

3. Dans quelle région se trouve ce monument ?

4. Existe-t-il un monument semblable dans ta commune ?
Comment est-il ?
Où se trouve-t-il ?

5. À quoi sert un tel monument ?

Document 1b

1. Qui étaient les hommes dont les noms sont gravés dans la pierre ?

2. Que leur est-il arrivé ?

3. Cette photographie montre-t-elle la liste complète ?

4. À combien estimes-tu le nombre total des habitants de Sainte-Menehould morts à la guerre?

5. Sachant qu'en 1914 Sainte-Menehould comptait 4 000 habitants,
le nombre que tu as obtenu à la question précédente te paraît-il élevé ?

Document 2

1. Quand cet article a-t-il été écrit ?
Dans quel pays ?

2. Qu'est-ce que la Triple Alliance ?
Aide-toi d'une encyclopédie.

3. Fais la liste de tous les pays cités dans cet article.
Entoure ceux de la Triple Alliance et de leurs alliés possibles.
À quels autres pays seront-ils opposés en cas de guerre ?

4. Repère ces pays sur la carte de l'Europe dont tu disposes et colorie :
- en rouge, ceux de la Triple Alliance et leurs autres alliés ;
- en bleu, la France et ses alliés.

5. Que remarques-tu en comparant cette carte avec celle de l'Europe d'aujourd'hui ?

6. D'après cet article, si la guerre éclate, quel sera son enjeu ?
Relis les passages soulignés.

7. Relève les passages qui montrent que le journaliste considère la guerre inévitable.

Document 3

1. Quel type de document est représenté ici ?

2. Où pouvait-on le trouver ?

3. De quand date-t-il ?

4. D'après le contenu de cette affiche, peux-tu dire ce qu'est une mobilisation générale ?
Aide-toi du dictionnaire si nécessaire.

5. À ton avis, à quoi a servi la mobilisation générale de 1914 ?

19

La Première Guerre mondiale (1914-1918) (2) Une guerre d'un type nouveau

Objectifs disciplinaires

Observer la stabilisation du front et le recours à la guerre des tranchées.

Découvrir l'ampleur des combats et les épisodes marquants de la Première Guerre mondiale.

Objectifs méthodologiques

Observer et comparer des photographies.

Lire un témoignage écrit pour en percevoir l'intensité dramatique.

Utiliser la légende d'une carte pour repérer les tracés qu'elle présente.

Documents 1a et 1b

Photographies de soldats dans les tranchées.

Document 2

Extrait du témoignage d'un officier pendant l'offensive de Verdun, février 1916

Document 3

Carte des lignes de front entre 1914 et 1918

Étape 1

Une guerre de tranchées

doc. 1a et 1b Photographies de soldats dans les tranchées (et cahier couleur p. 14).
Questionnaires à photocopier.
Ces deux documents présentent les soldats français au repos et en action dans les tranchées. Elles permettent une observation de détail de l'équipement des troupes de l'époque et témoignent de l'usage des gaz.

Étude du document 1a :
Phase de réflexion individuelle à partir du questionnaire

Phase orale collective

1. Recueillir les réponses. Noter la date : 1917. Valider l'association Poilus et soldats.

▸ Pourquoi les soldats français de la Première Guerre mondiale sont-ils appelés les Poilus ?

L'explication « au sens propre » sera certainement proposée : ils avaient souvent des moustaches ; ils étaient poilus parce qu'ils ne pouvaient pas se raser. On l'acceptera. Signaler toutefois que cette expression existait avant la guerre pour désigner un homme viril et courageux. C'est en fait de là que vient le surnom des soldats de la Grande Guerre.

2. La légende situe cette photographie dans une tranchée de 1re ligne, devant un abri.

▸ Qu'est-ce qu'une tranchée ?

S'assurer que tous ont compris qu'il s'agit d'une position de défense creusée dans la terre permettant d'arrêter l'ennemi tout en restant caché à ses yeux.

▸ Qu'est-ce que la 1re ligne ? *C'est la première défense que l'ennemi rencontrera en cas d'attaque. Quand on est en 1re ligne, on est le plus exposé…*

3. Confirmer que les Poilus étaient les soldats français. Ils étaient épaulés, dans d'autres secteurs du front, par des soldats des pays alliés de la France (Anglais, Australiens, Canadiens…).

4. Comparer les soldats sur la photographie au document 1a de la séquence précédente. Voir que le casque est le même. Observer les vestes et pantalons bleu clair (signaler qu'ils étaient « bleu horizon ») avec les boutons de métal.

▸ Le bleu clair était-il une couleur discrète ? De quelle couleur sont les uniformes militaires d'aujourd'hui ?

Noter que la notion de camouflage n'est pas encore apparue en 1917 mais qu'un progrès a quand même été réalisé puisque les soldats ont abandonné le pantalon rouge vif !

5. Relever les détails observés : le képi de l'officier, les planches au sol pour éviter la boue au fond de la tranchée, le soldat de couleur au centre de la photographie.

▸ D'où peut-il venir ?

Signaler la présence, parmi les troupes françaises, de nombreux soldats venus de l'empire colonial français. Évoquer les tirailleurs sénégalais (plus de 100 000 combattants).

6. Recueillir les réponses. Valider celles qui prennent en compte l'usage de l'artillerie et la nécessité de se protéger. Noter que cette protection reste fragile (terre et bois contre des obus…).

Étude du document 1b :
Phase de réflexion individuelle à partir du questionnaire

Phase orale collective

1. Observer l'équipement des hommes : uniforme, casque, fusil à baïonnette, sacs ou musettes contenant grenades et munitions.

2. Remarquer les masques de toile équipés de lunettes de verre.

▸ À quoi servaient-ils ?

Valider les réponses suggérant l'usage de gaz. Le gaz moutarde a été utilisé par les Allemands avec des effets dévastateurs. Il rongeait les poumons de l'intérieur et on pouvait encore en mourir des années après l'avoir respiré.

3. Renvoyer les enfants à la légende : les soldats sont dans la tranchée et se préparent à en sortir pour monter à l'assaut des lignes allemandes.

- Que se passera-t-il lorsqu'ils seront à découvert dans l'espace qui sépare les deux lignes de front (le *no man's land*) ?

Confirmer qu'ils seront la cible des tirs nourris de l'ennemi et que les pertes seront très lourdes.

4. Observer les barbelés. Qu'est-ce que le fil de fer barbelé ? Faire au besoin un rapide croquis au tableau pour en expliquer l'utilité : freiner la progression de l'ennemi à l'approche de la tranchée et le rendre plus vulnérable. Préciser que ces barbelés étaient équipés de boîtes de conserve vides qui tintaient et alertaient les sentinelles si l'on essayait de les franchir dans l'obscurité.
5. Voir que les deux photographies ont été prises dans une tranchée mais que l'atmosphère du document 1a est particulièrement détendue. Il s'agit probablement d'un cliché de propagande (les soldats posent pour la photo), destiné à encourager les jeunes Français à rejoindre le front et à tranquilliser leurs familles. Le document 1b, en revanche, semble pris sur le vif.

Étape 2

L'horreur de la guerre

doc. 2 Extrait du témoignage d'un officier pendant l'offensive de Verdun, février 1916.
Questionnaire à photocopier.
Ce texte témoigne de la vie quotidienne dans les tranchées et de la violence des combats qui ont fait rage autour de Verdun pendant l'année 1916.

Phase de réflexion individuelle à partir du questionnaire

Phase orale collective

1. Nous devons ce témoignage au lieutenant Joseph Colson qui décrit la tranchée dans laquelle il se trouve, près de Louvemont, à une dizaine de kilomètres au nord de Verdun, le 22 février 1916. Signaler que l'offensive allemande sur Verdun a commencé la veille et qu'elle durera jusqu'à la fin de l'année. 10 mois !
   Préciser que la bataille de Verdun est la bataille la plus importante de la Première Guerre mondiale. Le but de l'état-major allemand, en déclenchant cette bataille, était de « saigner l'armée française à blanc ». 700 000 hommes, à peu près pour moitié allemands et français, y ont perdu la vie (parmi lesquels Joseph Colson), et Louvemont ainsi que les villages voisins ont été totalement détruits par l'artillerie. Verdun symbolise encore aujourd'hui la résistance française à l'envahisseur.
2. Relire collectivement le texte. Relever l'usage du mot « boyau ».
   - Qu'est-ce qu'un boyau ?

Recourir au besoin au dictionnaire pour voir qu'il s'agit d'un fossé ou d'une galerie étroite. Convenir que l'auteur décrit l'intérieur de la tranchée au lendemain de l'attaque du 21 février.

3. Remarquer qu'il s'agit d'un témoignage et non d'un roman dont l'action se déroulerait pendant la guerre. Les faits décrits sont des faits réels. Le lieutenant décrit ce qu'il a sous les yeux. Noter l'usage du présent et le réalisme des images.
4. Recueillir les réponses. Conclure collectivement que les combats ont été extrêmement violents et que les hommes ont été témoins de choses épouvantables.
   Signaler qu'en 1917, le degré d'écœurement des hommes était tel que des mutineries ont éclaté ; plusieurs dizaines de soldats ont été fusillés pour décourager les déserteurs.
5. Demander aux enfants de choisir un seul mot et de l'écrire sur un petit morceau de papier sans le montrer à leur voisin. Ramasser les papiers et faire lire les mots écrits. Les noter au tableau. Constater la convergence des sentiments : horreur, dégoût, etc.

Étape 3

Une guerre de position

doc. 3 Carte des lignes de front entre 1914 et 1918.
Questionnaire à photocopier.
Cette carte permet de comprendre le recours à la guerre de position en observant le peu d'évolution de la ligne de front. L'avancée allemande du début de la guerre ne manquera pas d'être remarquée et permettra d'évoquer le célèbre épisode des taxis de la Marne.

Phase de réflexion individuelle à partir du questionnaire

Phase orale collective

1. Relire collectivement la légende. Constater qu'il s'agit des lignes de front à différents moments de la guerre, septembre 1914, octobre 1914 et mars 1918.
   - Quand l'Allemagne a-t-elle déclaré la guerre à la France ?

Renvoyer les enfants à la leçon précédente : le 3 août 1914. Noter que la ligne signalant les positions allemandes en septembre (au tout début de la guerre) est la plus avancée dans le territoire français.

2. Voir que les Allemands ont reculé vers l'est entre septembre et octobre 1914.

▸ Que s'est-il passé ?

Valider les réponses suggérant une contre-offensive française qui a repoussé les Allemands vers l'est. Chercher le point le plus avancé de la percée allemande. Le localiser près de la Marne sur la carte. Expliquer que le général Joffre a réussi à stopper l'avancée allemande lors de la bataille de la Marne, grâce, en partie, aux renforts acheminés par les 600 taxis que le général Gallieni avait réquisitionnés à Paris.

3. Faire colorier la zone indiquée. Voir à quels départements elle correspond : Nord, Aisne, Ardennes, Marne, Meuse. Noter que la zone a été occupée pendant les quatre années durant lesquelles le front est resté stable.

4. Écrire les noms des trois villes au tableau : Ypres, Reims et Verdun.

▸ Pourquoi ces trois villes figurent-elles sur cette carte alors qu'une ville comme Lille, beaucoup plus peuplée, n'y figure pas ? *Parce qu'il s'y est passé quelque chose d'important pendant la guerre…*

Apporter les précisions suivantes :

- Ypres est tristement connue pour avoir été le lieu du premier usage des gaz de combat par les Allemands. Le deuxième nom du gaz moutarde, ypérite, vient en effet du nom de la ville.
- Reims a été bombardée intensément par l'artillerie allemande et a subi d'énormes dégâts. Sa cathédrale[1] a été très endommagée. La restauration n'en est d'ailleurs toujours pas achevée !
- Verdun a été le théâtre de la bataille déjà évoquée et qui a duré 10 mois. Signaler que c'est le général Pétain qui permit aux lignes françaises de résister à l'offensive allemande en acheminant troupes et matériel vers le front par une route (maintenant connue sous le nom de « Voie sacrée »), la seule encore ouverte, et sur laquelle la file des camions était pratiquement ininterrompue dans les deux sens. Considéré comme le sauveur de Verdun, Pétain fut par la suite nommé commandant en chef de l'armée française puis élevé à la dignité de maréchal en 1918.

5. Constater collectivement que la ligne de front n'a pas beaucoup bougé en quatre ans. Valider les conclusions du type : *Ce n'était pas une guerre où les soldats se déplaçaient beaucoup. Quand on avait creusé des tranchées, on les défendait et on y restait pendant assez longtemps.* Etc.

Préciser qu'à plusieurs reprises, en 1915 et en 1916, les deux camps ont essayé de « percer » ce front en lançant de grandes offensives qui ont été aussi vaines que meurtrières.

Opposer la notion de « guerre de mouvement » (on pourra se référer aux guerres napoléoniennes, vues au CM1) à celle de « guerre de position ».

▸ Quel type de guerre la Première Guerre mondiale a-t-elle été ?

Noter qu'elle a été pour l'essentiel une guerre de position mais qu'avec l'entrée en guerre des Américains, décidée en 1917 et effective en 1918 (2 millions de soldats et des chars), l'équilibre des forces se trouva rompu et la guerre de mouvement put reprendre jusqu'à la victoire finale.

Synthèse (orale)

Qu'avons-nous appris ?

- La Première Guerre mondiale s'est principalement déroulée dans les tranchées. Les soldats y disposaient d'abris pour se protéger des tirs d'artillerie. Les soldats français (les Poilus) étaient parfois obligés de porter des masques pour se protéger des gaz de combat utilisés par les Allemands.
- Des témoignages rapportent que les conditions de vie dans les tranchées étaient épouvantables et que les combats étaient d'une extrême violence. Certains soldats se sont mutinés en 1917. Quelques dizaines d'entre eux ont été fusillés pour décourager les déserteurs.
- Au début de la guerre, l'armée allemande qui menaçait Paris a été arrêtée et repoussée par le général Joffre lors de la « bataille de la Marne ».
- En 1916, une offensive allemande sur Verdun a duré 10 mois. C'est la bataille la plus meurtrière de la guerre. Le général Pétain a organisé la défense de Verdun en acheminant troupes et matériel le long de la Voie sacrée.
- Pendant quatre ans, la ligne de front a peu évolué car les Allemands et les Français menaient une guerre de position.

1. *Cf. 40 séquences d'histoire au CM1*, séquence 9.

Élaboration du texte de référence

Phase écrite collective (au tableau)

Titre : La guerre des tranchées

En septembre 1914, les Allemands ont commencé à envahir la France. Ils ont été arrêtés par le général Joffre lors de la « bataille de la Marne ». De 1914 à 1918, la ligne de front a peu évolué car les Allemands et les Français menaient une guerre de position dans les tranchées. L'arrivée des troupes américaines avec leurs chars en 1918 a permis de débloquer la situation.

Documents 1a, 1b et 3

En 1916, l'Allemagne a lancé une grande offensive sur Verdun. Cette bataille a duré 10 mois et a été la plus meurtrière de toute la guerre. Le général Pétain a organisé la défense de Verdun avec succès.

Document 2

Phase écrite individuelle (sur le cahier)

Lexique

Barbelés : fils de fer hérissés de pointes.
No man's land : littéralement : la zone qui n'appartient à personne ; secteur compris entre deux tranchées ennemies et dans lequel personne ne peut s'aventurer sans risquer sa vie.
Ypérite : gaz de combat utilisé par les Allemands, aussi appelé gaz moutarde.

La Première Guerre mondiale (1914-1918)
(2) Une guerre d'un type nouveau

19
Fiche documents

Document 1

a **Tranchée de première ligne : Poilus devant un abri (juin 1917).**

b **Une autre vision des tranchées : la vague d'assaut prête à sortir.**

Document 2

L'enfer de Verdun

En face de moi, et à hauteur d'homme, émerge la tête, rien que la tête, du tailleur de la compagnie, le meilleur soldat de ma section, dont le corps est enseveli et qui a le cou pris entre deux énormes rondins formant étau. C'est un spectacle macabre que cette tête de guillotiné, émergeant de cet amas de pierres, de fer et de bois. Je la fais couvrir à plusieurs reprises d'une toile de tente, mais les hommes qui circulent dans le boyau la touchent en passant, la toile tombe et la tête réapparaît, toujours plus livide et plus exsangue [...]. À quelques pas de nous, dans le fond de la tranchée, gît un corps, c'est celui d'un sous-officier ; il est à moitié enterré ; on ne voit que la tête, une épaule et un bras dont la main forme crochet. Il est là depuis la veille, le bras s'est raidi et dressé, et à cette main, contre ce bras, s'accrochent et culbutent tous ceux qui vont et viennent dans le boyau. Il faudrait couper ce bras ou dégager le corps, nul n'en a le courage ?

Témoignage de Joseph Colson, lieutenant (22 février 1916, près de Louvemont, Meuse).
Extrait de *Années cruelles : 1914-1918*, éditions Atelier du gué, 1983.

Document 3

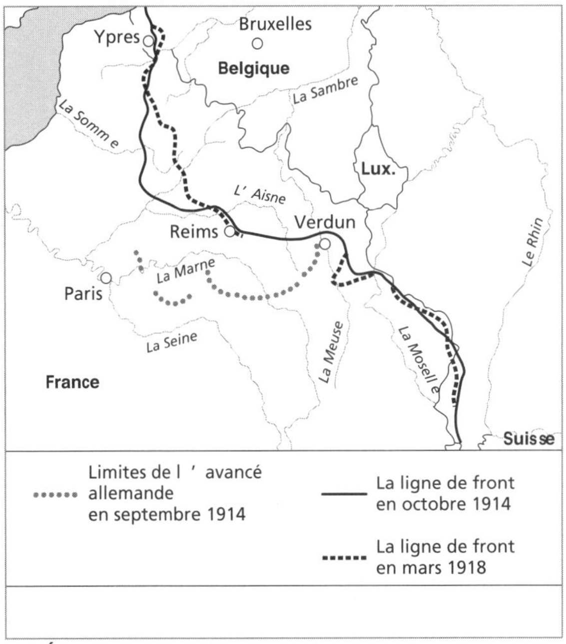

Évolution de la ligne du front de septembre 1914 à mars 1918.

19 Fiche questionnaire

La Première Guerre mondiale (1914-1918) (2) Une guerre d'un type nouveau

Document 1a

1. Que représente cette photo ?
Quand a-t-elle été prise ?

2. Où se trouvent ces soldats ?
Qu'est-ce qu'une tranchée ?

3. Quelle est leur nationalité ?

4. Décris brièvement leur uniforme.

5. Quels autres détails peux-tu observer ?

6. À quoi pouvait servir l'abri
devant lequel les soldats se trouvent ?

Document 1b

1. Comment ces soldats sont-ils équipés ?

2. Que portent-ils sur le visage ?
À ton avis, pourquoi ?

3. Où sont-ils et que se préparent-ils à faire ?

4. Que vois-tu autour d'eux ?
À quoi pouvaient servir ces installations ?

5. En quoi ce document est-il comparable
au document 1a ?
En quoi est-il différent ?

Document 2

1. Qui a écrit ce texte ?
Quand ?

2. Quel lieu décrit-il ?

3. A-t-il vraiment vu ce qu'il décrit ?

4. Que t'apprend ce texte
sur la Première Guerre mondiale ?

5. Quel mot emploierais-tu pour résumer
ce que tu ressens ?

Document 3

1. Que représentent les lignes pointillées
sur cette carte ?

2. Compare les positions allemandes
en septembre et en octobre 1914 ?
Que s'est-il passé ?

3. Colorie la zone comprise entre la frontière
française et la ligne de front de 1918.
Pendant combien de temps cette partie
de la France a-t-elle été occupée
par les Allemands ?

4. Relève les noms des villes situées
sur les lignes de front.
À ton avis, pourquoi sont-elles signalées ?

5. La ligne de front a-t-elle beaucoup évolué
entre 1914 et 1918 ?
Qu'en conclus-tu ?

20

La Première Guerre mondiale (1914-1918) (3) Une France victorieuse dans une Europe transformée

Objectifs disciplinaires

Connaître les rôles de Georges Clemenceau et du maréchal Foch à la fin de la Première Guerre mondiale.

Découvrir les signataires de l'armistice et les implications du traité de Versailles sur la carte politique de l'Europe.

Objectifs méthodologiques

Lire un extrait de discours.

Observer des photographies et des cartes.

Document 1

Déclaration du 8 mars 1918 et portrait de Georges Clemenceau

Document 2

Photographie des signataires de l'armistice du 11 novembre 1918

Document 3

Photographie d'une commémoration du 11 Novembre à Paris

Documents A et B

Cartes de l'Europe avant et après la Première Guerre mondiale

Étape 1

Clemenceau, Père la Victoire

doc. 1 Déclaration du 8 mars 1918 et portrait de Georges Clemenceau.

Questionnaire à photocopier.

Ces deux documents dressent un portrait moral et physique de Georges Clemenceau. La détermination qui lui a valu le surnom de « Père la Victoire » y est parfaitement illustrée.

Phase de réflexion individuelle à partir du questionnaire

Phase orale collective

1. Se reporter aux légendes pour identifier Georges Clemenceau.
2. Faire effectuer le calcul aux enfants à l'aide des dates fournies. Né en 1841, Clemenceau avait en 1918... 77 ans !
3. Constater qu'en 1918, Georges Clemenceau était à la fois président du Conseil (chef du gouvernement) et ministre de la Guerre. Il assumait donc à lui seul l'essentiel des responsabilités de la conduite du pays à la fin de la guerre.
4. Confirmer qu'en 1918, la guerre, que tout le monde prévoyait courte, dure depuis quatre ans.
5. Relire le texte collectivement. Expliquer ce qu'est une maxime : une règle, un principe.

▸ Quelle est, d'après cette déclaration, la maxime de Georges Clemenceau ?

Valider les réponses faisant référence à la victoire, au refus de s'avouer vaincu. Combiner cette maxime avec la formule finale : « Je fais toujours la guerre. »

Noter qu'il désire la paix. C'est son but, mais il ne conçoit la paix que dans la victoire.

6. Relever les surnoms trouvés par les élèves : le « Tigre » et le « Père la Victoire ». Signaler que Clemenceau est devenu le « Père la Victoire » après 1918. Les élèves trouveront certainement que ces surnoms sont mérités. Faire justifier à l'aide du texte qui vient d'être lu.

▸ Quel était le tempérament de Clemenceau ?

Rappeler qu'il avait alors 77 ans. Évoquer l'expression « se battre comme un lion ou comme un tigre ».

▸ Comment la France et ses alliés sont-ils sortis de la guerre ? Vainqueurs ou vaincus ? À qui la France devait-elle la victoire, hormis aux généraux ? La lassitude et le découragement ayant gagné les soldats et les civils souffrant des privations, des bombardements et de l'éloignement des hommes de leur famille, qui pouvait mobiliser l'énergie et les ressources, remonter le moral de la population, en attendant l'engagement américain ?

Valider les réponses qui désignent le chef du gouvernement ou le ministre de la Guerre et conclure.

Étape 2

11 novembre 1918 : l'armistice est signé !

doc. 2 Photographie des signataires de l'armistice, le 11 novembre 1918.

Questionnaire à photocopier.

Cette photographie officielle des signataires de l'armistice permet de découvrir le maréchal Foch. Ce sera aussi l'occasion d'évoquer les attitudes respectives de la Russie, se retirant du conflit suite à la révolution de 1917, et des États-Unis, venus rejoindre tardivement les alliés de la France.

Phase de réflexion individuelle à partir du questionnaire

Phase orale collective

1. Faire décrire le document : des hommes en uniforme debout devant un wagon de train.
2. Comparer au besoin les tenues des personnages de la photographie avec celles des soldats devant leur abri à la séquence précédente. Noter les képis (armée de terre) et casquettes (« armée de mer », la marine). Ce ne sont pas de simples soldats mais des officiers. Confirmer qu'il s'agit d'officiers supérieurs.

▶ Quels sont les plus hauts grades militaires connus des enfants ?

Relever les réponses. Valider les suivantes : général (armée de terre), amiral (marine). Noter la présence du maréchal Foch, commandant en chef des armées alliées, au centre en manteau clair. Rappeler que le titre de maréchal n'est pas à proprement parler un grade mais une dignité récompensant un général.

3. Chercher une définition collective du mot armistice dont on remarquera qu'il est du genre masculin. En adopter une du type : arrêt des combats, cessation des hostilités. Préciser qu'il ne s'agit pas encore d'un traité de paix. Il faudra attendre le Traité de Versailles, le 28 juin 1919, qui imposera la paix à l'Allemagne dans des conditions très dures.

4. Revenir à la légende. L'armistice a été signé le 11 novembre 1918 en forêt de Compiègne. Situer Compiègne sur une carte de France (au centre du triangle formé par Amiens, Reims et Paris). Noter le choix d'un wagon pour accueillir la réunion.

▶ Quels étaient les pays représentés lors de la signature de l'armistice ?

Convenir que pour deux d'entre eux, la réponse s'impose : la France et l'Allemagne.

Préciser que l'Allemagne était représentée par quatre signataires tandis que le maréchal Foch et l'amiral anglais Wemyss (à gauche de Foch sur la photographie) ont signé pour les Alliés.

Compléter en ajoutant que ni les Russes, ni les États-Unis n'étaient présents. En effet, accaparés par la révolution qui avait éclaté chez eux en octobre (novembre dans notre calendrier) 1917, les Russes avaient fini par signer la paix avec l'Allemagne dès le mois de mars 1918. Les Américains, eux, étaient entrés tardivement dans la guerre et avaient placé leurs troupes avec les troupes françaises et britanniques sous le commandement général de Foch.

Informations complémentaires : Le wagon de l'armistice

Cet ancien wagon-restaurant avait été transformé en wagon-bureau pour être ajouté au train d'état major du maréchal Foch. Après la guerre, il fut exposé à Paris pendant quelques années. Il a ensuite été transporté en Allemagne pendant la Seconde Guerre mondiale et détruit par les SS sur les ordres d'Hitler en 1945 pour éviter qu'il ne soit repris par les Alliés. ■

5.

▶ Allons-nous en classe le 11 novembre de chaque année ? *Non.*

▶ Pourquoi ?

Établir le lien entre le 11 novembre de chaque année et le 11 novembre 1918. Rappeler l'observation du monument aux morts lors de la première séquence sur la Première Guerre mondiale. Conclure collectivement que cette journée est consacrée à la commémoration de l'armistice. C'est également l'occasion d'honorer les morts de la guerre de 14-18, bien sûr, mais aussi de toutes les autres.

Étape 3

Les conditions de paix imposées par le traité de Versailles

doc. A et B Cartes de l'Europe avant et après la Première Guerre mondiale (à photocopier p. 134 et cahier couleur p. 15).

Questionnaire à photocopier.

Ces deux cartes permettent une comparaison utile. On y constatera l'impact du Traité de Versailles sur la géographie politique de l'Europe.

Phase de réflexion individuelle à partir du questionnaire

Phase orale collective

1. Les enfants auront remarqué que le territoire français s'est agrandi au nord-est.

2. Faire repérer sur une carte des régions et départements de France, la zone correspondant au territoire gagné. Identifier les provinces reprises (Alsace et une partie de la Lorraine) et les départements correspondants (Moselle, Haut-Rhin et Bas-Rhin).

3. Rappeler la perte de l'Alsace et d'une partie de la Lorraine lors de la guerre contre l'Allemagne en 1870-71. Rappeler également que le désir de revanche a contribué à la mobilisation en France.

4. Signaler que les différences observées ne sont pas toutes le fait du traité de Versailles. En effet, d'autres traités ont été signés entre divers belligérants, et la révolution russe a eu, elle aussi, des répercussions sur le tracé des frontières intérieures de l'Europe puisqu'elle a permis à différents peuples d'échapper à la domination russe. Noter les différences suivantes :

– perte de territoire pour l'Allemagne au profit de la France et de la Pologne ;

– disparition de l'empire austro-hongrois, remplacé par l'Autriche, la Tchécoslovaquie, la Hongrie et le nord de la Yougoslavie ;

– disparition de la Serbie et du Monténégro intégrés dans la Yougoslavie ;
– perte considérable de territoire pour la Russie (conséquence de la révolution de 1917) ;
– apparition de la Finlande, des républiques baltes (Estonie, Lettonie et Lituanie), de la Pologne ;
– élargissement de la Roumanie.

5. Aider les enfants qui hésitent en posant la question :

▶ Quel était le sentiment des Français lorsqu'ils ont perdu l'Alsace et la Lorraine en 1870 ?

Valider les réponses du type : *Ils se sentaient humiliés, ils voulaient prendre leur revanche, ils voulaient reprendre les territoires perdus*, etc.

Convenir ensemble que les Allemands ont éprouvé les mêmes sentiments lorsqu'ils ont été contraints, le 28 juin 1919, de signer le traité de Versailles en abandonnant plus du 10e de leur territoire et toutes leurs colonies. Ils ont également dû payer des réparations considérables à la France et à la Belgique et se reconnaître responsables de la guerre.

Laisser entrevoir que l'histoire leur fournira plus tard l'occasion de laver leur humiliation.

Étape 4

Le Soldat inconnu : un symbole du souvenir

doc. 3 Photographie d'une commémoration du 11 Novembre à Paris.

Questionnaire à photocopier.

Ce document souligne l'importance de la commémoration de l'armistice. Il permet également de découvrir l'existence du soldat inconnu et son rôle symbolique.

Phase de réflexion individuelle à partir du questionnaire

Phase orale collective

1. Renvoyer les élèves qui n'ont pas reconnu Jacques Chirac et la reine Elizabeth II d'Angleterre à la légende qui permet de les identifier.

2. Nouveau recours à la légende : la scène se déroule sous l'Arc de Triomphe, à Paris.

3. Attirer l'attention des enfants sur la date : un 11 novembre.

▶ Que s'est-il passé un 11 novembre ?

Valider les références à l'armistice de 1918. Rappeler les deux signataires des armées alliées (le maréchal Foch pour la France et l'Amiral Wemyss pour l'Angleterre). Observer que, sur cette photographie, la France et l'Angleterre se trouvent à nouveau réunies par leurs représentants les plus importants : le président de la République et la reine.

4. Recueillir les réponses de la classe. Expliquer au besoin qu'il s'agit d'un soldat français non identifié qui représente tous les soldats tués au cours de la Première Guerre mondiale.

Informations complémentaires
Comment le Soldat inconnu a été choisi ?

En 1920, il a été décidé d'enterrer les restes d'un Soldat inconnu sous l'Arc de Triomphe. Huit corps de soldats français ont été exhumés dans les huit régions où les combats les plus meurtriers s'étaient déroulés : à Verdun, bien sûr, mais aussi en Flandres, en Artois, dans la Somme, en Île-de-France, au chemin des Dames, en Champagne et en Lorraine. Les huit cercueils fermés ont été mélangés, comme les cartes d'un jeu, pour qu'on ne puisse plus en connaître l'origine. Par la suite, un jeune soldat, Auguste Thin, a été chargé de déposer un bouquet de fleurs sur le cercueil de son choix. Comme il appartenait au 132e régiment d'infanterie et que $1 + 3 + 2 = 6$, il a déposé le bouquet sur le 6e cercueil. ■

Synthèse (orale)

Qu'avons-nous appris ?

- À partir de 1917, Georges Clemenceau a été à la fois chef du gouvernement et ministre de la Guerre. Surnommé le Tigre, pour sa ténacité au combat, il a mené la France à la victoire avec le maréchal Foch. Le maréchal Foch était le commandant en chef des armées alliées qui regroupaient l'armée française, l'armée britannique et les troupes américaines qui étaient finalement entrées en guerre. Les Russes avaient signé une paix séparée avec l'Allemagne car la révolution avait éclaté en Russie en 1917.
- Le 11 novembre 1918, l'armistice a été signé. C'était la fin des combats. Depuis ce jour, chaque année, on commémore la fin de la Première Guerre mondiale, le 11 novembre aux monuments aux morts de chaque commune.
- Le traité de Versailles a imposé la paix à l'Allemagne dans des conditions très dures. L'Allemagne a perdu 10 % de son territoire et toutes ses colonies.
- Les frontières intérieures de l'Europe ont été redessinées à cause du traité de Versailles et de la révolution russe.

Élaboration du texte de référence

Phase écrite collective (au tableau)

Titre : La fin de la guerre, l'armistice et le traité de Versailles

À partir de 1917, Georges Clemenceau (avec le maréchal Foch devenu commandant en chef en mars 1918) a mené la France et ses alliés à la victoire contre l'Allemagne.

Documents 1a et 1b

L'armistice a été signé le 11 novembre 1918.

Documents 2 et 3

Le 28 juin 1919, le traité de Versailles a imposé la paix à l'Allemagne dans des conditions très dures. La France a repris l'Alsace et la Lorraine et l'Allemagne a perdu 10 % de son territoire ainsi que ses colonies.
La révolution russe, en 1917, a bouleversé elle aussi les frontières intérieures de l'Europe.

Documents A et B

Phase écrite individuelle (sur le cahier)

Lexique

Armistice : arrêt des combats.
Maréchal : dignité la plus élevée pouvant être décernée à un général.

La Première Guerre mondiale (1914-1918) (3) Une France victorieuse dans une Europe transformée

20 Fiche documents

Document 1

BIS / Ph. Nadar © Archives Larbor

Georges Clemenceau
1841-1929.
Président du Conseil
et ministre de la Guerre de
novembre 1917 à janvier 1920.

« Le vainqueur, c'est celui qui peut, un quart d'heure de plus que l'adversaire, croire qu'il n'est pas vaincu. Voilà ma maxime de gouvernement. Je n'en ai pas d'autre. [...] Moi aussi, j'ai le désir de la paix le plus tôt possible et tout le monde la désire. Il serait un grand criminel celui qui aurait une autre pensée, mais il faut savoir ce qu'on veut. Ce n'est pas en bêlant la paix qu'on fait taire le militarisme prussien. [...] Ma politique étrangère et ma politique intérieure, c'est tout un. Politique intérieure, je fais la guerre ; politique étrangère, je fais la guerre. Je fais toujours la guerre. »

Georges Clemenceau, intervention à la Chambre des députés, le 8 mars 1918.

Document 2

Ph. © Keystone / EYEDEA

Signature de l'armistice le 11 novembre 1918 à Rethondes (en forêt de Compiègne).
Au premier plan, en manteau clair : le maréchal Foch.

Document 3

Ph. © Philippe Woyazer / AFP

Sous l'Arc de Triomphe, à Paris : Jacques Chirac et Elizabeth II d'Angleterre commémorent le 11 Novembre et se recueillent sur la tombe du Soldat inconnu.

20 Fiche documents

La Première Guerre mondiale (1914-1918) (3) Une France victorieuse dans une Europe transformée

Document A

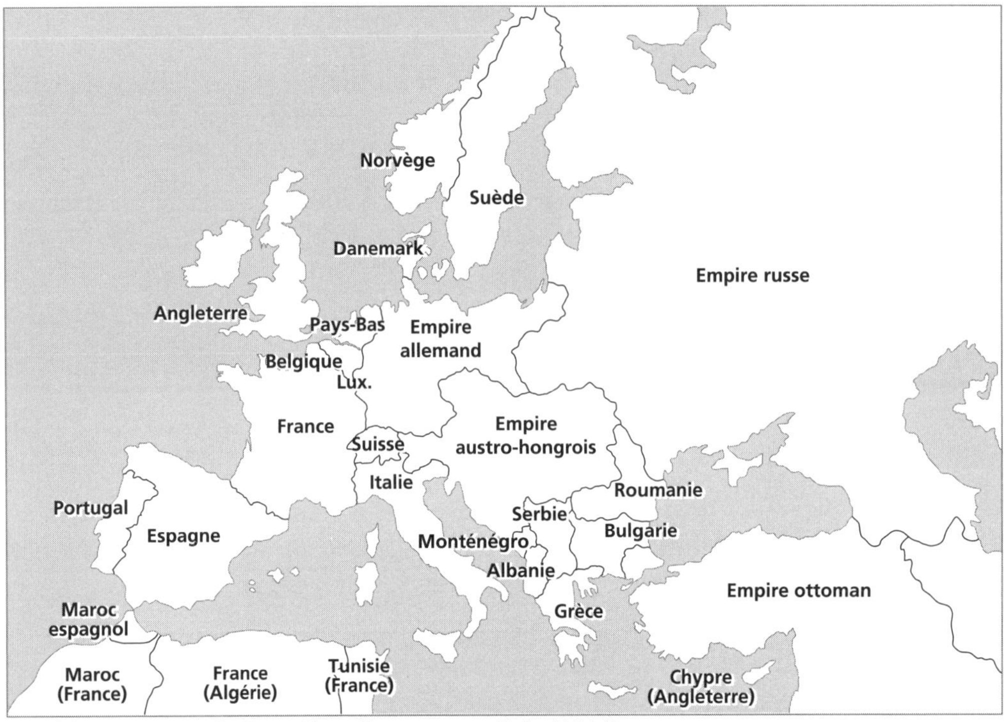

L'Europe avant la Première Guerre mondiale (1914).

Document B

L'Europe après la Première Guerre mondiale et le traité de Versailles (1923).

20 Fiche questionnaire

La Première Guerre mondiale (1914-1918)
(3) Une France victorieuse dans une Europe transformée

Document 1

1. Qui a prononcé ces phrases ?

2. Quel âge avait-il alors ?

3. Quelles fonctions occupait-il ?

4. Depuis combien de temps la guerre durait-elle ?

5. Comment résume-t-il sa politique ? Quel est son but ?

6. Comment Georges Clemenceau était-il surnommé ? Aide-toi d'une encyclopédie. Ces surnoms étaient-ils mérités ?

Document 2

1. Que représente cette photo ?

2. Ces hommes sont-ils de simples soldats ? Quels détails t'aident à répondre ?

3. Cherche le sens du mot armistice dans un dictionnaire.

4. Où et quand l'armistice a-t-il été signé ? Par quels pays ?

5. Que fait-on en France le 11 novembre de chaque année ? Pourquoi ?

Documents A et B

1. Quelles différences remarques-tu entre la France avant 1914 et la France après le traité de Versailles ?

2. Quelles provinces ont été reprises par la France ? À quels départements correspondent-elles ?

3. À qui appartenaient-elles avant 1914 ? Depuis quand ?

4. Quelles autres différences observes-tu en comparant ces deux cartes de l'Europe ?

5. À ton avis, quels sentiments le traité de Versailles a-t-il provoqué chez les Allemands ?

Document 3

1. Reconnais-tu ces personnages ?

2. Où se trouvent-ils ?

3. Pourquoi sont-ils réunis ?

4. Qui appelle-t-on le Soldat inconnu ? Que représente-t-il ?

21

L'entre-deux-guerres (1918-1939) (1) Les années 20, « années folles », et la crise des années 30

Objectifs disciplinaires

Mesurer le coût humain de la Première Guerre mondiale.

Découvrir les changements qui ont suivi dans la société française, la prospérité des années 20 et la crise de l'emploi des années 30.

Objectifs méthodologiques

Chercher des informations dans un tableau statistique.

Observer des documents visuels (affiche, photographie, timbre poste).

Document 1

Tableau statistique présentant une estimation des pertes humaines de la Première Guerre mondiale

Document 2

Affiche d'un spectacle de Mistinguett à Paris, dans les années 20

Document 3

Photographie du « coup » publicitaire de Citroën sur la tour Eiffel, en 1925

Document 4

Timbre poste « aide aux enfants des chômeurs » émis en 1936

Étape 1

32 millions de victimes

doc. 1 Tableau statistique présentant une estimation des pertes humaines de la Première Guerre mondiale.

Questionnaire à photocopier.

Ce tableau présente les victimes de la guerre dans les principaux pays engagés dans le conflit, occasion de rappeler aux élèves que c'était bien une guerre mondiale, même si elle s'est essentiellement déroulée en Europe. Une simple lecture et de rapides calculs donneront la mesure des pertes sur le plan mondial et sur le plan national pour chaque belligérant.

Phase de réflexion individuelle à partir du questionnaire

Phase orale collective

1. Revenir au titre du tableau. Insister sur le fait que les chiffres présentés sont des estimations. Ils ont été arrondis et permettent de s'approcher du nombre réel des victimes sans prétendre être rigoureusement exacts.
2. Demander aux enfants d'effectuer un rapide calcul additif pour estimer les totaux de chaque colonne. Recueillir les résultats de plusieurs élèves ou groupes (pour vérification) et les inscrire au tableau. On obtient ces résultats :
   – nombre total des victimes : 32 335 000, soit plus de 32 millions ;
   – nombre de morts : 9 305 000, que l'on peut arrondir à 10 millions en raison des incertitudes statistiques et de l'absence dans le tableau de quelques pays qui ont été impliqués également ;
   – nombre de blessés : 23 030 000, soit plus de 23 millions.
   Faire mesurer l'énormité de ces chiffres. Préciser à titre de comparaison que la guerre a tué l'équivalent de l'entière population actuelle de la Belgique ou de la Suède ! Que le nombre total des victimes (morts et blessés) est égal à la moitié de la population actuelle de la France.
   Remarquer qu'une très grande majorité de ces victimes appartient à des pays européens, et que les deux tiers des morts se concentrent sur seulement quatre pays. Faire déduire l'affaiblissement de l'Europe dans le monde.
3. Isoler les chiffres concernant la France et ses colonies : 1 400 000 morts et 4 200 000 blessés.
   À noter pour bien mesurer l'horreur de cette guerre : 60 % (6 sur 10) des soldats français mobilisés au cours du conflit ont été tués ou blessés !
   Comparer avec la population actuelle de Paris (un peu plus de 2 millions d'habitants).
   Faire calculer le pourcentage des morts par rapport à la population française de 1914 (41,6 millions). On autorisera le recours à la calculette pour obtenir rapidement le chiffre de 3,36 %.
   ► Quels sont les deux autres pays qui ont été les plus touchés ?

Faire effectuer le même calcul à partir des populations de l'Allemagne (67 millions) et de la Russie (159 millions) en 1914. Comparer les pourcentages de pertes : Allemagne : 3,02 % et Russie : 1,07 %. Constater que la France et l'Allemagne ont subi des impacts comparables.

4. Les premières réponses identifieront les victimes comme des soldats (la Première Guerre mondiale a effectivement fait assez peu de victimes civiles) ou des hommes en âge de combattre. On les validera.
   Attirer l'attention des enfants sur l'expression : « France et son empire colonial ».
   ► Que signifie-t-elle ?

Valider les réponses qui suggèrent que les colonies et protectorats français ont fourni des soldats. Préciser qu'il y en a eu en effet un grand nombre. Rappeler les Tirailleurs sénégalais évoqués lors d'une séquence précédente.

Informations complémentaires

Environ 450 000 soldats des colonies et protectorats sont venus combattre sur le sol français parmi lesquels : 150 000 d'Algérie, 135 000 d'Afrique noire, 43 000 d'Indochine, 39 000 de Tunisie, 34 000 du Maroc, 31 000 de Madagascar, 31 000 des Antilles et de la Réunion.

Au 1er juin 1919, les pertes des troupes françaises ont été évaluées à 1 400 000 parmi lesquels 70 000 soldats coloniaux, dont la moitié étaient originaires d'Afrique du Nord (Algérie, Maroc et Tunisie).

Le décompte des victimes a été arrêté à la date du 1er juin 1919 pour intégrer les soldats morts de leurs blessures dans les six mois qui ont suivi la fin des combats. ■

5. Recueillir les réponses. Valider toutes celles qui font état du déséquilibre causé par l'absence ou le manque d'hommes.

► Quelles ont pu être les conséquences de ce déséquilibre ?

Évoquer la diminution de la population directement due aux morts de la guerre. Voir qu'à plus long terme, on a constaté un déficit de naissances puisque la plupart des soldats tués étaient en âge d'avoir des enfants. On évalue à environ 1 300 000 le nombre de naissances perdues à cause de la guerre. Presque autant que le nombre des victimes directes ! Signaler que, le hasard s'en mêlant, une épidémie de grippe (connue à tort sous le nom de grippe espagnole) fit des ravages dans la population mondiale entre 1918 et 1919. Les différentes estimations vont jusqu'à 400 000 victimes en France. Le bilan mondial de cette épidémie reste très flou, la fourchette s'étendant de 20 à 100 millions de morts !

Noter la combinaison des trois facteurs (victimes directes du conflit + déficit des naissances + grippe espagnole) et son effet sur la démographie de notre pays : en 1921, bien qu'agrandi de trois départements, le territoire français était moins peuplé qu'en 1910.

Mentionner aussi le grand nombre d'invalides de guerre parmi les blessés (mutilés, gazés…). Beaucoup de ceux qui reviennent seront inaptes au travail ou… au mariage !

Évoquer comme autre conséquence du déséquilibre des sexes le manque de main d'œuvre et le phénomène de la féminisation de certaines professions.

► Quelles sont les professions qui se sont ainsi « féminisées » ?

Aiguiller la recherche des enfants sur les professions ne requérant pas de force physique particulière. Valider les propositions telles que : employés de bureau, secrétaires et… enseignants.

Étape 2

L'émancipation des femmes

doc. 2 Affiche d'un spectacle de Mistinguett à Paris, dans les années 20 (et cahier couleur p. 16).
Questionnaire à photocopier.
Cette affiche symbolise la France des « années folles » avec la célèbre chanteuse dont elle présente le spectacle et la mode « garçonne ». Elle permet d'évoquer l'évolution de notre société vers une meilleure participation féminine et la recherche de plaisirs et de divertissements dont la guerre avait privé la population.

Phase de réflexion individuelle à partir du questionnaire

Phase orale collective

1. Valider les réponses qui identifient une affiche. Noter que la légende le précisait.

2. La légende précise que Mistinguett était une chanteuse. Observer les détails qui permettent d'identifier une artiste : attitude provocante, tenue voyante, etc.

3. Recourir à nouveau à la légende pour dater (années 20) et situer (à Paris) le spectacle. Préciser que ces spectacles de music-hall avaient alors beaucoup de succès car la population avait été privée de divertissements pendant les longues années de guerre. Cette recherche de plaisirs et de distractions (envie de « se lâcher » un peu) a valu aux années 20 d'être aussi appelées « années folles ».

4. Revenir sur l'aspect provocant de la tenue de Mistinguett.

► En quoi est-elle différente de la tenue des femmes de l'époque ?

Noter le regard insolent et les détails qui donnent à l'artiste une silhouette masculine (chapeau d'homme, pantalon, bretelles, cigare, cheveux courts) et ceux qui affirment sa féminité (maquillage, foulard et bijoux voyants).

Préciser que cette mode garçonne est représentative des années 20. Les femmes ont aussi adopté des jupes plus courtes et des pantalons pour des raisons pratiques. En effet, l'automobile n'étant pas encore très répandue, on se déplaçait beaucoup à bicyclette.

5. Recueillir les réponses. Convenir collectivement que Mistinguett était probablement une femme dotée d'une forte personnalité. Remarquer sa marche décidée et le minuscule personnage masculin qui émerge du pantalon de Mistinguett, dans un effort dérisoire pour tenter d'arrêter son élan.

Rappeler que les femmes étaient rares dans les milieux artistiques du XIXe siècle. Citer l'exemple d'Aurore Dupin obligée de prendre

le pseudonyme masculin George Sand pour pouvoir être publiée. Mistinguett est de celles qui ont inspiré les femmes de l'époque.
Dans les années 20, les femmes ne se sont pas seulement imposées dans le monde du travail mais aussi dans les bars et les lieux publics où elles ont hélas adopté certaines mauvaises habitudes masculines (alcool et cigarette). Certaines se sont rendues célèbres dans des domaines jusqu'alors réservés aux hommes (arts, recherche scientifique, sports, alpinisme, explorations, aviation, etc.). Donner quelques exemples comme : Irène Curie (fille de Pierre et Marie Curie, devenue à son tour prix Nobel de physique nucléaire), Hélène Boucher (pilote d'acrobatie aérienne), Suzanne Lenglen (joueuse française de tennis six fois championne à Wimbledon et première à jouer en jupe « courte »). Préciser que si ce phénomène d'émancipation féminine a d'abord été le fait d'une minorité aisée et principalement parisienne, il a progressivement fait évoluer la mode et les esprits dans la société française.

Étape 3

Une vie économique dynamique...

doc. 3 Photographie du « coup » publicitaire de Citroën sur la tour Eiffel, en 1925 (et cahier couleur p. 16).
Questionnaire à photocopier.
Cette photographie reflète le dynamisme industriel et la période de prospérité qui ont suivi la Première Guerre mondiale.

Phase de réflexion individuelle à partir du questionnaire

Phase orale collective
1. La tour Eiffel aura été identifiée.
2. Recourir à la légende : le cliché date de 1925.
3. Le nom de la marque Citroën est clairement lisible. Valider les réponses qui suggèrent l'emploi de lettres lumineuses.
4. Convenir qu'il s'agit d'un « coup » publicitaire pour faire connaître la marque automobile d'André Citroën. Préciser que la marque Citroën produisait déjà ses voitures à la chaîne et que son fondateur était, pour l'époque, un as du marketing et de la publicité. À la fin des années 20, c'était le 1er constructeur automobile d'Europe.
5. Noter l'aspect extravagant de la campagne (il a fallu 250 000 ampoules électriques pour former les 7 lettres !). Rien de surprenant pour les années folles ! Plus sérieusement, cela révèle que Paris est désormais une ville totalement « électrifiée » et qu'au cours des années 1920-30, tout le territoire (dans les villes puis dans les villages) est peu à peu équipé. Conclure que le contexte économique de l'époque était florissant et que l'industrie française était particulièrement dynamique.

Étape 4

... très touchée par la crise de 1929

doc. 4 Timbre poste « aide aux enfants des chômeurs », émis en 1936.
Questionnaire à photocopier.
Ce timbre permet de découvrir les effets de la crise économique de 1929 qui a frappé la France avec quelques années de retard.

Phase de réflexion individuelle à partir du questionnaire

Phase orale collective
1. Les enfants auront reconnu un timbre poste.
2. La légende donne la date d'émission du timbre : 1936.
3. Recueillir les réponses. Valider celles qui définissent une surtaxe comme un supplément à payer.
- Qui collectait ce supplément ?

Aider les enfants à l'aide de questions :
- Qu'est-ce que la poste ? Qui en assure le fonctionnement ?

Définir la poste comme les services d'acheminement et de distribution du courrier. Noter qu'il s'agit d'une administration publique, d'un service assuré par l'État. La surtaxe va donc dans les caisses du Trésor public, avec les autres taxes et impôts.

4.
- Combien le timbre coûtait-il à l'origine ?

Observer le coin en haut à droite : 50 centimes.
- Quel est le montant de la surtaxe ?
  10 centimes.

Noter que cette surtaxe correspond à 20 % de la valeur du timbre (forte augmentation).
- Pourquoi ce timbre a-t-il été surtaxé ?

Signaler que la réponse à cette question figure sur le timbre lui-même. Faire lire l'inscription portée par le bandeau : « Aide aux enfants des chômeurs ». L'argent collecté au moyen de cette taxe était donc destiné à venir en aide aux familles des chômeurs.

5. Relever les conclusions des enfants. Aider ceux qui hésitent avec cette question :
- Le nombre des chômeurs en France en 1936 était-il faible ou élevé ?

Convenir que ce chiffre était tellement élevé (étant passé de 12 000 à 400 000 en cinq ans !) que le système d'aides existant (qui était très réduit) ne suffisait plus. Conclure que la situation économique florissante des années 20 a brutalement changé et qu'une dépression s'est installée. Expliquer que cette crise a débuté en octobre 1929, à New York, avec un krach boursier (un effondrement de la valeur des plus grosses compagnies) qui a provoqué une énorme baisse de l'activité économique et, en conséquence, une grave crise de l'emploi. Constater que cette crise a eu les mêmes effets en Europe quelques années plus tard.

Synthèse (orale)

Qu'avons-nous appris ?

- Le bilan humain de la Première Guerre mondiale a été effroyable. On a dénombré plus de 32 millions de victimes avec environ 10 millions de morts et 23 millions de blessés. La France a perdu 1 400 000 hommes dont 70 000 venus des colonies et protectorats français. La disparition de tous ces hommes a entraîné un déficit de naissances presque égal au nombre des victimes. L'épidémie de grippe espagnole, en 1918 et 1919, est venue aggraver la situation démographique de la France.
- Pendant les années 20, la France a connu une période de prospérité et de dynamisme industriel. On a appelé ces années les « années folles ». De plus en plus de femmes ont commencé à occuper des emplois dans les bureaux ou dans l'enseignement. Elles se sont également imposées dans des domaines comme les arts, la recherche et le sport.
- En 1929, une crise économique très grave a touché les États-Unis. Elle s'est propagée jusqu'en Europe où elle a provoqué un gros ralentissement de l'économie et la suppression de nombreux emplois. L'État a dû lever des taxes supplémentaires pour venir en aide aux chômeurs.

Élaboration du texte de référence

Phase écrite collective (au tableau)

Titre : Les années 20 et la crise des années 30

1920 : les années folles
La Première Guerre mondiale a déséquilibré la population française. Le manque d'hommes a amené de nombreuses femmes dans le monde du travail. Certaines sont devenues des artistes, des chercheuses ou des sportives célèbres.

Documents 1 et 2

Après la guerre, la France a connu une période de prospérité et de dynamisme industriel.

Document 3

1930 : la crise
En 1929, la Bourse de New York s'est effondrée. Une grave crise économique a débuté. Elle a touché l'Europe pendant les années 30. L'activité économique a ralenti et beaucoup de Français ont perdu leur emploi.

Document 4

Phase écrite individuelle (sur le cahier)

Lexique

Démographie : étude statistique de la population.
Krach boursier : un effondrement des valeurs de la Bourse.

L'entre-deux-guerres (1918-1939) (1) Les années 20, « années folles » et la crise des années 30

Document 1

Pays	Victimes	Morts	Blessés
Russie	7 700 000	1 700 000	6 000 000
Allemagne	6 200 000	2 000 000	4 200 000
France et son empire colonial	5 600 000	1 400 000	4 200 000
Autriche-Hongrie	4 800 000	1 200 000	3 600 000
Empire britannique	3 000 000	900 000	2 100 000
Italie	1 600 000	650 000	950 000
Serbie	1 200 000	450 000	750 000
Empire ottoman	725 000	325 000	400 000
Roumanie	450 000	330 000	120 000
États-Unis	360 000	130 000	230 000
Bulgarie	240 000	90 000	150 000
Canada	240 000	70 000	170 000
Australie	220 000	60 000	160 000

Estimation des pertes humaines de la Première Guerre mondiale.

Document 2

Ph. Coll. Archives Bordas -DR

Années 20 – Affiche d'un spectacle de la chanteuse Mistinguett à Paris.

Document 3

Ph.Coll. IM / KHARBINE-TAPABOR

Publicité Citroën, en 1925.

Document 4

Ph. © Musée de la Poste-DR

Timbre surtaxé émis en 1936 pour venir en aide aux chômeurs.

21 Fiche questionnaire

L'entre-deux-guerres (1918-1939) – (1) Les années 20, « années folles » et la crise des années 30

Document 1

1. Que représente ce tableau ?
2. Quel a été le coût total de la Première Guerre mondiale en vies humaines ?
3. Combien la France et les pays de son empire colonial ont-ils compté de morts ? De blessés ?
4. Qui étaient les victimes ?
5. À ton avis, quels ont été les effets de ces pertes sur la vie en France après la guerre ?

Document 2

1. Quelle est la nature de ce document ?
2. Qui était Mistinguett ?
3. Où et à quelle époque donnait-elle des spectacles ?
4. Comment est-elle représentée sur cette affiche ?
5. Quelle sorte de personne semble-t-elle être ?

Document 3

1. Quel monument reconnais-tu ?
2. En quelle année cette photo a-t-elle été prise ?
3. Quel nom peux-tu lire ? Comment les lettres ont-elles été réalisées ?
4. Pourquoi ce nom apparaît-il ici ?
5. Que nous apprend ce document sur la vie économique en France à cette époque ?

Document 4

1. Quelle est la nature de ce document ?
2. Quand a-t-il été produit ?
3. Qu'est-ce qu'une surtaxe ?
4. De combien ce timbre a-t-il été surtaxé ? Pourquoi ?
5. Quelle conclusion en tires-tu ?

21 Fiche questionnaire

L'entre-deux-guerres (1918-1939) – (1) Les années 20, « années folles » et la crise des années 30

Document 1

1. Que représente ce tableau ?
2. Quel a été le coût total de la Première Guerre mondiale en vies humaines ?
3. Combien la France et les pays de son empire colonial ont-ils compté de morts ? De blessés ?
4. Qui étaient les victimes ?
5. À ton avis, quels ont été les effets de ces pertes sur la vie en France après la guerre ?

Document 2

1. Quelle est la nature de ce document ?
2. Qui était Mistinguett ?
3. Où et à quelle époque donnait-elle des spectacles ?
4. Comment est-elle représentée sur cette affiche ?
5. Quelle sorte de personne semble-t-elle être ?

Document 3

1. Quel monument reconnais-tu ?
2. En quelle année cette photo a-t-elle été prise ?
3. Quel nom peux-tu lire ? Comment les lettres ont-elles été réalisées ?
4. Pourquoi ce nom apparaît-il ici ?
5. Que nous apprend ce document sur la vie économique en France à cette époque ?

Document 4

1. Quelle est la nature de ce document ?
2. Quand a-t-il été produit ?
3. Qu'est-ce qu'une surtaxe ?
4. De combien ce timbre a-t-il été surtaxé ? Pourquoi ?
5. Quelle conclusion en tires-tu ?

22

L'entre-deux-guerres (1918-1939) (2) Le Front populaire

Objectifs disciplinaires

Percevoir les tensions politiques dans l'Europe des années 30 et la montée du nazisme en Allemagne.

Découvrir le Front populaire et ses avancées sociales majeures.

Objectifs méthodologiques

Observer des photographies, identifier des personnes.

Mettre en relation un article et une photographie.

Comparer deux affiches et comprendre le message qu'elles véhiculent.

Documents 1a et 1b

Caricatures de Staline en 1934 et de Hitler en 1936

Document 2

Photographie de la victoire du Front populaire en 1936

Documents 3a et 3b

Photographie et article illustrant les congés payés

Étape 1

Deux nouveaux partis politiques extrémistes

doc. 1a Caricature de Staline en 1934.
doc. 1b Caricature de Hitler en 1936.
Questionnaire à photocopier.

La comparaison de ces deux affiches révélera deux des principaux acteurs politiques dans l'Europe des années 30 (Staline et Hitler) et leur influence sur le climat politique de l'époque. Leur exploitation permettra d'expliquer la victoire du Front populaire par l'émergence de nouveaux partis. Elle laissera également présager le nouveau conflit mondial.

Phase de réflexion individuelle à partir du questionnaire

Phase orale collective

1. Noter les dates des affiches (1934 et 1936). Remarquer qu'elles appellent toutes les deux à voter pour un parti (le parti national, d'extrême droite, en 1934 et le parti communiste, en 1936). Ce sont donc des affiches de propagande électorale.

Signaler que les élections de 1936 étaient des élections législatives (pour élire les députés) sur lesquelles nous reviendrons lors de l'étude du document 2.

2. Relever les points communs. Noter que la composition générale des documents est rigoureusement identique : un personnage au centre surmonté d'une inscription arrondie (contre...) et une consigne de vote horizontale en bas. Chacune de ces deux affiches appelle à voter contre quelque chose (un parti ou une tendance politique) symbolisé par un personnage (Staline ou Hitler). Les deux personnages sont représentés sous forme de caricatures. Ils sont menaçants (symbolisme du couteau entre les dents).

▸ Ces affiches font-elles appel à la réflexion et à l'intelligence des électeurs ?

Faire un tour de classe pour voir comment les messages sont perçus. Convenir collectivement qu'elles sont destinées à faire peur aux électeurs pour influencer leur vote. Remarquer que chacun des deux camps accuse l'autre d'être manipulé par une puissance extérieure au pays (la Russie ou l'Allemagne).

3. Le nom de Staline apparaît sur l'affiche a. Hitler est identifié dans la légende du document b.

4. Mettre en commun les informations obtenues par les élèves à partir des seules affiches et de leurs légendes. Établir les relations :
– Staline représente le communisme. Remarquer aussi le symbole du parti communiste – la faucille et le marteau – sur le manche du couteau, entre le symbole des Francs-maçons, à droite (qui évoque les radicaux, car la franc-maçonnerie avait la réputation de recruter chez les notables radicaux) et des trois flèches (le symbole de la SFIO). Rappeler brièvement que la SFIO est l'ancêtre du parti socialiste.
– Hitler représente le nazisme. Remarquer la moustache en forme d'aigle impérial et les croix gammées (symbole du parti nazi) dans les yeux.

▸ Qu'est-ce que le communisme et le nazisme ?

Après un recours au dictionnaire, adopter collectivement des définitions simples comme :
– Communisme : doctrine politique voulant supprimer (par la révolution et au besoin par la violence pendant les années 20) la propriété privée pour la remplacer par la propriété collective.
– Nazisme : régime autoritaire et raciste du parti national socialiste allemand. Nazisme est la traduction française de la contraction de ***na**tionalso**zi**alismus* (national-socialisme), d'où dérive l'adjectif nazi.

5. Faire présenter par deux élèves une courte biographie des personnages et noter les informations essentielles :
– Staline : chef du parti communiste d'URSS, ce qui, dans ce régime où le parti contrôle tous les organes de pouvoir, équivaut à chef de l'État. (Préciser qu'il s'agit de l'Union des Républiques Socialistes Soviétiques, nouveau nom donné à l'empire de Russie quelques années après la révolution de 1917 qui a amené les communistes au pouvoir.)
– Hitler : chef du parti national-socialiste allemand (parti nazi), chancelier (chef du gouvernement) allemand en 1933, puis, en 1934, *Reichsführer* (« guide de l'empire »,

exerçant tous les pouvoirs) dans le nouveau régime qu'il met en place : le IIIe Reich. Il a déclenché la Seconde Guerre mondiale en essayant d'imposer son autorité en Europe.
Faire une synthèse des deux présentations pour souligner que Staline et Hitler ont instauré des régimes dictatoriaux et totalitaires dont ils étaient les maîtres absolus, objets d'un véritable culte. Totalitaire se dit d'un système où tous les aspects de la vie sont contrôlés par le pouvoir, par l'intermédiaire d'un parti unique qui se confond avec l'État, jusque dans les plus petits détails, jusque dans les pensées des gens.

6. Recueillir les réponses. Conclure que deux nouveaux partis politiques sont apparus en France : le parti national et le parti communiste.
Expliquer que le parti communiste français est né en 1920, à la suite du succès de la révolution bolchevique de 1917 en Russie (bolchevique était l'ancien nom du parti communiste) tandis que le parti national est un regroupement de mouvements (de jeunesse ou d'anciens combattants) hostiles au communisme, au socialisme et même au régime républicain, inspiré par le succès des partis totalitaires en Italie et en Allemagne.
Constater que le climat politique dans l'Europe des années 30 est très tendu et que des événements dramatiques se préparent. En France, les deux camps s'affrontent souvent violemment, et une émeute très grave, le 6 février 1934, organisée par l'extrême-droite, fait craindre un coup d'État contre la IIIe République.

Informations complémentaires

Le parti communiste français est né d'une scission de la SFIO, en 1920. Comme les communistes étaient majoritaires contre ceux qui, comme Léon Blum, avaient décidé de rester fidèles à la SFIO, ils ont fait du journal socialiste, *L'Humanité*, le journal du parti communiste qui existe toujours aujourd'hui. ■

Étape 2

Les Français portent le Front populaire au pouvoir

doc. 2 Photographie de la victoire du Front populaire, en 1936.
Questionnaire à photocopier.
Cette photographie présente à la fois le Front populaire et ses principaux acteurs. Elle date également l'arrivée au pouvoir de cette formation politique.

Phase de réflexion individuelle à partir du questionnaire

Phase orale collective

1. La légende date le document : 1936.

2. Utiliser la légende pour identifier de gauche à droite Mme Blum, Léon Blum, Maurice Thorez et Roger Salengro. Faire un tour de classe pour recueillir les informations obtenues par les élèves sur chaque personnage ou faire venir trois volontaires qui présenteront chacun une brève biographie de Blum, Thorez et Salengro.
Noter les informations essentielles :
– Léon Blum : chef du parti socialiste SFIO (héritier de Jaurès évoqué au cours d'une séquence précédente), président du Conseil sous le gouvernement du Front populaire (1936-1937). Déporté en Allemagne en 1943. À nouveau chef d'un gouvernement socialiste en 1946.
– Maurice Thorez : ancien mineur. Responsable du parti communiste. Initiateur du Front populaire. Ira se réfugier en URSS au début de la Seconde Guerre mondiale. Rentrera en France et occupera différents postes au gouvernement de l'après-guerre.
– Roger Salengro : député socialiste. Ministre de l'Intérieur du Front populaire. Il se suicidera en 1936, accusé à tort par la presse de droite d'avoir déserté en 1915.

3. Renvoyer à la légende : ils savourent la victoire du Front populaire auquel ils appartiennent. Expliquer cette victoire par le vote des Français touchés par la crise (rappeler le problème du chômage) et la peur de l'extrême-droite soutenue par l'Allemagne et l'Italie. Noter l'usage du mot « Front » qui vient du langage militaire. Il s'agit de combattre l'extrême-droite.

4. Revenir au besoin à la séquence 1 consacrée à la IIIe République et au mode de désignation des sénateurs et des députés. Constater que les élections législatives servent à élire les députés au suffrage universel direct.

► Par qui les représentants du Front populaire ont-ils été élus ?

Valider les réponses qui témoignent de la relation : suffrage universel = vote du peuple.

► Que signifie la victoire du Front populaire à ces élections ?

Rappeler que, sous la IIIe République, le système parlementaire s'est progressivement imposé. Le Premier ministre est donc choisi parmi la majorité représentée au parlement (par les députés). La victoire du Front populaire signifie que le président du Conseil (ou chef du gouvernement) sera un député du Front populaire (Léon Blum) et que la politique de la France sera dictée par cette formation politique à partir de juin 1936.

5. Confirmer que le gouvernement mis en place à partir de 1936 s'est appelé le Front populaire. Revenir aux informations obtenues sur les trois personnalités de la photographie pour conclure collectivement que l'expression « Front populaire » exprime le rassemblement, l'alliance électorale, des partis de gauche (parti communiste, SFIO, radicaux). Noter cependant que le gouvernement formé par Léon Blum ne laissera finalement pas de place aux communistes.

Étape 3

Phase orale collective : introduction avant l'étude des documents proposés

Signaler que l'une des principales réformes du Front populaire a été l'introduction des congés payés (on était payé pendant les vacances). À partir de 1936, les travailleurs français ont donc eu droit à 15 jours de vacances payées.

Étape 4

Les avancées sociales du Front populaire

doc. 3a Photographie illustrant les congés payés (et dans le cahier couleur p. 16).
doc. 3b Article évoquant les congés payés.
Questionnaires à photocopier.
La mise en relation de cette photographie et de l'article extrait de *L'Humanité* permet de dater l'apparition des congés payés et de mesurer leur immense impact sur la société française.

Étude du document 3a :
Phase de réflexion individuelle à partir du questionnaire

Phase orale collective

1. Les enfants auront identifié deux couples sur des bicyclettes à deux places (des tandems).
2. Observer les détails de la photographie : tenue légère, manches retroussées, soleil : tout indique l'été.
3. Recueillir les propositions. Aider au besoin avec des questions :

▸ Ces personnes ont-elles l'air riche ?

Convenir collectivement qu'il s'agit vraisemblablement de travailleurs de condition modeste. Recenser les indices qui le prouvent : pas d'auto, matériel de camping, etc.

4. Revenir à la légende : « Les Français découvrent les vacances. » Observer les bagages, la position des cyclistes (prêts à partir), l'équipement des machines (lumière à l'avant). Confirmer qu'ils partent en vacances pour plusieurs jours.
5. Noter le moyen de locomotion. La bicyclette était encore un des moyens de transport les plus largement utilisés dans les années 30. Avec les congés payés, le tandem a connu un grand succès car il permettait des déplacements à moindre coût, en couple, voire en famille lorsqu'on lui attelait une petite remorque !

Étude du document 3b :

Phase de réflexion individuelle à partir du questionnaire

Phase orale collective

1. Renvoyer à la légende pour dater l'article et trouver le titre du journal : *L'Humanité* en août 1937.

▸ Qui a fondé ce journal ?

Rappeler les acquis concernant Jaurès.

▸ Qui le contrôle depuis 1920 ? *Le parti communiste.*

2. Relire collectivement l'article pour identifier les trois destinations principales des vacanciers : la mer, la montagne et la campagne.

▸ Pourquoi ces choix ? Où vivent et travaillent ces nouveaux vacanciers ?

Valider les réponses qui suggèrent que ce sont essentiellement des citadins employés dans des ateliers ou des usines en ville. Confirmer en notant la mention faite des grandes entreprises en région parisienne, des travailleurs parisiens. Conclure que l'on cherche le dépaysement et l'air pur. Confirmer que de nombreux Parisiens n'avaient encore jamais vu la mer ou la montagne.

3. Faire la liste des moyens de locomotion employés : trains, voitures, motos, vélos et tandems (revenir à la photographie pour expliquer le mot tandem en cas de question).
4. Recueillir les réponses. Valider : les encombrements sur les routes, les entreprises qui ferment leurs portes, la vie industrielle qui ralentit ou s'arrête, certains quartiers de Paris et les banlieues qui se vident.
5. Valider les réponses qui suggèrent de nouvelles habitudes de vie, un nouveau poste de dépenses dans les ménages (budget vacances : transport, hébergement, etc.), le début d'une culture des loisirs et des sports…
   Préciser que les congés payés sont un des acquis sociaux majeurs que les Français doivent au gouvernement du Front populaire. Insister sur le fait que jusque-là, quand on prenait des congés, on ne touchait pas de salaire. Seuls les riches, donc, pouvaient prendre des vacances. Signaler aussi que, dans le contexte de la crise économique qui continuait de se faire sentir, l'obligation pour les entreprises de payer des salariés qui ne produisaient pas a accru leurs difficultés.
   Noter les autres réformes essentielles de l'époque : la nationalisation des Chemins de fer (d'où la création de la SNCF), les délégués ouvriers (qui deviendront les délégués syndicaux) et la semaine de quarante heures (on ne travaille plus le samedi).

Signaler que, confronté par la suite à des difficultés financières, Léon Blum a été remplacé à la tête du gouvernement. Il y est revenu brièvement en 1938, année qui verra la fin du Front populaire.
On constatera que certains progrès sociaux avaient déjà été réalisés à l'aide du tableau récapitulatif suivant que l'on pourra reproduire et distribuer aux élèves (ou leur faire recopier) :

Évolution des congés payés et des horaires

1906	*Le repos dominical est imposé*
1919	*Journée de 8 heures et semaine de 48 heures*
1936	*Premiers congés payés (15 jours) et semaine de 40 heures*
1956	*Troisième semaine de congés payés*
1969	*Quatrième semaine de congés payés*
1982	*Cinquième semaine de congés payés et semaine de 39 heures*
2000	*Semaine de 35 heures*

Exploiter ce document à l'aide de quelques questions :
- De quand datait la première mesure ? *1906.*
- En quoi consistait-elle ? *Repos dominical.* Faire expliquer le terme au besoin.
- Quels sont les deux progrès majeurs apportés par le Front populaire ? *Observer la ligne « 1936 ».*
- Quelle est la situation actuelle ? *5e semaine, semaine de 35 heures.*

Un petit débat pourra ensuite être organisé en demandant aux enfants s'ils pensent que cette progression va se poursuivre et de justifier leurs réponses.

Synthèse (orale)

Qu'avons-nous appris ?

- Pendant les années 30, le climat politique en France et en Europe est devenu de plus en plus tendu. En France, droite et gauche se sont affrontées en dénonçant des menaces telles que le communisme, symbolisé par Staline (chef du parti communiste de l'URSS) et le nationalisme autoritaire, symbolisé par Hitler (chef du parti nazi au pouvoir en Allemagne).
- En 1936, les socialistes, les communistes et les radicaux se sont rassemblés autour de Léon Blum et de Maurice Thorez pour former le Front populaire et remporter les élections législatives.
- Le gouvernement du Front populaire, dirigé par Léon Blum, a entamé une politique de grandes réformes sociales. La plus importante a été l'adoption de la semaine de 40 heures et de 15 jours de congés payés pour tous les travailleurs. À partir de 1936, les Français ont donc découvert les vacances et leur vie a changé. Beaucoup ont pris l'habitude de partir vers la mer, la campagne ou la montagne avec des moyens de transport variés.

Élaboration du texte de référence

Phase écrite collective (au tableau)

Titre : Le Front populaire

Pendant les années 30, les nationalistes (de droite) et les communistes (de gauche) se sont affrontés. Des affiches de propagande politique accusaient les nationalistes d'être influencés par Hitler (le chef du parti nazi au pouvoir en Allemagne) et les communistes d'être aux ordres de Staline (le chef du parti communiste au pouvoir en URSS).

Documents 1a et 1b

Le climat politique est devenu de plus en plus tendu en France comme dans le reste de l'Europe.
En 1936, le Front populaire, regroupant SFIO, radicaux et communistes, a gagné les élections législatives. Léon Blum, qui dirigeait la SFIO, est devenu chef du gouvernement.

Document 2

Avec le Front populaire, les travailleurs français ont obtenu la semaine de 40 heures et, pour la première fois, 15 jours de congés payés.

Documents 3a et 3b

Phase écrite individuelle (sur le cahier)

Lexique

Congés payés : vacances payées introduites par le Front populaire en France : 15 jours à partir de 1936.
Parti nazi : parti totalitaire et raciste au pouvoir en Allemagne à partir de 1933.
Parti communiste : parti politique voulant supprimer (par la révolution et au besoin par la violence pendant les années 20) la propriété privée pour la remplacer par la propriété collective.
Totalitaire : système où tous les aspects de la vie sont contrôlés par le pouvoir, exercé par un parti unique.
***Reichsführer* (ou *Führer*)** : guide de l'empire, titre que s'était donné Hitler.

22 Fiche documents

L'entre-deux-guerres (1918-1939)
(2) Le Front populaire

Document 1

Ph. Coll. Jonas/KHARBINE-TAPABOR

a **Staline et la menace communiste.**
Affiche de H. Petit, 1934.

BIS / Ph. Jacques Bottet © Archives Larbor

b **Hitler et la montée du nazisme.**
Affiche de Cabrol, 1936.

Document 2

Ph. © Lapi / ROGER-VIOLLET

1936 : la victoire du Front populaire aux élections législatives.
De gauche à droite au premier rang : Mme Blum, Léon Blum, Maurice Thorez et Roger Salengro.

Document 3

Ph. © Keystone / EYEDEA

a 1936 : Les Français découvrent les vacances grâce aux congés payés.

Les premiers congés payés

Depuis trois jours, on se précipite vers la mer, vers la campagne, vers la montagne. Les trains sont deux fois ou trois fois plus nombreux. Les routes sont encombrées de voitures, de motos, de vélos, de tandems. Les plus grandes entreprises de la région parisienne ayant donné au même moment des congés payés à leurs ouvriers, certains quartiers de Paris, ses banlieues, sont vides…

Grâce aux congés payés, nombreux sont les travailleurs parisiens qui, pour la première fois, ont pu connaître la mer.

b D'après un article du journal *L'Humanité*, août 1937.

22 Fiche questionnaire

L'entre-deux-guerres (1918-1939) (2) Le Front populaire

Document 1

1. Quand ces affiches ont-elles été réalisées ? Dans quel but ?
2. En quoi sont-elles comparables ?
3. Qui sont les deux personnages représentés ?
4. Que t'apprennent ces affiches sur chacun d'eux ?
5. Que sais-tu d'autre sur Staline ? Et sur Hitler ? (Aide-toi d'une encyclopédie.)
6. Que nous apprennent ces documents sur le climat politique en France et en Europe dans les années 30 ?

Document 2

1. Quand cette photo a-t-elle été prise ?
2. Quels personnages peux-tu identifier ? Cherche leur nom dans une encyclopédie.
3. Pourquoi semblent-ils si heureux ?
4. À quoi servent les élections législatives dans notre pays ?
5. Comment s'est appelé le nouveau gouvernement de la France en 1936 ? Que signifie ce nom ?

Document 3a

1. Que représente cette photo ?
2. À quelle époque de l'année a-t-elle été prise ?
3. Qui peuvent être ces personnes ?
4. Que font-elles ?
5. Comment se déplacent-elles ? Pourquoi ?

Document 3b

1. Dans quel journal cet article est-il paru ? Quand ?
2. Où vont les nouveaux vacanciers ?
3. Quels moyens de transport utilisent-ils ?
4. Quels problèmes les départs massifs posent-ils ?
5. En quoi la vie des Français a-t-elle changé grâce aux congés payés ?

22 Fiche questionnaire

L'entre-deux-guerres (1918-1939) (2) Le Front populaire

Document 1

1. Quand ces affiches ont-elles été réalisées ? Dans quel but ?
2. En quoi sont-elles comparables ?
3. Qui sont les deux personnages représentés ?
4. Que t'apprennent ces affiches sur chacun d'eux ?
5. Que sais-tu d'autre sur Staline ? Et sur Hitler ? (Aide-toi d'une encyclopédie.)
6. Que nous apprennent ces documents sur le climat politique en France et en Europe dans les années 30 ?

Document 2

1. Quand cette photo a-t-elle été prise ?
2. Quels personnages peux-tu identifier ? Cherche leur nom dans une encyclopédie.
3. Pourquoi semblent-ils si heureux ?
4. À quoi servent les élections législatives dans notre pays ?
5. Comment s'est appelé le nouveau gouvernement de la France en 1936 ? Que signifie ce nom ?

Document 3a

1. Que représente cette photo ?
2. À quelle époque de l'année a-t-elle été prise ?
3. Qui peuvent être ces personnes ?
4. Que font-elles ?
5. Comment se déplacent-elles ? Pourquoi ?

Document 3b

1. Dans quel journal cet article est-il paru ? Quand ?
2. Où vont les nouveaux vacanciers ?
3. Quels moyens de transport utilisent-ils ?
4. Quels problèmes les départs massifs posent-ils ?
5. En quoi la vie des Français a-t-elle changé grâce aux congés payés ?

23

La Seconde Guerre mondiale (1939-1945)

(1) 1939-1942

Objectif disciplinaire

Découvrir les débuts de la Seconde Guerre mondiale ainsi que son impact sur la France et l'Europe de 1940 à 1942.

Connaître certains des principaux acteurs du conflit et comprendre le jeu des alliances.

Objectifs méthodologiques

Observer des photographies.

Saisir l'esprit d'un texte pour entrevoir le portrait moral de son auteur.

Observer et comparer des cartes.

Comprendre le sens d'une caricature.

Document 1

Photographie de Hitler et Mussolini à Munich, juin 1940

Document 2

Photographie d'un défilé des troupes allemandes sur les Champs-Élysées, juin 1940

Documents 3a et 3b

Photographie de Londres bombardée, janvier 1940 et extrait d'un discours de Winston Churchill, juin 1940

Document 4

Carte de l'Europe sous la domination du Grand Reich en 1942

Document 5

Caricature soviétique : Hitler en route pour Stalingrad

Étape 1

L'Allemagne nazie et l'Italie fasciste s'allient

doc. 1 Photographie de Hitler et Mussolini à Munich, en juin 1940.
Questionnaire à photocopier.
Ce document atteste de l'entente entre Hitler et Mussolini et date le début de la Seconde Guerre mondiale. Il permet aussi d'évoquer l'existence de l'Axe et la dimension mondiale du conflit.

Phase de réflexion individuelle à partir du questionnaire

Phase orale collective

1. Se référer à la légende : Munich, en juin 1940. Situer Munich (en Allemagne).

2. La légende identifie Benito Mussolini et Adolf Hitler. Demander aux enfants ce qui leur permet de reconnaître Hitler de Mussolini. Les renvoyer au besoin à la caricature observée à la séquence précédente. Noter la moustache.

▸ Qui rend visite à qui ? *C'est Mussolini qui rend visite à Hitler, en Allemagne.*

3. Hitler a déjà été présenté en tant que Chancelier allemand (chef du gouvernement) puis Reichsführer (ou Führer) à partir de 1934 et chef du parti nazi.

▸ À quel pays le nom de Mussolini peut-il être associé ?

Encourager les enfants à utiliser comme indice la terminaison du nom. Recueillir les réponses et valider l'Italie. On finira de présenter Mussolini : chef du gouvernement fasciste italien.

Rappeler la définition du nazisme (doctrine autoritaire et raciste). Recourir au dictionnaire pour adopter une définition collective du fascisme du type : doctrine totalitaire, ultra nationaliste et anti-communiste. Rappeler au besoin le sens du mot « totalitaire » (voir séquence précédente).

4. On pourra recourir au dictionnaire pour établir que les deux mots ont le même sens (chef, guide) en allemand et en italien.

5. Noter les uniformes.

▸ Est-il courant pour des chefs d'État de porter un uniforme militaire ?

Établir que les deux hommes apparaissent sur ce document dans leur rôle de chef des armées car leurs pays sont en guerre.

6.

▸ Ce document donne-t-il l'impression que les deux hommes sont alliés ou ennemis ?

L'atmosphère générale de la photographie permettra de conclure collectivement : en 1940, l'Allemagne et l'Italie sont alliées dans un conflit armé.

Préciser que l'alliance formée par l'Allemagne et l'Italie, en 1936, sous le nom de « l'Axe Rome-Berlin » s'est étendue au Japon, à la Roumanie, à la Bulgarie et à la Hongrie.

▸ Était-ce la première fois que l'Allemagne et l'Italie étaient alliées ?

Rappeler la Triplice formée avant la 1re Guerre mondiale par l'Allemagne, l'Italie et l'Autriche. Observer que l'Autriche ne figure pas dans l'Axe car elle a été annexée par l'Allemagne en 1938.

▸ Que pouvait laisser prévoir une telle politique d'alliance au cœur de l'Europe ? Après avoir annexé l'Autriche, quelle pouvait être l'ambition de Hitler ?

Convenir ensemble que l'Allemagne nazie était résolument en marche vers la domination de l'Europe et donc la guerre. Demander aux enfants d'identifier les ennemis potentiels de l'Allemagne. Rappeler au besoin les pays auxquels elle s'est trouvée opposée lors de la Première Guerre mondiale. Valider les réponses comme : la France, l'Angleterre, l'URSS, les États-Unis et le Canada. Ajouter que, comme lors de la Première Guerre mondiale, des pays aussi lointains que l'Australie et la Nouvelle-Zélande se sont engagés aux côtés des alliés de la France.

Étape 2

L'armée allemande victorieuse en France

doc. 2 Photographie d'un défilé des troupes allemandes sur les Champs-Élysées, juin 1940 (et cahier couleur p. 17).
Questionnaire à photocopier.
Ce document célèbre symbolise la capitulation française devant l'Allemagne et révèle la rapidité avec laquelle les événements se sont succédé.

Phase de réflexion individuelle à partir du questionnaire

Phase orale collective
1. Renvoyer les enfants à la légende : juin 1940. Constater qu'elle date de la même période que la rencontre de Mussolini et Hitler à Munich.
2. Recueillir les réponses. Confirmer que les soldats sont allemands.
▸ Quel détail (hormis la mention dans la légende) permet d'identifier des soldats allemands ? *La forme particulière du casque*.
3. Les enfants auront reconnu l'arc de Triomphe. Préciser que cela situe la scène sur l'avenue des Champs-Élysées à Paris. Observer que les soldats allemands défilent sur la plus grande avenue de Paris. En déduire qu'un conflit armé a opposé la France à l'Allemagne et que la France a été vaincue. Souligner l'aspect symbolique du défilé : démonstration de force sur la principale avenue de la capitale française, devant l'arc de Triomphe, lui-même symbole de la grandeur militaire de la France. Préciser que la France a capitulé très vite, et d'une façon particulièrement humiliante (jamais, dans toute son histoire, elle n'avait connu une défaite aussi rapide).
4. Parmi les réponses, valider : Hitler voulait venger l'Allemagne après la défaite de la Première Guerre mondiale. Il voulait reprendre les territoires perdus. Il avait commencé à étendre son autorité au centre de l'Europe et il voulait continuer. Il voulait contrôler toute l'Europe. Etc. Rappeler les conditions très dures du traité de Versailles signé en 1919, et le désir de vengeance qui animait beaucoup d'Allemands.

Étape 3

Le Royaume-Uni ne cédera pas

doc. 3a Photographie de Londres bombardée, janvier 1940 (et cahier couleur p. 17).
doc. 3b Extrait d'un discours de Winston Churchill, juin 1940.
Questionnaires à photocopier.

La photographie et le texte indiquent clairement que l'Allemagne est également en guerre contre la Grande-Bretagne, mais que cette dernière, contrairement à la France, n'a pas cédé.

Étude du document 3a
Phase de réflexion individuelle à partir du questionnaire

Informations complémentaires : Petite chronologie des débuts de la Seconde Guerre mondiale

- Pour lutter contre le chômage (suite à la crise qui a frappé l'Europe), l'Allemagne nazie et l'Italie fasciste adoptent une politique de réarmement.
- Mars 1938 : l'Allemagne annexe l'Autriche (Anschluss).
- Septembre 1938 : par les Accords de Munich, la France et l'Angleterre laissent Hitler annexer les Sudètes (une région de la Tchécoslovaquie).
- Mars 1939 : la Tchécoslovaquie passe sous le contrôle de l'Allemagne.
- Août 1939 : Staline signe un pacte de non-agression avec Hitler.
- 1er septembre 1939 : l'Allemagne envahit la Pologne. Celle-ci, rapidement vaincue, sera partagée avec l'URSS.
- 3 septembre 1939 : la France et l'Angleterre, alliées de la Pologne, déclarent la guerre à l'Allemagne. La France pense vaincre comme elle l'a fait en 14-18, en épuisant les Allemands contre les défenses de la ligne Maginot au nord-est et à l'est. C'est la « drôle de guerre » : quelques mois pendant lesquels il ne se passe rien sur la frontière entre la France et l'Allemagne.
- Avril 1940 : l'Allemagne envahit le Danemark et la Norvège.
- Mai 1940 : grâce à la rapidité de ses divisions blindées appuyées par l'aviation, Hitler envahit la Belgique, les Pays-Bas, la partie nord de la France (en contournant la ligne Maginot par les Ardennes), en quelques semaines.
- 10 juin 1940 : le gouvernement français quitte Paris pour s'installer temporairement à Bordeaux.
- 14 juin 1940 : les troupes allemandes entrent dans Paris.
- 17 juin 1940 : le maréchal Pétain est nommé président du Conseil et demande l'armistice qui sera signé le 22 juin. ■

Phase orale collective
1. La légende date et situe la photographie : à Londres en 1940. Noter la date. Observer qu'après la phase statique de la drôle de guerre, soudain les événements se sont enchaîné très vite. Que la « vraie » guerre a démarré de façon très brutale et que rien, au début, ne semblait pouvoir arrêter l'avancée allemande.

2. Observer les dégâts causés de part et d'autre de l'avenue. Mettre l'image en relation avec sa légende : cette photographie a été prise après un bombardement dans la capitale anglaise. Faire remarquer que la vie continue : les bombardements sont souvent nocturnes, le jour les passants et les véhicules circulent « comme si de rien n'était... » Le fameux « moral d'acier » des Anglais !

3. Recueillir les réponses. Convenir collectivement que le « Blitz » (mot allemand signifiant « éclair ») était cette guerre à distance menée par Hitler contre l'Angleterre, de septembre 1940 à mai 1941, à l'aide de bombardements très intenses, visant surtout Londres pendant le mois de septembre 1940, puis d'autres villes anglaises.

▸ Pourquoi Hitler avait-il recours à cette tactique ?

Évoquer les difficultés d'un débarquement de grande envergure en Angleterre.

▸ Quels pouvaient être les effets du Blitz ?

Établir que l'intention de Hitler était de terroriser la population civile anglaise pour pousser le gouvernement anglais à suivre l'exemple de la France et à cesser le combat. Noter que le Blitz a été particulièrement dévastateur (plus de 40 000 civils tués et 2 millions de maisons détruites).

Étude du document 3b

Phase de réflexion individuelle à partir du questionnaire

Phase orale collective

1. Recourir à la légende pour identifier Winston Churchill et dater son discours : le 4 juin 1940.

2. Confirmer que Winston Churchill était Premier ministre britannique (chef du gouvernement).

3. Recueillir les résumés proposés. Adopter collectivement une version du type : « Nous ne nous rendrons jamais ! Nous nous battrons jusqu'au bout ! »

4. Relire la fin de l'extrait. Noter que Churchill promet de mobiliser la flotte basée dans les colonies de l'Empire colonial britannique.

5. Recueillir les réponses et valider celles qui identifient le Nouveau Monde comme les États-Unis et le Canada. Par opposition, faire identifier l'Europe de l'ouest comme le Vieux (monde). Noter qu'aujourd'hui encore, il est parfois fait référence à « la Vieille Europe » par opposition aux « pays jeunes ».

6. Demander aux enfants de proposer des adjectifs pour faire un portrait moral de Winston Churchill. Recueillir les propositions et écrire celles qui seront validées au tableau : déterminé, fort, têtu, courageux, confiant, sûr de lui, etc.

▸ Son discours en rappelle-t-il un autre que nous avons lu au cours d'une séquence précédente ?

Revenir à la séquence 20 pour établir la comparaison avec le discours de Georges Clemenceau (« Je fais la guerre. Je fais toujours la guerre. ») vers la fin de la Première Guerre mondiale.

Recueillir l'opinion des élèves après l'étude de ces deux documents :

▸ La tactique du Blitz a-t-elle réussi ? Hitler est-il parvenu à faire plier les Anglais ?

Les élèves auront sans doute déjà conclu que non. Remarquer que pendant une année entière, l'Angleterre va être seule à lutter contre l'Axe, en mer essentiellement, où se trouve sa force (Atlantique et Méditerranée).

Étape 4

1942 : le Grand Reich domine l'Europe

doc. 4 Carte de l'Europe sous la domination du Grand Reich en juin 1942.

Questionnaire à photocopier.

Cette carte permettra de constater l'énorme emprise de l'Allemagne nazie sur l'Europe en 1942 tout en identifiant clairement les pays qui continuent la lutte contre le Reich (la Grande-Bretagne et l'URSS).

Phase de réflexion individuelle à partir du questionnaire

Phase orale collective

1. Les enfants auront reconnu la carte de l'Europe. Noter la date : 1942 (après presque trois ans de guerre). Recourir au dictionnaire pour expliquer l'expression « Grand Reich ». Rappeler que le mot Reich désignait l'empire germanique et que Hitler a donné à son régime nazi le nom de IIIe Reich ou Grand Reich.

2. Demander aux enfants de se reporter à la carte de l'Europe en 1923 pour identifier les pays alliés de l'Allemagne dont les noms ne figurent pas sur la carte observée. En faire la liste au tableau : Italie, Yougoslavie, Albanie, Bulgarie, Roumanie, Hongrie, Finlande.

3. Même chose pour les pays occupés totalement ou annexés : Belgique, Pays-Bas, Danemark, Norvège, Tchécoslovaquie, Autriche, Pologne, Lituanie, Lettonie, Estonie.

Observer les deux pays occupés partiellement : La France et l'URSS.

4. Revenir à la chronologie des événements du début de la guerre. Préciser que l'armistice du 22 juin 1940 a entraîné la séparation de la France en deux zones : la zone occupée au nord et la zone libre (mais sous contrôle allemand, comme un protectorat) au sud.

5. Noter les deux seuls pays encore en lutte : Le Royaume-Uni et l'URSS.

▸ Qui était au pouvoir dans ces deux pays ?
Faire au besoin un tour de classe pour obtenir les réponses. Winston Churchill et Staline ont suffisamment été mentionnés. Constater que Churchill a tenu parole et que depuis son discours de 1940, l'Angleterre tient toujours tête à l'Allemagne. Observer qu'il a dû se passer quelque chose depuis 1939 entre l'Allemagne et l'URSS, puisqu'on a vu précédemment que ces deux pays avaient signé un pacte de non-agression en 39 et s'étaient partagé la Pologne. Fidèle à ses procédés, Hitler a en effet lancé une attaque surprise longuement préparée sur l'URSS en juin 1941. Il y a concentré l'essentiel de ses forces : plus de 3 millions d'hommes, 3 500 chars et 3 000 avions. D'abord une pleine réussite, l'invasion s'enlise peu à peu : comme Napoléon, Hitler s'enfonce profondément dans un territoire immense, aux hivers redoutables et disposant d'un énorme réservoir d'hommes. Un an plus tard, il est non loin de Moscou et aux portes de Stalingrad mais il n'a pas réussi, comme il l'espérait, à briser en quelques mois la résistance des Russes…

6. Vichy, située en zone libre, est désormais la capitale de l'État français. Le maréchal Pétain s'y est installé pour diriger, sous contrôle allemand, le gouvernement et l'administration du territoire français (zone occupée et zone libre).

Montrer ensuite la progression du front allemand au sud de Moscou.
▸ Quelles sont les intentions de Hitler ?
Observer qu'il essaye de contourner Moscou par le sud pour isoler la capitale soviétique et forcer l'URSS à capituler mais que Stalingrad lui barre la route. Insister sur l'importance stratégique et symbolique de Stalingrad.
▸ D'où vient le nom de cette ville ?
Rappeler le nom du chef du parti communiste soviétique. Stalingrad a aujourd'hui repris son ancien nom : Volgograd.

Étape 5

L'armée allemande se heurte au front russe

doc. 5 Caricature soviétique : Hitler en route pour Stalingrad.
Questionnaire à photocopier.
Ce document (de 1941 ou 1943) illustre parfaitement la première grande défaite de Hitler tout en laissant entrevoir l'effroyable bilan de la bataille de Stalingrad.

Phase de réflexion individuelle à partir du questionnaire

Phase orale collective

1. Expliquer au besoin le terme soviétique en le simplifiant : soviétique = russe après la révolution de 1917. Confirmer que cette caricature a été réalisée par un artiste d'URSS en 1941 ou 1943.

2. Faire décrire l'illustration : des soldats en ligne à perte de vue et qui marchent au pas. Ils obéissent à l'ordre intimé par un personnage situé sur la gauche. Noter les détails (casquette militaire et moustache) qui permettent de reconnaître Hitler. Comparer la caricature avec la photographie d'Hitler (doc. 1). Conclure qu'il s'agit de l'armée allemande en marche. Noter que la légende le confirme.

3. Observer le paysage : plat, monotone, couvert de neige. Convenir collectivement que ces soldats avancent en URSS.

4. Observer que les soldats suivent la direction indiquée par Hitler vers la droite. Établir la relation : vers la droite —> vers l'est. Revenir à la carte (doc. 4) et à la légende pour confirmer que l'armée allemande se dirige vers Stalingrad. Noter la transformation en deux temps : croix gammées (symbole du parti nazi et du IIIe Reich) puis croix de cimetière. Voir que les croix (les tombes) s'étendent à perte de vue sur la droite.

5. Recueillir les impressions de la classe. Valider les interprétations du genre : *Les soldats allemands se dirigent vers une mort certaine. Stalingrad sera leur tombeau.* Etc.

Confirmer que Stalingrad a été la première grande défaite allemande. L'armée soviétique (l'Armée Rouge) a en effet stoppé l'avance allemande à Stalingrad et changé le cours de la guerre. Les 100 000 hommes qui restaient de l'armée allemande lancée sur Stalingrad furent faits prisonniers. L'armée du Reich a perdu l'initiative de l'attaque et a commencé une longue retraite qui ne s'arrêtera qu'avec la chute de Berlin et la défaite finale de Hitler.
Préciser que ce retournement de situation s'est effectué au prix de pertes effroyables. La bataille de Stalingrad a duré du début septembre 1942 au début février 1943 et a fait plus d'un million de morts. Faire un rapide calcul au tableau pour arriver collectivement à une moyenne de plus de 6 000 morts par jour pendant 5 mois ! (1 000 000 morts : 150 jours = 6 666 morts/jour).

Informations complémentaires

Pendant ces deux années 1940-42, le conflit s'est étendu dans le reste du monde avec l'entrée en lice du Japon (qui envahit une partie de la Chine, l'Indochine et menace l'Australie) et des États-Unis (après l'attaque surprise des Japonais sur le port de Pearl Harbour le 7 décembre 1941.) Pearl Harbour était un port des îles Hawaï où était stationnée en permanence la flotte américaine du Pacifique.

Les forces américaines ne sont intervenues dans un premier temps que dans le Pacifique (contre le Japon) et dans l'Atlantique (contre la marine allemande) avant de participer, avec les troupes anglaises, au débarquement dans l'Afrique du Nord française en novembre 1942.

Au début de l'année 1943, le conflit s'est mondialisé et l'équilibre des forces bascule au détriment de l'Axe. ■

Synthèse (orale)

Qu'avons-nous appris ?

- Pendant les années 30, l'Allemagne, menée par Adolf Hitler (chef du parti nazi) et l'Italie, menée par Benito Mussolini (chef du parti fasciste) ont formé une alliance, l'Axe, à laquelle est venu ensuite se joindre le Japon.
- Pour lutter contre le chômage dû à la crise qui a frappé l'Europe, l'Allemagne et l'Italie ont entamé une politique de réarmement. L'Allemagne a commencé à étendre son emprise sur l'Europe en annexant l'Autriche, en mettant sous sa coupe la Tchécoslovaquie, puis en envahissant la Pologne avec la complicité de l'URSS.
- En septembre 1939, la France et la Grande-Bretagne ont déclaré la guerre à l'Allemagne. En mai-juin 1940, Hitler a envahi la Belgique, les Pays-Bas et la partie nord de la France. Il a également commencé le Blitz (les bombardements) contre la Grande-Bretagne.
- La France, dirigée par Pétain, a demandé l'armistice en juin 1940. Elle a été divisée en deux : la zone occupée et la zone libre.
- En juin 1941, l'Allemagne a commencé à envahir l'URSS. Le Japon a attaqué les États-Unis en décembre 1941, dans l'océan Pacifique, les États-Unis sont donc entrés en guerre à la fois contre le Japon et contre l'Allemagne.
- En 1942, le IIIe Reich et ses alliés contrôlaient presque toute l'Europe. Seules la Grande-Bretagne (dirigée par Winston Churchill) et une partie de l'URSS (dirigée par Staline) lui tenaient encore tête. Hitler a essayé d'envahir le reste de l'Union soviétique mais son armée a été arrêtée par l'Armée Rouge à Stalingrad. La bataille de Stalingrad a fait plus d'un million de victimes, mais elle a renversé le cours de la guerre en Europe.

Élaboration du texte de référence

Phase écrite collective (au tableau)

Titre : Les débuts de la Seconde Guerre mondiale : 1940 – 1942

Dans les années 30, l'Allemagne nazie d'Hitler et l'Italie fasciste de Mussolini ont formé une alliance, étendue ensuite au Japon.

Document 1

Progressivement, Hitler a étendu l'emprise du IIIe Reich sur l'Europe. La France et la Grande-Bretagne ont essayé de l'arrêter en déclarant la guerre à l'Allemagne, mais l'armée allemande a envahi la France.

Document 2

En juin 1940, le maréchal Pétain a demandé l'armistice. La France a été partagée en deux : la zone occupée au nord et la zone libre avec le gouvernement de Vichy au sud.

Document 4

En 1942, presque toute l'Europe était dominée par l'Allemagne nazie. Seules la Grande-Bretagne de Churchill et l'URSS de Staline luttaient encore, jusqu'à ce que les États-Unis entrent à leur tour en guerre fin 1941. L'armée soviétique a finalement arrêté l'avancée allemande à Stalingrad au prix de terribles pertes.

Documents 3a, 3b et 5

Phase écrite individuelle (sur le cahier)

Lexique

Axe : alliance de l'Allemagne et de l'Italie, rejointes ensuite par le Japon, la Roumanie, la Bulgarie et la Hongrie.
Blitz : bombardements allemands sur l'Angleterre.
Fascisme : régime totalitaire nationaliste et anti-communiste établi par Mussolini en Italie.
Grand Reich : l'empire germanique constitué par Hitler (aussi appelé IIIe Reich).
Soviétique : russe (après la révolution de 1917).

La Seconde Guerre mondiale (1939-1945)
(1) 1939-1942

Document 1

Benito Mussolini et Adolf Hitler (le Duce et le Führer) à Munich, juin 1940.

Document 2

Le 14 juin 1940, les Allemands défilent à Paris.

Document 3

a Londres sous les bombardements allemands (le « Blitz », janvier 1940).

[…] Nous n'allons ni faiblir ni échouer. Nous continuerons jusqu'au bout. Nous combattrons en France et sur les mers et les océans ; nous combattrons avec une confiance croissante et une force grandissante dans les airs. Nous défendrons notre île, quoi qu'il en coûte ; nous combattrons sur les plages, sur les terrains d'atterrissage, dans les champs, dans les rues et sur les collines. Nous n'abandonnerons jamais et même si, ce que je ne crois pas un seul instant, cette île ou une grande partie de cette île était asservie et affamée, alors notre empire d'outre-mer, armé et gardé par la flotte britannique, continuera la lutte jusqu'à ce que Dieu décide que le moment est venu pour le Nouveau Monde, avec toute sa puissance et sa force, de s'embarquer pour la libération et le sauvetage du Vieux.

b Extrait du discours prononcé par Winston Churchill, Premier ministre britannique, le 4 juin 1940 à Londres.

Document 4

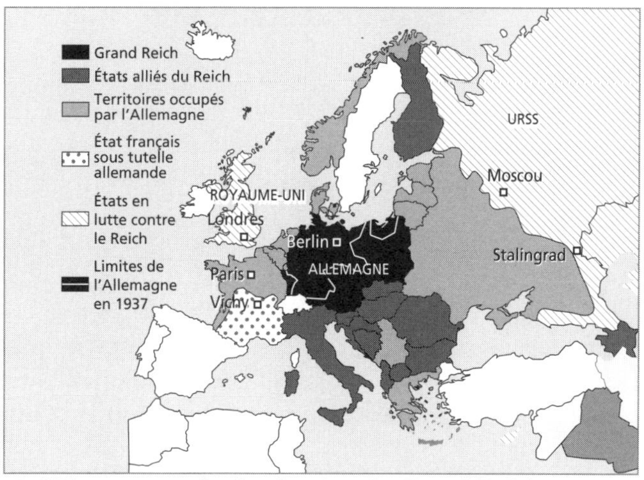

L'Europe sous la domination du Grand Reich, en 1942.

Document 5

Caricature soviétique : Hitler lance l'armée du Reich contre Stalingrad.

23 Fiche questionnaire

La Seconde Guerre mondiale (1939-1945)
(1) 1939-1942

Document 1

1. Où et quand cette photo a-t-elle été prise ?
2. Qui sont les deux personnages centraux ?
3. Quels pays dirigeaient-ils alors ?
4. Que signifient les mots « Führer » et « Duce » ? Dans quelles langues ?
5. Comment sont habillés les deux hommes ? À ton avis, pourquoi ?
6. Que peux-tu conclure en les voyant ainsi ensemble ?

Document 2

1. Quand cette photo a-t-elle été prise ?
2. De quelle nationalité sont ces soldats ? Quel détail t'aide à répondre ?
3. Que font ces soldats à Paris ?
4. Quelles raisons ont pu pousser Adolf Hitler à envahir la France ?

Document 3a

1. Où et quand cette photo a-t-elle été prise ?
2. Que montre-t-elle ?
3. Qu'appelle-t-on le Blitz ? Qui l'a ordonné ?

Document 3b

1. Qui a prononcé ces mots ? Où et quand ?
2. Quel poste occupait alors ce personnage ?
3. Comment résumerais-tu son message ?
4. Que promet-il si l'Angleterre venait à être envahie et occupée ?
5. À ton avis, qu'appelle-t-il le « Nouveau Monde » ? Et le « Vieux » ?
6. Quel genre de personnage Churchill te semble-t-il être ? Un Français célèbre a eu la même attitude pendant la Première Guerre mondiale (voir séquence 20). Lequel ?

Document 4

1. Que représente cette carte ?
2. Quels sont les pays alliés du Reich ? Aide-toi de la carte de l'Europe après la Première Guerre mondiale.
3. Quels sont les pays occupés totalement ? Partiellement ?
4. Pourquoi la France est-elle coupée en deux ?
5. Quels sont les pays qui sont toujours en lutte contre l'Allemagne ?
6. Les villes de Vichy et Stalingrad sont-elles des capitales ? À ton avis, pourquoi sont-elles signalées ?

Document 5

1. Quelle est l'origine de ce document ?
2. Que représente-t-il ? Quel personnage reconnais-tu ?
3. À quoi reconnais-tu la nationalité des soldats ? Dans quel paysage avancent-ils ?
4. Dans quelle direction se dirigent-ils ? En quoi se transforment-ils ?
5. À ton avis, quel est le sens de cette caricature ?

24

La Seconde Guerre mondiale (1939-1945) (2) La France dans la guerre : la France divisée

Objectif disciplinaire

Au-delà de la simple séparation de la France en zone occupée/zone libre, comprendre la division idéologique de la France au début de la guerre en opposant les positions respectives de Philippe Pétain et Pierre Laval, d'une part, et de Charles de Gaulle, d'autre part.

Objectifs méthodologiques

Dégager les points de vue exposés dans des discours pour les comparer.

Observer une carte.

Documents 1

a) Extrait du discours annonciateur de l'armistice par le maréchal Pétain, 17 juin 1940

b) Photographie de Pétain à Toulouse en 1941

c) Extrait d'un discours de Pierre Laval justifiant la collaboration, juin 1942

Documents 2

a) Affiche reprenant l'appel du 18 juin 1940

b) Photographie de Charles de Gaulle à la BBC de Londres

Document 3

Carte de la France coupée en deux : la zone occupée et de la zone libre, en 1940

Étape 1

L'État français collabore avec l'Allemagne nazie

doc. 1a Extrait du discours annonciateur de l'armistice par le maréchal Pétain, 17 juin 1940.
doc. 1b Photographie de Pétain à Toulouse en 1941.
doc. 1c Extrait d'un discours de Pierre Laval justifiant la collaboration, juin 1942.
Questionnaires à photocopier.

Les deux premiers documents présentent la voie choisie par le maréchal Pétain (armistice de juin 1940) ainsi que l'image de celui qui était perçu par beaucoup comme le sauveur de la France. Le document c permettra de découvrir le personnage de Pierre Laval et d'illustrer la collaboration active menée par certains responsables de Vichy.

Phase de réflexion individuelle à partir des questionnaires

Phase orale collective
Étude du document 1a

1. Recourir à la légende pour identifier Philippe Pétain et dater son intervention : le 17 juin 1940. Noter que ce discours a été radiodiffusé pour mieux toucher tous les Français.
2. Relire le début de l'extrait. Constater que Philippe Pétain s'adresse aux Français en tant que chef du gouvernement (président du Conseil) et qu'il a été appelé à ce poste par le président de la République.
   - ▸ Qui était Président en 1940 ?

Aiguiller les enfants vers la liste des présidents de la IIIe République pour identifier Albert Lebrun.

3. Faire résumer collectivement la teneur du discours. Adopter une version du type : *Il annonce qu'il est maintenant chef du gouvernement et qu'il a demandé l'arrêt des combats à l'Allemagne.*
   - ▸ Quelle est alors la situation de la France face à l'Allemagne ? Position de force ? De faiblesse ? Quel nom porte l'accord passé entre un pays vaincu et un pays vainqueur pour cesser les combats ?

Rappeler que cette situation a été vécue (à l'inverse) par la France et l'Allemagne en 1918.

- ▸ Que célèbre-t-on le 11 novembre dans notre pays ?

Recueillir les réponses et valider « l'armistice de 1918 ». Noter que cet armistice a déjà été évoqué et qu'il a été signé le 22 juin. Officiellement, après cette date, la France n'est plus en guerre. Elle est devenue un pays neutre en théorie.

4. Rappeler que l'armée allemande a contourné les défenses de la ligne Maginot en violant les frontières de la Belgique et des Pays-Bas (pourtant restés neutres) et en pénétrant en France par Sedan, et que l'armée française n'a pas été capable de l'arrêter. Mentionner la fuite des civils devant l'ennemi pendant l'épisode de « l'exode » vers le sud. Conclure que le maréchal Pétain a pris la décision de cesser le combat parce qu'il le considérait déjà perdu et qu'il a voulu épargner des pertes supplémentaires inutiles. Préciser qu'il a décidé de rester en France, ce qui lui a été reproché plus tard, alors que d'autres ont quitté la métropole pour continuer le combat depuis l'Algérie, considérant que la guerre n'était pas encore perdue. On pourra citer ces extraits d'une déclaration datée du 20 juin :
   « Dès le 13 juin, la demande d'armistice était inévitable. Cet échec vous a surpris. Vous souvenant de 1914 et de 1918, vous en cherchez les raisons. Je vais vous les dire. [...] Trop peu d'enfants, trop peu d'armes, trop peu d'alliés, voilà les causes de notre défaite.
   [...]. J'ai été avec vous dans les jours glorieux. Chef du gouvernement, je suis et resterai avec vous dans les jours sombres. »
   Ajouter que Pétain a accepté le principe de la collaboration avec l'ennemi pour voir, selon ses propres dires, « allégé le poids des souffrances de notre pays, amélioré le sort de nos prisonniers, atténuée la charge des frais d'occupation [...] assouplie la ligne de démarcation et facilités l'administration et le ravitaillement du territoire. »

Il pensait pouvoir traiter d'égal à égal et « dans l'honneur » avec Hitler.

Expliquer que la ligne de démarcation est la ligne séparant la France occupée de la zone libre (voir doc. 3).

Étude du document 1b

1. Recourir à la légende pour identifier Philippe Pétain. Le faire décrire : homme d'un certain âge, apparence solide, etc.
   - Quel âge semble-t-il avoir ? Quel âge a-t-il réellement ? *84 ans !*

Préciser qu'il commençait à montrer par moments des signes de sénilité.

Dans un premier temps, les enfants restitueront les informations obtenues par l'étude du document précédent : c'est le chef du gouvernement. Il a demandé l'armistice à l'Allemagne. Il recommande de collaborer avec l'ennemi. Encourager les enfants à puiser dans leurs souvenirs des séquences précédentes.

- Pétain n'a-t-il pas déjà été évoqué ? À quel moment de l'histoire de notre pays ? Que lui doit-on ?

Renvoyer au besoin les enfants vers la séquence 19 pour rappeler le rôle de Pétain : sauveur de Verdun et acteur majeur de la victoire finale. Comme Foch, il a été fait maréchal à la fin de la Première Guerre Mondiale.

2. Se reporter à la légende du document : Toulouse (dans la zone libre), en 1941.
3. Observer les saluts (une imitation du salut fasciste) et les sourires des enfants. Constater que Pétain est accueilli en héros. Essayer d'expliquer collectivement les raisons de cet accueil. Conclure que pour de nombreux Français, son prestige de sauveur de Verdun n'avait en rien diminué, au contraire ; il était devenu le sauveur, voire le père de la France, en épargnant des souffrances à ses enfants.
   Très vite, les Français accepteront qu'il mette fin à la IIIe République (considérée responsable de la défaite) pour instaurer un nouveau régime très autoritaire (le « régime de Vichy », également connu sous le nom d'État français). Pétain est désormais le chef de l'État et sa devise est : « Travail, Famille, Patrie ». Il s'agit en fait d'une dictature puisque les députés et les sénateurs se sont dispersés après avoir voté les pleins pouvoirs à Pétain en juillet 1940. Il n'y aura plus d'élections, plus de partis politiques ni de syndicats, plus de liberté de la presse et on rend un véritable culte à la personne du maréchal. C'est l'époque où l'on compose des chansons à sa gloire et où l'on accroche son portrait un peu partout.

Étude du document 1c

1. Recourir à la légende pour identifier Pierre Laval et dater son discours au mois de juin 1942. Noter que la France est occupée depuis deux ans.
2. Voir la légende : en 1942, Laval est chef du gouvernement basé à Vichy, sous l'autorité de plus en plus nominale de Pétain, chef de l'État vieillissant.
3. Relire la dernière phrase dans laquelle Laval exprime clairement son souhait : la victoire de l'Allemagne pour barrer la route au bolchevisme.
4. Rappeler les acquis de la séquence 22 : le bolchevisme, c'est la doctrine adoptée en 1917 par les révolutionnaires russes. Simplifier encore cette définition : le bolchevisme, c'est le communisme russe.
5. Faire résumer le début du passage pour retenir la vision européenne de Laval : une Europe construite par l'Allemagne et dans laquelle la France occuperait une place de choix.
   Sans entrer dans les détails (ce sera fait à la séquence suivante), ajouter que Pierre Laval a engagé la France sur la voie de la collaboration active en créant notamment le STO (le service du travail obligatoire) et la Milice (police spéciale destinée à lutter aux côtés des nazis contre la Résistance).
   Son engagement pour la politique de Hitler lui valut d'être jugé pour haute trahison et fusillé à la fin de la guerre.

Étape 2

La France libre résiste aux côtés du général de Gaulle

Poster et doc. 2a Affiche reprenant l'appel du 18 juin 1940.
doc. 2b Photographie de Charles de Gaulle à la BBC de Londres.
Questionnaires à photocopier.

Ces deux documents célèbres viennent s'opposer au choix politique de Pétain et de Laval. Mis en relation, ils souligneront la division des Français entre trois attitudes sous l'occupation allemande : la collaboration, la Résistance ou… l'attente prudente.

Phase de réflexion individuelle à partir du questionnaire

Phase orale collective
Étude du document 2a

1. Constater qu'il s'agit d'une affiche (la légende le confirme).
2. Diriger les enfants vers la légende pour dater l'appel (le 18 juin 1940). Observer que son auteur (le général de Gaulle) est identifié à la fois sur l'affiche elle-même et dans la légende. Noter que la ville origine de l'appel (Londres) n'est mentionnée que sur l'affiche.
   - Pourquoi le général de Gaulle n'était-il pas en France ?

Recueillir les propositions des élèves et valider celles qui suggèrent qu'il a refusé d'obéir au maréchal Pétain et a préféré gagner Londres pour continuer le combat. Rappeler la position de la Grande-Bretagne, illustrée par le discours de Winston Churchill à la séquence précédente.

3.

▸ Qui a « capitulé » (en demandant l'armistice aux Allemands) ?

Constater que de Gaulle fait référence à Pétain.

▸ Qui d'autre peut-il désigner puisque le terme « gouvernants » est employé au pluriel ?

Rappeler Albert Lebrun, président de la République qui a nommé Pétain à la tête du gouvernement. Signaler que Pierre Laval était déjà, en juin 1940, vice-président du Conseil (numéro deux du gouvernement).

4.

▸ Quel pays résistera à l'Allemagne malgré le Blitz ? Où de Gaulle se trouve-t-il ? Quels autres pays présents aux côtés de la Grande-Bretagne et de la France durant la Première Guerre mondiale ne sont pas encore (en 1940) entrés en guerre contre l'Allemagne ? *L'URSS et les États-Unis.*

Revenir au discours de Churchill (voir séquence précédente) pour montrer que Charles de Gaulle et Winston Churchill ont la même vision de l'avenir de la guerre, ce qui explique que Churchill reconnaisse, dès le 28 juin 1940, de Gaulle comme le chef des Français libres.

5. Relire la fin du message pour conclure que le général de Gaulle appelle les Français, où qu'ils se trouvent, à le rejoindre pour continuer le combat.

6. Noter que Charles de Gaulle donne son adresse à Londres (sous sa signature) et qu'une traduction anglaise de son appel figure en bas à gauche de l'affiche. Justifier ces détails : l'affiche a été diffusée en Angleterre pour appeler les Français se trouvant sur place à rejoindre de Gaulle. La traduction explique aux Anglais de quoi il retourne. L'appel aux Français de France a été lancé par radio.

Étude du document 2b

1. La légende le présente comme le général de Gaulle. Revenir au document précédent pour trouver l'initiale de son prénom (dans la signature) : C comme... Charles ! Remarquer qu'il porte un uniforme militaire. C'est le général qui parle. Renvoyer au document 1 de la séquence précédente : Mussolini et Hitler portent, eux aussi, l'uniforme militaire. En conclure que tout le monde est en guerre.
Quel âge Charles de Gaulle a-t-il au moment où cette photographie a été prise ?
Recourir à une encyclopédie pour établir que Charles de Gaulle est né en 1890 à Lille. Il a donc 50 ans lorsque, le 18 juin 1940, il appelle les Français à continuer le combat.

2. La légende situe le document à Londres.

3. Observer l'objet figurant à droite sur la photo. Confirmer qu'il s'agit d'un micro. (En profiter pour noter les progrès réalisés depuis 1940 en matière de miniaturisation !) Le général de Gaulle s'adresse aux Français de France par radio. Comparer la date de l'appel du général de Gaulle et celle du discours du maréchal Pétain.

▸ Est-ce une coïncidence ?

Constater que les deux hommes ont fait des choix politiques qui s'opposent et en appellent tous les deux aux Français. S'assurer que les enfants ont bien établi la correspondance : Pétain —> armistice et collaboration ; de Gaulle —> Résistance et continuation de la lutte.

Conclure que les Français ont eu à choisir entre plusieurs possibilités : la collaboration, la Résistance ou... l'attente prudente sans engagement.

4. Noter les avantages de la radio (diffusion directe – par ondes courtes – à tout le territoire français ; au début, les Allemands ne savaient pas brouiller la réception) par rapport à l'affiche (risques courus par les colleurs d'affiches en territoire occupé : arrestation, emprisonnement, etc.). Préciser que le message a été répété plusieurs jours par la BBC (*British Broadcasting Corporation*, équivalent anglais de Radio France) mais que bien peu de Français l'entendirent dès ce moment-là. Cependant le bouche-à-oreille fit son œuvre, et les Français prirent l'habitude d'écouter clandestinement les messages transmis par « Radio Londres », chaque soir dans l'émission « Les Français parlent aux Français ».

Étape 3

La France est divisée

doc. 3 Carte de la France en 1940.
Questionnaire à photocopier.
Cette carte permet de situer avec précision la ligne de démarcation séparant la France occupée de la zone libre tout en pointant l'annexion de l'Alsace et de la Lorraine par l'Allemagne.

Phase de réflexion individuelle à partir du questionnaire

Phase orale collective

1. La séparation de la France en deux parties à la suite de l'armistice du 22 juin 1940 a déjà été évoquée plusieurs fois. Le rappeler au besoin.

2. S'assurer que chacun a bien identifié les deux secteurs : au nord, la France occupée ; au sud, la zone libre. Entre elles, la ligne de démarcation, une véritable frontière intérieure bien gardée que l'on ne peut passer qu'en se soumettant aux contrôles étroits des Allemands. Noter que la France occupée couvre toute la côte atlantique jusqu'à l'Espagne.

▸ Pourquoi ?

Valider les réponses qui font état du souci de Hitler de se protéger d'un débarquement allié par voie maritime et venant de l'ouest. Mentionner la construction ultérieure du Mur de l'Atlantique (une « ligne Maginot » sur les plages de l'ouest et du nord-ouest). Souligner l'importance stratégique des ports.

3. Rappeler l'annexion de l'Autriche. Recueillir les réponses et adopter collectivement : un territoire annexé par un pays devient une partie de ce pays. Ses habitants sont obligés de prendre la nationalité du pays qui les a annexés ou de partir. Rappeler les milliers de Français qui ont quitté l'Alsace et la Lorraine (et sont allés peupler l'Algérie française) lorsque ces deux provinces sont devenues allemandes en 1870.

4. Faire repérer la partie nord-est du territoire français qui a été reprise par l'Allemagne : l'Alsace et la Moselle.

▸ Pourquoi ?

Rappeler l'histoire mouvementée de ces deux provinces, considérées comme de « race » et de culture allemandes par les Allemands eux-mêmes, prises par l'Allemagne en 1870, reprises par la France en 1919.

Montrer que l'armistice du 22 juin a été pour Hitler l'occasion de laver l'affront du traité de Versailles. L'annexion de l'Alsace et de la Moselle s'inscrit bien sûr dans cet esprit, ainsi que l'occupation de Paris et, détail exigé par Hitler lui-même, la signature de l'armistice du 22 juin 1940 dans le même wagon et au même endroit qu'en 1918 ! Noter aussi que les jeunes gens de ces deux régions seront contraints de servir dans l'armée allemande. On les surnommera les « malgré nous ».

5. L'installation du gouvernement de l'État français à Vichy a déjà été mentionnée. La rappeler au besoin.

6. Renvoyer les enfants à la légende pour constater que la zone libre a finalement été occupée également à partir du mois de novembre 1942. Signaler que cette occupation était destinée à prévenir un débarquement allié sur la côte méditerranéenne.

En effet, le débarquement d'un important corps expéditionnaire anglo-américain a eu lieu, en novembre 42, au Maroc et en Algérie. Ces deux colonies françaises ont aussitôt rejoint le camp des Alliés. Un débarquement allié pour libérer la France par le sud était donc devenu possible.

Synthèse (orale)

Qu'avons-nous appris ?

- En juin 1940, le maréchal Pétain a été nommé président du Conseil. Le 17 juin, jugeant que la France ne pouvait pas arrêter l'invasion allemande, il a préféré demander un armistice et a accepté le principe d'une collaboration avec l'Allemagne pour « atténuer les malheurs » de la France. Le général de Gaulle a lancé un appel à la Résistance depuis Londres, le 18 juin 1940.
- L'armistice a été signé le 22 juin. L'Allemagne a annexé l'Alsace et la Moselle et a séparé la France en deux secteurs séparés par une ligne de démarcation : la France occupée au nord et à l'ouest, et la zone libre au sud.
- En juillet, le gouvernement français s'installa à Vichy, en zone libre. Pétain devint chef de l'État et mit fin à la IIIe République. Il établit une véritable dictature.
- Pierre Laval, qui avait été vice-président du Conseil de Pétain en 40, est devenu chef du gouvernement de Vichy en 1942. Il souhaitait la victoire de l'Allemagne et a collaboré activement avec la politique de Hitler.
- Les Français ont donc eu à choisir entre collaborer avec l'ennemi, s'engager dans la Résistance ou... ne rien faire et attendre.

Élaboration du texte de référence

Phase écrite collective (au tableau)

Titre : La guerre en France : la France divisée

Devant l'invasion allemande, le maréchal Pétain a demandé l'arrêt des combats. L'armistice a été signé le 22 juin 1940. L'Allemagne a annexé l'Alsace et la Moselle. La France a été séparée en deux zones (une occupée, l'autre libre). Le maréchal Pétain a mis fin à la IIIe République pour diriger le gouvernement de l'État français depuis Vichy en zone libre.

Documents 1a, 1b et 3

Depuis Londres, le général de Gaulle a lancé par radio l'Appel du 18 juin 1940. Il appelait les Français à s'organiser et à continuer la lutte avec lui.

Documents 2a et 2b

En 1942, Pierre Laval était chef du gouvernement de Vichy. Il souhaitait la victoire de l'Allemagne.

Document 1c

Les Français ont donc dû choisir entre la collaboration, la Résistance ou attendre sans s'engager.

Phase écrite individuelle (sur le cahier)

Lexique

Annexion : intégration d'un territoire dans un pays.
Ligne de démarcation : frontière délimitant en France la zone occupée par les Allemands de la zone libre.

24 Fiche documents

La Seconde Guerre mondiale (1939-1945) (2) La France dans la guerre : la France divisée

Document 1

Pétain demande l'armistice

« Français, à l'appel de M. le président de la République, j'assume à partir d'aujourd'hui la direction du gouvernement de la France. [...]
C'est le cœur serré que je vous dis aujourd'hui qu'il faut cesser le combat. Je me suis adressé cette nuit à l'adversaire pour lui demander s'il est prêt à rechercher avec nous, entre soldats, après la lutte et dans l'honneur, les moyens de mettre un terme aux hostilités [...]. »

a **Extrait du discours radiodiffusé de Philippe Pétain aux Français, le 17 juin 1940.**

Ph. © Keystone / EYEDEA

b **1941 : le maréchal Philippe Pétain en voyage officiel à Toulouse.**

Le point de vue de Pierre Laval sur la guerre

« De cette guerre surgira inévitablement une nouvelle Europe. [...] Pour moi, Français, je voudrais que demain nous puissions aimer une Europe dans laquelle la France aura une place qui sera digne d'elle. Pour construire cette Europe, l'Allemagne est en train de livrer des combats gigantesques. [...] Je souhaite la victoire de l'Allemagne, parce que, sans elle, le bolchevisme, demain, s'installerait partout. »

c **Extrait du discours radiodiffusé de Pierre Laval, chef du gouvernement de Vichy, juin 1942.**

Document 2

BIS / Ph. Hubert Josse © Archives Larbor

a **L'affiche résumant l'appel du 18 juin 1940 lancé par le général de Gaulle.**

BIS / Ph. Coll. Archives Larbor

b **Le général de Gaulle au micro de la BBC, à Londres.**

Document 3

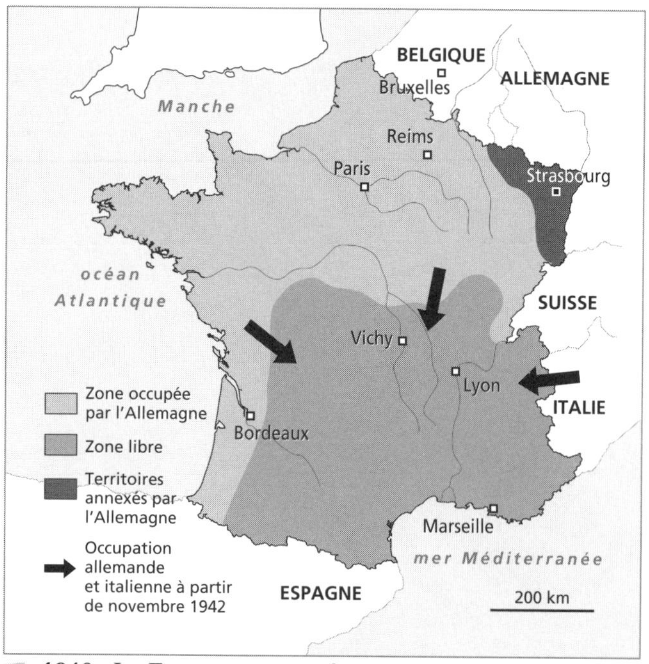

1940 : La France est coupée en deux. Elle sera totalement occupée à partir de novembre 1942.

24
Fiche questionnaire

La Seconde Guerre mondiale (1939-1945)
(2) La France dans la guerre : la France divisée

Document 1a

1. Qui a prononcé ce discours ?
À quelle date ?

2. À quel poste vient-il d'être nommé ?
Par qui ?

3. Qu'annonce-t-il aux Français ?

4. Pourquoi a-t-il pris cette décision ?

Document 1b

1. Qui est cet homme ?
Que sais-tu de lui ?

2. Où et quand cette photo a-t-elle été prise ?

3. Comment est-il accueilli à Toulouse ?
À ton avis, pourquoi ?

Document 1c

1. Qui a prononcé ce discours ?
Quand ?

2. Quel poste occupe-t-il alors ?

3. Que souhaite-t-il ?
Pourquoi ?

4. Qu'est-ce que le bolchevisme ?
Reporte-toi à la séquence 22.

5. Comment Pierre Laval imaginait-il l'Europe après la guerre ?
Selon toi, quelle sera l'attitude de son gouvernement (le gouvernement de l'État Français) vis-à-vis de l'Allemagne ?

Document 2a

1. Sur quel type de document ce texte est-il présenté ?

2. Quand cet appel a-t-il été lancé ?
Par qui ?
Depuis quelle ville ?

3. Qui le général de Gaulle appelle-t-il « des gouvernants de rencontre » ?
Que pense-t-il d'eux ?

4. Quelles sont les forces immenses dont il parle ?

5. Que demande-t-il aux Français ?

6. À ton avis, à qui cette affiche s'adresse-t-elle ?

Document 2b

1. Qui est cet homme ?
Comment est-il habillé ?
Pourquoi ?

2. Où cette photo a-t-elle été prise ?

3. Que fait le général de Gaulle sur cette photo ?
À qui peut-il s'adresser ?

4. Pourquoi a-t-il choisi ce moyen pour lancer son appel ?

Document 3

1. Quand la France a-t-elle été coupée en deux ?
À la suite de quoi ?

2. Comment s'appellent les deux parties séparées ?

3. Qu'est-ce qu'un territoire annexé ?

4. Quelles régions l'Allemagne a-t-elle annexées ?
À ton avis, pourquoi ?

5. Relève les noms des villes dans la zone libre.
Pourquoi Vichy est-elle signalée ?

6. Que s'est-il passé en novembre 1942 ?

25

La Seconde Guerre mondiale (1939-1945) – (3) La France dans la guerre : Collaborer ? Résister ? Attendre ?

Objectifs disciplinaires

Découvrir par le biais des difficultés d'approvisionnement les souffrances subies par la population.

Apprendre l'existence de la rafle du Vél' d'Hiv' et ses implications tant pour les personnes qui en furent victimes que pour celles qui l'organisèrent.

Comprendre l'alternative qui s'offrait aux jeunes Français sous l'occupation (le STO ou la Résistance).

Objectif méthodologique

Relever des indices sur des documents visuels.

Document 1

Tickets de distribution de denrées alimentaires, 1944

Document 2

Photographie probablement de la rafle du Vél' d'Hiv'

Document 3

Affiche de propagande pour le STO

Document 4

Photographie d'un groupe de maquisards

Étape 1

Les aliments rationnés

doc. 1 Tickets de distribution de denrées alimentaires, 1944.

Questionnaire à photocopier.

Ce document révèle les difficultés de ravitaillement que la France a connues sous l'occupation ainsi que le recours à des denrées de substitution. Les fameux rutabagas, entre autres !

Phase de réflexion individuelle à partir du questionnaire

Phase orale collective

1. La réponse est dans la légende ; il s'agit de tickets de distribution pour les aliments.

2. Le document porte une fourchette de dates de validité : de mars à août 1944.

3. Noter qu'il permettait d'acheter des pommes de terre ou d'autres denrées dites de substitution. Remarquer que trois tickets manquent. Il ont vraisemblablement été découpés pour être utilisés. Un ticket donnait le droit d'acheter une quantité pré-établie de pommes de terre. Signaler qu'il existait des tickets semblables pour le beurre, le pain (tickets de 100 g), la viande, la charcuterie, le vin, l'huile, la farine, etc.

4. Recueillir les réponses de la classe. Recourir éventuellement au dictionnaire pour établir que substitution signifie ici remplacement.

► Par quoi pouvait-on remplacer des pommes de terre ?

Mentionner l'usage des topinambours (tubercules normalement utilisés pour nourrir les animaux de ferme), des rutabagas (sortes de navets). D'autres produits pouvaient aussi être utilisés comme, par exemple, la chicorée pour remplacer le café.

5. Convenir qu'un tel système a été mis en place pour tenter de remédier aux problèmes de ravitaillement. Évoquer le phénomène du rationnement (une quantité donnée de nourriture par jour et par personne) rendu nécessaire par le fait que les vivres manquent en France. En effet, une bonne partie de la production est envoyée en Allemagne pour alimenter l'armée en guerre et la population en général.

Préciser que le ticket présenté ne donne que le droit d'acheter le produit (généralement à un prix élevé en raison de sa rareté) après avoir fait longuement la queue devant le magasin.

Ajouter que le système des tickets était également utilisé pour les vêtements, les chaussures, les meubles et bien d'autres produits de première nécessité.

Étape 2

Les arrestations

doc. 2 Photographie de la rafle du Vél' d'Hiv' (probablement – document non daté précisément) (et cahier couleur p. 18).

Questionnaire à photocopier.

Cet émouvant cliché nous montre une rafle massive qui est probablement celle du Vél' d'Hiv'. C'est l'occasion d'évoquer le sort de ces malheureux « raflés », l'implication de la police française dans cette opération de même que l'existence des camps de la mort et de la « solution finale » de Hitler qui feront l'objet de la séquence suivante.

Phase de réflexion individuelle à partir du questionnaire

Phase orale collective

1.

► Où la photographie a-t-elle été prise ?

Encourager les enfants à chercher la réponse dans la légende.

► Qu'est-ce que le Vél' d'Hiv' ?

Une lecture collective de la suite de la légende établira la relation : Vél' d'Hiv' = Vélodrome d'Hiver, à Paris.

2. Vérifier que tous ont compris le sens du mot « rafle ». Recourir au dictionnaire pour l'expliquer au besoin et adopter une définition collective. Exemple : arrestation massive opérée sans avertissement.

3. Les personnes visibles sur la photographie sont identifiées : les « raflés » et les policiers français en uniforme. Recourir à la légende pour préciser que les personnes arrêtées sont des Parisiens juifs. Souligner leur nombre : 13 000 ! C'est pour cette raison que le Vélodrome d'Hiver a été choisi comme lieu de détention temporaire pour les familles (7 000 personnes) : un des rares endroits couverts et fermés qui permettent de rassembler un aussi grand nombre de personnes dans la capitale. Le Vél d'Hiv comptait 17 000 places sur des gradins de briques et de béton. Les autres furent emmenés au camp de transit de Drancy.

Remarquer l'atmosphère générale de désordre alors que les raflés sont poussés vers les autobus et le regard terrifié du garçon et de la femme au premier plan.

La lecture des deux textes suivants complétera les observations.

« Les familles resteront plusieurs jours dans le vélodrome dans des conditions épouvantables, car rien n'avait été prévu pour elles, ni sanitaires, ni eau, ni nourriture, ni matelas. Les gens, qui n'avaient eu le droit d'emporter que deux bagages dont un de vivres, s'entassaient sur les gradins parmi les pleurs des enfants et les odeurs d'excréments. »[1]

« [...] les personnes arrêtées ne peuvent prendre avec elles qu'une couverture, un pull, une paire de chaussures et deux chemises.... [Elles] devront survivre pendant cinq jours, sans nourriture et avec un seul point d'eau. Ceux qui tentent de s'enfuir sont tués sur le champ. »[2]

4.

▸ Pourquoi ces personnes ont-elles été arrêtées ?

Valider les réponses expliquant l'arrestation par le fait que ce sont des Juifs. Préciser que cette rafle ne visait initialement que les Juifs d'origine étrangère (Vichy n'étant pas censé livrer les Juifs français) mais que des Juifs français ont également été arrêtés pour gonfler le bilan de la rafle et montrer combien le régime de Vichy était prêt à collaborer avec l'Allemagne.

▸ Par qui ces personnes sont-elles arrêtées ?

Constater que cette rafle a été organisée par la police française. En effet, plus de 5 000 policiers français ont participé à l'opération. Remarquer les policiers visibles sur la photo.

▸ Comment la police pouvait-elle décider qui arrêter ?

Expliquer que les sources de renseignements ne manquent pas : le recensement administratif (les Juifs sont recensés), les dénonciations (pour ceux qui se sont cachés) et le port de l'étoile jaune devenu obligatoire.

Préciser que cette rafle s'inscrit dans le programme d'élimination des juifs décidé par Hitler. Rappeler la définition du nazisme : une doctrine autoritaire et raciste. Faire le lien entre le racisme et l'antisémitisme.

Noter que beaucoup de Français n'ont pas voulu être complices, et que la solidarité ou l'aide active d'une partie de la population a permis de sauver de nombreux Juifs en les cachant ou en les aidant à passer clandestinement en Suisse ou en Espagne. Il y avait, en 1940, environ 300 à 350 000 Juifs en France dont la moitié étaient des immigré récents (réfugiés entre les deux guerres). Environ 76 000 d'entre eux furent déportés (presque tous ceux-là sont morts).

5. Conclure que les 13 000 victimes de la rafle du Vél d'Hiv' ont été conduits au camp d'extermination d'Auschwitz où ils ont presque tous trouvé la mort : moins d'une centaine d'entre eux ont survécu, dont aucun enfant.
Aux élèves qui s'étonneraient de la présence de ce camp en Pologne, on précisera que la séquence suivante répondra à leurs interrogations.

Étape 3

Le STO

doc. 3 Affiche de propagande pour le STO.
Questionnaire à photocopier.
Cette affiche permet de développer l'existence du STO déjà évoquée au cours de la séquence précédente.

Phase de réflexion individuelle à partir du questionnaire

Phase orale collective

1. Recourir à la légende pour confirmer qu'il s'agit d'une affiche de propagande. Recourir au dictionnaire pour expliquer le mot propagande : action de vanter les mérites d'une idée ou d'un homme. Convenir que, comme toute affiche, elle était visible sur les murs de la capitale et des autres villes de France pendant l'occupation allemande.

2. Relire le slogan de l'affiche : « Ils donnent leur sang... Donnez votre travail pour sauver l'Europe du bolchevisme. »

▸ Qui sont « Ils » ?

Noter le casque qui identifie un soldat allemand. Relever la phrase à l'impératif : « Donnez votre travail... »

Revenir au besoin à la séquence 24 où le bolchevisme a été défini comme le communisme russe lors de l'étude du document 1c (extrait d'un discours de Pierre Laval).

Observer le fond de l'affiche.

▸ Que représente-t-il ?

Les enfants identifieront deux files de travailleurs se dirigeant « librement » vers des usines en pleine activité (leurs cheminées fument). Le détail des deux « volontaires » se tenant par l'épaule sur la droite du document témoigne d'une atmosphère de franche camaraderie.

1. http://perso.orange.fr/memoire78/pages/vel.html.
2. Extrait de l'article sur le Vélodrome d'Hiver sur Wikipédia (http://fr.wikipedia.org).

Conclure que le message porté est destiné à encourager les Français à aller travailler en Allemagne pendant que les jeunes Allemands font la guerre.

3. La signification des initiales STO est donnée dans la légende : service du travail obligatoire. Préciser que le travail était obligatoire mais payé. Remarquer que l'affiche met l'accent sur la réciprocité (soldats/travailleurs) et que les mots service du travail obligatoire n'apparaissent pas. C'est tout l'art de la propagande !

4. Rappeler la séquence précédente : le STO a été institué par Pierre Laval pour répondre à la demande de l'Allemagne qui exigeait toujours plus de travailleurs pour fournir la main d'œuvre nécessaire à son effort de guerre. Tous ses hommes valides étaient en effet mobilisés dans l'armée. L'Allemagne a dans un premier temps fait appel à des travailleurs volontaires selon le principe de la « relève » (un travailleur volontaire permettait la libération d'un prisonnier de guerre). Leur nombre étant jugé insuffisant, Pierre Laval a eu recours au travail obligatoire à partir de 1943. Cette mesure a d'abord touché les jeunes Français (qui se seraient trouvés mobilisables si la France n'était pas devenue un État neutre et sans service militaire) puis a été étendue à 250 000 prisonniers de guerre transformés en « travailleurs libres ».

Signaler que, pour échapper au STO, de nombreux jeunes Français ont rejoint la Résistance. Un plus petit nombre, environ 35 000, s'est engagé dans la Milice (la police française luttant contre la Résistance) ou dans la Légion des volontaires français, environ 12 000 (pour combattre sous l'uniforme allemand).

Étape 4

Les maquisards organisent leur lutte

doc. 4 Photographie d'un groupe de maquisards (et cahier couleur p. 18).

Questionnaire à photocopier.

Cette photographie illustre l'existence des réseaux de Résistance qui se sont constitués en France et dont les rangs ont été grossis par l'instauration du STO.

Phase de réflexion individuelle à partir du questionnaire

Phase orale collective

1. Noter que le mot « maquisards » dans la légende est immédiatement suivi de « Résistants ». Confirmer que les maquisards étaient des Résistants qui continuaient la lutte contre l'occupant allemand sur le territoire français. Faire établir la relation : maquisard —> maquis.

▸ Qu'est-ce que le maquis ?

Recourir au besoin au dictionnaire pour noter qu'il s'agit d'une forme de végétation dense, d'un lieu difficile à pénétrer et qui offre de nombreuses cachettes. Par extension : prendre le maquis = se cacher dans la nature, entrer dans la clandestinité. L'expression trouve son origine en Corse. Conclure que les maquis étaient des groupements de combattants clandestins, cachés dans des zones difficiles d'accès (montagnes, forêts).

2. Combiner l'observation de la photographie et la lecture de la légende pour établir que ces maquisards participent à une séance d'entraînement au maniement d'armes. Noter celui qui semble être l'instructeur et qui charge une arme.

▸ Dans quel but apprennent-ils à utiliser des armes ?

Recueillir les propositions des enfants et valider celles qui suggèrent la préparation d'une action contre un objectif allemand.

3.

▸ Quels indices permettent de répondre ?

Noter l'absence d'uniformes, le décor de la scène (en extérieur, à l'orée d'une forêt), le manque général de moyens. Conclure qu'il ne s'agit pas d'une armée régulière mais bien d'un groupe de volontaires civils.

4. Dans un premier temps, les enfants seront tentés d'identifier le personnage central comme le chef du réseau. Préciser qu'il s'agit là d'un petit groupe appartenant à une organisation beaucoup plus vaste dirigée par un chef clandestin. Pointer la difficulté qu'il pouvait y avoir à fédérer de façon efficace l'action de groupes si nombreux, tout en restant dans l'ombre.

Signaler l'existence de la Gestapo (police allemande aux méthodes très brutales incluant souvent la torture) et de la Milice (police française créée par Laval pour lutter également contre la Résistance).

Présenter brièvement le personnage de Jean Moulin, chef clandestin de la Résistance française. Ajouter qu'il avait été chargé par de Gaulle d'unifier les différents groupes de Résistants en France et d'assurer leur ravitaillement en armes et matériel pour mener à bien leurs missions de propagande, renseignements, sabotage, entraide, etc. Arrêté par les Allemands en 1943, il mourra des suites de ses tortures sans avoir parlé.

5. Faire identifier les armes visibles sur la photographie : des fusils.

▸ D'où ces armes peuvent-elles provenir ?

Recueillir les propositions des enfants. Valider celles qui suggèrent qu'elles ont été prises à l'ennemi ou acheminées depuis Londres et parachutées.

Informations complémentaires

Dès le début de l'occupation allemande, la Résistance intérieure s'est concentrée sur la contre-propagande, les filières d'évasion vers la zone libre et l'étranger, les sabotages et les renseignements

En juin 1941, lors de l'invasion de l'URSS, les Français communistes sont entrés en Résistance.

En novembre 1942, date de l'occupation de la zone libre, beaucoup de Français, voyant que le régime de Vichy était totalement assujetti à Hitler, ont également rejoint la Résistance.

La victoire de Stalingrad, en 1943, a rendu l'espoir à de nombreux indécis qui ont basculé vers la Résistance active. Avec l'apparition du STO, les maquis ont pris de l'ampleur.

Au total, en 1944, on évalue le nombre de Résistants entre 300 000 et 500 000 (fourchette large car il y avait bien des degrés dans les formes de Résistance, du simple sympathisant lisant la presse clandestine au combattant d'un maquis, et tout dépend du seuil auquel on place l'engagement dans la lutte).

Jean Moulin a réussi à unifier et à rallier derrière le général de Gaulle les mouvements de Résistance pour former le Conseil national de la Résistance. Il en a été le président pendant à peine plus d'un mois, du 27 mai au jour de sa mort, le 8 juillet 1943. ■

Synthèse (orale)

Qu'avons-nous appris ?

- La plupart des produits français étaient expédiés en Allemagne. On a introduit le rationnement et utilisé des cartes de ravitaillement pour se procurer les denrées mais aussi des articles comme les vêtements ou les chaussures.
- En juillet 1942, la police française a organisé l'arrestation de 13 000 Juifs à Paris (la rafle du Vél' d'hiv'). Les personnes arrêtées ont été envoyées dans le camp d'Auschwitz pour être exterminées.
- Pour poursuivre son effort de guerre, l'Allemagne avait besoin de main d'œuvre. Elle a d'abord fait appel à des volontaires français. Comme ils n'étaient pas assez nombreux, Pierre Laval a institué le service du travail obligatoire. Pour échapper au STO, de nombreux Français ont rejoint la Résistance. Certains, moins nombreux, se sont engagés dans la Milice ou dans la Légion des volontaires français.
- Les Résistants français se sont organisés en groupes clandestins pour continuer la lutte contre l'occupant allemand. Jean Moulin, à la demande du général de Gaulle, a réuni ces différents groupes pour former le Conseil national de la Résistance. Il a été arrêté et torturé par les Allemands en 1943. Il est mort sans avoir parlé.

Élaboration du texte de référence

Phase écrite collective (au tableau)

Titre : La guerre en France :
Collaborer ? Résister ? Attendre ?

Sous l'occupation, les Français devaient utiliser des cartes de ravitaillement pour se procurer à manger.

Document 1

En juillet 1942, 13 000 Juifs de Paris ont été arrêtés lors de la rafle du Vél' d'Hiv'. La plupart sont morts dans le camp d'Auschwitz.

Document 2

En 1943, Pierre Laval a créé en France le STO (service du travail obligatoire). Beaucoup de jeunes Français ont rejoint le maquis pour éviter d'aller travailler en Allemagne.

Document 3

Les Résistants se sont organisés pour continuer la lutte contre l'occupant allemand. Leur chef, Jean Moulin, est mort après avoir été arrêté et torturé par les Allemands.

Document 4

Phase écrite individuelle (sur le cahier)

Lexique

Bolchevisme : communisme russe issu de la révolution de 1917.
Maquis : lieu dans lequel on peut se cacher, devenu synonyme de Résistance armée contre l'occupant allemand.
Milice : police française luttant contre la Résistance.
Rafle : arrestation massive sans avertissement.
STO : Service du travail obligatoire.

25
Fiche documents

La Seconde Guerre mondiale (1939-1945) (3) La France dans la guerre : Collaborer ? Résister ? Attendre ?

Document 1

Tickets de distribution pour denrées alimentaires.

Document 2

La rafle du Vél' d'Hiv' (probablement – document non daté précisément).

Les 16 et 17 juillet 1942, 13 000 Juifs ont été arrêtés à Paris par la police française. Les familles (7 000 personnes dont 4 000 enfants) ont été enfermées pendant plusieurs jours sans nourriture ni matelas dans le Vélodrome d'Hiver, avant d'être emmenées au camp d'extermination d'Auschwitz, en Pologne.

Document 3

Affiche de propagande pour le STO (service du travail obligatoire) utilisée pendant l'occupation.

Document 4

Maquisards résistants apprenant à manier les armes.

La Seconde Guerre mondiale (1939-1945) (3) La France dans la guerre : Collaborer ? Résister ? Attendre ?

25 Fiche questionnaire

Document 1

1. Comment appelle-t-on un tel document ?
2. De quand celui-ci date-t-il ?
3. Que permettait-il d'obtenir ?
À ton avis, comment l'utilisait-on ?
4. Qu'appelle-t-on des denrées de substitution ?
5. À ton avis, pourquoi un tel système de distribution a-t-il été créé ? Existait-il seulement pour la nourriture ?

Document 2

1. Où cette photo a-t-elle été prise ? Quand ?
2. Que veut dire le mot rafle ?
3. Qui sont ces personnes ?
Que vois-tu à l'arrière-plan ?
4. Qui les a arrêtées et pourquoi ?
5. Que vont-elles devenir ?

Document 3

1. Quelle est la nature de ce document ?
Où pouvait-on le voir ?
2. Quel message porte-t-il ? À qui est-il adressé ?
3. Qu'est-ce que le STO ?
4. À ton avis, dans quel but le STO a-t-il été créé ?

Document 4

1. Qu'est-ce qu'un maquisard ?
À quoi ce mot te fait-il penser ?
2. Que font ces hommes ? Pourquoi ?
3. Sont-ils des soldats comme les autres ?
Justifie ta réponse.
4. Qui pouvait être leur chef ?
5. Quelles armes reconnais-tu ?
À ton avis, comment les ont-ils obtenues ?

La Seconde Guerre mondiale (1939-1945) (3) La France dans la guerre : Collaborer ? Résister ? Attendre ?

25 Fiche questionnaire

Document 1

1. Comment appelle-t-on un tel document ?
2. De quand celui-ci date-t-il ?
3. Que permettait-il d'obtenir ?
À ton avis, comment l'utilisait-on ?
4. Qu'appelle-t-on des denrées de substitution ?
5. À ton avis, pourquoi un tel système de distribution a-t-il été créé ? Existait-il seulement pour la nourriture ?

Document 2

1. Où cette photo a-t-elle été prise ? Quand ?
2. Que veut dire le mot rafle ?
3. Qui sont ces personnes ?
Que vois-tu à l'arrière-plan ?
4. Qui les a arrêtées et pourquoi ?
5. Que vont-elles devenir ?

Document 3

1. Quelle est la nature de ce document ?
Où pouvait-on le voir ?
2. Quel message porte-t-il ? À qui est-il adressé ?
3. Qu'est-ce que le STO ?
4. À ton avis, dans quel but le STO a-t-il été créé ?

Document 4

1. Qu'est-ce qu'un maquisard ?
À quoi ce mot te fait-il penser ?
2. Que font ces hommes ? Pourquoi ?
3. Sont-ils des soldats comme les autres ?
Justifie ta réponse.
4. Qui pouvait être leur chef ?
5. Quelles armes reconnais-tu ?
À ton avis, comment les ont-ils obtenues ?

26 La Seconde Guerre mondiale (1939-1945) (4) L'holocauste

Objectif disciplinaire

Découvrir la persécution des Juifs pendant la Seconde Guerre mondiale, les camps de concentration et les camps d'extermination.

Objectif méthodologique

Lire un texte et observer des photos.

Document 1

Portrait d'Anne Frank et extrait de son journal, 1942-1944

Document 2

L'étoile jaune imposée aux Juifs de France

Documents 3a et 3b

Photographies des camps de Buchenwald et d'Auschwitz-Birkenau, 1945

Étape 1

Anne Frank raconte la persécution des Juifs

doc. 1 Portrait d'Anne Frank et extrait de son journal, 1942-1944.
Questionnaire à photocopier.
Lorsque Anne Frank écrit ces lignes, elle a 13 ans. Les détails qu'elle livre la rendent particulièrement proche d'élèves du CM2 et décrivent en langage simple les conditions de vie des Juifs en 1942, dans un pays occupé par l'Allemagne : la Hollande.

Phase de réflexion individuelle à partir du questionnaire

Phase orale collective

1. Valider les réponses à l'aide de la légende : Anne Frank a commencé à écrire son journal à Amsterdam (en Hollande), en 1942. C'est donc un témoignage historique direct.
2. Voir le début du texte pour confirmer : Anne Frank est née en Allemagne.
3. Renvoyer les enfants à la première phrase en gras. Constater que le père d'Anne a quitté l'Allemagne pour la Hollande en 1933 et que la raison donnée est : car « nous sommes Juifs à cent pour cent... »

▸ Que signifie cette expression sous la plume d'Anne ?

Convenir collectivement qu'elle veut dire que son père et sa mère sont Juifs tous les deux.

4. Renvoyer les enfants à la deuxième phrase en caractère gras pour confirmer que les deux oncles d'Anne ont émigré en Amérique du Nord à la suite des pogroms de 1938.

▸ Qu'est-ce qu'un pogrom ?

Recourir au dictionnaire pour adopter une définition comme : une manifestation de violence raciste contre les Juifs. Signaler que ces violences pouvaient être meurtrières. Mentionner la « nuit de cristal » (en Allemagne, le 9 novembre 1938), au cours de laquelle 195 synagogues furent brûlées, les magasins des Juifs furent dévastés et pillés par des bandes organisées. L'expression « nuit de cristal » tient au fait que les rues étaient jonchées d'éclats de verre provenant des vitrines brisées. Par la suite, 20 000 Juifs furent déportés vers les camps nouvellement construits.

5. Renvoyer à la 3e phrase en gras et les explications qui suivent : Anne évoque l'invasion des Pays-Bas par les Allemands. Rappeler que cette invasion a précédé de peu celle de la France et que le sort des Juifs de Hollande a été comparable à celui des Juifs de France.

▸ Quelles ont été les conséquences de cette invasion ?

Revenir au texte pour relever l'extrait : « nos misères, à nous les Juifs, ont commencé. » Noter l'apparition et la succession des lois antijuives.

▸ Quelles pouvaient être ces lois antijuives ?

Constater qu'Anne en fait la longue énumération dans la suite de l'extrait.
Préciser que depuis 1935, Hitler avait fait de l'antisémitisme une doctrine officielle en Allemagne. Les Juifs n'avaient le droit de se marier qu'avec des Juifs, de nombreuses professions leur étaient interdites, leurs enfants n'avaient plus le droit d'aller à l'école et à partir d'avril 1938, tous leurs biens avaient été recensés et confisqués.

6. Confirmer que l'initiateur des lois antijuives était bien Hitler et que le nazisme est une doctrine résolument raciste et antisémite. Aux élèves qui demanderont ce qu'Hitler avait contre les Juifs, on précisera qu'Hitler considérait que les Allemands étaient une « race supérieure », appelée à soumettre et à exploiter les « races inférieures ». Pour lui, il existait une « race juive », qu'il considérait comme inférieure et dangereuse. Toujours selon Hitler, il fallait l'éliminer car elle risquait d'affaiblir et de souiller la race des seigneurs...
7. Utiliser les dates figurant sous le portrait d'Anne Frank pour faire calculer son âge à sa mort : 16 ans ! Recueillir le résultat des recherches des enfants. Constater collectivement qu'Anne est morte de maladie au camp de concentration de Bergen-Belsen quelques semaines seulement avant la fin de la guerre.

On pourra faire présenter par un groupe de volontaires un bref exposé sur la vie d'Anne Frank et de sa famille entre 1942 et 1944 (quand ils se sont cachés, comment ils ont vécu, quand ils ont été dénoncés...). Il serait aussi intéressant d'expliquer comment le manuscrit du *Journal* a finalement été publié (par le père d'Anne, à son retour des camps) et de proposer la lecture d'autres extraits.

Étape 2

La ségrégation antijuive

doc. 2 L'étoile jaune imposée aux Juifs de France.
Questionnaire à photocopier.
Ce document, dans toute sa simplicité, illustre la persécution des Juifs en général et des Juifs de France en particulier puisque le mot « Juif » apparaît en français.

Phase de réflexion individuelle à partir du questionnaire

Phase orale collective

1. Recueillir les réponses. Constater qu'il s'agit d'une étoile sur laquelle apparaît le mot « Juif ». Observer que cette étoile est formée de deux triangles entrecroisés, qu'elle a six branches.

▸ Comment appelle-t-on une telle étoile ? *L'étoile de David*.

On pourra éveiller des souvenirs chez certains élèves en précisant que David est un personnage de la Bible, roi du peuple d'Israël et que c'est lui qui a tué le géant Goliath avec une fronde.

2. Recourir à la légende. Constater que l'étoile était jaune et en tissu puisqu'elle devait être cousue sur les vêtements. Renvoyer les enfants à la dernière phrase en gras dans l'extrait du journal d'Anne Frank. Remarquer que les Juifs de Hollande devaient eux aussi porter l'étoile jaune. Conclure collectivement que tous les Juifs d'Europe occupée étaient concernés par cette mesure et persécutés.
3. Revenir aux observations qui viennent d'être faites et à la légende : les Juifs de la France occupée ont dû porter l'étoile jaune cousue sur leur vêtement à partir du mois de mai 1942.
4. Convenir que le port de l'étoile jaune était destiné à identifier les Juifs pour vérifier qu'ils ne contrevenaient pas aux interdictions qui leur étaient faites. En déduire que la France appliquait le même genre de lois antijuives qui existaient en Allemagne. Un « statut des juifs » valable dans les deux zones fut adopté par le gouvernement de Vichy (sans que les Allemands l'aient réclamé). Il entraîna progressivement, en France comme ailleurs, le recensement des Juifs, de nombreuses interdictions (on pourra en relire la longue liste à la fin du document 1.) et la confiscation de leurs biens.

Si, dans la zone libre, le port de l'étoile jaune n'était pas imposé, permettant aux Juifs de passer inaperçus, il devint obligatoire à partir de novembre 42.

5. Recueillir les réponses des élèves. Un rapide échange de points de vue devrait permettre de dégager la conclusion collective que cette obligation porte un nom (la ségrégation) et qu'elle est inacceptable.

▸ Était-il possible aux Juifs d'Europe de désobéir à cette obligation ?

Citer l'exemple de Christian X, roi du Danemark, qui menaça l'occupant nazi d'être le premier Danois à porter l'étoile jaune si l'obligation était étendue aux Juifs de son pays. Préciser que sa courageuse attitude a contraint les Allemands à renoncer à imposer le port de l'étoile au Danemark et sauva certainement de très nombreux Juifs danois de la déportation.

Étape 3

Les camps de la mort

doc. 3a Photographie du camp de Buchenwald, avril 1945.
doc. 3b Photographie du camp d'Auschwitz-Birkenau, 1945.
Questionnaires à photocopier.
Ces deux photographies illustrent la réalité des camps de concentration et des camps d'extermination et permettront d'évoquer leur nombre et leurs emplacements géographiques. Elles permettront aussi de mesurer l'ampleur et l'aspect industriel de la « solution finale ».

Phase de réflexion individuelle à partir du questionnaire

Phase orale collective
Étude du document 3a

1. La légende et la photographie elle-même identifient des prisonniers. Faire décrire ces prisonniers et noter leur entassement et leur extrême maigreur.

▸ À quoi cette maigreur peut-elle être due ?

Confirmer qu'il s'agit de l'effet de la malnutrition et des mauvais traitements (travail forcé notamment).

2. La légende situe et date la photographie : à Buchenwald (Allemagne) en avril 1945. Situer Buchenwald sur une carte de l'Europe (à l'est d'Erfurt, capitale du Land de Thuringe, au centre de l'Allemagne). Encourager les enfants à utiliser à nouveau la légende pour émettre des

hypothèses quant à l'identité du photographe. Confirmer que cette photographie a vraisemblablement été prise par un soldat américain venu libérer les prisonniers.

3. Observer les lits étagères. Noter l'absence de matelas, le nombre de détenus par « case ».

▸ Ce camp est-il une prison comme les autres ?

Convenir que les conditions de vie y sont particulièrement pénibles.

4. La légende décrit Buchenwald comme un camp de concentration. Expliquer qu'un camp de concentration, comme son nom l'indique, était destiné à regrouper (dans un premier temps) des personnes opposées à Hitler (communistes, démocrates...). Ces camps se sont multipliés et ont accueilli également des prisonniers de guerre (russes surtout, car la Russie n'ayant pas signé la Convention de Genève, les Allemands considéraient qu'ils ne bénéficiaient pas de sa protection) et des Juifs ou des Tziganes.

Les camps de concentration étaient des camps où les prisonniers pouvaient être maltraités jusqu'à la mort (privation de nourriture, épuisement par le travail, tortures, exécutions, expériences médicales, etc.).

5. Les enfants ont appris la mort d'Anne Frank dans le camp de Bergen-Belsen. Ils en auront conclu que d'autres camps existaient. On confirmera en rappelant qu'à la suite du pogrom de la « nuit de cristal », 20 000 Juifs allemands ont été déportés vers de nouveaux camps.

Informations complémentaires

On estime à plus de 50 000 les victimes du camp de Buchenwald. Bergen-Belsen était également un camp de concentration. Environ 150 000 déportés y sont morts parmi lesquels Anne Frank. Au total, on dénombre une quinzaine de camps de concentration, principalement en Allemagne et en Pologne, un en Autriche : Mauthausen (100 000 morts) et un... en France (mais à l'époque de la guerre, c'était l'Allemagne) : Natzwiller-Struthof, en Alsace (environ 25 000 morts). ■

Étude du document 3b

1. Noter ensemble les bâtiments, la porte surmontée d'une tour, les rails au premier plan qui entrent dans l'enceinte, le paysage de neige, l'aspect lugubre de l'endroit.

2. La légende situe le lieu : le camp d'Auschwitz-Birkenau.

▸ Dans quel pays se trouve-t-il ?

Rappeler la rafle du Vél' d'Hiv' évoquée à la séquence précédente. Elle a permis de localiser Auschwitz en Pologne.

3. Recueillir les réponses de la classe. Valider celles qui font état de l'arrivée des convois de déportés. Confirmer en ajoutant que les Juifs victimes de la rafle du Vél' d'Hiv' sont, pour la plupart, arrivés à Auschwitz par une de ces voies, dans des wagons à bestiaux.

4. Revenir à la légende pour noter qu'Auschwitz-Birkenau était un camp d'extermination.

▸ Que veut dire ce mot ?

Adopter une définition collective comme : un massacre systématique. Introduire la notion de génocide en expliquant qu'il s'agit de la destruction méthodique d'une race ou d'une ethnie. On distinguera rapidement une race (groupe partageant des caractéristiques anatomiques) d'une ethnie (groupe partageant une langue et une culture).

Rappeler que ce génocide était voulu par Hitler pour éliminer tous les Juifs d'Europe et avait pour nom de code : la « solution finale » (sous-entendu : du problème juif). On le désigne aussi par les termes Holocauste ou Shoah.

Noter que les camps d'extermination sont apparus en 1942 pour accélérer l'élimination des Juifs (plus lente dans les camps de concentration).

5. La légende chiffre l'effroyable bilan du camp : plus d'un million de victimes ! Expliquer que pour parvenir à un tel résultat, le camp avait recours à des méthodes industrielles : les déportés étaient gazés (dans des chambres à gaz) à leur arrivée, et leurs corps brûlés immédiatement (dans des fours crématoires) après récupération sur eux de tout ce qui pouvait servir : chaussures, lunettes, cheveux, dents en or...
Chaque enseignant jugera de la nécessité de livrer davantage de détails. Les sources de documentation et les témoignages sont nombreux.
Préciser qu'il y avait cinq autres camps d'extermination en Pologne, parmi lesquels Treblinka où environ un million de Juifs ont également trouvé la mort. Si les camps étaient implantés « au bout du monde », tout à fait à l'est de la Pologne, c'était pour mieux garder le secret.

Synthèse (orale)

Qu'avons-nous appris ?

- En 1935, Hitler a fait de l'antisémitisme une doctrine officielle. Des lois antijuives ont privé les Juifs d'Allemagne de leurs droits, puis de leurs biens. En 1938, des pogroms ont eu lieu, comme la « nuit de cristal » pendant laquelle des synagogues et des magasins juifs ont été détruits. Les Juifs ont aussi été déportés vers des camps de concentration.

- Dans les pays occupés par l'Allemagne, comme la Hollande, la Pologne ou la France, les Juifs ont été persécutés également. Ils devaient porter une étoile jaune pour montrer qu'ils étaient Juifs et beaucoup d'entre eux ont été déportés.
- Anne Frank, une jeune Juive allemande réfugiée en Hollande a écrit un journal pour raconter sa vie jusqu'à son arrestation et sa déportation avec sa famille. Elle est morte dans un camp de concentration alors qu'elle allait avoir 16 ans.
- Hitler voulait éliminer tous les Juifs d'Europe. C'était la « solution finale ». Des camps d'extermination comme Auschwitz ou Treblinka ont été construits pour tuer industriellement des millions de Juifs amenés par convois.

Élaboration du texte de référence

Phase écrite collective (au tableau)

Titre : L'Holocauste

Pendant la Seconde Guerre mondiale, Hitler a voulu éliminer tous les Juifs d'Europe. C'était la « solution finale ». Pour cela, les Allemands ont construit des camps de concentration comme Buchenwald puis des camps d'extermination comme Auschwitz. Des millions de Juifs déportés y ont été amenés par trains entiers et y ont trouvé la mort.

Documents 3a et 3b

Anne Frank, une jeune juive allemande, a écrit un journal qui est devenu très célèbre après sa mort dans un camp de concentration.

Documents 1 et 2

Phase écrite individuelle (sur le cahier)

Lexique

Holocauste : sacrifice religieux au cours duquel la victime était entièrement brûlée ; autre nom donné à la destruction des Juifs par les nazis.
Génocide : destruction méthodique d'une race ou d'une ethnie.
Pogrom : manifestation de violence raciste contre les Juifs.
Shoah (la) : « catastrophe » en hébreu ; nom donné par les Juifs à l'holocauste.
Solution finale : nom de code nazi pour l'extermination des Juifs d'Europe.

26 Fiche documents

La Seconde Guerre mondiale (1939-1945) (4) L'holocauste

Document 1

Anne Frank raconte...

Anne Frank est allemande et juive. Son père a quitté l'Allemagne pour aller travailler en Hollande en 1933 car ***ils sont « juifs à cent pour cent ».*** *Le reste de la famille est venu le rejoindre plus tard. Elle raconte ces journées dans un journal intime...*

« Notre vie a connu les tensions qu'on imagine, puisque les lois antijuives de Hitler n'ont pas épargné les membres de la famille qui étaient restés en Allemagne. **En 1938, après les pogroms, mes deux oncles, les frères de maman, ont pris la fuite** et se sont retrouvés sains et saufs en Amérique du Nord, ma grand-mère est venue s'installer chez nous, elle avait alors soixante-treize ans.

À partir de mai 1940, c'en était fini du bon temps, d'abord la guerre, la capitulation, l'entrée des Allemands, et nos misères, à nous les juifs, ont commencé. Les lois antijuives se sont succédé sans interruption et notre liberté de mouvement fut de plus en plus restreinte. **Les juifs doivent porter l'étoile jaune** ; les juifs doivent rendre leurs vélos, les juifs n'ont pas le droit de prendre le tram ; les juifs n'ont pas le droit de circuler en autobus, ni même dans une voiture particulière ; les juifs ne peuvent faire leurs courses que de trois heures à cinq heures, les juifs ne peuvent aller que chez un coiffeur juif ; les juifs n'ont pas le droit de sortir dans la rue de huit heures du soir à six heures du matin ; les juifs n'ont pas le droit de fréquenter les théâtres, les cinémas et autres lieux de divertissement ; les juifs n'ont pas le droit d'aller à la piscine, ou de jouer au tennis, au hockey ou à d'autres sports ; les juifs n'ont pas le droit de faire de l'aviron ; les juifs ne peuvent pratiquer aucune sorte de sport en public. Les juifs n'ont plus le droit de se tenir dans un jardin chez eux ou chez des amis après huit heures du soir ; les juifs n'ont pas le droit d'entrer chez des chrétiens ; les juifs doivent fréquenter des écoles juives, et ainsi de suite, voilà comment nous vivotions et il nous était interdit de faire ceci ou de faire cela. »

Anne Frank, *Journal* (écrit à Amsterdam de 1942 à 1944).

Ph. © Photo12.com

Anne Frank, 1929 – 1945.

Document 2

Ph. © Photo12.com - Oasis

L'étoile jaune : à partir du mois de mai 1942, tous les Juifs de France vivant en zone occupée devront la porter « solidement cousue » sur leur vêtement.

Document 3

Ph. © Photo12.com / Keystone Pressedienst

a Prisonniers au camp de concentration de Buchenwald en Allemagne.
Photographie prise lors de la libération du camp, en avril 1945, par les troupes américaines.

BIS / Ph. Coll. Archives Larbor

b L'entrée du camp d'extermination d'Auschwitz-Birkenau.
Près d'un million de Juifs y ont trouvé la mort entre 1940 et 1945.

26 Fiche questionnaire

La Seconde Guerre mondiale (1939-1945) (4) L'holocauste

Document 1

1. Qui a écrit ce texte ?
Quand ?
Dans quel pays ?

2. Dans quel pays cette jeune fille est-elle née ?

3. Quand sa famille a-t-elle quitté son pays d'origine ?
Pourquoi ?

4. Où les oncles d'Anne Frank sont-ils allés vivre ?
À la suite de quels événements ?

5. Que s'est-il passé à partir de mai 1940 ?

6. Qui était à l'origine des lois antijuives ?

7. À quel âge Anne Frank est-elle morte ?
Utilise une encyclopédie pour en savoir plus.

Document 2

1. Quel est cet objet ?

2. En quelle matière et de quelle couleur était-il ?

3. Qui devait le porter ?
Dans quel pays ?
Comment ?
À partir de quand ?

4. À quoi le port d'un tel insigne pouvait-il servir ?
(Relis la fin du document 1.)

5. Que penses-tu de cette obligation qui a été faite aux Juifs ?

Document 3a

1. Qui sont ces personnes ?
Décris-les.

2. Où et quand cette photo a-t-elle été prise ?
À ton avis, par qui ?

3. Comment les prisonniers sont-ils installés ?

4. Quelle sorte de camp était Buchenwald ?
À quoi pouvait-il servir ?

5. Le camp de Buchenwald était-il le seul camp de ce genre ?
(Utilise les résultats de ta recherche sur Anne Frank.)

Document 3b

1. Que représente cette photo ?

2. Où a-t-elle été prise ?

3. À quoi pouvaient servir les voies visibles au premier plan ?

4. Comment appelle-t-on un tel camp ?
Qu'y faisait-on ?

5. Combien de Juifs sont morts dans ce camp ?

27 La Seconde Guerre mondiale (1939-1945) (5) Le débarquement et la victoire

Objectif disciplinaire
Découvrir le débarquement et l'importance des contributions américaines et soviétiques à la fin du conflit.

Objectif méthodologique
Relever des indices sur des documents visuels.

Document 1
Carte des plages du débarquement, 6 juin 1944

Documents 2a et 2b
Photographies du Jour J, 6 juin 1944

Document 3
Photographie de la libération de Paris, 26 août 1944

Document 4
Photographie de la prise de Berlin, 30 avril 1945

Étape 1

Localiser les plages du débarquement

doc. 1 Carte des plages du débarquement, 6 juin 1944.
Questionnaire à photocopier.
Cette carte situe les plages du débarquement et montre la pluralité des troupes engagées ainsi que les enjeux stratégiques de l'opération du 6 juin 1944.

Phase orale collective
Préciser, avant l'étude du document, que le débarquement de Normandie est intervenu après un débarquement en Italie (en Sicile), en 1943, qui a été suivi de la chute de Mussolini. L'armée allemande a aussitôt envahi l'Italie pour stopper l'avance des Alliés près de Rome.
L'ouverture d'un second front en France devenait nécessaire pour écourter la guerre. Ce deuxième débarquement fit l'objet d'une longue préparation, incluant notamment l'intoxication des services secrets allemands qui furent jusqu'au bout convaincus que le débarquement aurait lieu vers Calais. Le débarquement fut commandé par le général Eisenhower, futur président des États-Unis d'Amérique.

Phase de réflexion individuelle à partir du questionnaire

Phase orale collective

1. S'assurer que tous les élèves ont bien repéré l'emplacement des côtes normandes et de la presqu'île du Cotentin sur une carte générale de la France.
Recueillir les noms des cinq plages et les copier au tableau : Utah, Omaha, Gold, Juno et Sword. Constater que ces noms ne sont pas français.

▸ Pourquoi ces noms ?

Valider les réponses suggérant l'utilisation de noms codés pour préserver jusqu'au bout le secret de l'opération.
Rappeler que des phrases codées (les « messages personnels ») étaient régulièrement employées dans les émissions de la BBC de Londres pour transmettre des messages aux Résistants français. Parmi les plus célèbres annonçant le débarquement, on notera : « Les carottes sont cuites », et ce vers de Verlaine : « Les sanglots longs des violons de l'automne… »
On pourra faire écouter des « messages personnels » sur http://www.doctsf.com/bbc/messages.html pour illustrer le rôle de la BBC.

2. Observer les drapeaux pour identifier les troupes engagées : Américains, Britanniques, Canadiens et Français.

3. Le débarquement sur les plages s'est bien sûr fait par la mer. Noter également les lieux de parachutage : des troupes ont été larguées derrière les lignes ennemies à l'aide de planeurs à la faveur de la nuit.

4. Faire repérer l'emplacement du port, à Arromanches.

▸ Quelle a pu être son utilité ?

Aider les enfants à l'aide de questions :

▸ À quoi sert un port en général ? *Charger ou décharger de grosses quantités de produits et de matériel.*

▸ N'y avait-il pas déjà des ports sur la côte normande ? *Cherbourg et Le Havre.*

▸ Pourquoi ne pas les avoir utilisés ? *Ces deux ports étaient trop bien défendus pour être attaqués par la mer.*

Conclure collectivement que c'est le port artificiel d'Arromanches, construit en quelques jours par les Alliés, qui a permis d'apporter à pied d'œuvre tout le matériel nécessaire à l'offensive alliée (camions, tanks, artillerie, etc.).

5. Remarquer que les défenses allemandes protègent Cherbourg et le Havre (les deux ports d'importance stratégique), mais également les embouchures de la Vire et de l'Orne qui fournissent des voies d'accès vers l'intérieur du pays.

6. Valider les réponses qui soulignent que cette partie de la côte est la moins bien défendue (parce que c'est celle dont la topographie – falaises et plages de sable – rendait, aux yeux des Allemands, un assaut par mer improbable car plus difficile. Cette topographie joua aussi dans la nécessité d'un port artificiel.).
Suggérer que le choix de l'emplacement a été guidé par le souci de limiter des pertes humaines que l'on prévoyait déjà très lourdes. Montrer qu'en combinant le

débarquement sur les plages et le largage de parachutistes au sud de Cherbourg, les Alliés pouvaient espérer isoler la pointe de la presqu'île du Cotentin et prendre le contrôle de Cherbourg assez vite.
Signaler que ce plan a fonctionné et que le port de Cherbourg a été libéré le 27 juin (3 semaines après le Jour J).

Étape 2

Les Alliés débarquent le 6 juin 1944

doc. 2a et 2b Photographies du Jour J, 6 juin 1944 (et cahier couleur p. 19).
Questionnaires à photocopier.
Ces photographies attestent de l'ampleur logistique du débarquement et de la violence des combats sur certains secteurs de la côte.

Phase de réflexion individuelle à partir des questionnaires

Phase orale collective
Étude du document 2a

1. Se reporter à la légende pour confirmer la date (le 6 juin 1944) et le nom de code du jour : le Jour J (en français) ou D Day (en anglais).
2. Recenser les détails observés : village côtier (Bernières-sur-Mer), bateaux alliés, soldats qui quittent des embarcations (barges de débarquement) pour rejoindre la côte, véhicules militaires déjà débarqués sur la plage, etc. Observer le nuage de fumée qui occupe le ciel vers la gauche et atteste de la violence des combats qui se déroulent plus loin sur la côte.
3. La légende identifie les soldats. Ils font partie des troupes canadiennes.
4. Le document 1 précise que les Canadiens ont débarqué à Juno.
Revenir au nuage de fumée observé dans le ciel.
▸ Au-dessus de quelle plage s'élève-t-il ? *La plage de Sword (à gauche de Juno quand on arrive par la mer).*
▸ Qui a débarqué là-bas ? *Des troupes britanniques et Françaises, les Américains étant sur la droite.*
5. Certains enfants remarqueront le calme relatif de la scène. On pourrait être tenté de dire que cette partie de la côte était peu ou mal défendue. Valider cette réponse qui témoigne d'une bonne observation. Signaler cependant que la plage de Bernières-sur-Mer a été le théâtre de violents combats. Ce n'est que lorsque les chars canadiens ont pu être débarqués pour appuyer les soldats à pied que ceux-ci ont pu progresser vers l'intérieur. Le soir du 6 juin, on déplorait plus de 1 000 tués ou blessés parmi les soldats canadiens sur la plage de Juno. Conclure collectivement que cette photographie a été prise assez tard dans la journée, après la neutralisation des défenses allemandes par la première vague d'assaut.
6. Recenser les équipements visibles hormis les bateaux : véhicules légers, chars, passerelles métalliques pour le débarquement d'engins lourds (sur la plage au centre de la photo).

Étude du document 2b

1. Recourir à la légende pour confirmer le lieu (Omaha Beach) et la date (le 6 juin 1944, premier jour du débarquement).
2. Renvoyer les enfants au document 1 pour identifier des soldats américains (ce sont eux qui ont débarqué sur Omaha Beach).
3. Observer les péniches de débarquement et les quelques têtes visibles à l'arrière-plan. Conclure que ces soldats viennent de débarquer sur la plage.
4. Faire décrire les structures derrière lesquelles les soldats s'abritent (de grands croisillons métalliques). Préciser qu'ils ont été installés là par les Allemands pour empêcher des bateaux d'approcher ou des chars d'avancer sur la plage. Ce sont des défenses antichars.
▸ Pourquoi les soldats s'abritent-ils ainsi ?
Revenir à la légende pour constater qu'ils sont sous le feu de l'ennemi.
5. Noter le nom du photographe : Robert Capa. On présentera brièvement Robert Capa, photographe de guerre américain. Débarqué sur Omaha Beach avec les premières vagues d'assaut, seul photographe de presse présent le jour J, Capa a risqué sa vie pour prendre plus de 100 clichés au cœur des combats. Le soir même, à Londres où ses photographies devaient être publiées par le magazine *Life*, un technicien chargé du développement a fait une erreur de manipulation et détruit la plupart des négatifs. Seules 11 photographies ont pu être sauvées !
6. Constater collectivement que Capa a dû courir les mêmes risques que les soldats qu'il a photographiés. Conclure que le métier de photographe de guerre peut être aussi dangereux que celui de soldat.
Préciser que Robert Capa est mort en mai 1954 au Viêtnam, alors qu'il couvrait la guerre d'Indochine. Voulant photographier un groupe de soldats français, il s'est écarté de la route et a marché sur une mine.

Étape 3

Paris libéré

doc. 3 Photographie de la libération de Paris, 26 août 1944 (et cahier couleur p. 19).

Questionnaire à photocopier.
Ce document illustre la portée symbolique de la descente des Champs-Élysées par le général de Gaulle le 26 août 1944. Il permet également d'évoquer la part essentielle jouée dans la libération de Paris par le général Leclerc.

Phase de réflexion individuelle à partir du questionnaire

Phase orale collective

1. Utiliser la légende pour confirmer le lieu (sur les Champs-Élysées, à Paris) et la date (le 26 août 1944). Constater collectivement qu'il s'est écoulé 2 mois et 20 jours entre le débarquement et la libération de Paris. Préciser que cette période porte le nom de « bataille de Normandie ».

2. S'assurer que tous ont repéré et reconnu le général de Gaulle au premier rang au centre. Cette position manifeste avec éclat que c'est lui le chef (autour de lui, mais en retrait, les chefs de la Résistance et des armées de la France libre, parmi lesquels le général Leclerc). Il ira ensuite écouter une messe à Notre-Dame : c'est son sacre !

3. Confirmer qu'il s'agit de l'arc de Triomphe.

4. Un retour au doc. 2 de la séquence 23 facilitera les réponses. Valider celles qui soulignent la valeur symbolique de ce défilé sur l'avenue empruntée par les troupes allemandes lors de leur humiliant défilé de juin 1940.
Préciser que 2 millions de Français en liesse se pressaient sur les abords des Champs-Élysées ce jour de 1944.

5. Recourir à la légende pour identifier le véritable libérateur de Paris (le général Leclerc) et dater son entrée dans la capitale (le 24 août 1944). Le retrouver sur la photographie (avec un képi, immédiatement à droite du général de Gaulle).
Préciser que le général de Gaulle, comme Leclerc, a dû insister auprès de Patton (le général américain dans l'armée duquel étaient incorporées les troupes de Leclerc) et Eisenhower pour que la 2e DB (deuxième division blindée, l'unité française commandée par Leclerc) soit autorisée à se détacher pour aller libérer Paris que les Alliés ne considéraient pas comme un objectif prioritaire.
Une insurrection déclenchée le 19 août par les Parisiens eux-mêmes (Résistants communistes en tête) et qui menaçait d'être écrasée par les Allemands encouragea de Gaulle à entrer au plus vite dans la capitale.
L'impact politique de cette opération fut énorme : Paris avait été libérée par des Français (les FFI, Forces françaises de l'Intérieur : les Résistants, et la 2e DB) !

6. Faire présenter une brève biographie du général Leclerc par quelques volontaires ayant effectué une recherche. En retenir les éléments principaux : après avoir combattu en Afrique du Nord (Tchad, Libye et Tunisie) de 1940 à 1943, ce fidèle du général de Gaulle a débarqué en Normandie avec la 2e division blindée, le 1er août. Il a libéré Paris et Strasbourg. Mort dans un accident d'avion en 1947, il fut fait maréchal à titre posthume en 1952.

Informations complémentaires

Après la libération de la Normandie et de Paris, puis du sud-est (suite à un débarquement en Provence le 15 août 44), l'avance alliée se poursuivit, mais la totalité du territoire de la France ne fut libérée qu'en novembre 44 – à part quelques poches de résistance où les Allemands ont tenu encore plusieurs mois, sur l'Atlantique et dans le sud de l'Alsace. ■

Étape 4

L'Armée Rouge entre dans Berlin

doc. 4 Photographie de la prise de Berlin, 30 avril 1945 (et cahier couleur p. 19).
Questionnaire à photocopier.
Cette photographie d'archives illustre la prise de Berlin en mai 1945 et témoigne de l'effort considérable consenti par l'Armée Rouge pour vaincre les armées du Reich.

Phase orale collective
Précéder l'étude du document d'une courte introduction. Depuis la victoire de Stalingrad, l'Armée Rouge n'a cessé d'avancer vers Berlin. L'URSS a été entièrement libérée en juillet 1944. À partir de janvier 1945, le territoire allemand a été peu à peu envahi par les Soviétiques (à l'est) et par les Américains, les Anglais et les Français (à l'ouest). Écrasée sous les bombardements alliés, l'Allemagne sera contrainte de se battre jusqu'au bout par Hitler. Lorsque les Russes atteignent Berlin, fin avril 1945, le IIIe Reich ne leur oppose plus que les débris d'une armée.

Phase de réflexion individuelle à partir du questionnaire

Phase orale collective

1. La légende situe et date le cliché (à Berlin, sur le toit du Reichstag, le 30 avril 1945). Relever le nom du photographe : Evgueni Khaldei.

▸ De quelle nationalité pouvait-il être ?

Convenir qu'il était d'origine russe et qu'il accompagnait les troupes soviétiques qui venaient d'entrer dans Berlin. Les Américains avaient Robert Capa, les Soviétiques… Evgueni Khaldei.

2. Recueillir le résultat de la recherche pour expliquer : le Reichstag avait abrité le parlement de l'Empire allemand puis de la République à Berlin. La dictature nazie avait supprimé le parlement, et l'imposant bâtiment – à moitié en ruine car dévasté par l'incendie du 28 février 1933 – avait été laissé à l'abandon depuis, mais il restait un symbole national et avait servi de dernier bastion de résistance à des soldats allemands.
3. Valider : le drapeau soviétique. Remarquer la faucille et le marteau, symboles du parti communiste soviétique. Il remplace le drapeau allemand.
4. Recenser les détails : véhicules blindés dans les rues, bâtiments endommagés, murs noircis, débris sur le toit du Reichstag et dans les rues, fumées, etc. Conclure que Berlin n'est tombée qu'après de violents combats.
La bataille de Berlin a commencé le 22 avril 1945. Malgré une défense féroce, l'Armée Rouge a réussi à encercler la ville puis à y entrer le 30 avril. Le même jour, comprenant que tout était perdu, Hitler s'est suicidé dans son bunker.
5. Recueillir les réponses. Valider celles qui soulignent que la chute de Berlin signifie la fin de la Seconde Guerre mondiale. Nuancer cette réponse en précisant que le suicide de Hitler et la prise de Berlin signalent la fin de la guerre en Europe. La capitulation allemande sera en effet signée le 7 mai 1945 à Reims. L'armistice sera signé à Berlin le lendemain (le 8 mai) ce qui fait de ce jour un jour férié en France au même titre que le 11 novembre (anniversaire de l'armistice de 1918).
Préciser toutefois que la guerre continue dans l'est de la Chine (partie envahie par le Japon en 1937) et dans l'océan Pacifique où elle oppose toujours le Japon aux États-Unis et leurs alliés dans cette partie du monde (Australiens et Néo-Zélandais, notamment).

Synthèse (orale)

Qu'avons-nous appris ?

- Le 6 juin 1944, les Alliés (Américains, Britanniques, Canadiens et Français libres basés en Grande-Bretagne) ont débarqué sur les plages de Normandie. Ce jour est connu comme le « Jour J ». Le débarquement était la première opération de la bataille de Normandie. Celle-ci a duré plus de deux mois et a rendu possible la libération de Paris par le général Leclerc, le 24 août 1944. Fin 44, presque toute la France était libérée.
- Sur le front est, l'Armée Rouge a progressé jusqu'à Berlin, qui est tombée le 30 avril 1945. Ce jour là, Hitler s'est suicidé. C'était la fin de la Seconde Guerre mondiale en Europe. Le 7 mai 1945, à Reims, les Allemands signent la capitulation, et le 8 mai un armistice à Berlin. Mais la guerre opposait toujours les Japonais aux Chinois dans l'est de la Chine et aux Américains et leurs alliés dans le Pacifique.

Élaboration du texte de référence

Phase écrite collective (au tableau)

Titre : Le débarquement et la victoire

Le débarquement des Alliés (Américains, Britanniques, Canadiens et Français) a eu lieu sur les côtes normandes, le 6 juin 1944.

Documents 1, 2a et 2b

Paris a été libéré le 24 août par le général Leclerc à la fin de la bataille de Normandie. Fin 44, presque toute la France était libérée.

Document 3

Le 30 avril 1945, l'Armée Rouge est entrée dans Berlin.

Document 4

Le même jour, Hitler s'est suicidé. Le 8 mai 1945, les Allemands ont signé l'armistice à Berlin. C'était la fin de la Seconde Guerre mondiale en Europe.

Phase écrite individuelle (sur le cahier)

Lexique

2e DB : la 2e division blindée ; commandée par le général Leclerc.
Capituler : se rendre.
FFI : Forces françaises de l'Intérieur (la Résistance).
Reichstag : parlement allemand (avant le régime nazi).

27
Fiche documents

La Seconde Guerre mondiale (1939-1945) (5) Le débarquement et la victoire

Document 1

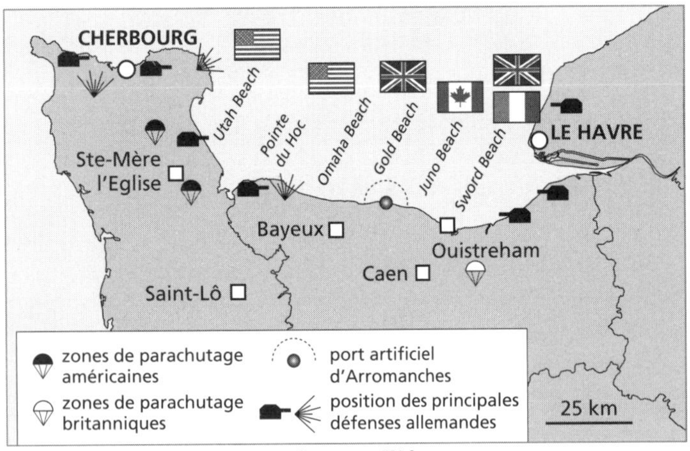

Le débarquement des forces alliées sur les plages normandes le 6 juin 1944.

Document 2

Ph.© IWM / CAMERA PRESS / GAMMA / EYEDEA

a Jour J : la 9e brigade d'infanterie canadienne – LCI(L) 299 – débarque – 6 juin 1944.

Ph. © Robert Capa / MAGNUM

b Omaha Beach, le 6 juin 1944.
Sous le feu ennemi, des soldats trouvent refuge derrière une structure antichar.
(Photo : Robert Capa).

Document 3

Ph. © Photo12.com -Oasis

26 août 1944, le général de Gaulle descend triomphalement les Champs-Élysées. Les blindés du général Leclerc (visible en képi immédiatement à droite du général) ont libéré Paris deux jours plus tôt.

Document 4

Ph. © Yevgeni Khaldei / GETTY IMAGES France

30 avril 1945 – Le drapeau soviétique flotte sur le toit du Reichstag à Berlin.
(Photo : Evgueni Khaldei).

27 La Seconde Guerre mondiale (1939-1945) (5) Le débarquement et la victoire

Fiche questionnaire

Document 1

1. Sur combien de plages les Alliés ont-ils débarqué ? Relève leurs noms. Que remarques-tu ?
2. Quelles nationalités sont représentées parmi les Alliés ?
3. Quels différents moyens ont été utilisés par amener les soldats alliés sur le sol français ?
4. Où se trouvait le port artificiel ? À quoi a-t-il pu servir ?
5. Où étaient placées les principales défenses allemandes ? Pourquoi ?
6. À ton avis, pourquoi les Alliés ont-ils choisi cette partie de la côte pour débarquer ?

Document 2a

1. Quel jour cette photo a-t-elle été prise ? Sous quel autre nom ce jour est-il connu ?
2. Que montre cette photo ?
3. De quelle nationalité sont les soldats qui avancent dans l'eau ?
4. Sur quelle plage sont-ils ? (Aide-toi du document 1 pour répondre.)
5. Cette partie de la côte te semble-t-elle solidement défendue par les Allemands ? Justifie ta réponse.
6. Quels équipements militaires peux-tu observer ?

Document 2b

1. Sur quelle plage cette photo a-t-elle été prise ? À quelle date ?
2. De quelle nationalité sont les soldats visibles sur la photo ? (Aide-toi du document 1.)
3. Comment sont-ils arrivés là ?
4. Derrière quoi s'abritent-ils ? Pourquoi ?
5. Qui a pris cette photo ?
6. Où le photographe a-t-il dû se placer pour pouvoir prendre cette photo ? Qu'en conclus-tu ?

Document 3

1. Où et quand cette photo a-t-elle été prise ?
2. Qui peux-tu reconnaître sur ce document ?
3. Quel monument reconnaîs-tu à l'arrière-plan ?
4. À ton avis, pourquoi le général de Gaulle a-t-il choisi de défiler sur cette avenue ? Observe le document 2 de la séquence 23 avant de répondre.
5. Quand la capitale a-t-elle été effectivement libérée ? Par qui ?
6. Cherche d'autres informations sur cet homme.

Document 4

1. Où et quand cette photo a-t-elle été prise ? Par qui ?
2. Qu'est-ce que le Reichstag ? Aide toi d'une encyclopédie.
3. Quel drapeau le soldat fixe-t-il sur le toit ? Lequel remplace-t-il ?
4. Quels détails remarques-tu en arrière plan ? Qu'en conclus-tu ?
5. Cette photo est connue dans le monde entier. À ton avis, pourquoi ?

2e BILAN

De la colonisation du XIXe siècle à la Seconde Guerre mondiale

Nom : ....

Prénom : ....

Nombre de bonnes réponses : .... /20

1. Où la France a-t-elle établi des colonies au XVIIe et au XVIIIe siècle ?

....

....

....

2. Où a-t-elle établi des colonies au XIXe siècle ?

....

....

3. Quand la conquête de l'Algérie a-t-elle commencé ?

....

4. Quel émir arabe s'y est opposé à la France ?

....

5. Quel homme d'État français a encouragé la politique d'expansion coloniale sous la IIIe République ?

....

6. Quel maréchal français a organisé le développement du Maroc ?

....

7. En quelle année la Première Guerre mondiale a-t-elle commencé ? Quand a-t-elle fini ?

....

8. Parmi les noms de pays suivants, colorie la France et ses alliés en bleu, et l'Allemagne et ses alliés en rouge.

Allemagne   Angleterre   Autriche-Hongrie   France   Russie   Turquie

9. À partir de 1917, la France gagne dans cette guerre un grand allié, mais en perd un autre. De quels pays s'agit-il ?

Le nouvel allié : ....

L'allié perdu : ....

10. Au cours de quelle bataille le général Joffre a-t-il stoppé l'avancée allemande ?

....

11. Qui a organisé la défense de Verdun ?

....

De la colonisation du XIXe siècle à la Seconde Guerre mondiale

Nom : .... **Prénom :** ....

12. À quelle date l'armistice mettant fin à la Première Guerre mondiale a-t-il été signé ?

....

13. Quel événement a bouleversé l'économie de la France et de l'Europe pendant les années 30 ?

....

14. Quel rassemblement de partis a gagné les élections législatives de 1936 ? Par qui était-il dirigé ?

....

15. Quel grand changement ce nouveau gouvernement a-t-il apporté dans la vie des Français ?

....

16. Quand la Seconde Guerre mondiale a-t-elle débuté ? Quand s'est elle terminée en Europe ?

....

17. Relie chaque pays au nom de son dirigeant en 1941.

Allemagne •	• Benito Mussolini
Angleterre •	• Philippe Pétain
France •	• Joseph Staline
Italie •	• Adolf Hitler
Russie •	• Winston Churchill

18. Lorsque la France a été occupée, qui a lancé un appel aux Français pour qu'ils continuent le combat ? À quelle date ?

....

19. Qu'est-ce que l'holocauste ?

....

....

20. Que s'est-il passé le 6 juin 1944 ?

....

....

28

L'après-guerre (1945-1946)

Objectifs disciplinaires

Découvrir l'emploi de la bombe atomique sur le Japon, le procès de Nuremberg et le bilan humain de la Seconde Guerre mondiale.

Connaître la carte politique de l'Europe après la Seconde Guerre mondiale ainsi que l'existence du rideau de fer, du plan Marshall et de la guerre froide.

Objectifs méthodologiques

Observer des photographies.

Chercher des informations dans un tableau statistique.

Observer et comparer des cartes.

Document 1

Photographie d'Hiroshima après l'explosion de la bombe, 1945

Document 2

Photographie du procès de Nuremberg, 1945

Documents 3

Tableau statistique du bilan humain de la Seconde Guerre mondiale

Document 4

Carte de l'Europe après la Seconde Guerre mondiale

Étape 1

Les Américains font exploser la première bombe atomique

doc. 1 Photographie d'Hiroshima après l'explosion de la bombe, 1945.
Questionnaire à photocopier.
Cette photographie illustre les effets dévastateurs de la bombe atomique américaine sur la ville de Hiroshima. Elle suggère également la fin du conflit opposant le Japon aux États-Unis et à la Chine.

Phase de réflexion individuelle à partir du questionnaire

Phase orale collective

1. Utiliser la légende pour répondre : il s'agit des ruines de la ville de Hiroshima après sa destruction. Situer Hiroshima sur une carte du Japon.

2. La légende fournit les réponses : Hiroshima a été détruite le 6 août 1945 par une bombe américaine.

3. Faire appel à l'esprit de déduction des enfants : une seule bombe, une ville rasée…

- Un explosif classique pourrait-il faire de tels dégâts ? *Non.*
- Quel type de bombe peut produire un tel effet ?

Valider les réponses qui suggèrent l'emploi d'une bombe atomique. Noter que c'était la première fois que l'arme atomique était utilisée.

4. Constater que le port de Nagasaki (à la pointe sud-ouest du Japon) a été détruit trois jours après Hiroshima.

- Pourquoi ces deux villes ? *Les Américains ont choisi d'épargner la capitale, préférant frapper des villes de moindre importance pour impressionner le reste de la population japonaise. Hiroshima était aussi un important centre de commandement militaire.*

5. Recueillir les réponses. Valider celles qui suggèrent la volonté américaine de mettre rapidement un terme au conflit. Rappeler que la guerre a pris fin en Europe le 8 mai 1945 et expliquer qu'elle semblait pouvoir durer encore dans l'océan Pacifique et sur le territoire chinois.

Informations complémentaires

Aujourd'hui encore, certains historiens affirment que le Japon était prêt à capituler avant la destruction de Hiroshima et de Nagasaki. Les États-Unis auraient décidé d'employer la force atomique sur le Japon pour accélérer les choses, mais aussi pour mettre en garde Staline que l'on soupçonnait de vouloir étendre son influence à toute l'Europe. Était-ce déjà le début de la guerre froide ? ■

6. Mettre en commun les résultats des recherches. En adopter une rapide synthèse collective pour résumer l'essentiel :
– le bilan humain : plus de 100 000 morts à Hiroshima (70 000 le jour de l'explosion, encore autant dans les six mois qui suivirent… sans compter les personnes irradiées qui moururent plus tard à la suite de cancers et d'autres maladies) et 80 000 à Nagasaki ;
– la capitulation du Japon (annoncée le 14 août par l'empereur Hiro Hito et signée le 2 septembre).

Étape 2

Le procès de Nuremberg

doc. 2 Photographie du procès de Nuremberg, 1945 (et cahier couleur p. 20).
Questionnaire à photocopier.
Cette photographie illustre le célèbre procès au cours duquel, pour la première fois dans l'Histoire, la notion de crime contre l'humanité a été définie.

Phase de réflexion individuelle à partir du questionnaire

Phase orale collective

1. Recourir à la légende pour situer la scène à Nuremberg. Situer la ville sur une carte (au sud de l'Allemagne). Signaler que cette ville a été choisie pour sa valeur symbolique car, considérée par Hitler comme un haut lieu de la culture impériale germanique, elle était depuis 1927 le siège des congrès du parti nazi. Les lois racistes connues sous le nom de « lois de Nuremberg » y ont été promulguées en 1935.
2. Recueillir les réponses. Adopter une définition collective comme : un tribunal constitué par plusieurs pays pour juger des crimes graves. Préciser que le tribunal militaire international de Nuremberg était constitué par les quatre pays alliés : États-Unis, URSS, Grande-Bretagne et France.
3. Faire décrire la photographie avec précision : soldats avec casques blancs (police militaire américaine chargée de la sécurité), long box des accusés, au nombre d'une vingtaine et assis sur deux rangs, leurs avocats à une table au premier plan. Préciser que sur les 24 accusés du procès, 3 n'ont pas comparu (l'un suicidé, un autre en fuite, le 3e malade).
4. Recourir au besoin à la légende pour identifier les accusés comme des criminels de guerre nazis. Souligner qu'ils sont considérés collectivement responsables de la Seconde Guerre mondiale et qu'ils sont jugés pour crimes de guerre. Préciser que c'est au cours de ce procès que la notion de crime contre l'humanité a été définie pour la première fois, la « simple » accusation de crime de guerre étant jugée insuffisante (voir le lexique pour une définition de ces deux notions).
5. Revenir à la légende pour trouver les dates du procès (20 novembre 1945 – 1er octobre 1946). Constater qu'il a duré presque un an.

▸ Pourquoi si longtemps ?

Recueillir les réponses et valider celles qui font état du nombre des accusés, de l'ampleur mondiale du conflit et de la complexité de l'affaire. Signaler à titre d'exemple que l'acte d'accusation contenait 25 000 mots ! Verdict : 12 condamnations à mort, 3 prison à vie, 3 acquittements ; pour les autres, des peines allant de 10 à 20 ans de prison.

Un débat pourra être lancé sur le sujet : tout un pays a suivi Hitler pendant 12 ans et 24 personnes seulement comparaissent comme accusées à Nuremberg. Même si 177 autres personnes ont comparu lors d'autres procès, n'y avait-il réellement que 201 responsables ?

Les questions de l'obéissance aux ordres et de la responsabilité individuelle, de même que celles qui opposent pardon et devoir de mémoire, pourront être utilement discutées.

6. Recueillir les réponses et dégager une conclusion collective du type : le procès de Nuremberg a été important car c'était la première fois qu'un tribunal international était constitué pour juger des gens responsables d'une guerre. On y a défini des notions nouvelles comme le crime contre l'humanité. Depuis ce jour, tout chef d'État qui commet un crime de guerre ou un crime contre l'humanité sait qu'il peut être jugé pour ses actes.

Informations complémentaires

Parallèlement au procès de Nuremberg, et dans le même esprit, une conférence internationale, tenue en juin 1945 à San Francisco, a débouché sur la création de l'ONU (Organisation des Nations unies) et l'adoption de la Charte des Nations unies (le 24 octobre 1945) par les 51 pays membres à l'origine (*NB* : en 2006, ils sont 192). Son but était (et est toujours) d'instaurer un monde de paix et d'encourager les pays à régler leurs conflits par des moyens pacifiques. ■

Étape 3

Plus de 50 millions de victimes

doc. 3 Tableau statistique du bilan humain de la Seconde Guerre mondiale.

Questionnaire à photocopier.

Ce tableau statistique permettra d'utiles comparaisons tout en identifiant clairement les pays qui ont payé le plus lourd tribut à la guerre, tant sur le plan militaire que sur le plan civil.

Phase de réflexion individuelle à partir du questionnaire

Phase orale collective

1. Convenir collectivement qu'il s'agit d'un tableau statistique présentant les pertes en vies humaines, militaires et civiles, des principaux pays engagés dans la Seconde Guerre mondiale. Remarquer que, contrairement à la Première Guerre mondiale, on a eu besoin de mesurer les pertes civiles. Recueillir les réponses pour expliquer cette différence. Valider toutes les références aux camps de concentration et d'extermination ainsi qu'aux bombardements.
2. Constater l'énorme déséquilibre entre les pertes allemandes et les pertes françaises. Recueillir les explications proposées. Retenir celles qui tiennent compte de la rapide capitulation de la France (l'armée française n'a combattu que quelques semaines avant la demande d'armistice) et de l'engagement militaire continu de l'Allemagne sur divers fronts de 1939 à 1945. Remarquer l'importance des pertes civiles allemandes dues aux bombardements massifs à la fin du conflit. L'Allemagne

a perdu 6 % de sa population de 1939, contre 3 % lors de la Première Guerre mondiale.

3. La disproportion entre les pertes civiles et les pertes militaires de la Pologne est flagrante. Pour l'expliquer, on rappellera aux enfants la capitulation de la Pologne (survenue moins d'un mois après le début de l'invasion allemande) et l'extermination massive des Juifs polonais (dans des camps situés justement en Pologne). 3 millions de Juifs polonais ont disparu dans l'Holocauste pour une population de 3,3 millions avant la guerre. Renvoyer au besoin les enfants à la séquence consacrée à l'Holocauste.
4. Faire la liste des pays concernés : États-Unis, Canada, Inde, Australie et Nouvelle-Zélande. Les situer sur un planisphère pour conclure que ces pays sont géographiquement à l'écart des zones de combat et qu'ils n'ont pas (ou pratiquement pas) souffert de bombardements. Leurs populations civiles ont donc été épargnées.
   Souligner que les victimes civiles de la Grande-Bretagne sont à mettre sur le compte du Blitz (bombardements aériens), évoqué lors de la séquence 19, et d'une autre série de bombardements en 1944-45 (par les V1 et V2 allemands, « bombes volantes », ancêtres des fusées spatiales).
5. Constater l'importance des pertes militaires et civiles de l'URSS. L'URSS a perdu 11 % de sa population de 1939 (un pourcentage qui est près du double de celui des pertes allemandes, déjà considérables). Rappeler la bataille de Stalingrad, particulièrement meurtrière. Souligner la longueur et l'ampleur de la campagne menée sur le territoire soviétique par l'armée du IIIe Reich (appuyée par des bombardements aériens) pour expliquer les pertes civiles. Mentionner, par exemple, le siège de Léningrad qui a duré 900 jours et son bilan : 470 000 civils et 50 000 soldats tués.
6. Recueillir les résultats des calculs : plus de 20 millions de militaires et autant de civils. Souligner que tous les pays ne sont pas mentionnés ici (ex. : Grèce, Roumanie, Tchécoslovaquie...) et que de fortes incertitudes statistiques demeurent, en particulier pour la Chine et d'autres pays asiatiques envahis par le Japon. Conclure collectivement que la Seconde Guerre mondiale a coûté plus de 40 millions de vies humaines à travers le monde, les estimations officielles se montant plutôt à au moins 50 millions. Laisser les enfants mesurer l'énormité du chiffre et rappeler la notion de crime contre l'humanité évoquée lors du procès de Nuremberg.

Étape 4

Le nouveau découpage de l'Europe

doc. 4 Carte de l'Europe après la Seconde Guerre mondiale (et cahier couleur p. 20).

Questionnaire à photocopier.

Cette carte présente le nouveau découpage politique de l'Europe au lendemain de la Seconde Guerre mondiale. Il est comparable à celui d'avant guerre mais montre l'Allemagne divisée et l'URSS considérablement agrandie vers l'ouest avec les pays baltes. On découvre également le rideau de fer et les pays rassemblés sous l'influence soviétique. La notion de guerre froide (dont le décor est ainsi campé) sera plus facile à comprendre.

Phase de réflexion individuelle à partir du questionnaire

Phase orale collective

1. Remarquer la disparition des pays baltes (Estonie, Lettonie et Lituanie), absorbés par l'URSS. En déduire l'agrandissement de l'URSS. Constater que l'Allemagne est séparée en deux. Recourir à une encyclopédie pour expliciter les sigles RFA et RDA (RFA = République fédérale d'Allemagne ; RDA = République démocratique d'Allemagne).
   Expliquer que, suite à la guerre, l'Allemagne a été démilitarisée et divisée en quatre zones occupées (par les États-Unis, la Grande-Bretagne, la France et l'URSS). La RDA correspond à la zone d'occupation soviétique, la RFA aux trois zones restantes.
2. Recenser les pays concernés (7 au total). En écrire la liste au tableau : RDA, Pologne, Tchécoslovaquie, Hongrie, Roumanie, Bulgarie et Albanie.
3. S'assurer que tous ont consulté la légende à profit et compris que le trait gras représente le rideau de fer. Demander aux enfants d'expliquer cette expression et retenir une définition du type : barrière infranchissable.
   Préciser que l'image du rideau de fer vient d'un discours de Winston Churchill qui s'inquiétait de ne pouvoir vérifier, par l'intermédiaire d'observateurs, si les règles démocratiques étaient appliquées dans les pays de l'est.

▸ Que dire des frontières qui coïncident avec le rideau de fer ? Convenir qu'elles étaient fermées et que les habitants des pays situés à l'est ne pouvaient pas passer à l'ouest et vice versa.

Informations complémentaires

La fermeture et la surveillance étroite des frontières avec l'ouest, ce qui allait désormais être appelé rideau de fer, furent mises en place dès 1947 par Staline qui voulait isoler les pays libérés par l'Armée Rouge pour les conserver sous son influence et en faire des pays communistes. De nombreux habitants de la zone sous influence soviétique avaient déjà fui vers les pays restés libres à l'ouest.

Lorsque le rideau de fer est devenu pratiquement infranchissable, il était encore possible aux Allemands de l'est de passer à l'ouest à Berlin. En effet, la capitale Allemande se trouvait entièrement en RDA, mais était elle aussi divisée en deux zones : une zone d'occupation soviétique et une autre, reliée à l'ouest par des lignes aériennes et ferroviaires, sous le contrôle des États-Unis, de la Grande-Bretagne et de la France.

Berlin est resté le point faible du rideau de fer jusqu'à ce que soit construit le mur de Berlin en 1961. Le mur de Berlin a très vite été baptisé le « mur de la honte ». Entre 1961 et 1989, date de sa chute, plus de 1 000 Allemands de l'est sont morts en essayant de le franchir. ■

4. Recueillir les réponses et en dégager une synthèse collective. Le plan Marshall (du nom de Georges Marshall, général et homme politique américain) était un plan d'assistance économique lancé en 1947, destiné à financer la reconstruction de l'Europe avec des fonds américains. Cette aide américaine a permis aux pays bénéficiaires de retrouver très rapidement le chemin de la croissance économique. L'idée de faire payer les réparations par l'Allemagne avait été rejetée car on avait pu constater, après la Première Guerre mondiale, les défauts de cette solution (déséquilibre de l'économie, désir de revanche du peuple allemand). Au contraire, même les vaincus de la guerre pouvaient bénéficier de l'aide Marshall.

5. Constater collectivement que les pays concernés par le plan Marshall sont tous situés à l'ouest du rideau de fer. Demander aux enfants de proposer des explications à ce phénomène. Rappeler le souci américain d'empêcher Staline d'étendre l'influence soviétique sur le reste de l'Europe. Bien que l'aide Marshall ait été proposée à tous les pays d'Europe, y compris à ceux de la sphère soviétique que les États-Unis comptaient détacher de l'URSS, elle a été refusée par les pays de l'est (aux ordres de Moscou).

C'est à cette époque (en 1947) que commence la « guerre froide » entre le bloc soviétique et les pays occidentaux. Il en découlera la création en 1949 de l'OTAN (alliance militaire sous domination américaine et regroupant 12 pays d'Europe dont la France) et, en réponse, l'existence du pacte de Varsovie (alliance militaire des pays de l'est). Amener à conclure que le plan Marshall, l'OTAN et le pacte de Varsovie ont contribué à renforcer le climat de guerre froide entre l'est et l'ouest.

Retenir que nous sommes entrés dans une ère nouvelle, la guerre froide, caractérisée par la domination de deux superpuissances qui s'affrontent sans se faire réellement la guerre, sauf parfois par l'intermédiaire de leurs alliés (mais, dans ce cas, pas en Europe, plutôt en Asie). Pendant plusieurs années, on craindra une 3e guerre mondiale, nucléaire cette fois (l'URSS eut aussi la bombe A en 1949).

Informations complémentaires

La Yougoslavie et l'Espagne, bien qu'à l'extérieur du bloc soviétique, n'ont pas bénéficié du plan Marshall. L'aide a été refusée à l'Espagne car son régime politique (la dictature du général Franco) n'était pas démocratique. Le maréchal Tito (en Yougoslavie) était également un dictateur. Il a préféré garder son pays hors des zones d'influence américaine ou soviétique. On notera au passage que la Yougoslavie présente un autre cas particulier : seul pays communiste européen qui se soit maintenu hors du bloc de l'est, indépendant de l'influence soviétique… ■

Synthèse (orale)

Qu'avons-nous appris ?

- La Seconde Guerre mondiale a causé la mort d'environ 20 millions de militaires et plus encore de civils à travers le monde. 24 responsables allemands ont été jugés à Nuremberg pour crimes contre l'humanité. 12 d'entre eux ont été condamnés à mort.
- En août 1945, les États-Unis ont lancé deux bombes atomiques sur le Japon pour mettre fin à la guerre dans le Pacifique. Les villes de Hiroshima et de Nagasaki ont été entièrement détruites et environ 180 000 civils japonais ont été tués. Le Japon a été ainsi contraint de capituler très vite.

- Après la guerre, l'Europe s'est trouvée partagée en deux entre les pays du bloc soviétique, à l'est, et l'Europe de l'ouest, sous influence américaine. Pendant de longues années, la circulation entre les deux blocs a été rendue impossible par une frontière hermétique appelée le rideau de fer. En 1961, un mur a été construit pour couper Berlin, la capitale allemande, en deux. On appelle cette période la guerre froide.
- Les États-Unis ont lancé le plan Marshall pour apporter une aide économique à 17 pays d'Europe occidentale, dont la France. Ils ont également créé l'OTAN, une alliance militaire sous leur contrôle, regroupant 12 pays européens. Les Soviétiques ont riposté en créant le pacte de Varsovie, une alliance militaire des pays d'Europe de l'est.

Élaboration du texte de référence

Phase écrite collective (au tableau)

Titre : L'après-guerre

La Seconde Guerre mondiale a causé la mort d'environ 40 millions de personnes dans le monde. Les responsables nazis ont été jugés au procès de Nuremberg.

Documents 2 et 3

En août 1945, les États-Unis ont lancé deux bombes atomiques sur le Japon. Les villes de Hiroshima et de Nagasaki ont été détruites et le Japon a capitulé.

Document 1

En 1947, l'Europe a été partagée en deux par le rideau de fer. Le mur de Berlin a été construit en 1961. Des années de guerre froide ont opposé les pays de l'est (sous influence soviétique) aux pays de l'ouest.
Les pays de l'ouest ont bénéficié de l'aide économique du plan Marshall et de la protection militaire de l'OTAN.

Document 4

Phase écrite individuelle (sur le cahier)

Lexique

Crime de guerre : violation des lois et des coutumes de la guerre établies par la Convention de Genève et le Statut de Rome.
Crime contre l'humanité : atrocités exceptionnelles, assassinats, extermination, réduction en esclavage ou déportation de populations civiles pour des motifs politiques, raciaux ou religieux. Pas de prescription pour ces actes (on peut être poursuivi même plus de 30 ans après les faits).
Guerre froide : longue période de tension entre le bloc soviétique et les pays occidentaux.
OTAN : Organisation du traité de l'Atlantique Nord ; alliance militaire sous domination américaine.
Pacte de Varsovie : alliance militaire des pays de l'Europe de l'est sous domination soviétique.
Plan Marshall : plan américain de redressement économique pour l'Europe de l'ouest.
Rideau de fer : frontière infranchissable séparant les pays sous influence soviétique du reste de l'Europe.

L'après-guerre (1945-1946)

Document 1

Les ruines de Hiroshima, au Japon, après l'explosion de la bombe américaine, le 6 août 1945. Trois jours plus tard, Nagasaki connaîtra le même sort.

Document 2

Le procès de Nuremberg : du 20 novembre 1945 au 1er octobre 1946, les criminels de guerre nazis sont jugés par un tribunal international.

Document 3

Pays	Pertes militaires	Pertes civiles
Allemagne	3 250 000	3 810 000
Italie	330 000	90 000
Japon	1 700 000	360 000
Pologne	320 000	5 300 000
Yougoslavie	400 000	1 200 000
France	250 000	360 000
Royaume-Uni	326 000	62 000
URSS	13 600 000	7 700 000
États-Unis	293 000	
Canada	39 000	
Inde	36 000	
Australie	29 000	
Nouvelle-Zélande	19 000	
Chine : entre 5 et 10 millions (militaires et civils)		

(Source : site http://hsgm.free.fr/statistiques.htm)

Les pertes humaines des principaux belligérants de la Seconde Guerre mondiale, en chiffres approchés.

Document 4

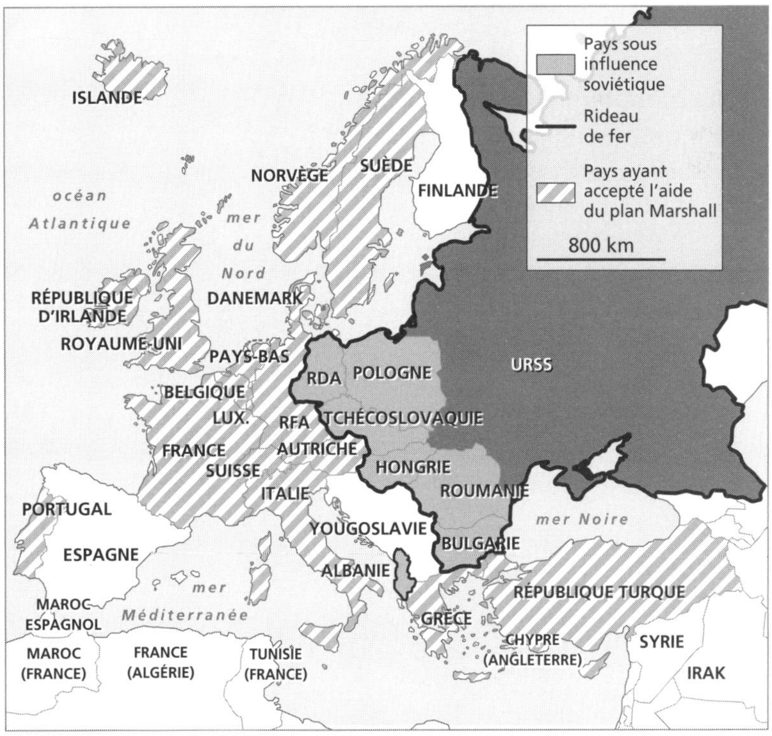

L'Europe après la Seconde Guerre mondiale.

28 Fiche questionnaire

L'après-guerre (1945-1946)

Document 1

1. Où cette photo a-t-elle été prise ?
Que montre-t-elle ?

2. Quand cette ville a-t-elle été détruite ?
Par qui ?

3. Observe les dégâts causés.
Quel type de bombe a pu être utilisé ?

4. Hiroshima a-t-elle été la seule ville japonaise bombardée de cette façon ?

5. À ton avis, pourquoi les États-Unis ont-ils utilisé cette bombe ?

6. Quels ont été ses effets sur Hiroshima ?
Et sur le Japon ?
Aide-toi d'une encyclopédie.

Document 2

1. Où cette photo a-t-elle été prise ?
Dans quel pays se trouve cette ville ?

2. Qu'est-ce qu'un tribunal international ?

3. Où se trouvent les accusés ?
Combien en dénombres-tu ?

4. Qui sont ces hommes ?
Pourquoi sont-ils jugés ?

5. Quand ce procès a-t-il eu lieu ?
Pourquoi a-t-il duré aussi longtemps ?

6. Pourquoi ce procès a-t-il été très important dans l'histoire du monde ?

Document 3

1. Que présente ce document ?

2. Compare les pertes totales (militaires et civiles) de la France et de l'Allemagne.
Que remarques-tu ?
Comment expliques-tu cette différence ?

3. Compare les pertes militaires et civiles de la Pologne.
Que constates-tu ?
Qu'a-t-il pu se passer dans ce pays ?

4. Certains pays ne montrent pas de pertes civiles.
Lesquels ?
Pourquoi ?
(Situe-les sur un planisphère avant de répondre.)

5. Quel pays a fourni l'effort de guerre le plus important ?

6. Au total, combien de vies humaines la Seconde Guerre mondiale a-t-elle coûté ?
Que penses-tu de ce chiffre ?

Document 4

1. Compare les pays figurant sur cette carte à ceux de l'Europe après la Première Guerre mondiale (séq. 20).
Quels pays ont disparu ?
Quel pays s'est agrandi ?
Qu'est devenue l'Allemagne ?
Que signifient les lettres : RFA et RDA ?

2. Combien de pays se trouvent sous l'influence de l'URSS ?
Lesquels ?

3. Quel nom porte la ligne noire visible sur cette carte ?
Que signifie cette expression ?

4. Recherche des informations sur le plan Marshall.
À quoi a-t-il servi ?

5. Quels sont les pays qui ont accepté l'aide du plan Marshall ?
Les pays situés derrière le rideau de fer ont-ils bénéficié du plan Marshall ?
À ton avis, pourquoi ?

29

La IVe République (1946-1958) (1) Un État faible face à de grands défis

Objectifs disciplinaires

Constater la courte durée et les faiblesses de la IVe République.

Découvrir la guerre d'Indochine et son dénouement à Diên Biên Phu, qui marque le début de la décolonisation.

Objectifs méthodologiques

Relever des indices temporels dans une succession chronologique.

Lire des textes pour en dégager l'idée principale.

Observer une photo, la mettre en relation avec un texte.

Document 1

Les présidents de la IVe République et la succession des présidents du Conseil

Document 2

Extraits d'un discours du général de Gaulle, 1947

Document 3

a) Photographie de prisonniers français en Indochine, 1954

b) Témoignage d'un des vaincus de Diên Biên Phu

Étape 1

Une nouvelle République instable...

doc. 1 Les présidents de la IVe République et la succession des présidents du Conseil.

Questionnaire à photocopier.

Cette succession chronologique des présidents et des Premiers ministres de la IVe République témoigne de la brièveté de cette période de l'histoire de France ainsi que de la grande instabilité ministérielle qui l'a caractérisée.

Phase de réflexion individuelle à partir du questionnaire

Phase orale collective

1. Faire calculer la période couverte de janvier 1947 à décembre 1958 pour retenir collectivement le total de 12 années. Comparer avec la durée de la IIIe République (voir le doc. 2 de la séquence 12). Valider le résultat obtenu (70 ans) pour constater que la IVe République n'a pas duré longtemps.

Informations complémentaires

Strictement parlant, la IVe République commence en octobre 1946, à l'issue du deuxième référendum adoptant la Constitution (un premier projet de Constitution avait été repoussé). Deux années se sont donc écoulées depuis la libération qui ont été très riches en événements.

Sous la direction du général de Gaulle, le gouvernement provisoire a rassemblé toutes les forces politiques ayant pris part à la Résistance, y compris les communistes, et a entamé la reconstruction et la remise en ordre du pays alors que la pénurie continue. Parmi les grandes réformes de cette courte période, on retiendra : le droit de vote aux femmes (loi de 1944 avec première application en 45), la création de la Sécurité sociale et les nationalisations, comme celles des charbonnages, de l'électricité et du gaz, des transports aériens et maritimes, de la banque de France et de quatre grandes banques, des grandes compagnies d'assurance et des usines Renault (sanction de la collaboration de cette entreprise avec l'occupant). ■

2. Observer la date de la fin du mandat de René Coty qui marque la fin de la IVe République : décembre 58. Expliquer que cette date marque également le début de la Ve République qui dure toujours et a donc largement dépassé en durée la IVe.

3. Relever les résultats obtenus et valider : 2 Présidents pour 16 présidents du Conseil différents ! Accepter le chiffre de 22 présidents du Conseil (il y a en effet eu 22 changements de gouvernement) en faisant remarquer que certains noms reviennent plusieurs fois.

4. Remarquer que la seule année 1948 a vu trois gouvernements différents. Citer en exemple le mandat d'André Marie qui n'a duré qu'un mois !

5. Remarquer les trois présidences de Henri Queuille (radical socialiste) interrompues par celle de Georges Bidault (Mouvement des républicains populaires) et les deux de René Pleven (centriste).

6. Recueillir les conclusions de la classe. Au besoin, guider la réflexion avec des questions :

- Ces changements à la présidence du Conseil ont-ils été amenés à chaque fois par de nouvelles élections législatives ? *Non.*
- Qu'est-ce qui a pu faire changer l'orientation politique du gouvernement aussi souvent ? *Des alliances se faisant et se défaisant entre les différents partis, aboutissant au renversement du gouvernement en place.*
- Peut-on gouverner efficacement pendant de si courtes périodes ? *Non, bien sûr.*
- Que risque de provoquer une telle instabilité ? *Un coup d'État, destiné à imposer une stabilité par la force.*

Conclure collectivement que la brièveté de la IVe République s'explique par son instabilité et sa fragilité.

Informations complémentaires

La IVe République est comparable à la IIIe dont on a mesuré l'instabilité (voir séq. 12). Elles reposaient toutes les deux sur un système parlementaire (deux chambres dont une élue au suffrage universel direct, un Président élu par les élus et un président du Conseil exerçant en pratique le pouvoir exécutif) à cette différence près que, sous la IVe République, le Président du Conseil, une fois « désigné » par le président de la République, devait encore être « investi » par un vote de l'assemblée. Le président du Conseil bénéficie donc d'emblée de la confiance de l'Assemblée.

Les choses peuvent hélas se compliquer très vite pour lui dans la mesure où la majorité de l'Assemblée est rendue très instable par un scrutin à la proportionnelle (et non majoritaire comme aujourd'hui) qui donne des représentants à de nombreux partis. Ceux-ci doivent ensuite conclure des alliances entre eux pour qu'une véritable majorité se dessine à l'Assemblée. Le président de la République devait donc s'assurer auprès des chefs des différents partis (en échange de tel ou tel ministère) que le président du Conseil qu'il se préparait à proposer recueillerait leurs suffrages.

La formation d'un nouveau gouvernement devient donc une cuisine entre partis (critiquée par de Gaulle dans le doc. 2) qui peut aboutir à une situation de blocage. Il est arrivé que, faute de trouver un accord, la France se trouve purement et simplement sans chef du gouvernement pendant plusieurs semaines ! ■

Étape 2

… immédiatement critiquée par de Gaulle

doc. 2 Extraits d'un discours du général de Gaulle, 1947.

Questionnaire à photocopier.

Lorsque Charles de Gaulle dénonce les faiblesses de la IVe République dans son discours, celle-ci débute à peine. Sa Constitution a été adoptée par référendum quelques mois plus tôt. L'observation du document précédent aura apporté la preuve que les problèmes pressentis par Charles de Gaulle étaient réels.

Phase de réflexion individuelle à partir du questionnaire

Phase orale collective

Une relecture collective du texte permettra de s'assurer que les mots ou expressions difficiles ont bien été compris de tous et que le sens général a été perçu.

1. Recourir à la légende : ce discours a été prononcé par Charles de Gaulle le 7 avril 1947, à Strasbourg. Noter que la IVe République n'a débuté que depuis quelques mois.
Préciser que Charles de Gaulle a démissionné de ses fonctions de chef du gouvernement provisoire en janvier 46, lorsqu'il a vu qu'on s'apprêtait à mettre en place un régime qu'il ne cautionnait pas. Il a lutté contre les deux projets de Constitution successifs en s'appuyant sur le prestige dont il jouissait dans l'opinion publique.

2. Recueillir les réponses. Aider au besoin en précisant que le sujet principal du discours est désigné dès les premiers mots de la première phrase. S'assurer que tous ont identifié la Constitution comme sujet du discours. Souligner qu'elle est encore évoquée dans les deux phrases suivantes par le pronom « elle ».

3. Faire relire la première phrase. Constater que, d'après de Gaulle, le fonctionnement des pouvoirs dépend directement et exclusivement des partis et de leurs combinaisons. Faire reformuler la phrase plus simplement. Exemple : à cause de la Constitution, ce sont les partis, ou les alliances de partis, qui dirigent tout.
Revenir aux observations faites précédemment : changements fréquents de présidence du Conseil provoqués par des jeux d'alliances entre partis.

4. Préciser le sens du mot « ignorée » en reformulant la phrase : 8 millions de personnes n'ont pas donné leur avis sur la nouvelle Constitution.

▸ Comment la Constitution a-t-elle été adoptée ?
Valider les réponses faisant appel aux connaissances acquises (séq. 8 et 9) qui suggèrent qu'on a eu recours à un plébiscite, mais en profiter pour introduire le terme approprié de référendum (voir lexique). Il a eu lieu le 13 octobre 1946.

▸ Quels ont été ses résultats ?
Analyser les chiffres mentionnés par de Gaulle : 9 millions de OUI, 8 millions de NON et... 8 millions d'abstentions, « vote » de ceux qui ont « ignoré » la Constitution.

▸ Selon Charles de Gaulle, la Constitution aurait-elle dû être adoptée ?

▸ À votre avis, que Charles de Gaulle a-t-il voté au référendum ? S'est-il abstenu ? A-t-il voté OUI ou NON ? *Il a certainement voté NON.*

Préciser que PC, SFIO et MRP (Mouvement républicain populaire, de centre droit, né de la Résistance) ont voté OUI, tandis que de Gaulle et la droite ont voté NON.

5. Relire collectivement la dernière phrase du premier paragraphe. Relever les trois éléments faisant défaut à l'État selon de Gaulle : cohésion, efficience et autorité. Reformuler au besoin : unité, efficacité et autorité.

Préciser que de Gaulle prévoyait alors ce qui se préparait : passage à l'opposition des communistes, qui font pourtant partie au début de la combinaison majoritaire PC, SFIO et MRP, en matière de politique sociale et étrangère (ils seront d'ailleurs renvoyés du gouvernement en 47, au début de la guerre froide, et n'y reviendront qu'en 1981 !) et instabilité gouvernementale. Il appelle de ses vœux un autre régime où le rôle des partis serait plus réduit (notamment grâce au recours au scrutin majoritaire pour désigner les députés) et l'exécutif plus fort.

6. Chercher la réponse dans le 2e paragraphe : la création du Rassemblement du peuple français (RPF), parti de Charles de Gaulle qui prend soin de ne pas utiliser le mot « parti » dans le nom de son regroupement. Il souhaite en effet rassembler autour de son nom et au-delà des clivages politiques.
Après un beau succès aux élections municipales, le RPF a été marginalisé par une alliance de tous les autres partis (à l'exception du PC, mis à l'écart). Il n'a obtenu aux législatives de 1951 qu'une centaine de députés (sur 627) qui ont finalement rejoint les combinaisons gouvernementales. De Gaulle, furieux de cet échec, a dissous le RPF en 1953 et s'est retiré pour quelques années (appelées sa « traversée du désert ») à Colombey-les-Deux-Églises.

Étape 3

Les débuts de la décolonisation

doc. 3a Photographie de prisonniers français en Indochine, 1954.

doc. 3b Témoignage d'un des vaincus de Diên Biên Phu.

Questionnaires à photocopier.

Ces deux documents sont complémentaires. La photographie illustre la défaite française de Diên Biên Phu tandis que le texte en analyse amèrement mais lucidement les conséquences non seulement en Indochine mais dans tout l'Empire colonial français.

Expliquer que la guerre d'Indochine a commencé en 1946 à la suite de massacres de colons français à Haiphong et à Hanoi, au nord du pays.

Phase de réflexion individuelle à partir des questionnaires

Phase orale collective

Étude du document 3a

1. La légende date et situe : Indochine, 1954.

2. Combiner la lecture de la légende et l'observation de la photo. Constater qu'il s'agit de soldats français qui ont été capturés. Ils sont prisonniers de guerre. Ils ont perdu une bataille. Noter leur très grand nombre. Ils partent à pied pour une marche forcée de 700 km vers un camp de détention.
Situer Diên Biên Phu sur une carte (à l'ouest de Hanoi, dans une cuvette entourée de montagnes près de la frontière avec la Chine, à l'extrême nord-ouest de l'Indochine).

3. L'armée vietminh est mentionnée dans la légende. Déduire que si les soldats français ont été capturés par l'armée du Vietminh, cette dernière a gagné la bataille.

4. Encourager les enfants à recourir à une encyclopédie et recueillir le résultat. Adopter une définition collective comme : parti indépendantiste du Vietnam fondé et dirigé par Ho Chi Minh. Préciser que le Vietminh (ou Viêt-minh) était surtout communiste et, à ce titre, soutenu par le gouvernement communiste chinois voisin.

▸ Comment l'armée française (constituée de professionnels aguerris) a-t-elle pu être battue par une armée de volontaires inexpérimentés ?

Valider les réponses qui tiennent compte de l'isolement des troupes françaises et de l'aide massive de la Chine communiste. Ajouter que les Vietnamiens ont réussi, contre toute attente, à hisser leur artillerie lourde (fournie par la Chine) en pièces détachées sur les sommets entourant le camp retranché de Diên Biên Phu et à détruire dès les premiers jours de la bataille la piste d'atterrissage. Le camp français s'est ainsi trouvé coupé de tout soutien extérieur.

Informations complémentaires

La bataille de Diên Biên Phu, qui a duré deux mois, marque la fin de la guerre d'Indochine.
Cette seule bataille a fait environ 1 700 morts et 4 500 blessés parmi les troupes françaises, et 7 000 morts et 20 000 blessés dans l'armée vietminh.
Sur les quelques 10 000 soldats français prisonniers, environ 7 000 ont disparu. ■

Étude du document 3b

1. Préciser que la question porte sur le passage entre guillemets. Son auteur est identifié dans le paragraphe de présentation : Jean Pouget. Remarquer que Jean Pouget est commandant. Confirmer qu'il était dans l'armée française en 1954 et qu'il a fait partie des vaincus de Diên Biên Phu.

2. Relever la date au début du texte : le 7 mai 1954.

3. S'assurer que tous ont situé les combats en Indochine et établi la correspondance : Indochine —> Viêtnam.

4. Confirmer que les combats opposaient l'armée française à l'armée indépendantiste vietminh.

▸ Que voulaient les Vietnamiens ?

Valider les réponses qui identifient l'enjeu du conflit : l'indépendance du Viêtnam.

▸ Qui contrôlait le Viêtnam avant 1954 ?

Rappeler au besoin les enseignements des séquences 15 à 17 sur la colonisation pour établir que l'Indochine était une colonie française.

▸ Pourquoi les Français ne voulaient-ils pas laisser l'Indochine devenir indépendante ? *Parce que la France voulait garder une présence dans cette région du monde (en Asie). Parce que si une colonie devient indépendante, les autres vont vouloir la même chose.*

Souligner que c'est ce qui s'est passé et que Jean Pouget le confirme.

Préciser qu'en juillet 54, les accords de Genève donnent l'indépendance aux Vietnamiens – avec la naissance de deux États : le Viêtnam du Nord, communiste, et le Viêtnam du Sud, sous la protection des États-Unis. Cette coupure en deux rappelle bien sûr celle de l'Allemagne ; la guerre froide continue.

5. S'assurer que tous ont compris la comparaison avec le 14 Juillet et sa valeur symbolique pour les pays colonisés en général : rupture avec une époque, renversement du pouvoir en place, début d'une ère nouvelle, expression du droit des peuples à disposer d'eux-mêmes. Souligner que le 14 Juillet symbolise également la fin inévitable d'une longue période d'injustice et d'inégalité. Comparer l'inégalité des pouvoirs et des richesses entre la noblesse et le tiers état avant la Révolution française et l'inégalité de condition entre les colons et les indigènes dans un pays colonisé (le mot tiers-monde dérive d'ailleurs de tiers état). Conclure au caractère exemplaire de l'accession de l'Indochine à l'indépendance et à l'aspect inévitable voire légitime de la décolonisation en général.

Cependant, en 1954, on n'en était pas encore à admettre le caractère inéluctable de cette évolution. Même si on a laissé partir pacifiquement la plupart des colonies dans les dix années qui suivirent, il n'était pas question, par exemple, de lâcher l'Algérie. L'armée française, humiliée par la défaite de Diên Biên Phu, allait vouloir y prendre sa revanche en la défendant à tout prix.

Synthèse (orale)

Qu'avons-nous appris ?

- En 1946, une nouvelle Constitution, instaurant la IVe République, a été adoptée par référendum. Charles de Gaulle pensait que cette Constitution n'était pas bonne car elle donnait trop de pouvoir aux partis, ce qui empêchait son bon fonctionnement. Il a décidé de créer un nouveau mouvement politique, le Rassemblement du peuple français (RPF), pour donner à l'État l'unité, l'efficacité et l'autorité qui lui manquaient. La IVe République a duré 12 ans pendant lesquels 22 gouvernements différents se sont succédé. Certains n'ont pas duré plus d'un mois et les affrontements entre partis ont provoqué l'instabilité et la fragilité du gouvernement.
- Dans la colonie française d'Indochine, Ho Chi Minh a fondé un parti pour l'indépendance de son pays. Son parti de tendance communiste était soutenu par le gouvernement communiste chinois. Comme la France voulait rester présente en Asie, la guerre d'Indochine a commencé en 1946. Elle a duré 8 ans. Le 7 mai 1954, l'armée vietminh a finalement battu l'armée française après la longue bataille de Diên Biên Phu. Cette date marque le début de la décolonisation. Aujourd'hui, l'Indochine s'appelle le Viêtnam.

Élaboration du texte de référence

Phase écrite collective (au tableau)

Titre : La IVe République

Les faiblesses

La IVe République n'a duré que 12 ans avec 2 présidents et 22 gouvernements successifs. Les désaccords entre les partis rendaient le pouvoir exécutif instable et fragile. Le général de Gaulle critiquait fortement le régime.

Documents 1 et 2

La guerre d'Indochine

L'Indochine est devenue indépendante en 1954, après la bataille de Diên Biên Phu. Elle s'appelle aujourd'hui le Viêtnam. La guerre d'Indochine marque le début de la décolonisation.

Documents 3a et 3b

Phase écrite individuelle (sur le cahier)

Lexique

Plébiscite : vote du peuple pour donner sa confiance à un homme au pouvoir.
Référendum : vote populaire pour approuver ou rejeter une proposition du gouvernement.
Vietminh (ou Viêt-minh) : parti pour l'indépendance du Viêtnam, fondé par Ho Chi Minh en 1941.

La IVe République (1946-1958) (1) Un État faible face à de grands défis

29 Fiche documents

Document 1

Vincent Auriol	**1947 – 1954**
Paul Ramadier	1947
Robert Schuman	1947 – 1948
André Marie	1948
Robert Schuman	1948
Henri Queuille	1948 – 1949
Georges Bidault	1949 – 1950
Henri Queuille	1950
René Pleven	1950 – 1951
Henri Queuille	1951
René Pleven	1951 – 1952
Edgar Faure	1952
Antoine Pinay	1952
René Mayer	1953
Joseph Laniel	1953 – 1954
René Coty	**1954 – 1958**
Joseph Laniel	1954
Pierre Mendès France	1954 – 1955
Edgar Faure	1955
Guy Mollet	1955 – 1957
Maurice Bourgès-Maunoury	1957
Félix Gaillard	1957 – 1958
Pierre Pflimlin	1958
Charles de Gaulle	1958 (mai à décembre)

Les présidents de la IVe République et la succession des présidents du Conseil.

Document 2

« [...] La Constitution, suivant laquelle tous les pouvoirs se trouvent [...] dépendre dans leur fonctionnement, d'une manière directe et exclusive, des partis et de leurs combinaisons, a été acceptée par 9 millions d'électeurs, refusée par 8 millions, ignorée par 8 millions. Mais elle est entrée en vigueur (1) ! On peut constater aujourd'hui ce qu'elle donne. Gardons-nous d'ailleurs d'incriminer (2) les hommes dont certains sont [...] fort dignes et fort capables de diriger les diverses branches des affaires publiques, mais que le système lui-même ne laisse pas (3) d'égarer ou de paralyser. En tout cas, il est clair que la nation n'a pas, pour la guider, un État dont la cohésion, l'efficience, l'autorité, soient à la hauteur des problèmes qui se dressent devant elle.

[...] Il est temps que les Françaises et les Français qui pensent et qui sentent ainsi, c'est-à-dire, j'en suis sûr, la masse immense de notre peuple, s'assemblent pour le prouver. Il est temps que se forme et s'organise le Rassemblement du peuple français qui, dans le cadre des lois, va promouvoir et faire triompher, par-dessus les différences des opinions, le grand effort de salut (4) commun et la réforme profonde de l'État.

Lexique :
(1) **entrer en vigueur :** commencer à être appliqué.
(2) **incriminer :** faire des reproches.
(3) **ne laisse pas :** n'arrête pas.
(4) **salut :** sauvetage.

Extraits du discours prononcé par le général de Gaulle à Strasbourg, le 7 avril 1947. Charles de Gaulle souligne les faiblesses de la IVe République et annonce la formation du RPF.

Document 3

Ph.© AP / SIPA

a **Indochine, 1954 : soldats français prisonniers de l'armée du Vietminh après la défaite de Diên Biên Phu.**

Depuis 1946, les indépendantistes vietnamiens, menés par Hô Chi Minh, luttent contre la domination française en Indochine. Le 7 mai 1954, les troupes françaises sont battues à Diên Biên Phu par l'armée du Viêt-minh. C'est la fin de la guerre d'Indochine.

20 ans plus tard, le Commandant Jean Pouget, un des vaincus de Diên Biên Phu écrit :

« La chute de Diên Biên Phu marque la fin du temps de la colonisation et inaugure l'ère de l'indépendance du tiers-monde. Aujourd'hui, il n'y a plus, en Asie, en Afrique ou en Amérique, une révolte, une rébellion ou une insurrection qui ne se réfère à la victoire du général Giap*. Diên Biên Phu est devenue le 14 Juillet de la décolonisation. »

* Commandant de l'armée du Viêt-minh.

b **Extrait d'un article paru dans le journal *Le Figaro* du 7 mai 1974.**

29 Fiche questionnaire

La IVe République (1946-1958) (1) Un État faible face à de grands défis

Document 1

1. Combien d'années la IVe République a-t-elle duré au total ?
2. Quand a-t-elle pris fin ?
3. Combien de Présidents a-t-elle comptés ? Combien de présidents du Conseil ?
4. Combien de fois le Conseil a-t-il changé de président en 1948 ?
5. Observe la succession des présidents du Conseil de 1949 à 1952. Que remarques-tu ?
6. Que peut-on conclure de ces observations ?

Document 2

1. Qui a prononcé ce discours ? Où et quand ?
2. De quoi parle-t-il ?
3. Selon Charles de Gaulle, de quoi dépend le fonctionnement de tous les pouvoirs dans la Constitution qui vient d'être adoptée ?
4. Que veut dire le général de Gaulle quand il affirme que la Constitution a été ignorée par 8 millions d'électeurs ?
5. Selon lui, que manque-t-il à l'État pour guider la nation ?
6. Que propose-t-il pour sauver la situation ?

Document 3a

1. Où cette photo a-t-elle été prise ? Quand ?
2. Qui sont ces hommes ? Que leur est-il arrivé ?
3. Qui a remporté la bataille de Diên Biên Phu ?
4. Qu'est-ce que le Vietminh ?

Document 3b

1. Qui a écrit ces lignes ? Que faisait-il à Diên Biên Phu ?
2. Quand la bataille de Diên Biên Phu s'est-elle terminée ?
3. Dans quel pays ces combats se sont-ils déroulés ? Comment s'appelle ce pays aujourd'hui ?
4. Qui les combats opposaient-ils ? À ton avis, pourquoi ?
5. À quelle fête célèbre le commandant Jean Pouget compare-t-il la victoire de Diên Biên Phu ? Comment peux-tu expliquer cette comparaison ?

30

La IVᵉ République (1946-1958) (2) Réussites et échecs

Objectifs disciplinaires

Connaître les origines de la Communauté européenne.

Découvrir les débuts du conflit franco-algérien et l'arrivée de Charles de Gaulle à la présidence du Conseil.

Objectifs méthodologiques

Lire des textes pour en dégager les informations essentielles.

Compléter une carte en la comparant avec une autre.

Observer une photo.

Document 1

a) Extrait du traité de Rome, 1957

b) Carte de la CEE à sa fondation, 1957

Document 2

a) Déclaration de François Mitterrand, 1954

b) Témoignage sur « journée des tomates », le 6 février 1956

c) Photographie de soldats français en Algérie, 1956

Document 3

Déclaration de Charles de Gaulle, 1958

Poster 8 et document A

Carte de l'Union européenne en 2007

Étape 1

1957 : création de la CEE

doc. 1a Extrait du traité de Rome, 1957.
doc. 1b Carte de la CEE à sa fondation, 1957.
poster 8 et doc. A Carte de l'Union européenne en 2007.
Questionnaires à photocopier.
Ce court extrait du traité de Rome identifie les six pays fondateurs de la CEE. La carte vient compléter cette présentation.

Phase de réflexion individuelle à partir des questionnaires

Phase orale collective
Étude du document 1a

1. Dresser la liste des personnes concernées. Constater qu'il s'agit des plus hautes personnalités (roi, reines et présidents) de six pays européens.

2. S'assurer que les enfants ont compris la forme et le sens du texte. Remarquer qu'il est rédigé comme une très longue phrase commençant par le sujet (les six personnalités mentionnées) et terminée par le verbe (ont décidé...). Montrer que l'on peut résumer le texte ainsi : les dirigeants de six pays ont décidé de créer une Communauté économique européenne.

▸ Que signifie ce terme ?

Expliquer qu'il s'agit d'abord d'un Marché commun (les échanges deviennent libres entre les pays) et que les pays membres vont de plus, progressivement, coordonner leurs politiques économiques pour que la Communauté fonctionne économiquement comme un seul et même pays.
Préciser au besoin la notion de liberté des échanges : suppression des droits de douane puis, par étapes successives, harmonisation des normes à respecter et des étiquetages de produits.

3. Écrire les noms des six pays au tableau : Belgique, RFA, France, Italie, Luxembourg et Pays-Bas.

4. Constater que parmi les six pays recensés figurent deux royaumes et un duché (Belgique, Pays-Bas et Luxembourg). Préciser que ces pays sont tous des démocraties. Il s'agit là d'un critère essentiel pour l'adhésion des futurs pays candidats. L'Espagne et le Portugal n'ont en effet pu entrer dans la CEE qu'après la chute des dictatures qui les gouvernaient depuis les années 30.

5. Relire collectivement l'extrait pour souligner les objectifs économiques et sociaux de la CEE. Noter le principe de solidarité destiné à réduire l'écart entre les différentes régions en aidant les moins favorisées. Remarquer également le souci de sauvegarder la paix et la liberté.
L'idée initiale (soutenue par Jean Monnet) était de commencer par le rapprochement économique pour aboutir plus tard à une union politique. Les résultats du référendum qui s'est tenu en France en 2005 (qui ont rejeté un projet de Constitution européenne) montrent que l'union politique n'est pas encore acceptée par tous.

6. Demander aux enfants de justifier leur réponse à l'aide d'un passage du texte. Renvoyer ceux qui hésitent à la phrase par laquelle les fondateurs de la CEE appellent les autres peuples de l'Europe à s'associer à leur effort. Conclure collectivement que dès sa création, en 1957, la CEE avait pour ambition de s'agrandir.

Étude du document 1b
à l'aide du document A et du poster 8

1. Les enfants auront reconnu l'Europe.

2. L'information figure sur la carte : la CEE comptait 170 millions d'habitants en 1957.

3. Le recours à la carte A complémentaire donne la réponse : la CEE s'appelle désormais l'Union européenne. Constater que l'adjectif « économique » a disparu.

▸ Pourquoi ?

Valider les réponses suggérant que l'on tente de passer au deuxième stade : une union politique qui n'est plus uniquement basée sur une entente économique. Quelques exemples : le passeport européen à la place des passeports nationaux, les accords dits de Schengen sur la libre circulation des personnes d'un pays à l'autre de l'Union, la reconnaissance mutuelle (encore limitée) des diplômes ou qualifications professionnelles (par exemple de nos jours bien des étudiants vétérinaires français font leurs études en Belgique, où le niveau requis est moins élevé, avant de revenir s'installer en France).

4. Utiliser le document complémentaire ou le poster 8 pour obtenir la liste des 21 pays qui ont rejoint la Communauté européenne. Écrire les noms de ces pays au tableau en les classant par ordre d'entrée avec la date de leur adhésion.
   1973 : Grande-Bretagne, Irlande et Danemark
   1981 : Grèce
   1986 : Espagne et Portugal
   1995 : Suède, Autriche, Finlande
   2004 : Estonie, Lettonie, Lituanie, Pologne, République Tchèque, Slovaquie, Hongrie, Slovénie, Malte et Chypre (partie grecque)
   2007 : Bulgarie et Roumanie
   Les enfants pourront utiliser cette liste pour compléter leur carte.
5. Répartir la recherche des populations des 27 pays de l'Union européenne sur autant d'élèves. Recueillir les résultats obtenus pour procéder à l'addition finale. Suivant les sources (encyclopédie ou Internet), le total devrait se situer entre 480 et 490 millions. On arrondira ce chiffre pour retenir une population globale de 500 millions d'habitants.
6. La légende aura permis aux enfants de deviner que Jean Monnet et Robert Schuman ont contribué à la construction de la Communauté européenne. Demander à deux volontaires de les présenter brièvement. Retenir les points essentiels :
   Jean Monnet : économiste et haut fonctionnaire puis président de la CECA (Communauté européenne du charbon et de l'acier), il a été un partisan convaincu de l'unité européenne. Mort en 1979, il repose au Panthéon avec les autres grands hommes de la nation.
   Robert Schuman : ministre des Affaires étrangères dans plusieurs gouvernements successifs de la IVe République, il finira sa carrière comme premier président du parlement européen.
   Préciser que si Monnet fut l'inspirateur de ce que nous appelons aujourd'hui l'Union européenne, c'est Robert Schuman qui la mit en œuvre. Ajouter que ces « Pères de l'Europe », nés tous deux dans les années 1880, ont connu les deux guerres mondiales. De quoi avoir envie de paix…

Information complémentaire

La « journée de l'Europe », le 9 mai, commémore chaque année la déclaration faite par Schuman (et inspirée par Monnet), qui amorça dès 1950 la construction européenne en proposant la création de la future CECA – laquelle allait naître en 1951. ■

Étape 2

La guerre d'Algérie

doc. 2a Déclaration de François Mitterrand, 1954.
doc. 2b Témoignage sur la « journée des tomates », le 6 février 1956.
doc. 2c Photographie de soldats français en Algérie, 1956.
Questionnaires à photocopier.

La brève déclaration de François Mitterrand laisse entrevoir les premiers événements qui ont mené à la guerre d'Algérie. Le résumé de la visite mouvementée de Guy Mollet à Alger en 1956 et la photographie des soldats français en Afrique du Nord confirment la réalité du conflit franco-algérien.

Phase de réflexion individuelle à partir du questionnaire

Phase orale collective
Étude du document 2a

1. La légende date cette déclaration et identifie son auteur ainsi que les fonctions qu'il occupait alors : François Mitterrand, ministre de l'Intérieur, le 12 novembre 1954. Il préside alors un petit parti situé au centre et n'est pas encore socialiste.
2. Faire résumer la déclaration pour en dégager collectivement l'idée centrale exprimée dès les premiers mots : l'Algérie, c'est la France. Renvoyer si nécessaire aux séquences consacrées à la colonisation pour rappeler que l'Algérie était le joyau de l'empire colonial français.
3. Recourir au dictionnaire et retenir collectivement une définition comme : action pour une population ou une région de se séparer de la nation pour devenir indépendante.
4. Rappeler que François Mitterrand parle en sa qualité de ministre de l'Intérieur. Il est responsable de la police, du maintien de l'ordre dans le pays. Constater que sa déclaration est une mise en garde.

► Au-delà des députés de l'Assemblée nationale, à qui peut-il s'adresser ?
  Valider les réponses qui suggèrent que des manifestations d'indépendantisme ont pu avoir lieu et que des groupes « créent le désordre et tendent à la sécession ».

Confirmer en précisant que dans la nuit du 30 octobre au 1er novembre 1954, plusieurs dizaines d'attentats ont eu lieu sur le territoire algérien. Ces attentats étaient le fait d'un mouvement jusque-là inconnu : le FLN (Front de libération nationale) qui venait de commencer la lutte armée contre le pouvoir français en Algérie. On peut considérer que ces attentats (« la Toussaint rouge ») marquent le début de la guerre d'Algérie.

Étude du document 2b

1. Le titre date l'incident (le 6 février 1956) et la première ligne du texte le situe à Alger.

▸ Qui est l'auteur de ce témoignage ?

Revenir au second paragraphe pour identifier Jacques Chevallier, le maire d'Alger. Il était donc bien placé pour observer les événements qu'il décrit.

2. Guy Mollet est identifié dans le texte comme le président du Conseil. Au besoin, un retour au doc. 1 de la séquence précédente confirmera qu'il l'était effectivement en 1956.
3. Recueillir les réponses. Constater que Guy Mollet a essuyé une pluie de projectiles (tomates, billes de plomb, mottes de terre). Chercher dans le texte les expressions qui identifient les manifestants : « Tout ce qu'il y avait de Français dans l'Algérois », « les Français d'Algérie », etc. Noter l'expression « pieds-noirs » pour désigner les Français d'Algérie.

▸ Pourquoi les Français d'Algérie ont-ils été aussi hostiles à Guy Mollet ?

Certains répondront que c'est parce que Guy Mollet était socialiste et que les Français d'Algérie étaient, en règle générale, hostiles à la gauche. On validera cette réponse et on la complétera en précisant que, suite aux événements de 1954, la France a envoyé des soldats en Algérie (essentiellement des militaires de carrière au début) pour lutter contre le FLN. La guerre d'Algérie a donc commencé, mais Guy Mollet a dénoncé cette guerre qu'il jugeait « imbécile et sans issue ». On évitait le terme de guerre pour évoquer officiellement « les événements d'Algérie » ou « les troubles ». Sur une population totale de 10 millions d'habitants, la population des Français d'Algérie représentait environ 1 million de personnes (dont 80 % étaient nés en Algérie, les pieds-noirs) ; elle craignait donc que le nouveau gouvernement français l'abandonne.

Informations complémentaires

L'année 1955 avait vu une augmentation considérable des attentats du FLN en Algérie. Les assassinats se sont multipliés, visant des Européens ou des autochtones* employés par l'administration française et donc considérés comme collaborant avec la France. En août 1955, un massacre fit 123 morts dont 71 européens dans le Constantinois (partie est de l'Algérie). La répression qui s'ensuivit fit officiellement plus de 1200 morts mais certaines estimations en fixent le bilan réel à environ 12 000 morts (100 tués par victime !). ■

4. Recueillir les réponses. Valider celles qui suggèrent un accroissement de l'effort militaire français en Algérie pour lutter contre le terrorisme du FLN et rassurer les pieds-noirs. Compléter en précisant que, dans le courant de l'année 1956, le nombre des soldats français en Algérie est passé de 200 000 à 400 000. Suite à la « journée des tomates », Guy Mollet a décidé d'envoyer en Algérie les appelés du contingent (des garçons de 18 à 20 ans). Le service militaire, obligatoire, qui durait alors 18 mois, sera étendu à 27 mois en 1958. Faire imaginer aux élèves l'impopularité de ces mesures dans l'opinion publique de la métropole.
Expliquer la volonté du gouvernement français de garder l'Algérie française par une série de raisons :
– la France vient de perdre l'Indochine après la défaite humiliante de Diên Biên Phu ;
– pour pouvoir fournir un effort militaire suffisant en Algérie, elle a accordé l'indépendance à la Tunisie et au Maroc qui n'ont pas, comme l'Algérie, été utilisés comme colonies de peuplement ;
– les intérêts de la France en Algérie étaient nombreux (ressources pétrolières, forte population française implantée sur le sol algérien, espaces désertiques permettant plus tard d'effectuer des tests nucléaires, qu'on envisageait déjà en 1954).

Étude du document 2c

1. La légende identifie des soldats français.
2. Observer le paysage de la photo.

▸ En trouve-t-on de semblables en France ? Où cette photographie peut-elle avoir été prise ?

Valider les réponses qui localisent la scène en Afrique du Nord et plus particulièrement en Algérie. La légende confirme les conclusions d'une première observation.

* On entend ici par autochtones les Algériens d'origine arabe ou kabyle.

3. Encourager les enfants à utiliser les informations obtenues par l'étude des deux documents précédents. Convenir collectivement que ces soldats font partie du contingent français engagé en Algérie pour lutter contre le FLN.
4. Recourir à la légende pour conclure que la guerre d'Algérie a duré près de 8 ans.

Étape 3

Charles de Gaulle au secours de la France en crise

doc. 3 Déclaration de Charles de Gaulle, 1958.
Questionnaire à photocopier.
Cette déclaration témoigne de l'arrivée de Charles de Gaulle au poste de président du Conseil (chef du gouvernement), en 1958. Sa mise en relation avec le document 2 de la séquence précédente montrera que la fin de la IVe République est à la fois logique et imminente.

Phase de réflexion individuelle à partir du questionnaire

Phase orale collective
1. Le titre date la déclaration et identifie son auteur : Charles de Gaulle, le 27 mai 1958.
2. Revenir sur les documents précédents pour constater que la France traverse une période de crise grave et que la situation en Algérie est particulièrement instable.
3. Remarquer que, dans la deuxième phrase, le général de Gaulle s'adresse au pays qu'il exhorte au calme et à la dignité. Établir qu'à travers le « pays », de Gaulle s'adresse à tous les Français. Il souhaite préserver l'unité et l'indépendance du pays qui sont donc, à son sens, menacées.
4. Relever les noms des personnes mentionnées : Salan, Auboyneau et Jouhaud. Préciser qu'il s'agit des généraux français (chefs des forces armées) en Algérie. C'est à eux que Charles de Gaulle s'adresse en particulier. Conclure que le général de Gaulle compte reprendre le contrôle de la situation en Algérie en appelant les généraux au calme.

Informations complémentaires

Lorsque Charles de Gaulle fait cette déclaration, le 27 mai 1958, la crainte d'un coup d'État militaire et d'une guerre civile est réelle.

En effet, quand, le 13 mai 58, la population pied-noire d'Alger s'est soulevée (à la nouvelle de la nomination de P. Pflimlin, réputé favorable à des négociations avec le FLN, comme président du Conseil), les généraux Salan, Auboyneau et Jouhaud ont pris parti pour les émeutiers. Et le 24 mai, les parachutistes acquis à « l'Algérie française » ont pris le contrôle de la Corse et pourraient débarquer sur le continent.

Tout le monde se tourne alors vers le général de Gaulle : les généraux (qui comptent sur lui pour sauver l'Algérie de l'abandon et gagner la guerre contre le FLN) et René Coty, le président de la République, qui pense que seul le général de Gaulle pourra refaire l'unité nationale et ramener l'Algérie et l'armée à la raison. Il compte lui confier le poste de président du Conseil lorsque Pierre Pflimlin aura démissionné.

Charles de Gaulle va alors « ménager la chèvre et le chou » en insistant sur « le processus <u>régulier</u> nécessaire à l'établissement d'un gouvernement <u>républicain</u> » (il ne veut pas que l'on puisse lui reprocher plus tard d'avoir tiré profit d'une tentative de coup d'État militaire) et en rassurant les généraux. Il prend soin de leur dire qu'il n'approuve pas, mais ne sanctionnera pas leur rébellion contre le gouvernement. ■

5. Constater que Charles de Gaulle vient d'être pressenti par René Coty pour accéder au poste de président du Conseil (Premier ministre). Sa nomination effective n'aura lieu qu'au 1er juin mais il s'exprime comme s'il était déjà en fonction. Noter l'usage de la première personne dans pratiquement chaque phrase.

► Va-t-il profiter de son retour au pouvoir pour modifier les institutions qu'il critique depuis longtemps et faire adopter un nouveau régime ?

Signaler qu'il obtiendra de l'Assemblée à une large majorité les pleins pouvoirs pour 6 mois dès le 2 juin, avec pour mission d'élaborer une nouvelle Constitution et de la faire approuver par les électeurs. C'était dans ses intentions dès le début de la Ve République ; c'est désormais en route.

► Le général de Gaulle répondra-t-il aux attentes des Français d'Algérie et de l'armée en gardant l'Algérie française ? Ce sera l'objet de séquences ultérieures.

Synthèse (orale)

Qu'avons-nous appris ?

- En 1957, six pays d'Europe (la France, la RFA, l'Italie, les Pays-Bas, le Luxembourg et la Belgique) ont décidé de s'unir pour renforcer leur progrès économique et social et garantir la paix et la liberté. Cette Communauté économique européenne s'est progressivement élargie à d'autres pays. Elle est à l'origine de l'Union européenne qui regroupe aujourd'hui près de 500 millions d'habitants dans 27 pays différents.
- En 1954, le FLN (Front de libération nationale) a commencé une campagne d'attentats contre la présence française en Algérie. La France a envoyé l'armée en Algérie pour combattre ce mouvement armé afin que l'Algérie reste française.

La guerre d'Algérie a duré jusqu'en 1962. La France tenait à garder l'Algérie car un million de Français (les pieds-noirs) y vivaient, mais aussi parce qu'elle avait déjà perdu l'Indochine et accordé l'indépendance à la Tunisie et au Maroc. La France avait également d'autres intérêts en Algérie avec le pétrole et, plus tard, elle allait profiter des espaces désertiques pour effectuer ses essais nucléaires.

- En 1958, le général de Gaulle a été nommé président du Conseil alors que régnait une grande instabilité en France et en Algérie. Il a entrepris de préserver l'unité et l'indépendance du pays. Il a mis fin à la IVᵉ République.

Élaboration du texte de référence

Phase écrite collective (au tableau)

Titre : La fin de la IVᵉ République

Les premiers pas d'une union européenne

En 1957, la France, la RFA, l'Italie, les Pays-Bas, la Belgique et le Luxembourg se sont unis pour créer la Communauté économique européenne ou « marché commun ». Cette union économique s'appelle aujourd'hui l'Union européenne. Elle regroupe près de 500 millions d'habitants dans 27 pays.

Documents 1a, 1b et A

La guerre d'Algérie

En Algérie, le FLN a commencé en 1954 à lutter contre la présence française en organisant des attentats terroristes. La France a tenu à garder l'Algérie française pour y préserver ses intérêts et ceux des pieds-noirs (environ un million) qui y vivaient. La guerre d'Algérie a commencé. Elle a duré près de 8 ans.

Documents 2a, 2b et 2c

En 1958, le général de Gaulle est devenu président du Conseil dans un climat de grande instabilité. Il a mis fin à la IVᵉ République.

Document 3

Phase écrite individuelle (sur le cahier)

Lexique

Autochtone : personne qui est née dans le pays où elle habite. Indigène.
FLN : Front de libération nationale ; groupe armé luttant pour l'indépendance de Algérie.

La IVe République (1946-1958)
(2) Réussites et échecs

Document 1

Le traité de Rome

Sa Majesté le roi des Belges, le président de la République fédérale d'Allemagne, le président de la République française, le président de la République italienne. Son Altesse Royale la grande-duchesse de Luxembourg, Sa Majesté la reine des Pays-Bas.

Déterminés à établir les fondements d'une union sans cesse plus étroite entre les peuples européens,

Décidés à assurer par une action commune le progrès économique et social de leur pays en éliminant les barrières qui divisent l'Europe, [...]

Soucieux de renforcer l'unité de leurs économies et d'en assurer le développement harmonieux en réduisant l'écart entre les différentes régions et le retard des moins favorisés.

Résolus à affermir, par la contribution de cet ensemble de ressources, les sauvegardes de la paix et de la liberté, et appelant les autres peuples de l'Europe qui partagent leur idéal à s'associer à leur effort,

Ont décidé de créer une Communauté économique européenne [...].

a Le 25 mars 1957, le traité de Rome déclare la naissance de la CEE.

b Le rêve de Jean Monnet et de Robert Schuman devient réalité le 25 mars 1957. La CEE est née. Elle compte 170 millions d'habitants.

Document 3

« J'ai entamé hier le processus régulier nécessaire à l'établissement d'un gouvernement républicain capable d'assurer l'unité et l'indépendance du pays.

Je compte que ce processus va se poursuivre et que le pays fera voir, par son calme et sa dignité, qu'il souhaite le voir aboutir. [...]

J'attends des forces terrestres, navales et aériennes présentes en Algérie qu'elles demeurent exemplaires, sous les ordres de leurs chefs : le général Salan, l'amiral Auboyneau, le général Jouhaud. À ces chefs, j'exprime ma confiance et mon intention de prendre incessamment contact avec eux. »

Déclaration du général de Gaulle, le 27 mai 1958.

Document 2

L'Algérie, c'est la France...

L'Algérie, c'est la France, les départements de l'Algérie sont des départements de la République française. [...] tous ceux qui essayeront, d'une manière ou d'une autre, de créer le désordre et qui tendront à la sécession seront frappés par tous les moyens mis à notre disposition par la loi [...].

a Extrait d'une intervention de François Mitterrand, ministre de l'Intérieur, devant l'Assemblée nationale, le 12 novembre 1954.

« Guy Mollet décide donc de venir à Alger. Malgré nos recommandations, il passe outre.

[...] Tout ce qu'il y avait de Français dans l'Algérois était mobilisé contre le président du Conseil. D'abord parce qu'il était socialiste, et vous savez, dans leur majorité, les Français d'Algérie n'étaient pas des gens de gauche.

Étant maire de la ville, il était de mon devoir d'aller le saluer à l'aérodrome, où je parvenais après avoir traversé cette multitude innombrable qui l'attendait.

Mon premier et mon deuxième adjoint M. Rime et Paul Arnold m'accompagnaient, et ensemble, nous pensions tout haut : « Mon Dieu ! Tout à l'heure, qu'est-ce qu'il va prendre ! »

Malgré les conseils du maire, Guy Mollet insiste pour aller déposer une gerbe au monument aux morts.

Alors, ce fut affreux. La cérémonie, si l'on peut dire, se déroula sous une grêle de tomates, de billes de plomb, de mottes de terre. C'était horrible.

Sous cette grêle et les huées, le président du Conseil dut précipitamment sauter en voiture et gagner le palais d'Été, où il demeura pratiquement prisonnier durant deux jours.

[...] Cette aventure donnait aux Français d'Algérie, aux pieds-noirs, le sentiment qu'il suffisait d'agir de façon brutale pour être les patrons et que rien ne les empêchait ainsi d'imposer leur volonté au gouvernement.

On peut dire que c'est à partir de ce moment-là, de ce 6 février 1956, que le gouvernement français a perdu le contrôle réel de la population française d'Algérie.

Témoignage de Jacques Chevallier, dans *Mémoires de notre temps*, de J. Fauvet, 1967.

b La « journée des tomates », le 6 février 1956.

Ph. © DALMAS / SIPA

c Soldats français en opération pendant la guerre d'Algérie (1954-1962).

La IVe République (1946-1958)
(2) Réussites et échecs

30 Fiche documents

Document A

L'Union européenne en 2007.

30 Fiche questionnaire

La IVe République (1949-1957) (2) Réussites et échecs

Document 1a

1. Quelles sont les personnalités mentionnées au début de cet extrait ?
2. Qu'ont-elles décidé de faire ?
3. Combien de pays représentent-elles ? Lesquels ?
4. Ces pays sont-ils tous des Républiques comme la France ?
5. Selon ce document, à quoi la Communauté économique européenne va-t-elle servir ?
6. La Communauté économique européenne est-elle prête à s'agrandir ?

Documents 1b et A

1. Que représente cette carte ?
2. Combien d'habitants la CEE comptait-elle en 1957 ?
3. De nos jours, nous employons un autre nom que « Communauté économique européenne ». Lequel ? (Aide toi de la carte A complémentaire ou du poster 8.) Que signifie ce changement de nom ?
4. Sur la carte A complémentaire, colorie les pays devenus membres de cet ensemble d'États après 1957.
5. Combien la Communauté européenne compte-t-elle d'habitants aujourd'hui ? Aide-toi d'une encyclopédie ou fais une recherche sur Internet.
6. Que sais-tu sur Jean Monnet et Robert Schuman ? Recherche des informations à leur sujet.

Document 2a

1. Qui a prononcé ces mots ? Quand ? Quel poste occupait-il alors ?
2. Que dit-il de l'Algérie ?
3. Qu'est-ce que la sécession ?
4. À ton avis, pourquoi François Mitterrand a-t-il eu besoin de faire cette déclaration ?

Document 2b

1. Quand et où s'est déroulé cet incident ? Qui est l'auteur de ce témoignage ?
2. Qui était Guy Mollet ?
3. Comment a-t-il été accueilli ? Par qui ? Pourquoi ?
4. À ton avis, qu'a-t-il pu se passer ensuite ?

Document 2c

1. Qui sont ces soldats ?
2. Dans quel pays se trouvent-ils ?
3. Que sont-ils venus faire dans ce pays ?
4. Combien de temps cette guerre a-t-elle duré ? Quel nom a-t-elle porté ?

Document 3

1. Qui a fait cette déclaration ? Quand ?
2. D'après les informations dont tu disposes, dirais-tu que la situation de la France était alors stable ou instable ?
3. À qui le général de Gaulle s'adresse-t-il d'une façon générale ?
4. À qui s'adresse-t-il en particulier ? Où se trouvent ces personnes ?
5. À quel poste le général de Gaulle va-t-il accéder ? Reporte-toi au document 1 de la séquence précédente.

31

Les transformations de la France (1) 1946-1975 : Les Trente Glorieuses

Objectif disciplinaire

Découvrir les changements survenus dans la société française pendant les « Trente Glorieuses », de 1946 à 1975.

Objectifs méthodologiques

Comparer deux photographies d'un même site.

Rechercher des informations dans des textes.

Documents 1

Photographies du quartier de la Défense en 1958 et en 2004

Document 2

Extrait de *Les Trente Glorieuses* de Jean Fourastié

Document 3

Extrait de *Les Infortunes de la prospérité* de Daniel Cohen

Étape 1

Des bidonvilles aux grands ensembles

doc. 1a et 1b Photographies du quartier de la Défense en 1958 et en 2004 (et cahier couleur p. 21).

Questionnaires à photocopier.

La comparaison de ces deux photographies met en évidence la transformation de notre paysage urbain tout en témoignant de l'existence de bidonvilles aux portes de Paris il y a moins d'un demi-siècle.

Phase de réflexion individuelle

à partir des questionnaires

Phase orale collective

Étude du document 1a

1. La légende date le cliché : 1958. Situer Nanterre et la Défense sur une carte de la région parisienne (banlieue ouest de Paris).
2. Faire décrire l'endroit : baraques de planches, tôles ondulées et couvertures. Noter les briques, pierres et parpaings sur les toits. Expliquer qu'ils servaient à empêcher que le vent emporte les toitures trop légères et mal fixées. Rechercher dans la légende le mot qui désigne un tel habitat : un bidonville. Faire trouver les deux mots qui sont à l'origine du nom (bidon et ville) pour en expliquer le sens : un ville faite de matériaux de récupération. Souligner qu'une telle ville ne dispose pas des infrastructures indispensables : électricité, eau courante, tout-à-l'égout, etc.
3. Relever les réponses de la classe. Valider celles qui désignent une population pauvre d'immigrants sans logement.

   La France a en effet recours à une immigration massive durant les années cinquante pour compenser le manque de main d'œuvre (en raison du déclin de la population adulte suite au sinistre bilan de la Première Guerre mondiale).

   Préciser toutefois que si les trois quarts des habitants des bidonvilles de France venaient du Maghreb, du Portugal ou de l'Espagne, 20 % étaient des Français qui avaient quitté les campagnes pour venir chercher du travail dans les grandes villes.

- Pourquoi logent-ils dans de telles conditions ?

Signaler qu'une terrible crise du logement a frappé la France après la guerre. De nombreux logements sont devenus inhabitables par défaut d'entretien, ou ont été détruits par les bombardements, alors que la population augmente rapidement. C'est pourquoi, pour régler au plus vite ce problème, on construira massivement au cours des années 1960 et 1970 des « cités HLM » (habitations à loyer modéré), des « grands ensembles » comme à Nanterre (voir le doc. 1b). Noter que si ces logements HLM sont aujourd'hui souvent considérés comme vétustes, de mauvaise qualité et synonymes d'exclusion, ils représentaient, pour des gens sortant des bidonvilles dans les années 60, le grand confort : des constructions en dur, avec électricité, eau courante, salle de bains, cuisine, chauffage central... Ces changements dans l'habitat urbain français seront abordés plus en détail lors de l'étude du document suivant.

Information complémentaire

Malgré les efforts de fondations comme celle de l'abbé Pierre, créée en 1954 à la suite d'un hiver particulièrement froid, ou ATD Quart Monde (créée en 1956) qui entreprirent de reloger les habitants des bidonvilles, on comptait encore, en 1966, environ 75 000 personnes habitant dans 255 bidonvilles. Plus de la moitié vivait en région parisienne, principalement dans les bidonvilles de Champigny-sur-Marne (15 000 hab.) ou de Nanterre (plus de 10 000 hab.). On trouvait d'autres bidonvilles à la périphérie des grandes villes comme Lyon, Marseille ou Lille.

Les bidonvilles ont pour la plupart disparu vers la fin des années 1970 mais il existe encore aujourd'hui, aux abords des grandes villes, des villages de tentes ou d'abris de fortune dans lesquels vivent les mal logés. ■

4. Recourir à la légende pour identifier le dôme du CNIT en arrière-plan. Noter la forme futuriste du bâtiment. Utiliser les recherches des enfants pour établir que CNIT signifie Centre national des industries et techniques. En déduire que le CNIT accueillait (et accueille toujours) de grandes expositions dédiées à l'industrie et aux techniques modernes. Inauguré en 1958, le CNIT a été construit en prévision d'une future exposition universelle prévue à Paris et qui eut finalement lieu à Bruxelles.
5. Recueillir les commentaires de la classe. Convenir collectivement que le photographe a voulu tirer parti du contraste évident entre le premier plan du cliché (qui illustre la misère et la précarité) et l'arrière-plan (vitrine du modernisme et de l'essor industriel français de l'époque).

Étude du document 1b

1. La légende situe et date le cliché : le quartier de la Défense, en 2004.
2. Accepter la réponse : la Grande Arche de la Défense. Ce bâtiment est effectivement considéré comme un monument.
   Encourager les enfants à chercher plus loin pour repérer la Tour Eiffel, à droite. Rappeler que c'est l'effet de perspective qui la rend si petite. En profiter pour situer à nouveau le quartier de la Défense aux portes de Paris.
3. Renvoyer les enfants à la légende des documents a et b pour identifier le CNIT comme le bâtiment à repérer. Chercher la forme arrondie du dôme à gauche de l'Arche. Faire colorier le bâtiment sur les deux photographies. Observer que sur le document b, le CNIT semble minuscule par rapport aux bâtiments voisins alors qu'il domine tout sur le document a.
4. Recueillir les réponses. Retenir collectivement la disparition du bidonville (repérer où il se situait approximativement grâce à l'angle de vue de la photographie a), la floraison de gratte-ciel autour du CNIT (pour accueillir des bureaux) et de bâtiments plus bas au premier plan (destinés au logement). Noter la ligne du RER et les grands axes routiers, indispensables au développement urbain.
   Préciser que la périphérie des grandes villes de France (Marseille, Lyon, Lille, etc.) a suivi la même évolution au cours des cinquante dernières années.

Étape 2

L'amélioration des conditions de vie

doc. 2 Extrait de *Les Trente Glorieuses* de Jean Fourastié.

Questionnaire à photocopier.

Jean Fourastié est l'inventeur de l'expression : « les Trente Glorieuses » pour désigner la période de 1946 à 1975. Les enfants ne manqueront pas de la rencontrer à nouveau. Cet extrait montre comment la vie d'une famille française a pu évoluer au cours de ces trente années.

Phase de réflexion individuelle à partir du questionnaire

Phase orale collective

1. Les réponses sont dans la légende *Les Trente Glorieuses, ou la révolution invisible, 1946 – 1975* de Jean Fourastié.
   Présenter l'auteur ou le faire présenter par un petit groupe d'élèves auxquels on aura confié la recherche biographique (à mener au cours d'une séance en informatique par exemple). Retenir collectivement les points essentiels : Jean Fourastié, né en 1907 et mort en 1990, était sociologue et économiste. Il est mort à Douelle, dans le Quercy, le petit village qui lui a servi d'observatoire pour mesurer les changements de la société française.
2. Relire collectivement le texte pour établir que Fourastié décrit les conditions de vie de deux ménages appartenant à deux générations successives : Rose et Pierre et leurs fils et bru : Stéphane et Séverine.
3. Faire effectuer le calcul : 30 ans séparent les deux mariages.
4. Recueillir les réponses de la classe. Retenir collectivement les différences essentielles :
   – Stéphane et Séverine, une fois mariés, n'ont pas eu besoin d'habiter chez leurs parents ;
   – leur appartement était plus grand pour une famille moins nombreuse ;
   – Stéphane et Séverine travaillaient tous les deux alors que Rose était mère au foyer ;
   – Stéphane et Séverine disposaient d'un équipement électroménager complet et d'une voiture.
5. Noter que Pierre et Rose ont élevé 4 enfants alors que Stéphane et Séverine n'en ont eu qu'un seul. Introduire la notion de « baby-boom » (explosion des naissances après la Seconde Guerre mondiale et qui a pris fin vers le milieu des années 60). Faire calculer aux enfants l'âge moyen des « baby-boomers » (enfants du baby-boom).

Constater collectivement que pour les baby-boomers, l'heure de la retraite a sonné. Une recherche complémentaire (sur Internet ou dans la presse écrite) mettra en évidence les problèmes posés par le départ massif des retraités du baby-boom.

Étape 3

La société change profondément

doc. 3 Extrait de *Les Infortunes de la prospérité* de Daniel Cohen.
Questionnaire à photocopier.
Cet extrait approfondit l'étude entamée par le document 2. Il nous permet de passer de l'échelle familiale à l'échelle sociale en étudiant les effets des Trente Glorieuses sur tout un village. Au hasard... celui que Jean Fourastié avait choisi comme observatoire !

Phase de réflexion individuelle à partir du questionnaire

Phase orale collective

1. La légende identifie l'auteur : Daniel Cohen. On précisera qu'il est économiste, comme Jean Fourastié.

2. Relire le texte collectivement. Remarquer qu'il traite de la même période que celle du document 2 (*Les Trente Glorieuses : de 1946 à 1975*) et s'appuie sur les conclusions de Jean Fourastié lui-même, qu'il cite nommément.

► Que pense l'auteur de cette période ?

Renvoyer les élèves qui hésitent à la première phrase de l'extrait. Noter que Daniel Cohen considère que les transformations de l'Europe au cours de ces trente années sont peut-être plus fortes que celles des mille années précédentes. Souligner l'expression utilisée : « un âge d'or », qui suggère à la fois richesse, réussite et bonheur.
On nuancera toutefois cette analyse en attirant l'attention des enfants sur les effets secondaires de ce développement comme le dépeuplement des campagnes (l'exode rural), l'apparition des cités-dortoirs, l'aggravation du contraste entre la région parisienne et le reste du pays, et de celui entre les régions dynamiques (en gros, les zones qui présentaient déjà de fortes concentrations urbaines et industrielles, plutôt situées dans le nord et l'est du pays, au-dessus d'une ligne le Havre/Marseille) et celles en perte de vitesse (qui restent rurales). C'est peu à peu, après qu'une politique d'aménagement visant à rééquilibrer le territoire a eu le temps de produire ses effets, que ces tendances finiront par s'inverser, au cours des années 70...

3. Noter la mention de Douelle-en-Quercy. Situer le Quercy sur une carte de France (au sud-ouest du Massif central).

4. Recueillir les réponses. Retenir collectivement que les exploitations agricoles se sont raréfiées et que les emplois du secteur tertiaire se sont développés.

► Que signifie l'expression « la productivité du travail est douze fois plus forte » (dans le 2e paragraphe) ?

Simplifier en expliquant qu'un agriculteur produit 12 fois plus.

► Comment est-ce possible ?

Valider les réponses faisant état de la mécanisation de l'agriculture (tracteurs, moissonneuses, trayeuses électriques) et du progrès des rendements (plus de blé à l'hectare grâce aux engrais et pesticides et plus de lait pour une vache grâce à une meilleure sélection et une meilleure alimentation).
Expliquer les correspondances :
– secteur primaire —> agriculture, pêche
– secteur secondaire —> transformation des produits du primaire (industrie, artisanat)
– secteur tertiaire —> services (administration, banque, assurances, hôtellerie, commerce, etc.)
Noter que l'activité minière n'est plus classée dans le secteur primaire mais dans le secondaire avec l'industrie.
Constater la baisse de la mortalité infantile. Attribuer cette baisse aux progrès réalisés en santé publique. Signaler également l'augmentation de l'espérance de vie. Depuis la création de la Sécurité sociale, on consulte beaucoup plus !
Noter que de 1946 à 1975, la taille d'un Français moyen de 20 ans est passée de 1,65 m à 1,72 m. Préciser qu'elle dépasse aujourd'hui 1,75 m !

► Pourquoi les Français ont-ils grandi ?

Recueillir les réponses de la classe et valider celles qui établissent un lien avec un régime alimentaire plus riche et plus équilibré, un meilleur suivi médical au cours de la croissance et des conditions de travail généralement moins pénibles.

5. Établir que l'expression « les Trente Glorieuses », inventée par Jean Fourastié (par référence à l'expression « les Trois Glorieuses » désignant les 3 journées révolutionnaires de juillet 1830, voir séquence 2), est couramment employée aujourd'hui pour désigner les années qui se sont écoulées de 1946 à 1975. Retenir que notre pays a connu à cette époque une véritable révolution en matière de confort et de mode de vie mais aussi une explosion démographique (le baby-boom).

6. Valider toutes les réponses qui montrent que les effets des Trente Glorieuses ont été compris (amélioration de la qualité de la vie, élévation du niveau de vie, emploi des femmes, diminution des naissances, etc.). Développer et adopter collectivement une fin de phrase du type : ... la vie en France s'est nettement améliorée au cours des trente années qui ont suivi la Seconde Guerre mondiale.

Synthèse (orale)

Qu'avons-nous appris ?

- Pendant les Trente Glorieuses, les trente années qui ont suivi la Seconde Guerre mondiale, la vie en France s'est beaucoup améliorée. Les bidonvilles existant autour des grandes agglomérations comme Paris, Lille, Marseille ou Lyon ont été remplacés par des cités modernes avec de grands immeubles qui abritent des bureaux ou des logements.
- Après la guerre, les Français ont vécu modestement, mais ils ont eu beaucoup d'enfants. On appelle cette vague de naissances le baby-boom. Aujourd'hui, les baby-boomers arrivent à l'âge de la retraite.
- Trente ans plus tard, les familles françaises vivaient dans des logements plus grands et mieux équipés. Beaucoup disposaient de leur propre voiture. De plus en plus de femmes ont commencé à avoir une activité professionnelle. Aujourd'hui, les Français vivent plus longtemps et les couples ont moins d'enfants.
- Les villages ont vu leur population changer. Les fermes sont devenues de moins en moins nombreuses et les employés agricoles se sont raréfiés alors que ceux du tertiaire se multipliaient. Beaucoup de villages ont vu une partie de leur population partir vers les grandes villes pour y trouver du travail.

Élaboration du texte de référence

Phase écrite collective (au tableau)

Titre : Les Trente Glorieuses

De 1946 à 1975, trente années que l'on appelle les Trente Glorieuses, la vie en France a beaucoup changé :
On a vu une explosion des naissances après la guerre : le baby-boom.
Les bidonvilles ont pratiquement disparu. Les banlieues des grandes villes se sont beaucoup étendues avec la construction de grands ensembles de logements.

Documents 1a et 1b

Les Français ont pu vivre plus confortablement et beaucoup de femmes ont commencé à travailler.
Aujourd'hui, les Français vivent plus longtemps et les couples ont moins d'enfants.

Document 2

Les employés du secteur agricole se sont raréfiés tandis que ceux du secteur tertiaire se sont multipliés. L'exode rural a en partie vidé les campagnes françaises.

Document 3

Phase écrite individuelle (sur le cahier)

Lexique

Baby-boom : explosion des naissances après la Seconde Guerre mondiale.
Exode rural : mouvement de population des campagnes vers les villes.
Secteur primaire : agriculture, pêche.
Secteur secondaire : transformation des produits du primaire (industrie, artisanat).
Secteur tertiaire : services (administration, banque, assurances, hôtellerie, commerce, etc.).

Les transformations de la France (1) 1946-1975 : Les Trente Glorieuses

31 Fiche documents

Document 1

Ph. © Jean POTTIER

a Le bidonville de Nanterre, vers 1958.
En arrière plan : le CNIT de la Défense.

Ph. © http://delage.balloide-photo.com

b La Défense en 2004.
À gauche, devant l'Arche: le CNIT.

Document 2

Les Trente Glorieuses

Rose et Pierre se sont mariés en 1940, peu après la défaite. Ils ont habité chez les parents de Rose ; en 1950, ils avaient 4 enfants et [...] un appartement composé d'une cuisine de 10 mètres carrés et de 3 pièces, au total 60 mètres carrés, appartement jugé « suffisant » suivant les normes de l'époque. Bien entendu, le ménage n'a, en 1950, ni voiture, ni réfrigérateur, ni machine à laver, son équipement est rudimentaire, une cuisinière à charbon, un fer à repasser électrique, un aspirateur... Rose est maîtresse de maison à temps plein, et Pierre est comptable, il se rend à son travail en autobus [...].

Leur fils aîné, Stéphane, s'est marié en 1970 avec Séverine ; dès leur mariage, ils ont loué un studio. Peu après, ils se sont installés dans une petite maison comprenant une cuisine de 10 mètres carrés et 3 pièces comme leurs parents en 1950, mais leur superficie totale est de 80 mètres carrés. Ils n'ont qu'un seul enfant [...]. Ils ont tous deux une profession salariée, les jours ouvrables sont acrobatiques parce que leurs lieux de travail sont à 10 et 15 kilomètres de leur domicile. Leur enfant vit la vie usuelle de l'enfant aujourd'hui, de crèche en baby-sitter et d'école en école. Ils ont une 5 CV et la batterie complète de l'équipement ménager.

Extrait de *Les Trente Glorieuses, ou la révolution invisible*, 1946-1975 de Jean Fourastié, éditions Fayard, Paris, 1979.

Document 3

L'âge d'or de l'Europe

Les Trente Glorieuses, comme Jean Fourastié appelle les années de 1946 à 1975, comptent en Europe comme un âge d'or, l'âge de toutes les ruptures. En l'espace de trente ans, l'Europe accomplit une transformation [...] qui est peut-être plus forte que celle qui a marqué le millénaire antérieur !

À Douelle-en-Quercy, village de prédilection de Jean Fourastié, il fallait travailler en 1946 [...] 7 heures pour 1 kg de beurre, 8 heures pour un poulet de 1 kg. L'alimentation y forme les trois quarts de la consommation totale [...]. Le reste de la consommation personnelle est vestimentaire pour plus de sa moitié. En dehors du service militaire, la grande majorité des habitants n'a fait comme voyage que son voyage de noces et quelques pèlerinages.

Trente ans plus tard, dans le même village, la productivité du travail agricole est douze fois plus forte. Le kilo de beurre ne correspond plus qu'à 1 h 25 de travail.

Pour une population de 534 personnes, Douelle comptait, en 1946, 208 agriculteurs, 12 ouvriers non agricoles, 27 artisans et 32 employés du tertiaire. En 1975, sur 670 habitants, le même village ne comprend plus que 53 agriculteurs ; les ouvriers non agricoles sont 35, il y a 25 artisans, et 102 personnes travaillent dans les services.

2 bébés de moins d'un an mouraient tous les ans en 1946 ; 1 tous les deux ans en 1975. Les adolescents de 20 ans mesuraient 1,65 m en 1946 ; ils mesurent 1,72 m en 1975.

Extrait de *Les Infortunes de la prospérité* de Daniel Cohen, éditions Julliard, Paris, 1994.

Les transformations de la France (1) 1946-1975 : Les Trente Glorieuses

Document 1a

1. Quand cette photo a-t-elle été prise ? Où ?
2. Décris le premier plan. Comment appelle-t-on un tel endroit ?
3. Qui pouvait vivre là ? Pourquoi ?
4. Quel bâtiment vois-tu en arrière-plan ? À quoi pouvait-il servir ? Cherche le sens des lettres CNIT pour répondre.
5. À ton avis, pourquoi le photographe a-t-il pris cette photo ?

Document 1b

1. Quel quartier cette photo montre-t-elle ? En quelle année ?
2. Quel monument célèbre peut-on apercevoir dans le lointain ?
3. Quel bâtiment figure à la fois sur cette photo et sur le document a ? Colorie-le sur les deux photos.
4. Quelles différences remarques-tu entre cette photo et la précédente ?

Document 2

1. De quel livre ce texte est-il extrait ? Qui en est l'auteur ?
2. Que décrit-il dans cet extrait ?
3. Combien d'années séparent le mariage de Rose et Pierre de celui de leur fils ?
4. Comment leurs vies ont-elles changé ? Résume les différences essentielles.
5. Combien d'enfants Rose et Pierre ont-ils eus ? Et Stéphane et Séverine ?

Document 3

1. Qui est l'auteur de ce texte ?
2. De quelle période parle-t-il ? Qu'en pense-t-il ?
3. Quel village a été choisi pour observer les changements de la société française ? Où se trouve-t-il ?
4. Comment la population du village a-t-elle évolué ? Quels métiers sont devenus plus rares ? Lesquels se sont développés ?
5. Peux-tu maintenant expliquer l'expression « les Trente Glorieuses » ?
6. Finis cette phrase : Les études de MM. Fourastié et Cohen montrent que la vie en France…

32

Les transformations de la France (2) Après 1975 : Crise et montée du chômage

Objectifs disciplinaires

Découvrir les transformations dans la production industrielle française depuis 1945.

Découvrir les deux chocs pétroliers de 1974 et 1980.

Mesurer leur impact sur notre société et l'augmentation du chômage.

Objectifs méthodologiques

Comparer des photographies.

Interpréter des graphiques.

Documents 1

Photographies de chaînes de montage des usines Renault (années 1950 et 2000)

Document 2

Graphique représentant les chocs pétroliers de 1974 et de 1980

Document 3

Graphique représentant l'augmentation du chômage de 1960 à 1985

Étape 1

La modernisation industrielle

doc. 1a et 1b Photographies des chaînes de montage des usines Renault des années 1950 et 2000 (et cahier couleur p. 21).

Questionnaires à photocopier.

Ces deux photographies montrent la transformation d'une chaîne de montage dans les usines Renault entre la production de la 4 CV dans les années 50 et celle de la Clio aujourd'hui. Le recours à la robotisation y est flagrant.

Phase de réflexion individuelle à partir des questionnaires

Phase orale collective

Étude du document 1a

1. Faire décrire le cliché avant de recourir à la légende. Constater qu'il a été pris dans une usine de fabrication d'automobiles. Noter la forme (démodée) de la carrosserie de la voiture visible au centre ainsi que la porte qui s'ouvre vers l'arrière (aberration aérodynamique qui a aujourd'hui disparu !). Remarquer que deux ou trois autres ouvriers s'affairent sur une deuxième voiture de couleur sombre à peine visible à droite. En déduire qu'il s'agit d'une production « à la chaîne ». Expliquer l'expression : les voitures sont accrochées à un système actionné par une chaîne pour passer d'un atelier à un autre sans que les ouvriers aient besoin de se déplacer avec leurs outils.
2. Utiliser la légende pour dater et situer la scène : vers 1948, dans l'usine Renault de Boulogne-Billancourt. Situer l'emplacement de l'usine aujourd'hui disparue (sur l'île Seguin, à la sortie ouest de Paris).
3. Établir que le terme 4 CV désigne un modèle de la marque Renault. Traduire : CV = cheval vapeur. Préciser que le cheval vapeur est l'équivalent mécanique du travail (de traction) d'un cheval en une heure. Simplifier en expliquant qu'une 4 CV était équipée d'un moteur fournissant le même effort que quatre chevaux tirant une charrette du même poids. Renvoyer les enfants au texte de Jean Fourastié (séquence précédente) qui précise que Stéphane et Séverine possèdent une 5 CV.
4. La légende fournit les réponses : plus d'un million de 4 CV ont été produites en une quinzaine d'années.
   Compléter en signalant l'existence d'une autre voiture emblème : la 2 CV Citroën dont on pourra chercher des images sur Internet. Ces deux voitures populaires étaient rustiques et bon marché. Elles ont permis à de nombreuses familles d'accéder à un achat qui n'était plus un luxe et symbolisait la prospérité.

Étude du document 1b

1. Faire décrire le cliché. Constater qu'il a été pris, comme le précédent, dans une usine de fabrication de voitures.
2. Recourir à la légende pour identifier la Renault Clio. Préciser qu'il s'agit d'une descendante de la 4 CV. Situer l'usine de Renault Flins (en bord de Seine, entre Paris et Rouen). Montrer l'utilité d'un accès au fleuve (déjà exploité avec l'usine de l'île Seguin) pour transporter par voie fluviale les véhicules produits.
   L'usine de Flins a produit jusqu'à 1 100 véhicules par jour. Préciser que, depuis 1990, la Renault Clio a été produite à plus de 9 millions d'exemplaires. Rapprocher ce chiffre de celui de la 4 CV (1 million d'exemplaires en 15 ans) pour souligner l'essor du marché automobile en France.
3. La légende du document ne propose pas de date mais situe le cliché à « aujourd'hui ». Convenir qu'une soixantaine d'années séparent les deux photographies.

4. Recueillir les réponses des enfants. Valider toutes celles qui font état de la robotisation de la production. Au besoin, poser la question : Combien d'ouvriers observe-t-on sur le doc. a ? Et sur le doc. b ? Utiliser les réponses pour confirmer la généralisation de la robotisation dans l'industrie moderne en France. Laisser entrevoir son impact sur l'emploi et conclure collectivement que l'on produit davantage aujourd'hui qu'autrefois, mais avec moins d'employés. Rappeler qu'on a vu le même genre d'évolution pour l'agriculture. Ce sera l'occasion d'évoquer à nouveau la notion de productivité du travail.

Informations complémentaires

Quelques chiffres pour mesurer l'ampleur des mutations : en 1954, après plusieurs années d'une forte croissance de sa production, l'entreprise Renault employait 50 000 salariés pour une production annuelle de 200 000 véhicules. En 2005, elle avait, en France, 44 000 salariés pour produire, toujours en France, 1 200 000 véhicules... ■

Étape 2

Les deux chocs pétroliers

doc. 2 Graphique représentant les chocs pétroliers de 1974 et de 1980.
Questionnaire à photocopier.
Ce graphique représente l'augmentation du prix du pétrole entre 1971 et 1985. Ses deux pics (1974 et 1980) mettent en évidence les deux chocs pétroliers qui ont ébranlé l'économie française avec les effets que nous connaissons (augmentation du chômage, baisse de l'activité industrielle, apparition du déficit du commerce extérieur).

Phase de réflexion individuelle à partir du questionnaire

Phase orale collective

1. Recueillir les réponses. Convenir que ce graphique représente l'évolution du prix du pétrole entre 1971 et 1985.

2. Recourir au besoin au dictionnaire pour définir un baril (un tonneau).
Préciser que le baril est utilisé comme unité internationale de capacité pour le commerce du pétrole brut. Un baril contient 42 gallons américains de pétrole, soit environ 159 litres. En déduire la correspondance : 1 gallon américain = un peu moins de 4 litres.
Remarquer la mention figurant sur l'axe vertical du graphique : US $. S'assurer que tous ont compris le sens des lettres US : United States (les États-Unis d'Amérique). Il s'agit donc du dollar américain. Expliquer que les références (unité de capacité et monnaie d'échange) sont américaines car l'exploitation pétrolière à grande échelle a commencé aux États-Unis et que, depuis, le marché international du pétrole a conservé les unités américaines.

Informations complémentaires

On attribue à l'Américain Edwin Drake (le colonel Drake) les premiers forages pétroliers. C'est effectivement lui qui a le premier foré et exploité industriellement le puits de Titusville (Pennsylvanie) en 1859. L'Amérique est devenue, dès cette année-là, le premier producteur de pétrole au monde avec 274 tonnes de pétrole brut. En 1945, les États-Unis assuraient toujours 60 % de la production mondiale de pétrole.

Il serait injuste d'oublier que la Roumanie exploitait, avant 1859, les gisements de pétrole affleurant en surface. En 1857, Bucarest était la première ville au monde à s'éclairer au pétrole. L'huile de lampe utilisée jusque-là provenait... des baleines ! ■

3. Observer la brutale augmentation du prix du pétrole en 1974 et en 1980. Constater que le prix a pratiquement doublé à chaque fois. Sans entrer dans les détails, on donnera les explications suivantes :
– En 1973, les pays arabes producteurs de pétrole, soutenus par l'OPEP (Organisation des pays exportateurs de pétrole, traduction française de l'OPEC), ont brutalement augmenté le prix du pétrole. Ils réagissaient à la dévaluation du dollar américain (qui diminuait les revenus des ventes de pétrole) et au soutien américain à Israël, en guerre contre l'Égypte et la Syrie.
– Entre 1979 et 1980, l'Iran, 4e producteur mondial, a traversé une période de révolution puis est entré en guerre contre l'Irak, son voisin, également gros producteur de pétrole. Le prix du pétrole a fait un bond car les pays consommateurs ont eu peur de ne plus pouvoir s'en procurer.

4. Signaler que la France produit très peu de pétrole. Elle est par contre le 10e consommateur mondial, ce qui l'oblige à importer 98 % de sa consommation. Montrer que cette dépendance explique les choix qui ont été faits pour couvrir nos besoins en électricité (énergie nucléaire notamment) afin de réserver le pétrole aux domaines où il est (pour le moment encore) difficile à remplacer : les transports et la pétrochimie.

5.

▸ Que suggère le mot « choc » ?

Utiliser les réponses de la classe pour montrer qu'il désigne un événement brutal laissant une trace (douleur, blessure, émotion, etc.).

▸ En quoi, et dans quel domaine, les effets de l'augmentation du prix du pétrole peuvent-ils être comparés à un choc ?

Valider les réponses qui indiquent une crise économique : ralentissement de l'activité industrielle, augmentation du chômage et aggravation du déficit du commerce extérieur (revenus des exportations inférieurs aux dépenses des importations).

Pour concrétiser ces remarques, on pourra proposer de calculer l'augmentation de la facture pétrolière française sur une décennie en cumulant (comme cela s'est produit) mais en arrondissant les multiplicateurs :

- l'augmentation du prix du pétrole (x 4),
- l'augmentation du dollar américain par rapport au franc (x 2,5 entre 75 et 85).

Un rapide calcul montre que lorsqu'on multiplie une dépense par 4, puis par 2,5 on la multiplie au bout du compte par... 10 ! D'où l'expression de « choc ».

Le ralentissement économique ainsi que de gros efforts en matière de consommation (économies d'énergie, recours au gaz et au nucléaire) ont permis de réduire considérablement le volume des importations (127 millions de tonnes en 1979 contre 76 millions de tonnes en 1990). Après 1985, la baisse du dollar et du prix du pétrole ont également contribué à réduire la facture pétrolière .

Étape 3

L'augmentation du chômage

doc. 3 Graphique représentant l'augmentation du chômage de 1960 à 1985 en chiffres absolus et en pourcentage de la population active.

Questionnaire à photocopier.

Cette courbe de l'augmentation du chômage en France de 1960 à 1985 est éloquente. Elle pourra être mise en parallèle avec le document précédent pour tirer les conclusions utiles.

Phase de réflexion individuelle à partir du questionnaire

Phase orale collective

1. Remarquer que ce graphique représente l'évolution du chômage en France de 1960 à 1985.

2. Recueillir les réponses de la classe. Adopter une définition collective du chômeur : « une personne à la recherche d'un emploi ». Éviter la définition « une personne sans travail » qui tend à comptabiliser, dans l'esprit des enfants, les femmes au foyer et les retraités au nombre des chômeurs.
Évoquer la notion de population active : les personnes travaillant ou cherchant un emploi.

3. Renvoyer les enfants aux séquences précédentes pour rappeler la crise des années 30 et l'augmentation brutale du chômage en France. Revoir le timbre émis en 1936 pour venir en aide aux chômeurs.

4. Observer le profil de la courbe et repérer les dates de forte augmentation du chômage : pic brutal en 1975 suivi d'une montée continue avec une aggravation vers 1981.

5. Constater que les deux courbes, sans être superposables (la hausse du chômage a commencé avant le 1er choc pétrolier), montrent que l'augmentation du prix du pétrole (en 1974 et en 1980) s'est répercutée, avec une année de décalage sur les chiffres du chômage.
On nuancera bien sûr cette observation en précisant que l'augmentation du chômage n'est pas due à la seule augmentation du prix du pétrole. (On a vu, avec les documents 1 combien la robotisation a réduit le recours à la main d'œuvre ouvrière dans l'industrie.)
Conclure néanmoins que les chocs pétroliers ont eu, en France, des effets considérables sur l'emploi.

Informations complémentaires

Depuis 1985, le chômage a évolué pour atteindre son maximum (3 à 3,4 millions de chômeurs) entre 1994 et 1997. Une décrue a été ensuite amorcée et l'on estime aujourd'hui le nombre de chômeurs entre 2,4 et 3 millions (le chiffre officiel étant le plus bas).

Deux catégories de chômeurs ont plus de mal à trouver du travail :

- les chômeurs de longue durée (42,5 % des chômeurs le sont depuis plus d'un an et 21 % depuis plus de deux ans),
- les jeunes sans diplôme (environ 50 % des jeunes ayant au plus un brevet des collèges sont encore au chômage 4 ans après avoir arrêté leurs études).

On peut lier l'accroissement du chômage en France à la compétitivité insuffisante de l'économie française dans un monde de plus en plus ouvert à la concurrence internationale. L'exemple de Renault désigne l'industrie comme le secteur le plus touché, si l'on considère les chiffres suivants : en 1954, l'entreprise emploie 50 000 salariés pour une production annuelle de 200 000 véhicules.

En 2005, la branche automobile de Renault emploie 44 000 salariés en France (sur 126 000 au plan mondial) et produit 2,4 millions de véhicule, dont 1,2 millions en France et 1,2 millions à l'étranger. Les 2/3 des effectifs et la moitié de la production sont donc « délocalisés ».

Le nombre des salariés de Renault en France a atteint son maximum en 1977 avec 110 000 salariés. On constate donc que 66 000 emplois ont été perdus en France entre 1977 et 2005.

On pourra organiser un petit débat autour de quelques questions comme : que sont devenus ces 66 000 salariés ? Pourquoi Renault a-t-il suivi cette stratégie ? Quels sont les autres secteurs de l'industrie qui ont été pareillement touchés ? (Textile, sidérurgie.) Ces mutations dans le commerce mondial ont-elles eu des effets bénéfiques ? (Baisse des prix de certains produits comme les vêtements, l'audiovisuel ou l'informatique, conquête de nouveaux marchés à l'étranger pour certaines entreprises françaises.)

On soulignera que la création de nouveaux emplois par certaines compagnies françaises (emplois qualifiés dans des secteurs de haute technologie) ne compense pas les suppressions d'emplois industriels non qualifiés dans les secteurs traditionnels. Une part de la population active reste en panne. ■

Synthèse (orale)

Qu'avons-nous appris ?

- Depuis la Seconde Guerre mondiale, de nombreux secteurs industriels se sont modernisés en France. La production a augmenté et l'emploi de robots pour remplacer les ouvriers s'est généralisé.
- En 1974 et en 1980, le prix du pétrole brut a fortement augmenté dans le monde. Comme la France achète 98 % du pétrole qu'elle consomme, ces augmentations ont frappé notre économie en ralentissant l'activité industrielle et en aggravant le chômage et le déficit du commerce extérieur.
- De 1960 à 1985, le nombre de chômeurs en France est passé de moins de 300 000 à plus de 2 millions. Ceci est dû à des causes complexes et multiples dont l'augmentation du coût du pétrole et la robotisation de nombreux emplois dans le secteur industriel.

Élaboration du texte de référence

Phase écrite collective (au tableau)

Titre : Modernisation et chocs pétroliers

L'industrie française s'est modernisée. Aujourd'hui, on produit plus avec moins d'ouvriers grâce à la robotisation.

Documents 1a et 1b

Le monde a connu deux chocs pétroliers en 1974 et en 1980. La France, qui doit acheter 98 % du pétrole qu'elle utilise, en a beaucoup souffert.

Document 2

La modernisation industrielle et les chocs pétroliers ont aggravé le chômage. En 1985, le nombre de chômeurs en France a dépassé 2 millions.

Document 3

Phase écrite individuelle (sur le cahier)

Lexique

Chocs pétroliers : effets de l'augmentation du prix du pétrole en 1974 et 1980.
Déficit du commerce extérieur : lorsque les dépenses liées aux importations dépassent les revenus de l'exportation.
Population active : personnes travaillant ou à la recherche d'un emploi.

Les transformations de la France (2) Après 1975 : Crise et montée du chômage

32 Fiche documents

Document 1

Ph. © Pierre JAHAN

a Montage de la fameuse 4 CV à Boulogne-Billancourt, vers 1948. De 1947 à 1961, les usines Renault en produiront plus d'un million.

Ph. © Didier Maillac / REA

b Montage de la Renault Clio à l'usine de Flins aujourd'hui : 98 % des soudures sont effectuées par des robots.

Document 2

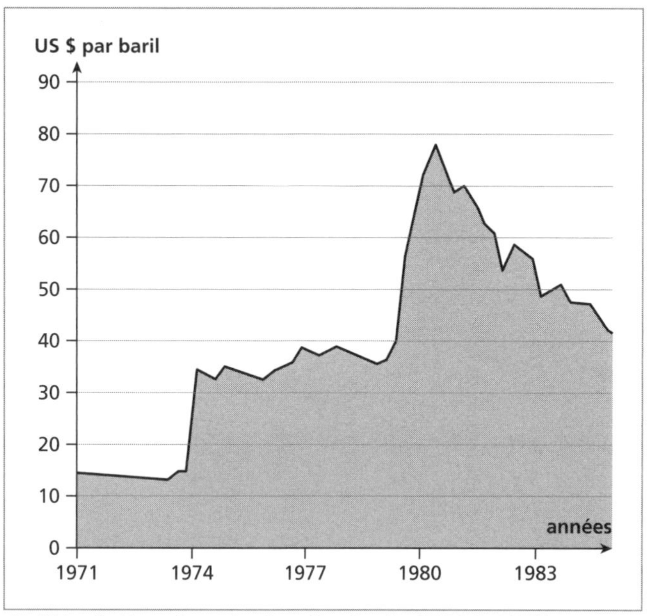

L'évolution du prix du pétrole de 1971 à 1985.
Source : Base de données de Perspectives économiques de l'OCDE, n° 76

Document 3

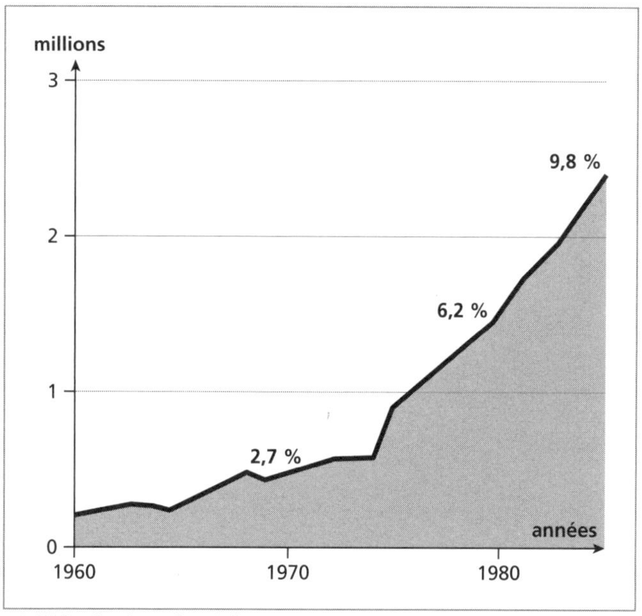

L'évolution du chômage en France de 1960 à 1985.
Source : INSEE.

32 Fiche questionnaire

Les transformations de la France (2) Après 1975 : Crise et montée du chômage

Document 1a

1. Que représente cette photo ?

2. Où a-t-elle été prise ? Quand ?

3. Qu'est-ce qu'une 4 CV ?

4. Combien les usines Renault en ont-elles produit en tout ? En combien d'années ?

Document 1b

1. Où cette photo a-t-elle été prise ?

2. Quelle voiture est-on en train d'assembler ? Dans quelle usine ?

3. Combien d'années séparent cette photo de la précédente ?

4. Quelles différences remarques-tu ?

Document 2

1. Que représente ce graphique ?

2. Qu'est-ce qu'un baril ? Quelle est la monnaie utilisée pour exprimer son prix ?

3. Que s'est-il passé en 1974 et en 1980 ? Dans quelles proportions le prix du pétrole a-t-il augmenté ?

4. À ton avis, la France est-elle un pays qui vend ou qui achète du pétrole ?

5. Pourquoi parle-t-on de « chocs » pétroliers ?

Document 3

1. Que représente ce graphique ?

2. Qu'est-ce qu'un chômeur ? En connais-tu ?

3. Le chômage a-t-il déjà touché la France ? Quand ? (Aide-toi des séquences précédentes.)

4. D'après ce graphique, quand le chômage a-t-il brutalement augmenté en France ?

5. Compare ce graphique avec le document précédent. Que remarques-tu ?

32 Fiche questionnaire

Les transformations de la France (2) Après 1975 : Crise et montée du chômage

Document 1a

1. Que représente cette photo ?

2. Où a-t-elle été prise ? Quand ?

3. Qu'est-ce qu'une 4 CV ?

4. Combien les usines Renault en ont-elles produit en tout ? En combien d'années ?

Document 1b

1. Où cette photo a-t-elle été prise ?

2. Quelle voiture est-on en train d'assembler ? Dans quelle usine ?

3. Combien d'années séparent cette photo de la précédente ?

4. Quelles différences remarques-tu ?

Document 2

1. Que représente ce graphique ?

2. Qu'est-ce qu'un baril ? Quelle est la monnaie utilisée pour exprimer son prix ?

3. Que s'est-il passé en 1974 et en 1980 ? Dans quelles proportions le prix du pétrole a-t-il augmenté ?

4. À ton avis, la France est-elle un pays qui vend ou qui achète du pétrole ?

5. Pourquoi parle-t-on de « chocs » pétroliers ?

Document 3

1. Que représente ce graphique ?

2. Qu'est-ce qu'un chômeur ? En connais-tu ?

3. Le chômage a-t-il déjà touché la France ? Quand ? (Aide-toi des séquences précédentes.)

4. D'après ce graphique, quand le chômage a-t-il brutalement augmenté en France ?

5. Compare ce graphique avec le document précédent. Que remarques-tu ?

33

La Ve République (depuis 1958) (1) Les Présidents et la Constitution

Objectif disciplinaire

Découvrir les présidents et la Constitution de la Ve République.

Objectifs méthodologiques

Observer des photographies.

Utiliser des dates pour situer des mandats présidentiels dans le temps.

Lire des textes courts pour en dégager l'idée essentielle.

Documents 1

Photographies des présidents de la Ve République

Document 2

Extraits de la Constitution de la Ve République

Étape 1

Découvrir les six Présidents

doc. 1a à 1f Photographies des présidents de la Ve République (et cahier couleur p. 22).
Questionnaires à photocopier.
Photographies officielles, choisies par les six présidents successifs de la Ve République pour se présenter à la nation, ces documents permettent de découvrir les personnages ainsi que la durée de leur présidence.

Phase de réflexion à partir des questionnaires : on pourra répartir la tâche entre six groupes

Phase orale collective
Étude des documents 1a à 1f

1. Renvoyer les enfants aux dates de la présidence du général de Gaulle : décembre 1958 – 1969. Adopter collectivement l'année 1958 comme début de la Ve République. C'est également l'année qui vit l'adoption de la nouvelle Constitution présentée en document 2.
2. Le décompte est simple : 6 présidents. On recensera (suite à une éventuelle recherche sur Internet) Valéry Giscard d'Estaing, Jacques Chirac et Nicolas Sarkozy comme derniers vivants.
3. Recueillir les réponses des enfants. Rares sont les communes qui n'ont pas leur rue, leur avenue ou leur place Charles de Gaulle. Compléter au besoin la liste des lieux mentionnés avec quelques lieux célèbres de la capitale :
   – aéroport Charles-de-Gaulle (Roissy),
   – place Charles-de-Gaulle (place de l'Étoile),
   – centre Georges-Pompidou (centre Beaubourg),
   – hôpital Pompidou,
   – voie expresse Pompidou,
   – bibliothèque François-Mitterrand (nouvelle bibliothèque nationale).

Constater que ces lieux portent les noms des présidents disparus. En profiter pour remarquer que l'on est rarement célébré de son vivant. S'il existe quelques établissements scolaires qui portent le nom d'une célébrité vivante (Pierre Perret, Uderzo), un usage républicain interdit de donner à un édifice ou à une voie publics le nom d'un président de son vivant (afin d'éviter que quelqu'un profite de sa place au pouvoir pour s'offrir un culte de la personnalité sur les deniers publics).

Étude du document 1a

1. Renvoyer ceux qui hésitent à la légende. Il s'agit de Charles de Gaulle.
2. Encourager les enfants à fonctionner « de mémoire » avant de retourner aux séquences précédentes. Établir ensemble le « bilan » de Charles de Gaulle dans la mémoire collective :
   – l'appel du 18 juin 1940,
   – la descente triomphale des Champs-Élysées à la libération de Paris,
   – la prise de position contre la Constitution de la IVe République,
   – la dernière présidence du Conseil en 1958,
   – l'élection à la présidence de la République en 1958.
3. Rappeler aux enfants qu'il s'agit de la photographie officielle du Président. C'est donc l'image qu'il veut donner de sa fonction aux Français.
   Observer le costume (habit à queue de pie et nœud papillon blanc, héritages de la IVe République) et les autres détails (collier, écharpe, médailles, épée...). La plaque sur la poitrine et l'écharpe rouge à laquelle est suspendue (près de la poignée du sabre) un insigne en forme de croix à cinq branches sont les éléments distinctifs d'une Grand-Croix de la Légion d'honneur. Renvoyer les élèves à la séquence 6 sur la monarchie de Juillet : ils les auront déjà étudiés sur le portrait officiel de Louis-Philippe. Quant au collier, c'est celui de Grand-Maître de la Légion d'honneur, ce qu'est par fonction tout président dès son investiture et ce qui lui donne le pouvoir de décider par décret des nouvelles nominations ou promotions dans l'ordre... L'arme, elle, est probablement destinée à rappeler que Charles de Gaulle, militaire de carrière, est passé par l'école militaire de Saint-Cyr.

Voir également la position : debout, le poing (symbole de la fermeté) posé sur une pile de livres (qui représentent, comme la bibliothèque en arrière-plan, l'histoire, la loi, la culture).

4. Charles de Gaulle a été président pendant 10 ans. Se reporter à l'article 6 de la Constitution qui fixe à sept ans la durée d'un mandat et constater que cette durée de dix ans ne correspond pas à un nombre entier de septennats. Quelque chose s'est donc passé durant le deuxième septennat de Charles de Gaulle. On y reviendra au cours d'une séquence ultérieure.

Étude du document 1b

1. Renvoyer ceux qui hésitent à la légende. Il s'agit de Georges Pompidou.
Comparer sa photographie officielle avec celle de Charles de Gaulle. Noter les points communs (habit, symboles de la fonction, bibliothèque en arrière-plan) et les différences (la main, plus souple que le poing, posée directement sur le bureau : « Au travail ! »).

2. Utiliser la légende pour faire le calcul. Georges Pompidou a été président de la République pendant 5 ans seulement. On pourra préciser qu'il était le Premier ministre de de Gaulle de 1962 à 1968.

3. Lire l'article 6 de la Constitution présenté en document 2 et constater qu'entre 1962 et 2000, un mandat présidentiel durait 7 ans. Expliquer que Georges Pompidou est en effet décédé avant la fin de son mandat.

▸ Que se passe-t-il dans ce cas-là ?

Expliquer que l'intérim de la présidence est assuré par le président du Sénat et qu'une nouvelle élection présidentielle est organisée. C'est Alain Poher qui assura l'intérim de la présidence en 1974.

Étude du document 1c

1. Renvoyer ceux qui hésitent à la légende. Il s'agit de Valéry Giscard d'Estaing.

2. Comparer les portraits et noter les nouveautés :
– format horizontal (voir cahier couleur),
– costume moderne avec cravate,
– décoration discrète (rosette de la Légion d'Honneur au lieu des grosses médailles),
– drapeau tricolore en arrière plan (noter que le drapeau est animé et non statique).
Conclure collectivement que Valéry Giscard d'Estaing a voulu rompre avec la tradition et donner une image plus moderne et plus modeste. Il a 48 ans au moment de son élection : c'est un président jeune (en politique, moins de 60 ans c'est jeune !).
Signaler que c'est sous sa présidence que la majorité et le droit de vote sont passés en France de 21 ans à 18 ans, et que la loi simplifiant le divorce (instauration du divorce par consentement mutuel) a été adoptée.

3. Utiliser les dates de la légende pour établir que Valéry Giscard d'Estaing a accompli un mandat de 7 ans.

Préciser qu'il a été élu par une très faible majorité en 1974 (50,8 % contre 49,2 % à François Mitterrand), ce qui l'obligera à souligner après son élection qu'il est « le Président de tous les Français ». Il a été battu par François Mitterrand au 2e tour de l'élection présidentielle de 1981.

Étude du document 1d

1. Renvoyer ceux qui hésitent à la légende. Il s'agit de François Mitterrand.
Remarquer le retour devant la bibliothèque (mais avec une différence : assis, dans une position détendue, en train de feuilleter un livre – homme de culture et de réflexion !), destiné à rassurer les Français.
Préciser que François Mitterrand est le premier Président de gauche de la Ve République et que son arrivée à l'Élysée inquiète les conservateurs.

2. Renvoyer les enfants au document mentionné. Constater que François Mitterrand était ministre de l'Intérieur en 1954.

3. Utiliser les dates de la légende pour faire le calcul : 14 années.

4. Revenir au besoin à l'article 6 du doc. 2. La durée d'un mandat étant toujours de 7 années, François Mitterrand a exercé 2 mandats.

Étude du document 1e

1. Renvoyer ceux qui hésitent à la légende. Il s'agit de Jacques Chirac.
Noter que la photographie est prise en plein air dans les jardins de l'Élysée, dans une posture qui laisse une impression de mouvement (il se penche un peu, comme s'il s'apprêtait à partir) : homme de terrain, homme d'action !

2. Utiliser les dates de la légende pour faire le calcul : 12 années.

3. Faire une brève incursion dans le doc. 2, article 6. Constater que la durée du mandat présidentiel est passée de 7 ans à 5 ans en 2000. Jacques Chirac a donc exercé un mandat de 7 ans et un de 5 ans, soit deux mandats complets.

4. Une brève recherche sur Internet révélera que Jacques Chirac a été plusieurs fois ministre puis Premier ministre sous la présidence de Valéry Giscard d'Estaing (en 1974) et à nouveau sous celle de François Mitterrand (de 1986 à 1988) à l'occasion de la première cohabitation.
Noter qu'il a également été maire de Paris (le premier depuis l'épisode de la Commune en 1871) de 1977 à 1995.

Étude du document 1f

1. Renvoyer ceux qui hésitent à la légende. Il s'agit de Nicolas Sarkozy.
Noter qu'il est issu d'un parti de droite : l'UMP (Union pour un mouvement populaire). Préciser sa date de naissance (1955) et calculer son âge...
Préciser qu'il s'agit là aussi du portrait officiel. Remarquer le retour devant la bibliothèque (héritage gaulliste) et l'apparition du drapeau européen à côté du drapeau français (les destins de la France et de l'Europe sont désormais indissociables).

Informations complémentaires

L'UMP, initialement : Union pour la majorité présidentielle, a été créée en avril 2002 par Jacques Chirac (après le premier tour de l'élection présidentielle). Rebaptisée Union pour un mouvement populaire en septembre 2002, elle a eu pour présidents Alain Juppé puis Nicolas Sarkozy.

L'UMP a réuni les Gaullistes du RPR (Rassemblement pour la République, créé par Jacques Chirac, les radicaux du PR (parti radical), les libéraux de la DL (droite libérale) et bon nombre des démocrates de l'UDF (Union pour la démocratie française). ■

2. La légende date son élection : 2007. On pourra préciser : le 6 mai.

3. Si les souvenirs des enfants sont insuffisants, on cherchera sur Internet pour identifier la candidate socialiste présente au 2e tour : Ségolène Royal. On soulignera que c'était la première fois qu'une femme se trouvait au second tour de l'élection présidentielle en France.
On notera les résultats (53 % pour Nicolas Sarkozy contre 47 % pour Ségolène Royal) que l'on pourra comparer à ceux de l'élection présidentielle de 1974, qui opposait VGE à François Mitterrand, pour constater que la victoire de Nicolas Sarkozy est nette.

4. Une brève recherche sur Internet révélera que Nicolas Sarkozy a été maire de Neuilly-sur-Seine de 1983 (là encore, souligner sa jeunesse : maire à 28 ans !) à 2002 et qu'il a occupé les postes de ministre des Finances et de ministre de l'Intérieur sous la présidence de Jacques Chirac.

Étape 2

La Constitution

doc. 2 Extraits de la Constitution de la Ve République.
Ces extraits choisis de notre Constitution permettront de rappeler ses principes fondamentaux (liberté, égalité, fraternité, souveraineté de la nation), et de clarifier les rôles respectifs du président de la République, du gouvernement et de l'Assemblée nationale.

Phase de réflexion individuelle à partir du questionnaire

Phase orale collective
On s'assurera, au cours d'une lecture collective de chaque extrait, de la bonne compréhension des mots ou expressions difficiles.

1. Recueillir les réponses de la classe. Noter qu'il s'agit de mobiliser des notions déjà abordées avant de retenir une définition collective du type : une Constitution est un texte qui définit le mode de gouvernement d'un pays.

2. Recourir à la légende pour constater que cette Constitution a été adoptée le 28 septembre 1958 par voie de référendum. On rappellera au besoin ce qu'est un référendum. Noter l'ampleur du résultat : 79,2 % de OUI, soit environ 4 votants sur 5. Comparer ce résultat avec celui déploré par Charles de Gaulle pour l'adoption de la Constitution de la IVe République (voir doc. 2 séquence 29). Valider les réponses identifiant Charles de Gaulle comme initiateur de cette nouvelle Constitution.

3. Confirmer qu'il s'agit de la Ve (et actuelle) République. Renvoyer aux articles 1 et 2 pour rappeler sa devise : « Liberté, Égalité, Fraternité ». Noter la référence à la laïcité dans l'article 1. Souligner le principe fondamental : « gouvernement du peuple, par le peuple et pour le peuple ». Ce principe est également contenu dans un mot : démocratie.

4. Relire l'article 3 pour établir collectivement que le peuple est souverain. C'est donc lui qui décide soit par l'intermédiaire de ses représentants (les députés et le Président), soit directement par la voie du référendum. On mentionnera l'expression : souveraineté de la nation (la nation, c'est l'ensemble des citoyens, c'est le peuple organisé dans le cadre d'un État).

5. Relire l'article 6. Constater qu'il traite du mode de désignation du président de la République et de la durée de son mandat. Noter qu'il a été modifié à deux reprises : en 1962 (pour instaurer l'élection au suffrage universel direct) et en 2000 (pour ramener la durée du mandat présidentiel à 5 ans).

Informations complémentaires

La réforme de 1962 a été décidée, à un moment éloigné d'une élection présidentielle, parce que de Gaulle, visé par plusieurs attentats (dont l'un, celui du Petit-Clamart en août 1962, aurait pu lui être fatal), voulait qu'elle soit en vigueur avant son éventuel décès, pour affermir le pouvoir de celui qui lui succéderait. La première élection selon ce nouveau système, nous le verrons dans la séquence suivante, n'eut donc lieu qu'en 65. ■

6. Chercher les articles traitant des pouvoirs du Président (articles 8, 12, et 15). Les faire résumer un à un.

7. S'assurer que les enfants ont compris que le terme « gouvernement » désigne l'équipe ministérielle dirigée par le Premier ministre, également appelé chef du gouvernement. Renvoyer les enfants à l'article 20 pour établir que c'est le gouvernement qui détermine et conduit le politique de la nation. En bref, c'est le gouvernement qui gouverne !

▸ Quelle place tient alors le Président par rapport au Premier ministre dans la direction quotidienne des affaires du pays ?

Souligner que c'est le Président qui, de droit, préside le conseil des ministres tous les mercredis, et qu'il est donc partie prenante à toutes les décisions du gouvernement.

8. Relire l'article 50 pour montrer que l'Assemblée nationale peut contraindre le gouvernement à démissionner (le renverser).
Faire expliquer par un élève (auquel on aura confié la recherche) ce qu'est une motion de censure. Adopter une définition du type : une proposition faite par 10 % au moins des députés et soumise au vote de l'Assemblée nationale pour désapprouver la politique du gouvernement.

Informations complémentaires

Le Président ne dispose d'aucun moyen légal de contraindre le Premier ministre à démissionner. Cela explique les périodes de cohabitation, quand le gouvernement est appuyé sur une majorité parlementaire d'un camp différent de la majorité qui a élu le Président. Celui-ci doit faire avec, nommer un gouvernement issu de la majorité de l'Assemblée et... le supporter !

Contrairement à ce que nous avons vu pour les IIIe et IVe Républiques, le pouvoir de renverser le gouvernement est étroitement délimité, et contrebalancé par le pouvoir effectif dont dispose le Président de dissoudre l'Assemblée.

Cette Constitution donne au pouvoir exécutif la stabilité et un poids dans l'équilibre des pouvoirs bien supérieurs à ceux dont il jouissait dans les régimes précédents.

Il n'y a eu que 18 gouvernements successifs entre 1958 et 2007 soit moins que sous la IVe en 12 ans (durée moyenne proche de 3 ans). Un seul gouvernement a été renversé après une motion de censure depuis 1858 : celui de G. Pompidou, en novembre 62. L'Assemblée était mécontente que de Gaulle ait soumis directement à référendum la réforme sur l'élection présidentielle sans passer par son approbation préalable. Mais de Gaulle a dissous l'assemblée, a demandé à Pompidou de rester en fonction (intérim) en attendant que la nouvelle Assemblée soit élue, l'a renommé Premier ministre dès que celle-ci a été élue, et bien entendu – entre-temps le référendum avait montré l'assentiment populaire massif à l'élection du Président au suffrage universel – la nouvelle Assemblée, massivement gaulliste, lui a apporté son soutien... ■

Synthèse (orale)

Qu'avons-nous appris ?

- La Ve République a commencé en 1958. Elle dure toujours et vit actuellement sa sixième présidence. Ses cinq premiers présidents ont été Charles de Gaulle, Georges Pompidou, Valéry Giscard d'Estaing, François Mitterrand et Jacques Chirac.
  De nombreux lieux portent aujourd'hui le nom de Charles de Gaulle, de Georges Pompidou ou de François Mitterrand.
- La Constitution de la Ve République a été très largement adoptée par référendum, le 28 septembre 1958. Sa devise est : « Liberté, Égalité, Fraternité » et son principe est : « le gouvernement du peuple, par le peuple et pour le peuple ».
  Certains articles ont parfois été modifiés, comme l'article 6, pour changer le mode d'élection du président de la République (du suffrage indirect au suffrage universel direct) et la durée de son mandat (de 7 à 5 ans).

Élaboration du texte de référence

Phase écrite collective (au tableau)

Phase écrite individuelle (sur le cahier)

Titre : La Ve République

La Ve République a commencé en 1958. Ses cinq premiers présidents ont été Charles de Gaulle, Georges Pompidou, Valéry Giscard d'Estaing, François Mitterrand et Jacques Chirac. Le sixième, Nicolas Sarkozy, a été élu le 6 mai 2007.

Documents 1a à 1f

La Constitution de la Ve République a été très largement adoptée par référendum, le 28 septembre 1958. Sa devise est : « Liberté, Égalité, Fraternité » et son principe est : le gouvernement du peuple, par le peuple et pour le peuple.

Document 2

Phase écrite individuelle

Lexique

Motion de censure : proposition soumise au vote de l'Assemblée nationale pour désapprouver la politique du gouvernement et le renverser.

33 Fiche documents

La Ve République (depuis 1958) (1) Les Présidents et la Constitution

Document 1

a Charles de Gaulle (déc. 1958 – 1969).

b Georges Pompidou (1969 – 1974).

c Valéry Giscard d'Estaing (1974 – 1981).

d François Mitterrand (1981 – 1995).

e Jacques Chirac (1995 – 2007).

f Nicolas Sarkozy (élu en 2007).

Document 2

La Constitution de la Ve République

Article 1er – La France est une République indivisible, laïque, démocratique et sociale. Elle assure l'égalité devant la loi de tous les citoyens sans distinction d'origine, de race ou de religion. Elle respecte toutes les croyances. […]

Article 2 – La langue de la République est le français.

L'emblème national est le drapeau tricolore, bleu, blanc, rouge.

L'hymne national est *La Marseillaise*.

La devise de la République est « Liberté, Égalité, Fraternité ».

Son principe est : « gouvernement du peuple, par le peuple et pour le peuple ».

Article 3 – La souveraineté nationale appartient au peuple qui l'exerce par ses représentants et par la voie du référendum. […]

Article 6 *(modifié en 1962 et en 2000)* – (1958) Le président de la République est élu pour sept ans par un collège électoral comprenant les membres du Parlement, des conseils généraux et des assemblées des territoires d'outre-mer, ainsi que les représentants élus des conseils municipaux. […]

(1962) Le président de la République est élu pour sept ans au suffrage universel direct.

(2000) Le président de la République est élu pour cinq ans au suffrage universel direct. […]

Article 7 – Le président de la République est élu à la majorité absolue des suffrages exprimés. Si celle-ci n'est pas obtenue au premier tour de scrutin, il est procédé, le quatorzième jour suivant, à un second tour. Seuls peuvent s'y présenter les deux candidats qui, le cas échéant après retrait de candidats plus favorisés, se trouvent avoir recueilli le plus grand nombre de suffrages au premier tour. […]

Article 8 – Le président de la République nomme le Premier ministre. Il met fin à ses fonctions sur la présentation par celui-ci de la démission du gouvernement.

Sur la proposition du Premier ministre, il nomme les autres membres du gouvernement et met fin à leurs fonctions. […]

Article 12 – Le président de la République peut, après consultation du Premier ministre et des présidents des assemblées, prononcer la dissolution de l'Assemblée nationale. […]

Article 15 – Le président de la République est le chef des armées. Il préside les conseils et les comités supérieurs de la Défense nationale.

Article 20 – Le gouvernement détermine et conduit la politique de la nation. Il dispose de l'administration et de la force armée. Il est responsable devant le Parlement dans les conditions et suivant les procédures prévues aux articles 49 et 50.

Article 50 – Lorsque l'Assemblée nationale adopte une motion de censure ou lorsqu'elle désapprouve le programme ou une déclaration de politique générale du gouvernement, le Premier ministre doit remettre au président de la République la démission du gouvernement.

Extraits de la Constitution de la Ve République, adoptée par 79,2 % des voix à l'issue du référendum du 28 septembre 1958.

33 La Ve République (depuis 1958) (1) Les Présidents et la Constitution

Fiche questionnaire

Documents 1a à 1f

1. Quand la Ve République a-t-elle débuté ?
2. Combien de présidents a-t-elle comptés jusqu'à ce jour ? Lesquels sont toujours vivants ?
3. Connais-tu des lieux ou des bâtiments qui portent le nom de l'un d'entre eux ? Lesquels ?

Document 1a

1. Qui est cet homme ?
2. Qu'a-t-il fait pendant la Seconde Guerre mondiale ? Et pendant la IVe République ? (Reporte-toi aux séquences précédentes.)
3. Comment est-il représenté sur ce document ? À ton avis, pourquoi ?
4. Combien d'années a-t-il été Président ? Qu'en conclus-tu ? (Aide-toi de l'article 6 de la Constitution présentée en document 2.)

Document 1b

1. Qui est cet homme ?
2. Combien de temps a-t-il été président de la République ?
3. Était-ce la durée normale d'un mandat présidentiel à cette époque ? (Aide-toi de l'article 6 de la Constitution présentée en doc. 2.)

Document 1c

1. Qui est cet homme ?
2. Compare ce portrait officiel avec celui de Georges Pompidou et celui du général de Gaulle. Que remarques-tu ? Qu'en conclus-tu ?
3. Combien de temps a-t-il été président de la République ?

Document 1d

1. Qui est cet homme ?
2. Quel poste a-t-il occupé sous la IVe République ? (Reporte-toi au doc. 2a de la séquence 30.)
3. Combien d'années a-t-il été président de la République ?
4. Combien de mandats présidentiels complets a-t-il exercés ?

Document 1e

1. Qui est cet homme ?
2. Combien d'années a-t-il été président de la République ?
3. Combien de mandats a-t-il exercés ?
4. Quels postes a-t-il occupés avant de devenir président de la République ?

Document 1f

1. Qui est cet homme ? À quel parti politique appartient-il ?
2. Quand a-t-il été élu ?
3. Qui a-t-il battu au deuxième tour de l'élection ?
4. Quels postes a-t-il occupés avant de devenir président de la République ?

Document 2

1. Qu'est-ce qu'une Constitution ?
2. Quand celle-ci a-t-elle été adoptée ? Par quel moyen ? À la demande de qui ?
3. De quelle République définit-elle les règles ? Quelle est sa devise ? Son principe fondamental ?
4. Comment le peuple participe-t-il à la vie politique de notre pays ? (Relis l'article 3.)
5. À quoi sert l'article 6 ? Quand et comment a-t-il été modifié ?
6. Quels sont les pouvoirs du président de la République ?
7. Quels sont ceux du gouvernement ?
8. Dans quel cas le gouvernement doit-il démissionner ?

34

La Ve République (2) De Gaulle, la France et le monde

Objectifs disciplinaires

Comprendre pourquoi la France s'est dotée de l'arme nucléaire.

Découvrir les conditions de l'accession de l'Algérie à l'indépendance.

Objectifs méthodologiques

Comprendre le sens d'un dessin humoristique.

Extraire les informations de la une d'un journal et d'un discours.

Analyser les résultats d'un référendum.

Document 1

« Le miracle atomique français », dessin humoristique, 1960

Document 2

La une du *Figaro* du 19 mars 1962

Document 3

Extrait d'un discours du général de Gaulle, 1962

Document 4

Résultats du référendum du 8 avril 1962

Cette séquence nous permettra de mettre en évidence les principaux objectifs de la politique étrangère suivie par de Gaulle : assurer l'indépendance par rapport aux deux grands, régler le problème de l'Algérie, préserver des rapports harmonieux avec les ex-colonies, le tout devant rétablir le statut de grande puissance de la France

Étape 1

L'arme atomique française

doc. 1 « Le miracle atomique français », dessin humoristique de février 1960.
Questionnaire à photocopier.
Ce dessin humoristique illustre l'entrée de la France, en 1960, dans le club restreint des puissances nucléaires. Il laisse entrevoir les raisons qui ont poussé Charles de Gaulle à engager la France sur cette voie dans le contexte de la guerre froide.

Phase de réflexion individuelle à partir du questionnaire

Phase orale collective

1. Utiliser la légende pour identifier l'auteur : Fritz Behrendt, caricaturiste allemand. Noter qu'il s'agit d'un dessin humoristique qui développe une idée sur le ton de la plaisanterie.
2. Recourir à la légende pour dater le dessin : février 1960 à la suite de la première explosion nucléaire française.
Rappeler les effets de la bombe nucléaire, observés sur Hiroshima (voir doc. 1 de la séquence 28). Le test français reste, bien sûr, à petite échelle. Sans chercher d'effet destructeur, il s'agit de vérifier si « ça fonctionne ».
3. Renvoyer les enfants au dessin central qui montre que l'explosion s'est produite au Sahara.

▸ Pourquoi ce lieu a-t-il été choisi ?

Recueillir les réponses de la classe et valider celles qui établissent que :
– une telle explosion ne peut être déclenchée que dans une zone désertique en raison des dommages causés aux alentours ;
– le territoire métropolitain de la France n'offre pas de zone désertique (contrairement aux territoires américain ou soviétique) ;
– en 1960, l'Algérie fait toujours partie de la France et présente de vastes zones inhabitées.
Signaler que la Grande-Bretagne a été confrontée au même problème et a réalisé ses essais atomiques, dès 1956, en... Australie !

4. Recourir à la légende pour identifier le président américain, Dwight Eisenhower et le numéro un soviétique, Nikita Khrouchtchev. Rappeler l'existence de la guerre froide qui oppose les États-Unis (à la tête de l'OTAN) et l'URSS (à la tête du pacte de Varsovie).
5. Noter la différence de taille entre de Gaulle dans le dessin de gauche (avant que la France ne possède la bombe) et dans le dessin de droite. Souligner ce que cette différence a de comiquement « miraculeux » !
6. Recueillir les propositions de la classe. Valider celles du type : Maintenant... on m'écoute. Ou : Maintenant... on me prend au sérieux.

▸ Pourquoi Charles de Gaulle a-t-il voulu que la France dispose de l'arme atomique ?

Convenir collectivement qu'il a voulu que la France reste militairement indépendante. Signaler sa décision de quitter le commandement militaire de l'OTAN en 1966, pour éviter la domination américaine.
La politique gaullienne consistera à entretenir des rapports constructifs, d'égal à égal, avec l'URSS et les États-Unis. Il fallait pour cela régler le problème algérien. En effet, l'ONU avait reconnu le droit à l'indépendance de l'Algérie et les deux grands s'accordaient (fait rare) pour réprouver la politique algérienne de la France.

Étape 2

La fin de la guerre d'Algérie

doc. 2 La une du *Figaro* du 19 mars 1962.
Questionnaire à photocopier.
Cette première page du *Figaro* annonce à la fois le cessez-le-feu en Algérie et la conclusion des accords d'Évian qui signalent la fin de la guerre d'Algérie.

Précéder l'étude du document d'un rapide point sur la situation dans la guerre d'Algérie à la fin de 1961. Sur le plan militaire, la France a gagné le conflit. Pressentant pourtant que la France devrait tôt ou tard laisser l'Algérie accéder à l'indépendance, Charles de Gaulle a fourni un effort militaire considérable entre 58 et 62 pour pouvoir négocier en position de force. Ceci s'est fait au prix de pertes et de souffrances cruelles, d'un grand déchirement dans l'opinion publique française et d'une condamnation sans réserve par la communauté internationale. Sur le plan politique, la guerre était perdue depuis longtemps.

Phase de réflexion individuelle à partir du questionnaire

Phase orale collective

1. Renvoyer les élèves qui n'ont pas trouvé la date du journal à la légende : le lundi 19 mars 1962. Différencier le titre du journal (*Le Figaro*) du titre principal de la première page : « Le cessez-le-feu en Algérie ». Préciser que cette première page d'un journal s'appelle « la une » et qu'on y trouve les grands titres.

2. Recourir au dictionnaire pour retenir une définition collective du type : un arrêt des combats. C'est plus ou moins le même sens qu'armistice en moins solennel.

▸ Quand les combats ont-ils commencé en Algérie ?

Renvoyer les enfants à la séquence 30 pour retrouver la date de début du conflit (en 1954). Relever les informations du journal pour dater et situer le cessez-le-feu : le 19 mars 1962, à midi, en Algérie.

3. Orienter les recherches vers la colonne de droite pour établir que l'accord a été signé la veille (le 18 mars, à 17 h 40 précises !), à Évian. Préciser qu'à Évian, des représentants de la France ont conclu avec des délégués du FLN non seulement l'arrêt des combats, mais une série de décisions concernant l'avenir de l'Algérie (le doc. 3 permettra de les évoquer). C'est pourquoi on parle habituellement « des » accords d'Évian.

4. Valider les réponses qui identifient le peuple algérien et le peuple français. Amener les élèves à remarquer qu'après la phrase citant de Gaulle, le journal annonce qu'un référendum sera organisé.

▸ Pour quel motif ?

Il s'agit, bien sûr, de soumettre les accords à l'approbation des Français.

Étape 3

Les accords d'Évian

doc. 3 Extrait d'un discours du général de Gaulle de mars 1962.

Questionnaire à photocopier.

Dans ce discours, le général de Gaulle annonce officiellement le recours au référendum pour approuver les accords d'Évian, qui prévoient l'indépendance de l'Algérie et une association (coopération) entre les deux pays. Il évoque également le processus général de la décolonisation et les nouvelles relations de coopération entre la France et ses anciennes colonies.

Phase de réflexion individuelle à partir du questionnaire

Phase orale collective

1. Renvoyer à la légende pour obtenir les réponses. Qui : le général de Gaulle. Quand : le 26 mars 1962. À quel titre : président de la République française.

2. Faire redéfinir la notion de référendum pour ceux qui hésitent encore : une question à laquelle les électeurs doivent répondre par OUI ou par NON.

▸ Comment le général de Gaulle appelle-t-il les Français à voter ?

Relire collectivement la fin du discours pour noter « le "Oui !" que je demande ».

Renvoyer les enfants au premier paragraphe pour identifier les enjeux du référendum. Faire surligner les passages clés : cessez-le-feu et autodétermination en Algérie… association de la France avec ce pays…

Pour clarifier ces notions, proposer de trouver dans le reste de l'extrait des expressions équivalentes. Valider les correspondances suivantes :

– cessez-le-feu —> paix

– l'autodétermination —> l'Algérie dispose d'elle-même (comme le dit de Gaulle dans le texte : « comme tout le monde le croit », elle va « choisir de devenir indépendante » – ce sera l'objet d'un référendum en Algérie en juillet 1962).

– l'association de la France avec ce pays —> leur coopération.

3. Résumer collectivement la phrase soulignée : la France aide l'Algérie, qui doit respecter ses intérêts et garantir la sécurité des pieds-noirs (la communauté de souche française).

▸ En quoi est-ce important ?

▸ Quels étaient les intérêts français en Algérie ?

Rappeler les raisons qui, outre la présence d'une importante communauté de pieds-noirs, ont poussé la France à s'opposer dans un premier temps à l'indépendance de l'Algérie (voir la séquence 29) : les ressources naturelles exploitées par la France (pétrole, gaz…) et l'utilisation du Sahara pour les expériences nucléaires. La question du Sahara était cruciale pour la France car tant les ressources pétrolières que les essais nucléaires et des bases militaires y étaient localisés. De Gaulle ne parvint pas, comme il l'aurait souhaité, à dissocier le Sahara de l'Algérie pour le conserver.

▸ À quels risques les pieds-noirs étaient-ils exposés ?

Rappeler les premiers événements de la guerre d'Algérie (massacres de colons). Souligner que près d'un million de pieds-noirs vivaient à l'époque en Algérie.

Préciser qu'à la suite du référendum, presque tous les Français établis en Algérie ont pris la fuite. En effet, les derniers mois de présence française (entre mars et juillet 62) ont été marqués par une série d'attentats et d'atrocités, venant à la fois des partisans fanatiques de l'Algérie française (l'Organisation armée secrète, ou OAS) et des indépendantistes. Pour les Français d'Algérie, il paraît clair qu'ils n'ont plus le choix qu'entre « la valise ou le cercueil ». Ils ont abandonné, parfois après les avoir détruits, tous leurs biens (exploitations agricoles, vignobles, usines, ateliers, maisons personnelles, etc.) pour venir chercher refuge en France. En 1962, la France a ainsi dû accueillir, sans y être préparée, près d'un million de « rapatriés » d'Algérie. Il s'agissait pour l'essentiel des pieds-noirs et des « harkis » et leurs familles (environ 90 000 personnes). On appelle « harkis » les indigénes d'Algérie qui s'étaient engagés dans l'armée française et, par extension, ceux qui s'étaient mis au service de la France. Pour les indépendantistes, ils étaient des traîtres.

En conclure que les espoirs de la France ont été déçus sur les points des accords d'Évian qui lui importaient le plus : les intérêts et la sécurité des pieds-noirs n'ont pas été garantis, le pétrole et le gaz sahariens nous ont vite échappé...

Informations complémentaires

• Bilan humain de la guerre d'Algérie (chiffres encore controversés) :
Du côté français : environ 28 000 morts dans l'armée, environ 5 000 victimes civiles (dont la moitié <u>après</u> le cessez-le-feu).
Pour les harkis : entre 30 000 et 100 000 morts (<u>après</u> le cessez-le-feu par représailles).
Du côté algérien : entre 250 000 et 400 000 morts (l'Algérie mentionne 1 million de morts mais la plupart des historiens considèrent que ce chiffre est manifestement exagéré).

• Les accords d'Évian autorisèrent la France à continuer à faire fonctionner les bases militaires et les centres d'essais nucléaires pendant encore 5 ans (ensuite les essais nucléaires seront effectués dans des îles de Polynésie française : Mururoa et Fangataufa). Les sociétés pétrolières françaises continuèrent dans un premier temps à exploiter les ressources pétrolières en coopération avec les autorités algériennes. Progressivement, l'Algérie reprit le contrôle de ses ressources en pétrole et en gaz jusqu'à ce qu'elle nationalise, en 1971, toutes les sociétés pétrolières opérant sur son sol. ■

4. Renvoyer aux séquences précédentes pour rappeler que l'Indochine (suite à une guerre d'indépendance), le Maroc et la Tunisie (suite à des accords) ont déjà cessé d'être des colonies françaises.
Relire le dernier paragraphe. Noter qu'il y est fait mention d'une douzaine de Républiques africaines et de la République malgache (Madagascar) qui entretiennent avec la France des relations de coopération. En déduire que ces Républiques sont elles aussi devenues indépendantes, mais pacifiquement.
Préciser ce qu'on entend concrètement par coopération : subventions, mise à disposition de conseillers et de fonctionnaires français pour former et encadrer les élites locales, investissements divers pour financer le développement économique... car ces ex-colonies, bien qu'indépendantes, sont des « pays en voie de développement » qui ne peuvent se passer de l'aide de l'ancienne métropole pour essayer de sortir du sous-développement.

Étape 4

L'indépendance de l'Algérie

doc. 4 Résultats du référendum du 8 avril 1962.
Questionnaire à photocopier.
Ce tableau de résultats atteste de l'écrasante victoire du « Oui » au référendum.

Phase de réflexion individuelle à partir du questionnaire

Phase orale collective

1. Date en titre de document : le 8 avril 1962.
2. Comparer le nombre de votants et celui des électeurs inscrits. Préciser qu'il ne s'agissait que des Français de métropole (vivant en France). Faire estimer le pourcentage de participation en arrondissant les chiffres à 21 millions de votants pour 28 millions d'électeurs. Établir le taux de participation à environ 75 %, soit trois Français sur quatre. Convenir que c'est un taux de participation élevé. La question n'a donc pas laissé les Français indifférents.
3. Constater l'écrasante victoire du « OUI » (environ 18 millions de votants contre 2).
4. Revenir sur le résultat pour convenir que le soutien a été massif (plus de 85 %).
5. Recueillir les réponses de la classe. Établir collectivement que la majorité des Français (de métropole) souhaitait avant tout l'arrêt d'une guerre qui provoquait la mort de nombreux jeunes appelés français (contraints d'effectuer leur service militaire en Algérie).
Rappeler que la plupart des anciennes colonies françaises étaient déjà devenues indépen-

dantes et qu'il semblait normal que l'Algérie suive le même chemin.

On pourra évoquer le malaise des soldats français (de retour au pays après avoir perdu une guerre considérée comme honteuse), des pieds-noirs (rapatriés sans biens ni ressources dans un pays qui ne les attendait pas) et des harkis, Français mais laissés à l'abandon car rien n'avait été prévu pour eux.

Synthèse (orale)

Qu'avons-nous appris ?

- En 1960, la France a procédé à des essais nucléaires au centre du Sahara pour se doter de l'arme atomique. Le général de Gaulle voulait que la France préserve son indépendance politique et militaire entre les deux adversaires de la guerre froide : l'OTAN (dominé par les Américains) et le pacte de Varsovie (dominé par les Soviétiques).
- Le 18 mars 1962, les accords d'Évian ont décidé la fin de la guerre, l'indépendance de l'Algérie et le début de la coopération franco-algérienne. En échange, les intérêts de la France (exploitation des ressources pétrolières et tenue des tests nucléaires) devaient être respectés et la sécurité des pieds-noirs devait être garantie sur le sol algérien.
- Ces décisions ont été soumises à un référendum en France, le 8 avril 1962. Les Français ont massivement voté OUI pour la fin de la guerre, l'indépendance de l'Algérie et la coopération des deux pays. Pour la plupart, les pieds-noirs ont été contraints de quitter l'Algérie en laissant tous leurs biens derrière eux. Ils ont été rapatriés en France pour y refaire leur vie.
- Entre 1954 et 1962, presque toutes les colonies françaises avaient donc ainsi accédé à l'indépendance, mais des accords de coopération ont maintenu des liens avec l'ex-métropole.

Élaboration du texte de référence

Phase écrite collective (au tableau)

Phase écrite individuelle (sur le cahier)

Titre : La Ve République (2)

La France, puissance nucléaire

Pour préserver l'indépendance militaire de la France (entre l'OTAN et le pacte de Varsovie), le général de Gaulle a décidé de doter la France de l'arme nucléaire. La première bombe atomique française a explosé au centre du Sahara, en 1960.

Document 1

La fin de la guerre d'Algérie

La guerre d'Algérie a pris fin en 1962 par les accords d'Évian.

Documents 2 et 3

Un référendum a largement confirmé l'indépendance de l'Algérie et le début de la coopération entre la France et son ancienne colonie.

Document 4

Pour la plupart, les pieds-noirs établis en Algérie ont été rapatriés sur le sol français.

Phase écrite individuelle

Lexique

Harki : Algérien engagé dans l'armée française ou au service de la France.
OAS : organisation armée secrète regroupant les partisans fanatiques de l'Algérie française.
Rapatrié : pied-noir contraint de quitter l'Algérie pour s'établir en France.

34 Fiche documents

La Ve République
(2) De Gaulle, la France et le monde

Document 1

Suite à la première explosion nucléaire française (le 13 février 1960, au centre du Sahara), Fritz Behrendt, caricaturiste allemand illustre « Le miracle atomique français ». Charles de Gaulle domine Dwight Eisenhower (le Président américain), à gauche, et Nikita Khrouchtchev (le chef du gouvernement soviétique, à droite : « Auparavant on m'ignorait. Maintenant... »

Document 2

Pages 6 et 7 : DEUX ANS DE NEGOCIATIONS AVEC LE F.L.N., par Serge Bromberger

LE FIGARO

MIDI : CESSEZ-LE-FEU EN ALGÉRIE

DEMAIN

LE GÉNÉRAL DE GAULLE : "Qui sait si la lutte et le sacrifice des morts n'auront pas aidé les deux peuples à mieux comprendre qu'ils sont faits pour marcher fraternellement ?"

• CET APRÈS-MIDI : Conseil des ministres à l'Élysée

• DEMAIN MATIN : Session extraordinaire du Parlement

• DIMANCHE 8 AVRIL : RÉFÉRENDUM (date probable)

PREMIÈRES RÉACTIONS : ALGER : Atmosphère brusquement alourdie hier soir

Accord conclu hier à 17 h. 40 à Évian

• DÉCLARATION GÉNÉRALE : "La coopération de la France et de l'Algérie répond aux intérêts des deux pays"

• BEN KHEDDA A TUNIS : "J'ordonne à toutes les troupes de l'A. L. N. d'arrêter les combats"

« CESSEZ LE FEU »

EN SONGEANT

La page de titre du journal *Le Figaro*, lundi 19 mars 1962.

Document 3

Le général de Gaulle s'adresse aux Français

« En soumettant au peuple français le projet de loi du référendum, je lui propose d'adopter solennellement les mesures prévues par les déclarations gouvernementales du 19 mars, en ce qui concerne, d'une part le cessez-le-feu et l'autodétermination en Algérie, d'autre part l'association de la France avec ce pays, si, comme tout le monde le croit, il choisit de devenir indépendant. [...]

Que signifie, en effet, la décision que tous les citoyens sont invités à ratifier par leurs suffrages ?

D'abord, cela signifie la paix. Il n'y a pas un homme de bon sens et de cœur qui ne doive s'en féliciter. Dès lors que la France veut que l'Algérie dispose d'elle-même, dès lors que notre armée s'est assuré la maîtrise du terrain, dès lors qu'il est acquis qu'en contrepartie de notre aide l'Algérie nouvelle respecte les intérêts de notre pays et procure les garanties nécessaires à la communauté de souche française, la lutte n'a plus aucun sens. [...]

Pour le jeune État qui va naître, il n'est qu'une alternative : le développement ou le chaos. Or, il ne peut trouver d'aide puissante, constante et cohérente que celle qui vient de chez nous. [...]

Pour l'une et pour l'autre nation, il est donc conforme à la raison que, passant outre aux déchirements récents, elles organisent leur coopération, comme déjà l'ont fait, avec la République française et dans les conditions qui leur sont propres, douze Républiques africaines et la République malgache. [...]

Françaises, Français ! Vous le voyez. Il va peser lourd, le "Oui !" que je demande à chacune et à chacun de vous !

Vive la République !

Vive la France ! »

Allocution prononcée par le général De Gaulle, président de la République, le 26 mars 1962.

Document 4

Électeurs inscrits	27 582 072
Votants	20 779 303
Suffrages exprimés	19 675 497
Majorité absolue	9 837 749
Oui	17 866 423
Non	1 809 074

Résultats du référendum du 8 avril 1962 sur la fin de la guerre, l'indépendance de l'Algérie et la coopération de la France et de l'Algérie.

34 La Ve République (2) De Gaulle, la France et le monde

Fiche questionnaire

Document 1

1. Qui est l'auteur de ce dessin ?
2. Quand est-il paru ? À la suite de quel événement ?
3. Où a eu lieu la première explosion nucléaire française ? À ton avis, pourquoi cet endroit a-t-il été choisi ?
4. Qui sont les personnages qui encadrent Charles de Gaulle ?
5. Pourquoi le caricaturiste parle-t-il d'un « miracle atomique » ?
6. Une phrase de la légende est inachevée. Termine-la.

Document 2

1. Quand ce journal est-il paru ? Quel événement en fait le titre principal ?
2. Qu'est-ce qu'un cessez-le-feu ? Où et quand doit-il prendre effet ?
3. Quand cet accord a-t-il été signé ? Où ?
4. Quels sont les deux peuples dont parle le général de Gaulle ?

Document 3

1. Qui a prononcé ce discours ? Quand ? À quel titre ?
2. Qu'est-ce qu'un référendum ? Quel était l'enjeu de celui-ci ?
3. Que signifie la phrase soulignée ? Pourquoi est-elle importante ?
4. L'Algérie a-t-elle été la première des colonies françaises à devenir indépendante ?

Document 4

1. Quand le référendum a-t-il eu lieu ?
2. La participation a-t-elle été importante ?
3. Quel a été le résultat du référendum ?
4. Le soutien des Français au général de Gaulle a-t-il été massif ou limité ?
5. Au vu des résultats, quel était, à ton avis, le sentiment de la majorité des Français sur la situation de l'Algérie en 1962 ?

34 La Ve République (2) De Gaulle, la France et le monde

Fiche questionnaire

Document 1

1. Qui est l'auteur de ce dessin ?
2. Quand est-il paru ? À la suite de quel événement ?
3. Où a eu lieu la première explosion nucléaire française ? À ton avis, pourquoi cet endroit a-t-il été choisi ?
4. Qui sont les personnages qui encadrent Charles de Gaulle ?
5. Pourquoi le caricaturiste parle-t-il d'un « miracle atomique » ?
6. Une phrase de la légende est inachevée. Termine-la.

Document 2

1. Quand ce journal est-il paru ? Quel événement en fait le titre principal ?
2. Qu'est-ce qu'un cessez-le-feu ? Où et quand doit-il prendre effet ?
3. Quand cet accord a-t-il été signé ? Où ?
4. Quels sont les deux peuples dont parle le général de Gaulle ?

Document 3

1. Qui a prononcé ce discours ? Quand ? À quel titre ?
2. Qu'est-ce qu'un référendum ? Quel était l'enjeu de celui-ci ?
3. Que signifie la phrase soulignée ? Pourquoi est-elle importante ?
4. L'Algérie a-t-elle été la première des colonies françaises à devenir indépendante ?

Document 4

1. Quand le référendum a-t-il eu lieu ?
2. La participation a-t-elle été importante ?
3. Quel a été le résultat du référendum ?
4. Le soutien des Français au général de Gaulle a-t-il été massif ou limité ?
5. Au vu des résultats, quel était, à ton avis, le sentiment de la majorité des Français sur la situation de l'Algérie en 1962 ?

35

La Ve République (3) La fin de l'ère gaullienne

Objectif disciplinaire

Découvrir la fin des « années de Gaulle » et les événements de mai 1968.

Objectifs méthodologiques

Observer des documents visuels.

Analyser les résultats d'une élection présidentielle.

Document 1

Le Président Charles de Gaulle à la télévision, 1963

Document 2

Les résultats de l'élection présidentielle de 1965

Documents 3

a) Affiche « Sois jeune et tais-toi », mai 1968

b) Photographie des affrontements de mai 1968

Étape 1

Un nouveau média : la télévision

doc. 1 Le Président Charles de Gaulle à la télévision, 1963 (et cahier couleur p. 23).

Questionnaire à photocopier.

Cette photographie illustre à la fois l'importance croissante de la télévision dans la vie des Français et les fréquents recours du général de Gaulle à ce média moderne pour communiquer avec la nation.

Phase de réflexion individuelle à partir du questionnaire

Phase orale collective

1. Pour ceux qui n'auraient pas reconnu Charles de Gaulle, la légende l'identifie. Constater qu'il s'adresse aux Français par le biais du direct à la télévision.
   Préciser qu'en avril 1963, bien qu'il n'existât encore qu'une seule chaîne en noir et blanc, la télévision était en train de révolutionner le monde de l'information et de la communication. L'usage du direct avait pour effet de rapprocher considérablement l'orateur de son public.
2. Faire appel au sens de l'observation des enfants. Leur demander de déchiffrer les mots écrits à l'envers sur la vitrine de la boutique : « dépannage de radio et télé ». En conclure que cette photographie a été prise dans un petit magasin où l'on vend et répare les postes de radio et de télévision. Signaler qu'en 1963, la télévision n'était pas encore très répandue. Les gens du quartier se sont donc réunis dans ce magasin parce qu'il s'y trouve un téléviseur.
   Noter la tenue de l'homme visible à droite du poste télé : il s'agit vraisemblablement d'un commerçant voisin (boucher ou charcutier) venu écouter l'allocution du Président.

Information complémentaire

Le 19 avril 1963, le général de Gaulle est intervenu en direct à la télévision pour faire part aux Français de son rejet de la candidature anglaise à la CEE. ■

3. Recueillir les réponses. Valider celles qui rappellent le message radiodiffusé par la BBC, le 18 juin 1940. Renvoyer les enfants au document 2b de la séquence 24 qui montre Charles de Gaulle au micro de la BBC. Faire résumer le contenu de l'appel du 18 juin et le contexte dans lequel il a été lancé.
4. Comparer le visage de Charles de Gaulle sur cette photographie et sur celle du 18 juin 1940. Constater que 23 années se sont écoulées et qu'il a vieilli.

▸ Quels mots permettent de le décrire ?

Valider les adjectifs comme : vieux, sérieux, austère, sévère, démodé, etc.

Rappeler qu'en 1963, la France est en plein baby-boom. À l'inverse de son Président, la population rajeunit.

5. Constater que les téléspectateurs sont tous des adultes d'un certain âge. Suggérer que malgré ses interventions en direct à la télévision, Charles de Gaulle semble avoir perdu le contact avec la jeune génération.

Étape 2

La première élection présidentielle au suffrage universel direct

doc. 2 Les résultats de l'élection présidentielle de 1965.

Questionnaire à photocopier.

Les résultats de l'élection présidentielle de 1965 nécessitent un deuxième tour. C'est un des premiers signes de l'érosion de la popularité du général de Gaulle.

Phase de réflexion individuelle à partir du questionnaire

Phase orale collective

1. Renvoyer au titre du document. Il s'agit de la première élection présidentielle au suffrage universel direct qui ait eu lieu dans le cadre de la Ve République.
   Rappeler que, jusqu'alors, le seul président à avoir été élu directement par les Français avait été Louis-Napoléon Bonaparte, en 1848.
2. Noter les dates des deux tours : 5 et 19 décembre 1965. Renvoyer les élèves à la séquence 33 pour rappeler que la précédente élection, effectuée selon la première

version de l'article 6 de la Constitution, s'est déroulée en décembre 1958. L'élection de 1965 a donc bien lieu 7 ans après.

3. Relever le nom de l'adversaire : François Mitterrand. Préciser que celui-ci avait été, en 1958, l'un des rares opposants résolus à l'arrivée au pouvoir de Charles de Gaulle, et à l'adoption de la Ve République. Entre 1958 et 1965, il a évolué du centre vers la gauche (il vient, en septembre 65, de fonder son propre petit parti, la Fédération de la gauche démocrate socialiste) et a entrepris de se faire reconnaître comme le chef de l'opposition. Bien que non adhérent de la SFIO, il a obtenu son soutien, ainsi que celui du PC, pour cette élection, et ce dès le 1er tour (les deux grands partis de gauche, tous deux en crise, n'ayant pas présenté de candidat).
4. Comparer les résultats du 2e tour. En conclure que c'est Charles de Gaulle qui a été élu.
5. Remarquer qu'il a fallu deux tours pour décider du vainqueur. En conclure que Charles de Gaulle n'a pas été élu facilement (avec la majorité absolue dès le 1er tour), contrairement à son attente. Il y a en effet eu « ballottage » au 1er tour. Renvoyer au besoin les élèves à la séquence 33 et à l'article 7 de la Constitution pour expliquer la notion de ballottage.

Étape 3

Les événements de mai 1968

doc. 3a Affiche « Sois jeune et tais-toi », mai 1968 (et cahier couleur p. 23).

doc. 3b Photographie des affrontements de mai 1968 (et cahier couleur p. 23).

Questionnaires à photocopier.

Ces deux documents témoignent visuellement de l'émergence d'une génération contestataire et de la fin des « années de Gaulle ».

Phase de réflexion individuelle à partir des questionnaires

Phase orale collective
Étude du document 3a

1. Constater qu'il s'agit d'une affiche (d'un poster).
2. Recourir à la légende pour dater le document : mai 1968. Remarquer qu'il n'est pas signé mais qu'il émane d'un « Atelier populaire ». En conclure que son auteur a voulu exprimer une idée tout en restant anonyme au sein d'un groupe de protestation.
3. Valider les réponses qui identifient le général de Gaulle. Noter les éléments qui permettent de l'identifier : le képi de général, le grand nez, la haute silhouette.
4. Convenir collectivement que le message traduit le sentiment de la jeunesse française qui ne se sent pas écoutée et, au final, son souhait de pouvoir s'exprimer. Rappeler qu'en 1968, le droit de vote était encore limité aux Français de plus de 21 ans. Sans rentrer dans les détails, on retiendra que les jeunes Français voulaient pouvoir prendre part aux décisions qui les concernaient.

Étude du document 3b

1. Revenir à la légende pour localiser et dater cette photographie : dans une rue de Paris, en mai 1968.
2. Constater que des affrontements ont eu lieu dans cette rue, au cours desquels les voitures ont été utilisées comme remparts. Faire référence aux barricades du XIXe siècle, dont c'est une sorte de résurgence.

► Qui ces affrontements ont-ils pu opposer ?
Revenir à la légende pour établir que les étudiants se sont opposés à la police.

3. Établir le lien avec le document précédent qui suggère le « ras-le-bol » de la jeunesse.
Expliciter au besoin l'expression « ras-le-bol » (on en a assez) et présenter son auteur : Jean Yanne, animateur radio, humoriste, acteur et réalisateur cinématographique de l'époque.
Préciser que si les événements de mai 1968 ont été amorcés par les étudiants (à l'université de Nanterre d'abord, puis à la Sorbonne à Paris), ils ont été suivis dans les entreprises jusqu'à mobiliser 10 millions de grévistes contre le pouvoir en place.

Informations complémentaires

On peut distinguer deux courants très différents dont la convergence aboutit à l'explosion contestataire de mai 68.

• Les étudiants « gauchistes » qui lancent le mouvement début mai.
Issus plutôt de la classe « moyenne » ou « bourgeoise », ils sont essentiellement de tendance libertaire-anarchiste (rejet de la société de consommation, liberté de l'individu en tous domaines : « interdit d'interdire »...) ou de tendance trotskiste (de Trotski, révolutionnaire russe) ou maoïste (de Mao Tsé-toung, révolutionnaire puis chef d'État chinois) prônant une révolution prolétarienne qui instaurerait un nouveau type d'organisation politique et sociale.

• Le mouvement de revendication populaire qui émerge vers le 13 mai.
Parti de la base, encadré par les syndicats, rejoint plus tard par les partis politiques de gauche (qui ont été pris de vitesse et n'ont pu que « prendre le train en marche »), il revendique un meilleur partage des richesses et du pouvoir ainsi qu'une amélioration des conditions de vie et de travail

de la classe ouvrière. Cela aboutira à la manifestation monstre du 13 mai (au cri de « 10 ans, ça suffit ! » – devinez qui est au pouvoir depuis 10 ans), à la grève générale et aux accords de Grenelle (souvent cités en référence) signés le 27 mai entre gouvernement, patronat et syndicats. Ces accords prévoyaient notamment une augmentation du SMIG (l'ancêtre du SMIC) et de l'ensemble des salaires, une 4e semaine de congés payés et le retour à la semaine de 40 heures. Depuis la guerre, la règle était en effet redevenue 48 h (à cause des nécessités de la reconstruction et du manque de main d'œuvre). ■

Le bilan politique de Mai 68

Le pays a été paralysé pendant 3 semaines. Le régime a vacillé. De Gaulle ne reprend l'initiative qu'après plusieurs jours d'incertitude. Il refuse de se retirer, comme Mitterrand l'y a invité, et dissout l'Assemblée. Une grande contre-manifestation de soutien à de Gaulle a lieu le 30 mai et marque la fin de ce mois de folie. L'ordre revient. Les élections législatives « de la peur » ont lieu en juin 68 et donnent une majorité écrasante aux gaullistes. Mais l'atmosphère a changé : en 1969, de Gaulle pense répondre au désir de plus de démocratie et d'un pouvoir plus proche du peuple en proposant par référendum une réforme sur la décentralisation. Il lie son maintien à la tête du pays au résultat du vote. Lorsque le « non » l'emporte, il démissionne, comme il s'y était engagé.

Synthèse (orale)

Qu'avons-nous appris ?

- Pendant les années soixante, la télévision a commencé à se répandre en France. Le général de Gaulle l'a beaucoup utilisée pour communiquer en direct avec les Français.
- Au cours de l'élection présidentielle de 1965, le général de Gaulle n'a été élu qu'au deuxième tour contre François Mitterrand. C'est le signe que sa popularité commençait à faiblir auprès de la nation et surtout auprès des jeunes.
- En mai 1968, les étudiants parisiens ont entamé un violent mouvement de protestation, suivi par les employés de nombreuses entreprises. Un profond mécontentement de l'ensemble de la population s'est ainsi exprimé pour demander plus de liberté individuelle, une plus grande participation du peuple aux décisions qui le concernaient et un partage plus équitable des richesses créées par le travail des Français. Cela a abouti, en 1969, à la démission du général de Gaulle après l'échec d'un dernier référendum sur un projet de décentralisation.

Élaboration du texte de référence

Phase écrite collective (au tableau)

Phase écrite individuelle (sur le cahier)

Titre : La Ve République (3)

La fin des « années de Gaulle »

Durant les années 60, la popularité du général de Gaulle a décliné. En 1965, lors de la première élection présidentielle au suffrage universel direct de la Ve République, il n'a été réélu qu'au deuxième tour contre François Mitterrand.

Documents 1 et 2

En mai 1968, un vaste mouvement de protestation, commencé par les étudiants, a gagné tout le pays.

Documents 3a et 3b

En mai 1969, Charles de Gaulle a démissionné après qu'une majorité des Français a voté « non » au référendum sur la décentralisation.

Phase écrite individuelle

Lexique

Ras-le-bol : expression inventée par Jean Yanne (animateur radio des années 60) qui signifie « assez ! ».

La Ve République
(3) La fin de l'ère gaullienne

35
Fiche documents

Document 1

Ph. © AFP

19 avril 1963 : le Président Charles de Gaulle en direct à la télévision.

Document 2

	Premier tour 5 décembre 1965	Second tour 19 décembre 1965
Abstentions	15,25 %	15,68 %
Votants	84,75 %	84,32 %
Charles de Gaulle	44,65 %	55,20 %
François Mitterrand	31,72 %	44,80 %
Autres candidats	23,63 %	–

Résultats de l'élection présidentielle de 1965.

Document 3

BIS / © Archives Larbor

a Affiche publiée par l'Atelier populaire – mai 1968.

Ph. © Keystone / EYEDEA

b Mai 1968 – Une rue de Paris au lendemain d'affrontements entre étudiants et forces de police.

35 La Ve République (3) La fin de l'ère gaullienne

Fiche questionnaire

Document 1

1. Qui reconnais-tu sur l'écran du téléviseur ? À qui s'adresse-t-il ? Comment ?
2. Où les téléspectateurs se sont-ils rassemblés ? À ton avis, pourquoi ?
3. Quel autre moyen moderne le général de Gaulle a-t-il déjà utilisé pour s'adresser aux Français ? Quand ? À quel sujet ?
4. Quelle image donne-t-il de lui sur cette photo ?
5. Les téléspectateurs te semblent-ils plutôt jeunes ou plutôt âgés ?

Document 2

1. De quelle élection ce tableau donne-t-il le résultat ?
2. Quand a-t-elle eu lieu ?
3. Qui était l'adversaire de Charles de Gaulle au second tour ?
4. Qui a été élu ?
5. Charles de Gaulle a-t-il été élu facilement ? Comment le sait-on ?

Document 3a

1. Quelle est la nature de ce document ?
2. Quand a-t-il été publié ? Connaît-on son auteur ?
3. Que représente l'ombre placée derrière le jeune homme bâillonné ?
4. À ton avis, quel était le sens de ce message ?

Document 3b

1. Où cette photo a-t-elle été prise ? Quand ?
2. Que s'est-il passé ?
3. Que nous apprennent cette photographie et le document 3a sur la jeunesse étudiante de mai 1968 ?

35 La Ve République (3) La fin de l'ère gaullienne

Fiche questionnaire

Document 1

1. Qui reconnais-tu sur l'écran du téléviseur ? À qui s'adresse-t-il ? Comment ?
2. Où les téléspectateurs se sont-ils rassemblés ? À ton avis, pourquoi ?
3. Quel autre moyen moderne le général de Gaulle a-t-il déjà utilisé pour s'adresser aux Français ? Quand ? À quel sujet ?
4. Quelle image donne-t-il de lui sur cette photo ?
5. Les téléspectateurs te semblent-ils plutôt jeunes ou plutôt âgés ?

Document 2

1. De quelle élection ce tableau donne-t-il le résultat ?
2. Quand a-t-elle eu lieu ?
3. Qui était l'adversaire de Charles de Gaulle au second tour ?
4. Qui a été élu ?
5. Charles de Gaulle a-t-il été élu facilement ? Comment le sait-on ?

Document 3a

1. Quelle est la nature de ce document ?
2. Quand a-t-il été publié ? Connaît-on son auteur ?
3. Que représente l'ombre placée derrière le jeune homme bâillonné ?
4. À ton avis, quel était le sens de ce message ?

Document 3b

1. Où cette photo a-t-elle été prise ? Quand ?
2. Que s'est-il passé ?
3. Que nous apprennent cette photographie et le document 3a sur la jeunesse étudiante de mai 1968 ?

36 La Ve République (4) De 1981 à 2002 : alternances et cohabitations

Objectif disciplinaire
Découvrir l'accession de la gauche au pouvoir et le principe de la cohabitation.

Objectif méthodologique
Observer des photographies et un dessin humoristique.
Résumer l'idée essentielle d'un texte.

Document 1
Photographie des acteurs de l'union de la gauche, 1977

Document 2
Photographie de la manifestation de joie à l'issue de l'élection présidentielle de 1981

Document 3
Extraits d'un discours de Robert Badinter pour l'abolition de la peine de mort, 1981

Document 4
Dessin de Plantu illustrant la cohabitation, 1986

Étape 1

La gauche unie derrière François Mitterrand

doc. 1 Photographie des acteurs de l'union de la gauche, 1977 (et cahier couleur p. 24).
Questionnaire à photocopier.
Cette photographie présente les trois principaux acteurs de l'union de la gauche au cours d'une manifestation en 1977. Elle permet d'établir le lien entre l'union de la gauche et l'accession de François Mitterrand à l'Élysée.

Faire précéder l'étude du document par cette introduction pour mieux comprendre le contexte de la montée de la gauche :
– Après la tourmente de 1968, la gauche est au fond du trou, déconsidérée, divisée. Elle n'a eu que 91 députés (sur 490) aux « élections de la peur » de juin 68, et en 69 à l'élection présidentielle, il n'y a même pas eu de candidat de gauche au second tour (qui a opposé Georges Pompidou, l'héritier de Charles de Gaulle, à Alain Poher, qui venait d'exercer l'intérim en tant que président du Sénat et était de centre droit, ex-MRP).
– Un processus de reconstruction, de rénovation et de rapprochement des différentes forces de gauche commence alors, qui aboutira à la victoire de la gauche en 1981. C'est ce que les documents 1 et 2 vont nous permettre d'évoquer…

Phase de réflexion individuelle à partir du questionnaire

Phase orale collective

1. Utiliser la légende pour identifier de gauche à droite : Robert Fabre, François Mitterrand et Georges Marchais. Observer les banderoles en arrière-plan pour conclure qu'ils participent à une manifestation. Noter la date : 1977. Situer la scène pendant la présidence de VGE (séq. 33).
2. Recourir à la légende pour établir les correspondances :
   Robert Fabre —> Radicaux de gauche
   François Mitterrand —> Parti Socialiste
   Georges Marchais —> Parti Communiste français.
3. Rappeler au besoin que « la gauche » désigne l'ensemble des partis qui siègent à gauche dans l'hémicycle de l'Assemblée nationale. Renvoyer aux séquences sur la IIIe République (pour évoquer Jean Jaurès, le fondateur du parti socialiste) et sur l'entre-deux-guerres (avec le Front populaire). Constater que les partis de gauche souhaitent des réformes sociales (plus d'égalité, amélioration du sort des ouvriers, des classes moyennes, des chômeurs) et économiques (plus d'État, en particulier par un programme de nationalisations).
   Rappeler les acquis du Front populaire et noter que, lorsque MM. Fabre, Mitterrand et Marchais défilent ensemble en 1977, c'est la droite qui est au pouvoir depuis la fin de la IVe République. En déduire que ce sont les forces de l'opposition qui sont réunies là.

▸ Pourquoi se sont-ils alliés ?

Recueillir les réponses et valider celles qui font état d'une union des partis de gauche pour battre la droite.

Informations complémentaires : Les étapes de la montée de la gauche vers le pouvoir

1971 : la SFIO fusionne avec d'autres partis de la gauche non communiste, devient le parti socialiste et choisit Mitterrand pour chef.
1972 : adoption du programme commun de gouvernement par les trois partis de gauche, prévoyant une alliance électorale et de nombreuses réformes, en particulier une série de nationalisations.
1974 : élection très serrée (50,8 contre 49,2) de Valéry Giscard d'Estaing (VGE) face à Mitterrand, candidat unique de l'union de la gauche.
Le contexte social au cours des années 70 favorise la gauche : crise économique, montée du chômage, mécontentement des Français…
La droite à son tour est traversée de divisions : VGE n'est pas un gaulliste mais un « Républicain indépendant », or il doit s'appuyer sur une majorité parlementaire composée essentiellement de députés gaullistes, dirigée par Chirac. Celui-ci est son

Premier ministre pendant deux ans, mais démissionne parce qu'il ne supporte pas que le président ne lui laisse aucune indépendance dans la conduite des affaires du pays. Après 1976, la majorité ne soutient donc qu'avec réticence la politique suivie par le nouveau Premier ministre, Raymond Barre.
1977-78 : poussée de la gauche (bénéficiant plus au PS qu'au PC) aux municipales puis aux législatives (199 députés), malgré le désaccord intervenu en septembre1977 entre le PC et le PS sur l'actualisation du programme commun.
En 1981, Mitterrand n'est plus le candidat unique de la gauche (le PC a présenté Georges Marchais au 1er tour), mais au second tour les communistes le soutiendront, assurant ainsi sa victoire et leur participation future au gouvernement. ■

4. Renvoyer les enfants à séquence 33 pour vérifier que c'est François Mitterrand qui a été élu président en 1981. En conclure que l'union de la gauche a porté ses fruits. Préciser que le premier gouvernement de François Mitterrand regroupera des représentants des trois partis : radicaux de gauche, socialistes et communistes. Noter qu'à part la brève expérience entre 1944 et 1947, dans un contexte très spécial (nécessité d'unir tous les partis qui avaient participé à la Résistance pour reconstruire le pays), jamais il n'y avait eu de ministres communistes depuis la naissance du PC en 1920.

Étape 2

1981 : la gauche au pouvoir

doc. 2 Photographie de la manifestation de joie à l'issue de l'élection présidentielle de 1981 (et cahier couleur p. 24).
Questionnaire à photocopier.
Cette photographie témoigne de l'enthousiasme d'une grande partie de la jeunesse française à l'annonce de la victoire de François Mitterrand à l'élection présidentielle de 1981.

Phase de réflexion individuelle à partir du questionnaire

Phase orale collective

1. La légende date et situe le cliché : le 10 mai 1981, sur la place de la Bastille. Noter la colonne de la Bastille, surmontée du Génie de la liberté en arrière-plan. Préciser que le Génie porte une chaîne brisée et un flambeau qui représentent la liberté et la civilisation.

2. Recueillir les observations et retenir qu'il s'agit de gens du peuple dont la moyenne d'âge est assez jeune. Constater qu'ils sont, comme le dit la légende, « en liesse ». (Noter les sourires, les drapeaux brandis, les poings levés en signe de victoire, etc.) Remarquer que les drapeaux ne sont pas tricolores mais rouges.

- ▸ Quelle signification cette couleur a-t-elle depuis le XIXe siècle ? (Se reporter à la séquence 11 sur la Commune de Paris.)
- ▸ Que peut-on en déduire sur la tendance politique des jeunes gens de la photo ?

3. Utiliser la légende pour établir que les personnes photographiées sont en train de fêter la victoire de François Mitterrand à l'élection présidentielle de 1981. Préciser que cette manifestation de joie, rassemblant sur la place de la Bastille des dizaines de milliers de personnes pour une fête improvisée, malgré la pluie, a été spontanée et qu'elle montre combien François Mitterrand était porteur de l'espoir de nombreux jeunes.

4.
- ▸ Quels souvenirs le nom de la Bastille évoque-t-il ?

Retenir collectivement la valeur symbolique de l'endroit (révolution, liberté, fin des privilèges, changement d'époque, etc.).

Informations complémentaires

Aussitôt élu, le Président dissout l'Assemblée pour s'assurer une majorité parlementaire de gauche qui soutiendra sa politique : le PS obtient la majorité à lui seul avec 269 députés (les radicaux de gauche en ont 20, le PC 44…).

De profondes réformes suivent la victoire de François Mitterrand : la retraite à 60 ans, la cinquième semaine de congés payés, l'impôt sur la fortune, l'augmentation du SMIC, les nationalisations (dans l'industrie et la banque), la décentralisation administrative (vastes pouvoirs transférés aux départements et aux régions), la libéralisation de l'audiovisuel (radios et chaînes de télé privées se multiplient)… et l'abolition de la peine de mort. ■

Étape 3

L'abolition de la peine de mort

doc. 3 Extrait d'un discours de Robert Badinter pour l'abolition de la peine de mort, 1981.
Questionnaire à photocopier.
Les extraits choisis de ce discours reprennent les principaux arguments développés contre la peine de mort. Le fait que son auteur soit identifié comme le ministre de la Justice suggère que l'abolition est proche.

Phase de réflexion individuelle à partir du questionnaire

Phase orale collective
On s'assurera, au cours d'une relecture collective, de la bonne compréhension du texte. On vérifiera que les élèves se souviennent du sens du mot abolition (voir la séquence 7).

1. La légende date le discours (17 septembre 1981) et identifie son auteur (Robert Badinter). Préciser que ce dernier était un membre du premier gouvernement de François Mitterrand.
2. Valider les réponses qui établissent que le garde des Sceaux est le ministre de la Justice. Expliquer pourquoi, en faisant référence aux sceaux médiévaux étudiés en CM1 : un sceau était le moyen d'authentifier un document, d'établir son origine et sa validité. Sous l'Ancien Régime, le personnage qui détenait les sceaux de l'État était donc celui qui donnait force de loi à tous les textes émanant du gouvernement, et c'était traditionnellement une fonction dévolue au ministre de la Justice (appelé jadis le Chancelier de France). Même si, de nos jours, on ne se sert plus beaucoup de sceaux (seulement pour des lois Constitutionnelles), il existe toujours un grand sceau de la République dont la garde est confiée comme autrefois au ministre de la Justice.
Constater que c'est donc le ministre de la Justice lui-même qui exprime son sentiment sur la peine de mort. Avant d'occuper cette fonction, il était avocat de son métier. Il a défendu l'un des derniers condamnés à mort qui aient été exécutés, a découvert à cette occasion l'horreur de l'exécution (rappeler aux élèves : c'était toujours la décapitation par la guillotine). Puis en 77, défenseur de Patrick Henry (qui avait enlevé et assassiné un enfant), il a réussi à lui éviter la condamnation à mort, en faisant de ce procès le procès de la peine de mort. Il militait donc ardemment depuis des années sur ce thème.
3. On relira le premier paragraphe pour noter que, selon Robert Badinter, la peine de mort est pratiquée par les régimes totalitaires ou les dictatures. Il suggère fortement qu'elle n'est pas digne d'une démocratie comme la France et énumère une série de raisons pour lesquelles la peine de mort doit être abolie (laisser au condamné une chance de s'amender, tenir compte de la possibilité d'erreur judiciaire, manque de temps et de compétence des jurés pour aller au fond des choses dans un procès, caractère antidémocratique du pouvoir de vie et de mort donné à 12 personnes...).
4. Noter dans quel lieu et devant qui ce discours a été prononcé : à l'Assemblée nationale... Faire deviner aux élèves pourquoi un ministre vient faire un discours sur un ton aussi solennel devant les représentants du peuple... Il s'agit là du discours d'introduction du projet de réforme abolissant la peine de mort, défendu par le garde des Sceaux devant l'Assemblée qui va devoir l'examiner.
5. Renvoyer les enfants à la légende, qui indique que la peine de mort a été abolie le 9 octobre 1981. En effet, l'Assemblée l'a votée dès le lendemain de ce discours (par 369 voix contre 113), et un mois plus tard, après le vote du Sénat, la loi est entrée en vigueur. Constater qu'il s'est écoulé tout juste 5 mois entre l'élection de François Mitterrand et l'abolition de la peine de mort en France. En conclure que c'était une réforme prévue. En choisissant Badinter comme garde des Sceaux, il était clair que Mitterrand et son Premier ministre Mauroy allaient lui confier le soin de préparer l'abolition (alors même qu'une majorité de Français, tous les sondages le montraient, étaient opposés à l'abolition).
Signaler qu'aujourd'hui encore, la question reste d'actualité et que les Français sont souvent sondés sur ce sujet. On pourra demander aux enfants de donner leur point de vue (pour ou contre la peine de mort) et d'exposer leurs arguments dans le cadre d'un petit débat.

Étape 4

La cohabitation

doc. 4 Dessin de Plantu illustrant la cohabitation, 1986.
Questionnaire à photocopier.
Ce dessin humoristique illustre avec une simplicité à la fois brutale et comique le principe de la cohabitation. Il permettra en même temps d'évoquer la succession d'alternances de la gauche et de la droite au pouvoir après 1986...

Phase de réflexion individuelle à partir du questionnaire

Phase orale collective
1. La légende date le dessin (10 novembre 1986) et identifie son auteur (Plantu). On présentera brièvement Plantu (Jean Plantureux), dessinateur au journal *Le Monde* depuis 1985.
2. Revenir à la séquence 33 pour établir que le président de la République en 1986 était François Mitterrand (à droite sur le premier dessin). Utiliser la légende pour identifier le Premier ministre : Jacques Chirac (qui tient le projet de loi entre les mains).

3. Revenir au document 1 (l'union de la gauche) pour rappeler que François Mitterrand était socialiste. Rappeler également que Jacques Chirac a été Premier ministre de Valéry Giscard d'Estaing (dans un gouvernement de droite). Constater que leurs tendances politiques sont donc opposées.

▸ Comment un Président de gauche a-t-il pu se retrouver avec un Premier ministre de droite ? Par qui le Premier ministre est-il choisi ? Comment ?

Rappeler la fonction des élections législatives et la nécessité pour le Président de choisir un Premier ministre parmi la formation majoritaire de l'Assemblée nationale. Préciser que, lors des élections législatives de 1986, la gauche s'est trouvée en minorité. François Mitterrand a donc dû choisir son Premier ministre dans la nouvelle majorité... à droite. Sur un sujet essentiel, la gauche avait échoué : le chômage continuait d'augmenter. En même temps, l'accroissement des dépenses publiques entraînait l'aggravation des déficits, de l'inflation, le franc se dépréciait, les impôts s'alourdissaient... Tout cela faisait beaucoup de déçus et de mécontents.

Informations complémentaires

À noter : pour ces élections législatives de 1986, une réforme électorale voulue par la gauche avait introduit le scrutin à la proportionnelle ; le résultat fut d'amortir la défaite (prévisible) des socialistes, mais n'empêcha pas la droite d'avoir une majorité... Et pour la première fois, on vit apparaître un groupe de députés Front national à l'assemblée (35 députés). On revint par la suite au scrutin majoritaire. ▪

4. Accepter les réponses du type : « C'est quand on habite ensemble. » puisqu'elles sont correctes.

▸ Jacques Chirac et François Mitterrand habitaient-ils vraiment ensemble ? *Non.*

▸ Quel sens doit-on donc donner au mot cohabitation dans ce contexte ?

Recueillir les réponses et valider celles qui se résument à : *C'est quand deux personnes de tendances opposées gouvernent ensemble.*

5. Relever les réponses des élèves. Noter l'isolement du Président (tous les ministres sont tournés vers Jacques Chirac et ignorent François Mitterrand). Souligner l'inutilité de son opinion illustrée par l'enchaînement comique : NON ! ... PARFAIT ! En déduire que, quand il y a cohabitation, la fonction de Président n'a plus le même poids : la réalité du pouvoir exécutif appartient alors au Premier ministre !
Un exemple des mesures décidées par le gouvernement de Chirac, qui défont une partie de ce qu'avait fait la gauche : on « dénationalise » les entreprises qui avaient été nationalisées en 1982.

Informations complémentaires

Cette première cohabitation dure deux ans (1986 à 1988), jusqu'à la réélection de Mitterrand, suivie d'une dissolution de l'assemblée, qui lui permet de retrouver une majorité de gauche pour soutenir sa politique.

Il y aura deux autres cohabitations : en 1993, l'Assemblée nouvellement élue (un mandat législatif dure 5 ans) est à majorité de droite, donc Premier ministre de droite jusqu'en 95 (E. Balladur)... En 1997, J. Chirac fait une erreur tactique : il dissout l'assemblée un an avant son renouvellement normal, pensant obtenir de meilleurs résultats électoraux... et se retrouve avec une majorité de gauche et un premier ministre socialiste (L. Jospin) pour 5 ans !

Au total, donc, les Français ont connu 9 ans de cohabitation en 16 ans. Ces va-et-vient de l'électorat, cette succession d'« alternances », résultent toujours du même problème : la difficulté pour les dirigeants, qu'ils soient de gauche ou de droite, de guérir la maladie française : croissance faible, chômage élevé.

C'est pour éviter la réédition de cette situation inconfortable de cohabitation que Jacques Chirac a fait voter la réforme constitutionnelle qui faisait passer le mandat présidentiel à 5 ans comme celui des députés, l'élection de l'un et des autres devant se dérouler désormais la même année, de façon à ce que la majorité présidentielle concorde avec la majorité parlementaire. ▪

Synthèse (orale)

Qu'avons-nous appris ?

- À partir de 1972, Robert Fabre, chef du Mouvement des radicaux de gauche, François Mitterrand, Premier secrétaire du Parti Socialiste et Georges Marchais, Secrétaire général du Parti Communiste Français, ont joint leurs forces pour battre la droite. Ce rassemblement s'est appelé l'union de la gauche.
- En 1981, François Mitterrand a été élu président de la République. Un grand mouvement de liesse populaire a salué la victoire de la gauche, qui n'avait plus été au pouvoir depuis 1958. Une des premières réformes du gouvernement socialiste a été l'abolition de la peine de mort proposée par le garde des Sceaux, Robert Badinter.
- Lors des élections législatives de 1986, la gauche a perdu la majorité à l'Assemblée nationale. Le gouvernement a dû démissionner et François Mitterrand a nommé un nouveau Premier ministre : Jacques Chirac. Pour la première fois en France, le président de la République et son Premier ministre étaient de tendances politiques opposées. On a appelé cette situation curieuse « la cohabitation ».
- Au cours des années 1988 à 2002, les majorités se sont inversées plusieurs fois, la droite et la gauche ont alterné au pouvoir, et d'autres cohabitations se sont produites.

Élaboration du texte de référence

Phase écrite collective (au tableau)

Phase écrite individuelle (sur le cahier)

Titre : La Ve République (4)

L'union de la gauche

En 1972, les partis de gauche (radicaux, socialistes et communistes) se sont rassemblés pour battre la droite.

Document 1

La gauche au pouvoir

En 1981, le socialiste François Mitterrand a été élu président de la République. Quelques mois plus tard, la peine de mort a été abolie en France.

Documents 2 et 3

La cohabitation

En 1986, la droite a gagné les élections législatives et repris la majorité à l'Assemblée nationale jusqu'en 1988. François Mitterrand a dû choisir un nouveau Premier ministre aux idées opposées aux siennes : Jacques Chirac. Cette situation de cohabitation s'est reproduite en 1993-1995 (Mitterrand-Balladur) et en 1997-2002 (Chirac-Jospin).

Document 4

Lexique

Cohabitation : lorsque le président de la République et son Premier ministre sont de tendances politiques opposées.
Garde des Sceaux : ministre de la Justice.

Phase écrite individuelle

La Ve République
(4) De 1981 à 2002 : alternances et cohabitations

Document 1

Ph. © GINIES / SIPA

L'union de la gauche. De gauche à droite : Robert Fabre (Mouvement des Radicaux de Gauche), François Mitterrand (Parti Socialiste) et Georges Marchais (Parti Communiste Français), en 1977.

Document 2

Ph. © Keystone / EYEDEA

Scène de liesse sur la place de la Bastille après l'élection de François Mitterrand, le 10 mai 1981.

Document 3

« Voici la première évidence : dans les pays de liberté, l'abolition est presque partout la règle ; dans les pays où règne la dictature, la peine de mort est partout pratiquée. [...]

Dans la réalité judiciaire, qu'est-ce que la peine de mort ? Ce sont douze hommes et femmes, deux jours d'audience, l'impossibilité d'aller jusqu'au fond des choses et le droit, ou le devoir, terrible, de trancher, en quelques quarts d'heure, parfois quelques minutes, le problème si difficile de la culpabilité, et, au-delà, de décider de la vie ou de la mort d'un autre être. Douze personnes, dans une démocratie, qui ont le droit de dire : celui-là doit vivre, celui-là doit mourir ! Je le dis : cette conception de la justice ne peut être celle des pays de liberté, précisément pour ce qu'elle comporte de signification totalitaire. [...]

Aussi terribles, aussi odieux que soient leurs actes, il n'est point d'hommes en cette terre dont la culpabilité soit totale et dont il faille pour toujours désespérer totalement. Aussi prudente que soit la justice, aussi mesurés et angoissés que soient les femmes et les hommes qui jugent, la justice demeure humaine, donc faillible.

Et je ne parle pas seulement de l'erreur judiciaire absolue, quand, après une exécution, il se révèle, comme cela peut encore arriver, que le condamné à mort était innocent et qu'une société entière – c'est-à-dire nous tous –, au nom de laquelle le verdict a été rendu, devient ainsi collectivement coupable puisque sa justice rend possible l'injustice suprême. »

Extraits du discours prononcé le 17 septembre 1981, à l'Assemblée nationale par Robert Badinter, garde des Sceaux. Le mois suivant, le 9 octobre 1981, la peine de mort sera abolie.

Document 4

© PLANTU

Dessin de Plantu paru dans le journal *Le Monde* du 10 novembre 1986 : une vision humoristique de la cohabitation entre François Mitterrand et son Premier ministre, Jacques Chirac.

36 Fiche questionnaire

La Ve République (4) De 1981 à 2002 : alternances et cohabitations

Document 1

1. Qui sont les personnages figurant au premier plan de cette photo ? Que font-ils ?
2. À quels partis appartiennent-ils ?
3. Qu'appelle-t-on « la gauche » ?
4. Lequel de ces trois hommes est devenu président de la République ? Quand ?

Document 2

1. Où cette photo a-t-elle été prise ? Quand ?
2. Qui sont ces personnes ? Que font-elles ?
3. Quel événement sont-elles en train de célébrer ?
4. Pourquoi ont-elles choisi de fêter la victoire de leur candidat à cet endroit ?

Document 3

1. Qui a prononcé ce discours ? Quand ?
2. Quel ministre appelle-t-on le « garde des Sceaux » ?
3. Quels sont les arguments que R. Badinter met en avant contre la peine de mort ?
4. À ton avis, pourquoi Robert Badinter a-t-il prononcé ce discours ?
5. A-t-il été écouté ?

Document 4

1. Quand ce dessin a-t-il été publié ? Qui en est l'auteur ?
2. En 1986, qui est le président de la République ? Qui est le Premier ministre ?
3. Quelles sont leurs tendances politiques respectives ?
4. Que signifie le terme : « cohabitation » ?
5. En quoi ce dessin est-il amusant ?

36 Fiche questionnaire

La Ve République (4) De 1981 à 2002 : alternances et cohabitations

Document 1

1. Qui sont les personnages figurant au premier plan de cette photo ? Que font-ils ?
2. À quels partis appartiennent-ils ?
3. Qu'appelle-t-on « la gauche » ?
4. Lequel de ces trois hommes est devenu président de la République ? Quand ?

Document 2

1. Où cette photo a-t-elle été prise ? Quand ?
2. Qui sont ces personnes ? Que font-elles ?
3. Quel événement sont-elles en train de célébrer ?
4. Pourquoi ont-elles choisi de fêter la victoire de leur candidat à cet endroit ?

Document 3

1. Qui a prononcé ce discours ? Quand ?
2. Quel ministre appelle-t-on le « garde des Sceaux » ?
3. Quels sont les arguments que R. Badinter met en avant contre la peine de mort ?
4. À ton avis, pourquoi Robert Badinter a-t-il prononcé ce discours ?
5. A-t-il été écouté ?

Document 4

1. Quand ce dessin a-t-il été publié ? Qui en est l'auteur ?
2. En 1986, qui est le président de la République ? Qui est le Premier ministre ?
3. Quelles sont leurs tendances politiques respectives ?
4. Que signifie le terme : « cohabitation » ?
5. En quoi ce dessin est-il amusant ?

37

La Ve République (5) La France face aux défis de notre temps

Objectifs disciplinaires

Découvrir, à travers l'apparition du terrorisme en France, l'introduction de l'euro et la progression de l'extrême droite dans l'électorat, certaines des grandes mutations du monde depuis 1989 et quelques grands problèmes auxquels est confronté notre pays.

Objectifs méthodologiques

Relever des informations dans un tableau.

Observer des photographies.

Analyser les résultats d'une élection exprimés en pourcentages.

Documents 1

Relevé et photographie d'attentats commis à Paris en 1986 et en 1995

Document 2

Le franc et l'euro (photographies)

Document 3

Résultats de l'élection présidentielle de 2002

Étape 1

Le terrorisme, nouvelle forme de guerre

doc. 1a Relevé des attentats commis à Paris en 1986.
doc. 1b Photographie de l'attentat commis à Paris en 1995.
Questionnaires à photocopier.
Le tableau des attentats commis à Paris met en évidence la flambée de violence qui a frappé la capitale en septembre 1986. La photographie de l'attentat de 1995 dans le RER montre que la menace terroriste demeure.

Phase de réflexion individuelle à partir des questionnaires

Phase orale collective
Étude du document 1a

1. Observer les dates. Constater que les cinq attentats ont eu lieu au mois de septembre à Paris et à la Défense. On se reportera à la séquence 31 ou à une carte de la banlieue parisienne pour situer la Défense.
2. Faire opérer un rapide calcul pour obtenir le bilan global des attentats : 11 morts et 159 blessés.
3. Relever le sigle qui désigne le groupe terroriste ayant revendiqué les attentats : le CSPPA.
   Noter ce que ces lettres signifient : Comité de soutien aux prisonniers politiques arabes.

▸ Qu'est-ce qu'un prisonnier politique ?

Recueillir les réponses pour établir clairement la distinction entre un prisonnier de droit commun, emprisonné pour avoir commis un délit (vol, violence, homicide, etc.) et un prisonnier politique, emprisonné pour délit d'opinion (dans les pays non démocratiques puisque ce délit n'existe pas dans les États de droit comme la France) ou activisme criminel (émeute, attentat, coup d'État, etc.).

Certains enfants voudront savoir ce qui a provoqué une telle explosion de violence en France à ce moment-là. Sans entrer dans les détails, on signalera que :
– le CSPPA exigeait la libération de prisonniers ayant lutté, entre autres choses, contre la présence américaine, israélienne et française au Liban ;
– en 1986, Jacques Chirac étant à la fois Premier ministre et maire de Paris, les attentats commis dans la capitale portaient doublement atteinte à son prestige et visaient à influencer sa politique au Proche-Orient.

4. Recueillir les réponses. Établir collectivement que le terrorisme est une forme de lutte meurtrière menée dans la clandestinité et destinée à semer la terreur pour faire pression sur l'adversaire.

▸ A-t-on rencontré des actes de terrorisme au cours des séquences précédentes ?

Valider les réponses renvoyant à la guerre d'Algérie et les actes terroristes du FLN ou de l'OAS. Préciser également que, pendant la Seconde Guerre mondiale, les Résistants français (qui organisaient sabotages et attentats) étaient considérés comme des terroristes par l'occupant allemand.
Conclure collectivement que le terrorisme est utilisé par des groupes extrémistes contre un adversaire qu'ils ne peuvent pas combattre militairement. Souligner la sauvagerie de certains actes terroristes qui frappent au hasard et tuent des innocents.
Vérifier que le mot sauvagerie est bien compris de tous en cherchant collectivement ses synonymes. Valider des propositions comme : barbarie, cruauté, férocité, brutalité, etc.

Étude du document 1b

1. La légende date et situe l'attentat : en juillet 1995, dans la station Saint-Michel du RER parisien. Préciser que cette station se trouve en plein cœur de la capitale. Noter la lourdeur de son bilan.

▸ Qui pouvaient être les victimes ?

Convenir qu'il s'agissait de simples passagers du train et que cet attentat illustre la sauvagerie/barbarie que l'on vient d'évoquer.

2. Noter le nom mentionné dans la légende : Groupe islamique armé (GIA).

- Cette dénomination identifie-t-elle un pays en particulier ?

Convenir que non mais que l'adjectif « islamique » désigne une organisation probablement arabe. Constater que cet attentat a eu lieu deux mois après l'élection de Jacques Chirac à la présidence de la République.

- S'agit-il d'une coïncidence ?

Suggérer qu'il s'agit plutôt d'une mise en garde au nouveau Président pour influencer à nouveau la politique de la France vis-à-vis du Proche-Orient. Noter que l'apparition du terme « islamique » dans la dénomination du groupe suggère qu'une dimension de fanatisme religieux vient désormais se mêler aux objectifs purement politiques.

Information complémentaire

On pourra ouvrir selon le niveau et la curiosité des élèves sur quelques grandes questions géostratégiques d'aujourd'hui :

En 1989-1991, avec l'effondrement du bloc des pays communistes, la chute du rideau de fer et du mur de Berlin, et la disparition de l'URSS redevenue Russie et amputée de nombreux territoires qui ont repris leur indépendance (voir carte de l'Europe d'aujourd'hui), on espérait que le monde deviendrait plus sûr, plus libre et plus uni, que la menace de l'apocalypse nucléaire s'éloignait…

À la place de l'affrontement des deux « super grands », qui s'était policé à partir des années 60, on a un monde dominé de plus en plus, depuis la guerre du Golfe (1991), par la confrontation entre une « hyperpuissance », surarmée et persuadée d'être le champion de la liberté, mais dont la domination est ressentie comme impérialiste dans bien des parties du monde, et diverses organisations terroristes, éventuellement appuyées sur des États non démocratiques (par exemple, l'Iran est accusé de soutenir l'organisation Al-Qaïda de Ben Laden, la Syrie d'aider les organisations terroristes en Israël, au Liban, en Irak).

L'essor d'un terrorisme de plus en plus meurtrier est alimenté par le fanatisme religieux, qui commençait juste à pointer en 1995 ; il est manifesté par l'apparition d'une nouvelle sorte de terroriste, le candidat au martyre, d'autant plus dangereux qu'il n'a rien à perdre et s'immole en faisant un maximum de victimes autour de lui. Sa cible principale est la puissance américaine (attentats du 11 septembre 2001) et ses alliés (dont Israël). La guerre en Irak depuis 2003 lui donne de nouveaux arguments pour se développer (attentats de Madrid en mars 2004 et de Londres en juillet 2005 visant les États alliés des États-Unis en Irak).

La dissémination de l'arme nucléaire (plus ou moins clandestine car interdite par des accords internationaux) dans des États incontrôlables (Corée du Nord, Pakistan, bientôt peut-être l'Iran ?) donne d'autres inquiétudes encore, d'autant qu'elle pourrait fournir le prétexte à d'autres interventions militaires des États-Unis… En effet, l'une des raisons qui ont poussé les États-Unis à la guerre en Irak était l'hypothèse (présentée par G. Bush comme une certitude, mais qui s'est avérée une manipulation de l'opinion depuis) que Saddam Hussein disposait d'« armes de destruction massive ». Le même raisonnement pourrait les mener à une intervention contre l'Iran…

Le maintien dans maints pays du « sud » (Afrique, Asie, Amérique latine) d'un profond sous-développement est une autre source d'instabilité : vastes mouvements migratoires mal contrôlés vers les pays riches, sentiment d'injustice et de révolte devant le partage inéquitable des richesses du monde…

En définitive, le monde est toujours dangereux mais il est devenu plus imprévisible ! ■

3. Recueillir les réponses. Faire la liste des « choses » qui ont changé à cause du terrorisme : précautions dans les aéroports, fouilles des passagers, contrôles de police plus fréquents, abandon de certaines destinations touristiques, retour en France de personnels travaillant dans certains pays étrangers, méfiance générale dans les transports publics, plan Vigipirate, sacs poubelles transparents, etc.
Convenir collectivement que la menace terroriste existe toujours et qu'elle a modifié notre quotidien. Ces dernières années, cependant, le choix de la France de s'opposer à l'intervention américaine contre l'Irak et sa position plutôt pro-palestinienne dans le conflit israëlo-arabe l'ont relativement protégée.

Étape 2

Le passage à l'euro

doc. 2 Photographies de pièces de 1 franc et de 1euro.
Questionnaire à photocopier.
Ces photographies présentent les deux monnaies qui ont brièvement cohabité dans nos porte-monnaie. Celle du franc apportera aux enfants qui en ont déjà oublié l'existence la preuve que cette petite pièce blanche a longtemps fait partie de notre vie.

Phase de réflexion individuelle à partir du questionnaire

Phase orale collective

1. Valider les réponses qui identifient le franc et l'euro.
2. Faire la liste des détails observés :
   Pour la pièce de 1 franc : la date d'émission (1960), la devise de la République (liberté, égalité, fraternité) qui montre qu'il s'agit d'une pièce française, le symbole de la paix (rameau d'olivier) et la valeur (1 franc).
   Pour la pièce de 1 euro : sa valeur (le chiffre 1), la carte des pays de la zone euro et les douze étoiles (en deux groupes de six) qui représentent l'Europe.
   On notera que le nombre d'étoiles figurant sur le drapeau européen est fixé à douze, ce nombre symbolisant la perfection et l'unité.
3. Convenir que le franc n'est plus utilisé depuis le 17 février 2002. Signaler qu'il a été utilisé à l'origine comme monnaie en France dès 1360 pour payer la rançon (franc signifiant libre...) de Jean le Bon, roi de France, capturé par les Anglais au cours de la bataille de Poitiers (pendant la guerre de Cent Ans). Préciser qu'à travers l'histoire de notre pays, de nombreuses monnaies ont été utilisées tour à tour ou simultanément.

Informations complémentaires

Jadis, on se servait de monnaies de compte (denier, sou, livre), unités abstraites ne correspondant pas à une pièce donnée mais à un poids (variable en fonction de décisions royales) de cuivre, d'argent ou d'or, pour évaluer la valeur des espèces (les monnaies en espèces étaient des pièces sonnantes et trébuchantes. liard, écu, louis...), qui variait donc elle aussi (d'ailleurs, pour cette raison, elle n'était pas indiquée sur la pièce ; ainsi, selon l'époque, un écu a valu entre 3 et 6 livres).

Le système s'est simplifié avec la naissance du franc-germinal sous Bonaparte : le franc était désormais à la fois l'unité de compte et une pièce (1 F : pièce d'argent, 20 F : pièce d'or) d'un poids en métal précieux déterminé et stable. Avec la Première Guerre mondiale, on a dû cesser de frapper des pièces d'or et d'argent. ■

4. Noter la valeur de conversion indiquée dans la légende : 6,55957 francs pour 1 euro. L'euro est donc entre six et sept fois plus fort que le franc. C'est parce que cette monnaie est appuyée sur l'ensemble des richesses et des forces productives de l'Union européenne, alors que le franc l'était seulement sur celles de la France.
5. Recueillir les réponses. Valider celles qui font état de la plus grande solidité d'une monnaie commune (face à l'économie mondiale) et de l'aspect pratique (plus besoin de convertir pour passer/commercer d'un pays à l'autre).
   Faire la liste des 13 pays de la zone euro : Allemagne, Autriche, Belgique, Espagne, Finlande, France, Grèce, Irlande, Italie, Luxembourg, Pays-Bas, Portugal et Slovénie – qui n'était pas membre en 2002 mais a rejoint la zone euro après son adhésion.
   Remarquer que beaucoup de pays membres de l'Union n'ont pas voulu (Royaume-Uni, Danemark...) ou pas pu (souvent les plus récemment entrés dans l'Union : leur niveau de développement n'est pas encore compatible) adhérer à cette monnaie unique. On a désormais une Europe « à deux vitesses »...

Information complémentaire

C'est l'occasion de rappeler que le processus d'unification européenne, qui a apporté à l'Europe la paix et la prospérité et qui a peu à peu attiré dans l'Union européenne la majorité des pays de notre continent (y compris plusieurs anciens pays communistes), marque le pas après cette étape importante de la monnaie unique. Même si les problèmes institutionnels européens ne sont pas aisés à expliquer au niveau d'un CM2, le sujet de l'intégration européenne mérite d'être abordé, selon le niveau des élèves.

On rappellera que si la priorité des « pères fondateurs » de la CEE était de garantir la paix entre les pays d'Europe (au sortir de la Seconde Guerre mondiale), ils avaient comme but ultime de parvenir dans l'avenir à des « États-Unis d'Europe », avec non seulement un marché unique et une monnaie unique (ce qui est réalisé maintenant, en grande partie), mais des lois, une Constitution, un gouvernement, une politique extérieure, des armées... communs à tous les pays membres. C'est ce qu'on appelle l'intégration européenne, dont les progrès ont longtemps marché de pair avec les élargissements successifs. Par exemple, dans tous les pays de l'Union, les « directives européennes » (lois votées par le Parlement européen) s'imposent, et les lois nationales doivent s'y conformer sous peine de sanctions. Ces directives concernent la vie économique (règles sur la libre concurrence, validité des brevets, droits de pêche dans les eaux territoriales...), la consommation (normes, étiquetage...), les droits des citoyens (libre circulation avec une simple carte d'identité dans toute l'Union, droit de vote pour les élections municipales et européennes là où il réside pour tout ressortissant domicilié dans un autre pays de l'Union...), l'environnement (protection d'espèces menacées...).

L'intégration est cependant un sujet très controversé : elle suppose la « supranationalité », c'est-à-dire renoncer par étapes à de larges pans de souveraineté nationale (et donc d'indépendance).

Cela entraîne des sacrifices et des mécontentements. Pour la plupart des questions importantes, les décisions ont donc toujours été prises à l'unanimité des gouvernements des États membres sur proposition de la Commission européenne (organe « technocratique », composé de représentants des États membres désignés par les gouvernements). Le seul organe désigné directement par les citoyens européens, tous pays confondus, soit le Parlement européen, n'avait que des pouvoirs assez limités. Quant aux questions de politique étrangère et de défense, elles restaient du ressort exclusif des États...

En octobre 2004, après de longues négociations, les États membres de l'Union ont signé à Rome un nouveau traité qui réactualisait les deux textes fondateurs de l'Europe (traités de Rome, 1957 et de Maastricht, 1992), notamment en améliorant le fonctionnement des institutions européennes qui, prévues pour 6 puis modifiées à 12, devenaient mal adaptées à 25 (et plus). Il prévoyait entre autres d'élire un président de l'Union, de désigner un ministre des Affaires étrangères de l'Union, de limiter la règle de l'unanimité, d'élargir les pouvoirs du Parlement européen... Ce devait être une nouvelle étape dans l'évolution vers une meilleure intégration.

C'est ainsi que fin mai 2005 a eu lieu une consultation proposant aux citoyens européens d'approuver ce projet de Constitution européenne (soit par la voie parlementaire, soit par référendum – choix de 10 pays, dont la France). Pour entrer en vigueur, il devait être adopté par tous les pays, mais la France (54,68 % de non, alors que la majorité des hommes politiques et tous les grands partis étaient engagés en faveur du oui) puis les Pays-Bas l'ont rejeté. Depuis, le processus d'intégration européenne est dans une impasse...

Il semble que la monnaie unique a été l'ultime réforme après laquelle on n'arrive plus à convaincre les Français (puisque c'est avant tout la France qui a fait échouer le traité) que l'Europe unie était bonne pour eux. En effet, aux yeux de beaucoup, cette Europe est celle d'un libéralisme économique dont ils se méfient, qu'ils rendent responsable des délocalisations, du chômage et de la perte de l'indépendance nationale... ■

Étape 3

La défaite de la gauche et l'essor de l'extrême-droite

doc. 3 Résultats de l'élection présidentielle de 2002.

Questionnaire à photocopier.

Ce tableau permettra aux enfants de mieux se représenter l'éventail des principales formations politiques de notre pays. Il témoigne également, par la présence du candidat d'extrême-droite au deuxième tour de l'élection présidentielle de 2002, de la nette progression de cette tendance dans notre pays.

Phase de réflexion individuelle à partir du questionnaire

Phase orale collective

1. Renvoyer les enfants au titre du document. Il s'agit de l'élection présidentielle de 2002.

2. Comparer les taux de participation des deux tours : 71,60 % et 79,71 %. Constater que la participation a été nettement plus importante au deuxième tour. Arrondir au besoin les résultats donnés et les exprimer plus simplement de la façon suivante : 72 %, soit moins de 3 votants sur 4 au premier tour et 80 %, soit 4 votants sur 5 au deuxième tour. En conclure que le deuxième tour a provoqué une forte mobilisation des électeurs.

3. Représenter les sept partis concernés au tableau pour procéder à une correction collective. Encourager les enfants à utiliser les noms complets des formations politiques et le nom de leur candidat pour essayer de déterminer leur tendance. Ceci devrait permettre de colorier dans un premier temps :
– la LO en rouge (grâce à l'adjectif « ouvrière » qui identifie le prolétariat),
– le PS en rose (grâce à l'adjectif « socialiste »),
– le RPR en bleu clair (grâce au nom du candidat connu comme un homme de droite).
Préciser que le RPR a laissé la place à l'UMP (Union pour la majorité présidentielle), rebaptisée depuis par Nicolas Sarkozy : Union pour un mouvement populaire.
Donner quelques précisions pour aider les élèves à situer les autres formations :
– l'UDF avait été (jusqu'en 1996) présidée par Valéry Giscard d'Estaing —> bleu clair*,
– le Mouvement des citoyens était un mouvement de gauche —> rose,
– le Front national est un parti d'extrême droite —> bleu foncé,
– les Verts sont les écologistes et resteront en vert.

* Noter qu'une part importante de l'UDF a quitté ce parti pour s'intégrer à l'UMP à la création de celui-ci, préférant soutenir dès le 1er tour Jacques Chirac plutôt que François Bayrou (président de l'UDF depuis 1998)...

4. Relever les noms des candidats du deuxième tour : Jacques Chirac et Jean-Marie Le Pen. Insister sur le caractère extraordinaire de la présence de Jean-Marie Le Pen au second tour là où tout le monde attendait Jospin. Noter l'écart réduit entre les résultats de Le Pen et de Jospin, et l'émiettement des voix à gauche (sachant que les Verts se positionnent clairement à gauche, et qu'il y avait encore 4 candidats de gauche et d'extrême-gauche, totalisant 10,41 %, parmi ceux qui ont eu moins de 5 % au 1er tour, dont R. Hue pour le PC !). En déduire que cette pluralité de candidatures, née d'insatisfactions diverses à gauche après 5 ans de gouvernement socialiste (rappeler que Jospin était le Premier ministre sortant dans la 3e cohabitation), a été fatale au candidat du PS. Constater que Jacques Chirac a été élu.

Informations complémentaires

La montée du Front national ne sortait pas du néant. Elle était liée aux problèmes de ce temps. Le thème de l'insécurité a dominé la campagne électorale. Les thèses de ce parti imputent la responsabilité de l'insécurité et du chômage à l'immigration « incontrôlée » (en pointant plus précisément celle des Maghrébins), défendent la notion de « préférence nationale », insistent sur la défense de l'identité nationale, mettent le déclin économique relatif de la France au passif de l'Union européenne... En bref, elles répondent, bien que de façon simpliste, aux angoisses et aux mécontentements de bien des Français. C'est ce qui a permis au Front national de récolter beaucoup d'audience, y compris parmi les classes populaires, celles qui souffrent le plus (beaucoup d'électeurs Front national ont voté communiste dans le passé !). Il y a eu face aux défis du monde une tentation du repli et du nationalisme étroit... ■

5. Arrondir les résultats et noter le net avantage de Jacques Chirac (82 % contre 18 %) au deuxième tour. Convenir que la victoire a été facile et essayer d'en expliquer les raisons. Valider les réponses qui suggèrent un élan des électeurs (gauche comprise) pour barrer la route à l'extrême-droite.

Synthèse (orale)

Qu'avons-nous appris ?

- Depuis une vingtaine d'années, le monde est confronté à une menace nouvelle, liée aux problèmes du Proche-Orient et à la montée du fanatisme religieux islamiste : le terrorisme, qui frappe aveuglément des victimes innocentes. Deux vagues d'attentats en France, en 1986 et en 1995, et l'exemple de l'attentat à New York contre les tours jumelles le 11 septembre 2001, ont montré la nécessité d'une vigilance constante.
- En 2002, la monnaie de notre pays, le franc, a laissé la place à l'euro qui vaut 6,55957 francs. L'euro est utilisé dans 13 pays de la Communauté européenne. Il assure une plus grande solidité monétaire au sein de l'économie mondiale et simplifie les échanges entre les pays de la zone euro.
- En 2002, l'extrême-droite avait tellement progressé en France que son candidat s'est trouvé en compétition contre Jacques Chirac au deuxième tour de l'élection présidentielle. Un sursaut national a donné une très forte majorité à Jacques Chirac.

Élaboration du texte de référence

Phase écrite collective (au tableau)

Phase écrite individuelle (sur le cahier)

Titre : La Ve République (5)

Depuis 1986, le terrorisme est devenu une réalité en France. De nombreux attentats ont eu lieu, surtout à Paris, pour influencer la politique de la France au Proche-Orient.

Documents 1a et 1b

En 2002, le franc a été remplacé par une monnaie européenne, l'euro, plus solide et permettant des échanges plus faciles entre les 13 pays de la zone euro.

Document 2

L'extrême-droite a beaucoup progressé en France. En 2002, son candidat est arrivé au deuxième tour de l'élection présidentielle.

Document 3

Phase écrite individuelle

Lexique

Proche-Orient : groupe de pays à l'est de la Méditerranée.

La Ve République
(5) La France face aux défis de notre temps

Document 1

Date	Emplacement	Bilan
08.09.1986	Poste de l'Hôtel de Ville (Paris)	1 mort, 16 blessés
12.09.1986	Cafétéria du magasin Casino (la Défense)	43 blessés
14.09.1986	Pub Renault (Paris)	2 morts, 1 blessé
15.09.1986	Préfecture de Police (Paris)	1 mort, 45 blessés
17.09.1986	Rue de Rennes (Paris)	7 morts, 54 blessés

Note : Ces attentats ont été revendiqués par le CSPPA : Comité de soutien aux prisonniers politiques arabes.

a Cinq attentats terroristes à Paris en septembre 1986.

Ph. © Bertrand Soubeyrand / Gamma / EYEDEA

Paris, juillet 1995 : un attentat revendiqué par le Groupe islamique armé (GIA) fait 8 morts et 117 blessés dans la station RER Saint-Michel.

Document 2

Ph. © AFP

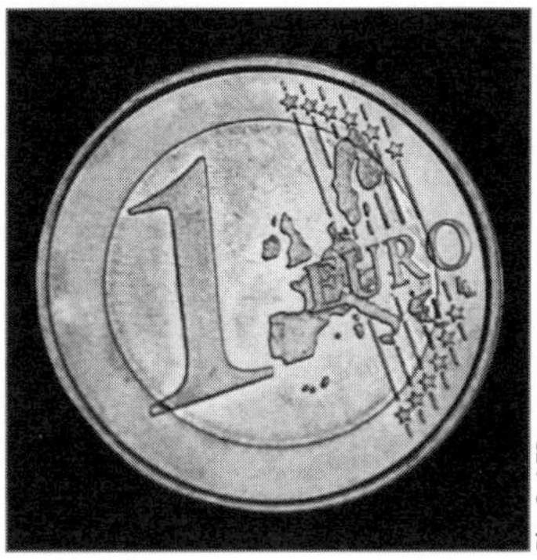

Ph. © AFP

Le franc et l'euro : du 1er janvier au 17 février 2002, ces deux pièces ont cohabité dans le porte-monnaie des Français. Mais attention : 1 euro valait 6,55957 francs !

Document 3

Candidats	Parti politique	Score au premier tour 21 avril 2002	Score au second tour 5 mai 2002
	Abstentions	28,40 %	20,29 %
	Votants	71,60 %	79,71 %
Jacques Chirac	RPR	19,88 %	82,21 %
Jean-Marie Le Pen	FN	16,86 %	17,79 %
Lionel Jospin	PS	16,18 %	–
François Bayrou	UDF	6,84 %	–
Arlette Laguiller	LO	5,72 %	–
Jean-Pierre Chevènement	MDC	5,33 %	–
Noël Mamère	Les Verts	5,25 %	–

RPR : Rassemblement pour la République – FN : Front national – PS : Parti socialiste – UDF : Union pour la démocratie française – LO : Lutte ouvrière – MDC : Mouvement des citoyens – Les Verts : écologistes.

Résultats de l'élection présidentielle de 2002.
Résultats des candidats ayant obtenu plus de 5 % des suffrages sur un total de 16 candidats.

37 Fiche questionnaire

La Ve République
(5) La France face aux défis de notre temps

Document 1a

1. Où et quand ces attentats ont-ils eu lieu ?
2. Quel a été leur bilan ?
3. Quel groupe a déclaré en être l'auteur ?
4. Selon toi, qu'est-ce que le terrorisme ? À quoi sert-il ?

Document 1b

1. Où et quand a eu lieu cet attentat ?
2. Par quel groupe a-t-il été revendiqué ?
3. Le terrorisme a-t-il changé notre façon de vivre ?

Document 2

1. Quelles monnaies sont ici représentées ?
2. Quels détails observes-tu sur chacune de ces pièces ? Que signifient-ils ?
3. Laquelle de ces deux pièces a aujourd'hui disparu ? Depuis quand ?
4. Des deux monnaies, laquelle était la plus forte ?
5. À ton avis, pourquoi l'euro a-t-il remplacé le franc ?

Document 3

1. De quelles élections s'agit-il ?
2. Quelle a été la participation au premier tour ? Et au deuxième tour ?
3. Colorie les noms des candidats selon leur tendance quand tu la connais :
   - droite : bleu clair
   - gauche : rose
   - extrême-droite : bleu foncé
   - extrême-gauche : rouge
4. Quels candidats restaient au second tour ? Qui a gagné ?
5. Sa victoire au second tour a-t-elle été facile ? À ton avis pourquoi ?

37 Fiche questionnaire

La Ve République
(5) La France face aux défis de notre temps

Document 1a

1. Où et quand ces attentats ont-ils eu lieu ?
2. Quel a été leur bilan ?
3. Quel groupe a déclaré en être l'auteur ?
4. Selon toi, qu'est-ce que le terrorisme ? À quoi sert-il ?

Document 1b

1. Où et quand a eu lieu cet attentat ?
2. Par quel groupe a-t-il été revendiqué ?
3. Le terrorisme a-t-il changé notre façon de vivre ?

Document 2

1. Quelles monnaies sont ici représentées ?
2. Quels détails observes-tu sur chacune de ces pièces ? Que signifient-ils ?
3. Laquelle de ces deux pièces a aujourd'hui disparu ? Depuis quand ?
4. Des deux monnaies, laquelle était la plus forte ?
5. À ton avis, pourquoi l'euro a-t-il remplacé le franc ?

Document 3

1. De quelles élections s'agit-il ?
2. Quelle a été la participation au premier tour ? Et au deuxième tour ?
3. Colorie les noms des candidats selon leur tendance quand tu la connais :
   - droite : bleu clair
   - gauche : rose
   - extrême-droite : bleu foncé
   - extrême-gauche : rouge
4. Quels candidats restaient au second tour ? Qui a gagné ?
5. Sa victoire au second tour a-t-elle été facile ? À ton avis pourquoi ?

38

L'effondrement du bloc soviétique et la chute du mur de Berlin

Objectifs disciplinaires

Découvrir l'existence du mur de Berlin et les événements qui ont provoqué sa chute.

Comprendre les causes de l'effondrement du bloc soviétique et en mesurer les conséquences à l'échelle de l'Europe.

Objectifs méthodologiques

Observer des photos.

Chercher des informations sur des cartes et dans un schéma légendé.

Extraire les informations essentielles d'un article de journal.

Document 1

Le mur de Berlin en construction (photographie)

Documents 2a, 2b et 2c

Cartes et schéma représentant l'Allemagne divisée (2a), Berlin-Ouest et Berlin-Est (2b), les précautions est-allemandes destinées à empêcher le franchissement du mur de Berlin (2c)

Document 3

La chute du mur de Berlin (photographie)

Document 4

Extrait d'un article du *Monde*

Étape 1

La construction du mur de Berlin

doc. 1 Photographie du mur de Berlin en construction.

Questionnaire à photocopier.

Cette photo représente le mur de Berlin pendant la construction de la deuxième enceinte en novembre 1961. Elle illustre parfaitement son rôle : créer une barrière infranchissable au cœur de la ville. On observera le premier mur construit au mois d'août 1961, visible à gauche sur le document, et qui a vite prouvé qu'il n'était pas étanche. On pourra constater que le mur a été construit sous la surveillance de soldats identifiables à la forme de leur casque : des Allemands de l'Est.

Phase de réflexion individuelle à partir du questionnaire

Phase orale collective

1. À la question « Que représente cette photo ? », accepter toutes les réponses du type : « la construction d'un mur ; un mur dans une ville ; une ville traversée par un mur ; des soldats qui construisent un mur », etc.

Faire identifier les matériaux qui constituent le premier mur (à gauche) : du béton ou des blocs de ciment surmontés de ferrures en forme de Y. À quoi peuvent servir ces ferrures ?

▸ À quoi font-elles penser ? *À une clôture*.

Convenir que si les fils de fer barbelés sont difficilement visibles sur le document, ils sont bel et bien là pour empêcher le franchissement du mur.

Noter que la photo montre la construction d'une deuxième barrière, à droite de la première, qui semble plus épaisse et destinée à compléter le rôle de la première. Observer l'utilisation d'éléments préfabriqués (probablement en béton) mis en place à l'aide de grues.

2. Renvoyer les enfants à la légende : « Construction du mur de Berlin, novembre 1961. »

Préciser que le mur de Berlin a été évoqué au cours de la séquence 28. Au besoin, noter la majuscule à Berlin. C'est un nom propre, le nom d'une ville.

Relever la date du début de la construction : le 13 août 1961. Remarquer que la vie semble se dérouler normalement à gauche du mur (commerces, voitures garées, piétons) et que les ouvriers, sur la droite, opèrent dans un véritable *no man's land*.

▸ Les personnages visibles sont-ils tous des ouvriers ? *Non*.

Noter la présence de soldats.

▸ Comment sont-ils équipés ? La forme de leur casque est-elle reconnaissable ?

On précisera qu'il s'agit de soldats est-allemands faisant partie du Pacte de Varsovie. La construction du mur répond donc à une volonté soviétique.

3. Aiguiller les enfants que le document 2a n'a pas aidés vers le document 4 de la séquence 28. Y retrouver la RFA et la RDA. Les situer sur une carte de l'Europe actuelle pour placer Berlin en Allemagne.

4. Retenir toutes les réponses du type : « empêcher les gens de passer ; séparer une partie de la ville de l'autre », etc.

Étape 2

Les deux Allemagnes, séparées par un mur réputé infranchissable

docs. 2a, 2b et 2c Cartes et schéma représentant l'Allemagne divisée (2a), Berlin-Ouest et Berlin-Est (2b) et les précautions est-allemandes destinées à empêcher le franchissement du mur de Berlin (2c).

Questionnaire à photocopier.

Ces cartes permettent de mieux situer Berlin en RDA et de découvrir le tracé du mur dans la ville. Le schéma illustre le luxe de précautions prises par les Soviétiques pour éviter tout passage à l'Ouest.

Phase de réflexion individuelle à partir du questionnaire

Phase orale collective

Étude du document 2a

1. Recourir à la légende au besoin pour identifier les deux Allemagnes de l'après-guerre.

2. Faire rappeler la signification des sigles : RFA et RDA (déjà vus au cours de la séquence 28).
S'assurer que tous établissent correctement la correspondance :
RFA : République fédérale d'Allemagne.
RDA : République démocratique d'Allemagne.
Veiller à ce que chacun localise la RFA et la RDA correctement. Utiliser au besoin le moyen mnémotechnique suivant : RFA contient un F, c'est la partie voisine de la France.

3. Le pays a été identifié comme l'Allemagne.

▸ Pourquoi a-t-il été divisé ?

Revenir à la séquence 28 et à l'analyse du document 4. Rappeler que les pays vainqueurs de l'Allemagne avaient partagé ce pays en 4 zones d'occupation militaire confiées respectivement aux États-Unis, au Royaume-Uni, à la France et à l'URSS. C'est la zone d'occupation soviétique qui allait devenir la RDA, et les 3 zones fusionnées des autres puissances la RFA (cela en 1949). Constater la division des pays d'Europe en deux grands blocs (exception faite de l'Espagne, de la Finlande et de la Yougoslavie), l'un sous influence soviétique et l'autre sous influence américaine (pays ayant accepté l'aide du plan Marshall). Noter que cette division de l'Europe s'est faite à la suite de la Seconde Guerre mondiale et dans le contexte de la guerre froide.

4. Renvoyer les élèves qui hésitent à la carte de la séquence 28 (document 4).

Valider les réponses qui placent la RDA sous influence soviétique. Rappeler que les frontières séparant les deux Allemagnes, l'une appartenant au « bloc de l'Est », l'autre au camp occidental, étaient devenues étanches et étroitement surveillées (c'est le « rideau de fer » mis en place à partir de 1946-47).

5. S'appuyer sur les enseignements de la séquence 28 pour rappeler, au besoin, que Berlin était la capitale de l'Allemagne. Berlin avait elle aussi été divisée à la fin de la Seconde Guerre mondiale en 4 zones d'occupation. Vu son rôle stratégique et symbolique, elle continuerait (jusqu'en 1994) d'être militairement contrôlée par les grandes puissances. Berlin-Est demeurait la capitale de la RDA ; en revanche, la RFA avait choisi comme capitale la petite ville rhénane de Bonn.

Remarquer, après une observation collective de la carte, que Berlin est totalement enclavée dans la RDA.

▸ Quels problèmes cette situation peut-elle poser ?

Accepter toutes les réponses qui évoquent la nécessité de voies de communication entre Berlin-Ouest et la RFA. Signaler que ces voies existaient par air ou par rail et permettaient de passer librement de Berlin-Ouest en RFA et inversement. Berlin restait donc le seul point faible du dispositif de fermeture des frontières surnommé par Winston Churchill « rideau de fer ».

Informations complémentaires

De juin 1948 à mai 1949, pendant presque un an, Staline a essayé d'isoler Berlin-Ouest du reste du monde occidental en imposant le blocus de Berlin. Un pont aérien financé par les Américains a permis de ravitailler la ville pendant toute la durée du blocus et de faire échouer cette tentative de Staline qui visait à faire abandonner Berlin-Ouest par les Américains, les Anglais et les Français. Les voies de communication aériennes entre Berlin-Ouest et l'Europe de l'Ouest restaient donc essentielles et très efficaces. ■

Étude du document 2b

1. Convenir collectivement que les pointillés représentent le mur de Berlin.

2. Signaler que des dates permettent de trouver la réponse. L'une est déjà connue (8 mai 1945) et l'autre figure sur le document (13 août 1961). Fournir les dates aux élèves qui n'ont pas su les retrouver :
– fin de la Seconde Guerre mondiale en Europe : mai 1945 ;
– début de la construction du mur : août 1961.

Constater après soustraction qu'il s'est écoulé environ 16 ans.

3. Recueillir les réponses des élèves. Valider celles qui identifient Berlin-Ouest comme la partie isolée du reste de la région.

Rappeler les remarques faites au cours de l'analyse du document précédent : on pouvait circuler librement entre Berlin-Ouest et la RFA, c'est-à-dire vers l'ouest de l'Europe et... davantage de liberté.

▸ Dans quel sens les gens étaient-ils plus enclins à circuler ?

Convenir collectivement que le courant migratoire s'effectuait de l'Est vers l'Ouest et que le mur était destiné à empêcher les Allemands de l'Est d'émigrer vers l'Ouest en passant d'un côté de Berlin à l'autre. Signaler qu'avant la construction du mur de Berlin, seule une ligne tracée à la peinture au sol délimitait Berlin-Ouest de Berlin-Est. Il était donc très facile de passer d'un côté à l'autre... en métro par exemple ! On pourra signaler que de 1949 à 1961, entre 2,6 et 3,6 millions d'Allemands ont fui la RDA par Berlin.

Évoquer également les familles déchirées par la construction du mur. En effet, beaucoup d'Allemands de l'Est avaient des parents vivant à l'Ouest (ou vice et versa) et s'en sont trouvés brutalement séparés.

4. Valider les réponses identifiant Checkpoint Charlie comme un point de passage entre l'Ouest et l'Est.

Sans entrer dans les détails, préciser que Checkpoint Charlie était le plus connu des rares postes-frontières permettant aux forces d'occupation (et à elles seulement) de passer librement d'un secteur à l'autre.

Informations complémentaires

Le 27 octobre 1961, malgré le droit de libre circulation accordé aux forces d'occupation, des gardes-frontières de RDA ont voulu effectuer des contrôles sur des membres de la force alliée se rendant en secteur soviétique par Checkpoint Charlie. À la suite de cet incident, des chars soviétiques et des chars américains se sont fait face de part et d'autre de Checkpoint Charlie pendant trois jours, avant de finalement se retirer. Chacun souhaitait bien sûr éviter une escalade qui aurait pu mener à une guerre nucléaire. ■

Étude du document 2c

1. Se référer à la légende du document pour identifier le mur de Berlin. Constater qu'il ne s'agit pas d'un simple mur mais d'un système de barrières successives destiné à empêcher tout passage.

2. Faire un inventaire collectif des systèmes de surveillance et de protection :
– grilles et barbelés côté Est ;
– fil tendu relié très probablement à un système d'alarme électrique ;
– mirador permettant d'observer le secteur et éventuellement d'ouvrir le feu sur des fugitifs (selon les estimations, entre 420 et 1 100 personnes ont trouvé la mort en essayant de franchir le mur) ;
– glissière pour chiens (préciser que les chiens pouvaient courir de droite à gauche ou de gauche à droite tout en restant reliés à la glissière) ;
– chemin de ronde surveillé par des sentinelles ;
– fossé (destiné à empêcher une prise d'élan pour franchir le mur avec une perche ou une échelle) ;
– mur surmonté d'un cylindre antiprise. Expliquer au besoin que ce cylindre empêchait quiconque de s'agripper au sommet du mur pour l'escalader, les mains glissant sur la surface arrondie du cylindre sans pouvoir s'y accrocher.

3. Constater que ces systèmes se trouvent du côté Est du mur. Noter que les mêmes précautions ne sont pas prises du côté Ouest. Recueillir les explications des élèves. Valider toutes celles qui suggèrent que la tentation de franchir le mur pour passer de l'Est à l'Ouest était la plus grande.

4. Valider les réponses qui identifient les Allemands de l'Est comme ceux qui voulaient franchir le mur. Recueillir les explications et valider celles qui font état d'une plus grande liberté (mouvement, emploi, expression) à l'Ouest qu'à l'Est.

Préciser que les autorités soviétiques et est-allemandes ont justifié la construction du mur de Berlin en affirmant qu'il n'était pas destiné à empêcher les Allemands de l'Est de passer à l'Ouest mais à protéger le régime socialiste des influences fascistes de l'Europe de l'Ouest. On rappellera ce qu'est le fascisme : un régime nationaliste totalitaire.
Signaler que peu d'Allemands étaient dupes et que le mur de Berlin a vite été baptisé le « mur de la honte ».
Conclure qu'avec le mur, le bloc de l'Est complétait (tardivement) le « rideau de fer ».

Étape 3

La chute du mur de Berlin

doc. 3 Photographie de la chute du mur de Berlin.
Questionnaire à photocopier.
Cette photo illustre la chute du mur de Berlin et son impact sur la population de la capitale allemande. Une observation de détail permettra une mise en relation avec les documents précédents.

Phase de réflexion individuelle à partir du questionnaire

Phase orale collective

1. Renvoyer les enfants à la date figurant en légende : le 9 novembre 1989.

2. Revenir à la légende pour constater qu'il s'agit de la chute du mur de Berlin. Encourager les enfants à retrouver sur cette photo un détail observé sur le document 2c. Une observation collective attentive permettra de repérer le cylindre antiprise au sommet du mur.

► Combien d'années le mur a-t-il séparé la ville en deux ?

Utiliser la légende du document 1 pour retrouver l'année de construction du mur : 1961. Le mur étant tombé en 1989, effectuer la soustraction pour arriver au total de 28 années.

3. Observer les personnages visibles sur la photo. Certains s'engouffrent dans la brèche ouverte alors que d'autres sont perchés au sommet du mur. Noter l'atmosphère générale de liesse ainsi que le sourire et le signe de victoire du personnage qui se trouve debout face au photographe.

► Qui peuvent être ces gens ?

Valider les réponses qui identifient des Berlinois en train de fêter l'ouverture (la chute) du mur.

4. Les enfants auront compris que la chute du mur de Berlin signifie la possibilité de circuler librement de Berlin-Est vers Berlin-Ouest et inversement.

Élargir la réflexion à l'échelle du pays (libre circulation entre RDA et RFA). Noter que la question fait référence à l'Allemagne comme s'il s'agissait d'un seul et même pays.

▸ Que peut-on en conclure ?

Valider les réponses qui suggèrent la possibilité d'une réunification des deux Allemagnes. Préciser que ce sera bientôt chose faite. On attendra cependant l'étude du document 4 pour découvrir que la réunification se fera le 3 octobre 1990 (moins d'un an après la chute du mur) et que le 3 octobre est aujourd'hui la date de la fête nationale allemande.

5. Revenir au document 4 de la séquence 28 (carte de l'Europe traversée par le rideau de fer).

▸ Quels sont les pays sous influence soviétique qui sont directement concernés par l'ouverture du rideau de fer ?

En faire collectivement la liste : Pologne, Tchécoslovaquie, Hongrie, Roumanie et Bulgarie.

Étape 4

La réunification

doc. 4 Extrait d'un article du *Monde*.
Questionnaire à photocopier.

Cet extrait d'article permet de situer la chute du mur de Berlin dans un contexte géopolitique global et de comprendre qu'elle n'est véritablement que la suite logique de l'ouverture du rideau de fer entre la Hongrie et l'Autriche au printemps 1989, tout cela résultant de la crise de l'URSS et de l'effondrement de la mainmise soviétique sur l'Europe de l'Est.

Phase de réflexion individuelle à partir du questionnaire

Phase orale collective

1. Renvoyer les enfants à la légende du document pour en identifier l'auteur : Henri de Bresson. Confirmer qu'il s'agit d'un journaliste du journal *Le Monde*. Noter que cet article est paru dans un numéro spécial du journal *Le Monde* en novembre 1990.

▸ Pourquoi un numéro spécial ?

Valider les réponses qui évoquent l'importance des événements pour l'Allemagne mais aussi pour le reste de l'Europe.

2. Utiliser le titre de l'extrait pour identifier et dater les deux événements majeurs : la chute du mur de Berlin en 1989 et la réunification allemande en 1990.

Conclure que la réunification des deux Allemagnes, envisagée lors de l'étude du document précédent, a bien eu lieu. Une lecture à voix haute de l'extrait par un volontaire permettra de la dater avec précision : le 3 octobre 1990. Remarquer que les événements se sont enchaînés très vite puisque moins d'un an sépare la chute du mur de Berlin de la réunification allemande. Signaler que le 3 octobre est désormais la date de la fête nationale allemande.

3. Revenir au document de la séquence 28 qui vient d'être observé. S'assurer que tous ont compris ce que désigne le rideau de fer : une frontière hermétique séparant les pays sous influence soviétique du reste de l'Europe.

Une nouvelle lecture pourra être nécessaire pour localiser l'ouverture du rideau de fer (entre l'Autriche et la Hongrie). Préciser que cette ouverture s'est faite en mai 1989 (avant la chute du mur de Berlin, donc) suite à l'augmentation des demandes d'émigration vers l'Ouest.

▸ Quel a été le résultat de l'ouverture du rideau de fer ?

Noter l'expression dans l'extrait : *une ruée vers l'Ouest*.

Souligner que 65 000 jeunes cadres et techniciens ont traversé la frontière pour gagner la RFA.

▸ Pourquoi ces jeunes gens voulaient-ils émigrer vers l'Ouest ?

Rappeler les observations faites précédemment pour expliquer ce désir de passer à l'Ouest afin d'y trouver davantage de liberté (information, circulation, entreprise), de meilleures possibilités d'emploi, de meilleurs salaires, etc.

4. Faire relire au besoin l'extrait pour relever les mots « régime communiste » et « soviétique ».

S'assurer que les enfants établissent la correspondance : soviétique / URSS (Union des républiques socialistes soviétiques). Noter que l'URSS n'existe plus aujourd'hui, chacune des 15 républiques qui la composaient ayant retrouvé (théoriquement) son indépendance, et que plus aucune n'est demeurée communiste. Revenir au titre de cette séquence pour noter qu'il y est fait mention de l'effondrement du bloc soviétique.

▸ Que signifie l'effondrement d'un régime ?

Mettre les réponses en commun et adopter une définition collective du type : on dit qu'un régime s'effondre quand il n'est plus capable d'imposer sa politique à ses sujets et de préserver l'unité de son territoire.

5. Faire mesurer les conséquences possibles d'un recours à la force pour empêcher l'émiettement du bloc soviétique. Coût en vies humaines. Réactions internationales. Intervention d'une autre puissance militaire pour contrer l'effort soviétique.

▸ Quelle autre grande puissance militaire s'est opposée au bloc soviétique au cours de la guerre froide ?

Valider les réponses qui identifient les États-Unis. Évoquer la course aux armements qui a contribué à affaiblir le régime soviétique. Noter également le refus de Mikhaïl Gorbatchev (le secrétaire général du bureau politique du parti communiste de l'Union soviétique – soit celui qui dirigeait le pays et avait cherché à le réformer – de 1985 à 1991) de recourir à la répression armée pour empêcher les émigrations massives vers l'Ouest.

Évoquer aussi l'évolution politique de la Pologne où, dès le début des années 80, s'est manifesté une volonté d'échapper à l'influence soviétique (volonté symbolisée par Lech Walesa et le syndicat Solidarnosc) dont le retentissement international a été immense. Préciser qu'à la même époque le pape (Jean-Paul II) était lui-même un Polonais, ce qui assura un soutien international aux initiatives des Polonais.

6. Observer la carte de l'Union européenne en 2007 (voir poster n° 8). La comparer à la carte de la séquence 28.

▸ Quelles différences observe-t-on ?

Les recenser collectivement :
- disparition du rideau de fer ;
- réunification de l'Allemagne (noter que dès 1991, Berlin redevient la capitale politique de l'Allemagne réunifiée) ;
- intégration dans l'Union européenne de républiques ayant appartenu à la zone d'influence soviétique (Pologne, République tchèque, Slovaquie, Hongrie, Roumanie, Bulgarie) ou à l'ex-URSS (Estonie, Lettonie et Lituanie).

Sans entrer davantage dans les détails, observer collectivement que l'Europe n'est plus coupée en deux et que l'URSS a disparu.

Synthèse (orale)

Qu'avons-nous appris ?

- De 1949 à 1961, le « rideau de fer » présentait un point faible : il était possible de passer de Berlin-Est à Berlin-Ouest et des voies de libre communication existaient entre Berlin-Ouest et l'Allemagne de l'Ouest. Entre 2,6 et 3,6 millions d'Allemands de l'Est ont ainsi fui la RDA pour trouver de meilleures conditions de vie en RFA.
  Pour empêcher le passage vers l'Ouest, la RDA a construit en 1961 un mur destiné à isoler Berlin-Ouest. On a appelé ce mur le « mur de la honte ».
- Progressivement le régime soviétique a été affaibli par la course aux armements menée par les États-Unis et par des demandes de plus en plus nombreuses pour émigrer vers l'Ouest.
  Au mois de mai 1989, la frontière entre la Hongrie et l'Autriche a été ouverte. Des dizaines de milliers de jeunes cadres et de techniciens ont émigré en RFA en passant par l'Autriche.
  Mikhaïl Gorbatchev, le dirigeant du régime soviétique, a renoncé à employer la force armée pour maintenir l'unité du bloc soviétique.
- Le mur de Berlin est tombé au mois de novembre 1989, et le 3 octobre 1990 la RDA et la RFA ont été réunifiées en une seule Allemagne. Le 3 octobre est aujourd'hui la fête nationale allemande.
  L'ouverture du rideau de fer et la chute du mur de Berlin ont profondément modifié l'Europe. De nombreuses républiques de l'ex-bloc soviétique font maintenant partie de l'Union européenne. L'Europe n'est plus coupée en deux et l'URSS a disparu.

Élaboration du texte de référence

Phase écrite collective (au tableau)

Titre : L'effondrement du bloc soviétique
et la chute du mur de Berlin.

Entre 1949 et 1961, environ 3 millions de personnes ont franchi le rideau de fer par son point faible entre Berlin-Ouest et Berlin-Est. Pour empêcher les habitants de l'Allemagne de l'Est (la RDA) de gagner l'Allemagne de l'Ouest (la RFA), la RDA a construit le mur de Berlin en 1961.

Documents 1 et 2

En mai 1989, suite à l'affaiblissement du régime soviétique, le rideau de fer a été ouvert entre l'Autriche et la Hongrie, provoquant une ruée vers l'Ouest. Le mur de Berlin est tombé quelques mois plus tard, le 9 novembre 1989.

Document 3

Le 3 octobre 1990, la RDA et la RFA ont été réunifiées pour constituer une seule Allemagne. Depuis ce jour, le 3 octobre est la fête nationale allemande.

Document 4

Aujourd'hui, l'Europe n'est plus coupée en deux, de nombreuses républiques de l'ancien bloc soviétique ont rejoint l'Union européenne et l'URSS a disparu.

Phase écrite individuelle (sur le cahier)

38
Fiche documents

L'effondrement du bloc soviétique et la chute du mur de Berlin

Document 1

Construction du mur de Berlin, novembre 1961.

Document 2

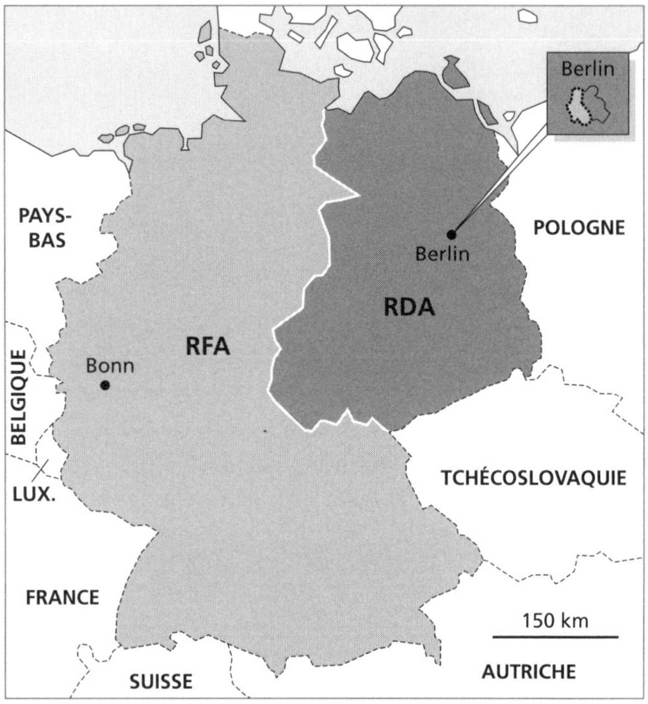

a Les deux Allemagnes de l'après-guerre.

b Le mur : une ceinture de béton autour de Berlin-Ouest.

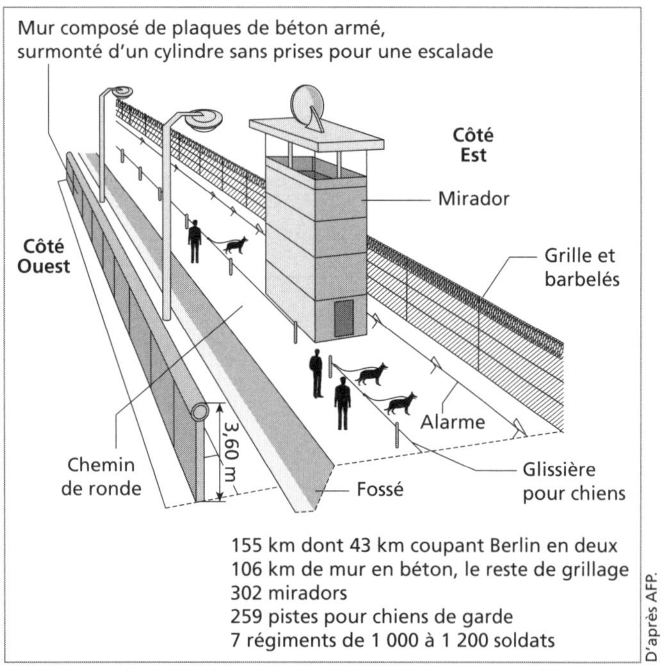

c Une barrière infranchissable.

L'effondrement du bloc soviétique et la chute du mur de Berlin

Document 3

© Photo AP / SipaPress

Le 9 novembre 1989, le mur de Berlin tombe.

Document 4

Le 3 octobre 1990, une nouvelle Allemagne est fondée scellant la fin de l'ère de Yalta[1] et l'avènement d'un nouvel ordre européen [...]. La République démocratique allemande (RDA), constituée en 1949 dans la zone d'occupation soviétique, devient part entière de la République fédérale d'Allemagne.

Il ne s'est pas écoulé un an entre les premières manifestations contre le régime communiste et l'unification allemande [...]. L'ouverture du rideau de fer entre la Hongrie et l'Autriche a provoqué une ruée vers l'Ouest [...].

Renonçant à l'utilisation de la force, le régime s'effondre avec une rapidité stupéfiante [...].

Les Soviétiques finissent par accepter que la RDA, clé de voûte de leur dispositif militaire en Europe, fasse partie de l'Alliance atlantique[2] [...].

1. Yalta (ou Ialta) est une ville d'Ukraine sur la mer Noire et le lieu de la rencontre entre Roosevelt, Churchill et Staline en février 1945. On a longtemps pensé (à tort) que cette conférence avait servi à décider du partage de l'Allemagne et du reste de l'Europe et, de là, mené aux tensions entre l'Ouest et l'Est qui ont abouti à la guerre froide.
2. Alliance atlantique ou OTAN : organisation militaire des pays occidentaux sous le contrôle des États-Unis.

Henri de Bresson
D'après « Mutations à l'Est », *Le Monde*, numéro spécial, novembre 1990.

38 L'effondrement du bloc soviétique et la chute du mur de Berlin

Fiche questionnaire

Document 1

1. Que représente cette photo ?

2. Où se trouve ce mur ?
Quand a-t-il été construit ? Par qui ?

3. Où est Berlin ? (Aide-toi du document 2a.)

4. À ton avis, à quoi un tel mur peut-il servir ?

Document 2a

1. Que représente cette carte ?

2. Que signifient les lettres RFA et RDA ?

3. Quel pays a ainsi été divisé en deux ?
Pourquoi ? À la suite de quel événement ?
(Aide-toi de l'analyse du document 4 de la séquence 28.)

4. Sous quelle influence la RDA se trouve-t-elle au lendemain de la Seconde Guerre mondiale ?

5. Pourquoi la ville de Berlin est-elle importante ?
Quel problème sa position risque-t-elle de poser ?

Document 2b

1. Que représentent les pointillés gras ?

2. Combien de temps s'est-il écoulé entre la fin de la Seconde Guerre mondiale et la construction du mur de Berlin ?

3. Quelle partie de Berlin le mur isole-t-il ?
À ton avis pourquoi ?

4. *Checkpoint* signifie en anglais : point de contrôle.
À ton avis, que représente Checkpoint Charlie sur cette carte ?

Document 2c

1. Que représente ce schéma ?

2. Quels sont les différents systèmes de surveillance et de protection du mur ?

3. De quel côté du mur se trouvent-ils ?
Qu'en conclus-tu ?

4. Qui pouvait vouloir franchir ce mur ?
Pourquoi ?

Document 3

1. Quand cette photo a-t-elle été prise ?

2. Quel événement vient de se produire ?
Combien d'années le mur a-t-il séparé Berlin-Ouest de Berlin-Est ?

3. Que font les personnes visibles sur cette photo ?
Qui peuvent-elles être ?

4. Que signifie la chute du mur de Berlin pour l'Allemagne ?

5. Cet événement a-t-il été important pour d'autres pays ?
Lesquels ?

Document 4

1. Qui a écrit cet article ?
Quand ?
Dans quel journal ?

2. À quels grands événements est-il consacré ?
Quand ont-ils eu lieu ?

3. Qu'appelle-t-on le « rideau de fer » ?
(Aide-toi de la séquence 28.)
Où a-t-il été ouvert ? Avec quel résultat ?

4. De quel régime le journaliste dit-il qu'il s'effondre ?

5. À ton avis, pourquoi ce régime a-t-il renoncé à la force ?

6. En quoi l'Europe a-t-elle été modifiée par les événements décrits dans cet article ?

De 1945 à nos jours

Nom : ....

Prénom : ....

Nombre de bonnes réponses : .... /20

1. Où les criminels de guerre nazis ont-ils été jugés ?

....

2. Comment les États-Unis ont-ils obligé le Japon à capituler en 1945 ?

....

3. Quel nom portait le plan américain destiné à aider les pays d'Europe de l'ouest à se reconstruire après la Seconde Guerre mondiale ?

....

4. Comment appelle-t-on la période de forte tension internationale qui a opposé les États-Unis et l'URSS (et leurs alliés) à partir de 1947 ?

....

5. Combien d'années la IVe République a-t-elle duré ? Entoure la bonne réponse.

4 12 70 150

6. Quelle grande défaite subie par l'armée française marque le début de la décolonisation ? Quand a-t-elle eu lieu et dans quel pays ? Comment ce pays s'appelle-t-il aujourd'hui ?

....

7. Six pays ont signé le traité de Rome en 1957. Lesquels ? Pour quoi faire ?

....

....

....

8. Quelle guerre a opposé l'armée française au FLN de 1954 à 1962 ? Pourquoi ?

....

....

9. Qu'appelait-on un « pied-noir » ?

....

10. Qu'ont décidé les Accords d'Évian en 1962 ?

....

11. Comment surnomme-t-on les trente années de transformations de la France de 1946 à 1975 ? Pourquoi ?

....

....

....

De 1945 à nos jours

Nom : .... **Prénom :** ....

12. Quel nom donne-t-on à l'explosion des naissances après la Seconde Guerre mondiale ?

....

13. Cite deux raisons pour lesquelles le chômage s'est aggravé en France entre 1975 et 1985 ?

....

....

14. Qui a été en quelques mois le dernier chef de gouvernement de la IVe République et le premier Président de la Ve République ? En quelle année ?

....

15. Pour préserver l'indépendance militaire de la France par rapport aux États-Unis et à l'URSS, quelle arme ce Président a-t-il voulu que la France possède ?

....

16. Numérote les noms des présidents de la Ve République de 1 à 6 en respectant l'ordre chronologique. Indique quand le dernier a été élu.

○ Valéry Giscard d'Estaing ○ Nicolas Sarkozy ○ Charles de Gaulle

○ François Mitterrand ○ Georges Pompidou ○ Jacques Chirac

....

17. Qu'a-t-on appelé « l'union de la gauche » ? Quand s'est-elle formée ? Qui a-t-elle porté au pouvoir ?

....

....

18. Quel nom donne-t-on à la période durant laquelle le président de la République et le chef du gouvernement (le Premier ministre) appartiennent à des partis opposés ?

....

19. Qu'est-ce qui a changé dans le porte-monnaie des Français en 2002 ?

....

20. Quel nom porte aujourd'hui la Communauté économique européenne ? Combien compte-t-elle de pays membres ?

....

Sommaire

1815-1914

1914-1945

Depuis 1945

La Restauration (1815-1830) : Louis XVIII et Charles X

Document 1

La famille royale en 1815.

Document 2

Inauguration du monument à la mémoire de Louis XVI par Charles X, place de la Concorde, le 3 mai 1826.
Peinture de Joseph Beaume, musée national du château de Versailles.

Les Trois Glorieuses
(27, 28 et 29 juillet 1830)

Document 1

BIS / Ph. © Archives Nathan. Musée Carnavalet, Paris.

a Combat dans la rue Saint-Antoine, le 28 juillet 1830.
Gravure d'après Martinet.

Ph. © François Vizzavona / Maryse El Garby / RMN.

b Barricade rue du Petit pont, le 29 juillet 1830.
Peinture de Jean-Baptiste-Édouard Detaille.

La France au XIXe siècle
(1) La révolution des machines

Document 3

Ph. © Jean-Pierre Lagiewski / RMN. Musée de la voiture, Compiègne.

a Un nouveau moyen de transport : une voiture à vapeur (1878).

Ph. © Jean-Pierre Lagiewski / RMN. Musée de la voiture, Compiègne.

b Un nouveau moyen de transport : une voiture à essence (1895).

Document 4

Ph. © Gérard Blot / RMN. Musée des civilisations de l'Europe et de la Méditerranée.

Les débuts de l'aviation (tout début du XXe siècle).

La France au XIXe siècle (2) Progrès technique et essor industriel

4

1815
1914

Document 1

Les ateliers du Creusot, 1847.

Ph. © Photo12.com.

Document 4

Le marteau-pilon.
Peinture de Joseph Fortuné Layraud, 1889.

Doc. Écomusée de la Communauté Urbaine Le Creusot Montceau-Les-Mines / Ph. D. Busseuil.

5

1815
1914

La France au XIXe siècle (3) Paysans, ouvriers et bourgeois

Document 3

La famille Bellelli, 1858-1867.
Peinture d'Edgar Degas.

Document 4

Le faucheur.
Dessin de Hedouin.

La monarchie de Juillet (1830-1848) : Louis-Philippe

Document 1

Portrait de Louis-Philippe, roi des Français de 1830 à 1848.
Peinture de F. X. Winterhalter, 1839.

Document 4

La révolution de 1848.
Image d'Épinal, milieu du XIXe siècle.

La IIe République
(1848-1851)

Document 1

Le suffrage universel.
Lithographie de Bosredon, avril 1848.

La vie sous le second Empire
(1852-1870)

Document 3

L'exposition universelle de 1867.

Document 4

La transformation de Paris, confiée par Napoléon III au baron Haussmann.

Expropriation pour le prolongement de l'avenue de l'Opéra.

La guerre de 1870 et la fin du second Empire

Document 2

Le désastre de Sedan.
Image d'Épinal, fin du XIXe siècle.

Document 4

b La France signant les préliminaires d'un traité de paix.
Dessin publié par le journal, *L'Illustration*, le 11 mars 1871.

La Commune de Paris
(18 mars 1871-28 mai 1871)

Document 1

La rue de Charonne à Paris, en 1871 : une barricade des Fédérés.

Document 2

Exécution d'un groupe d'insurgés contre le mur des Fédérés au Père-Lachaise, sous la Commune, le 28 mai 1871.

Crayon rehaussé de gouache, A.-H. Darjou.

La IIIe République (1871-1914)
(3) Scandales et crises

Document 1

Georges Clemenceau
et le scandale du canal de Panama,
Le Petit Journal du 19 août 1893.

Document 2

a La dégradation du capitaine Alfred Dreyfus,
le 5 janvier 1895,
Le Petit Journal du 13 janvier 1895.

La Première Guerre mondiale (1914-1918)
(1) Les débuts du conflit

Document 1

a Monument aux morts
de Sainte-Menehould (Marne).

Ph © Jean-Pierre Husson-Histoire et Mémoire.

b 72 enfants de Sainte-Menehould
morts pour la France.

Ph © Jean-Pierre Husson-Histoire et Mémoire.

Document 3

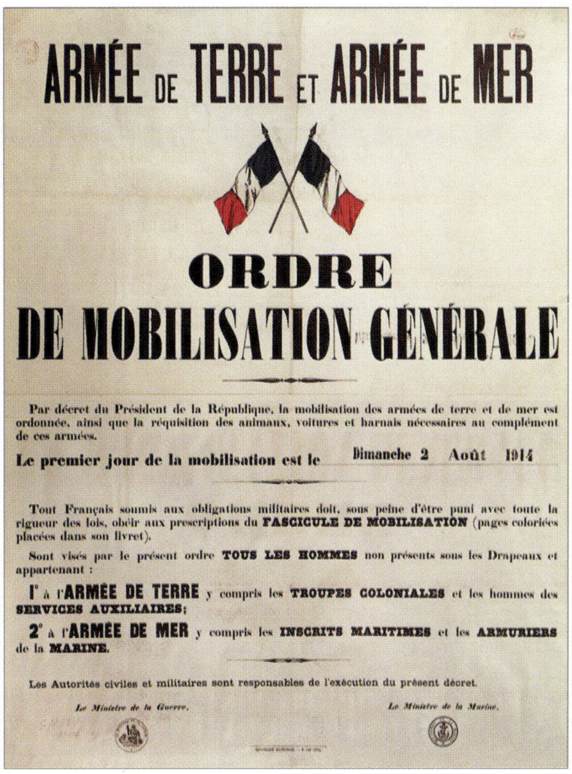

ARMÉE DE TERRE ET ARMÉE DE MER

ORDRE
DE MOBILISATION GÉNÉRALE

Par décret du Président de la République, la mobilisation des armées de terre et de mer est ordonnée, ainsi que la réquisition des animaux, voitures et harnais nécessaires au complément de ces armées.

Le premier jour de la mobilisation est le Dimanche 2 Août 1914

Tout Français soumis aux obligations militaires doit, sous peine d'être puni avec toute la rigueur des lois, obéir aux prescriptions du FASCICULE DE MOBILISATION (pages coloriées placées dans son livret).

Sont visés par le présent ordre TOUS LES HOMMES non présents sous les Drapeaux et appartenant :

1° à l'ARMÉE DE TERRE y compris les TROUPES COLONIALES et les hommes des SERVICES AUXILIAIRES;

2° à l'ARMÉE DE MER y compris les INSCRITS MARITIMES et les ARMURIERS de la MARINE.

Les Autorités civiles et militaires sont responsables de l'exécution du présent décret.

Le Ministre de la Guerre, *Le Ministre de la Marine,*

Ordre de mobilisation générale
(affiche de 1914).

BIS / Ph. Coll. Archives Larbor. BNF, Paris.

19

1914
1945

La Première Guerre mondiale (1914-1918)
(2) Une guerre d'un type nouveau

Document 1

Ph. © Paul Castelnau / Centre des Monuments Nationaux / MONUM.

a Tranchée de première ligne :
Poilus devant un abri (juin 1917).

Ph. © ROGER-VIOLLET.

b Une autre vision des tranchées :
la vague d'assaut prête à sortir.

La Première Guerre mondiale (1914-1918)
(3) Une France victorieuse dans une Europe transformée

Document A

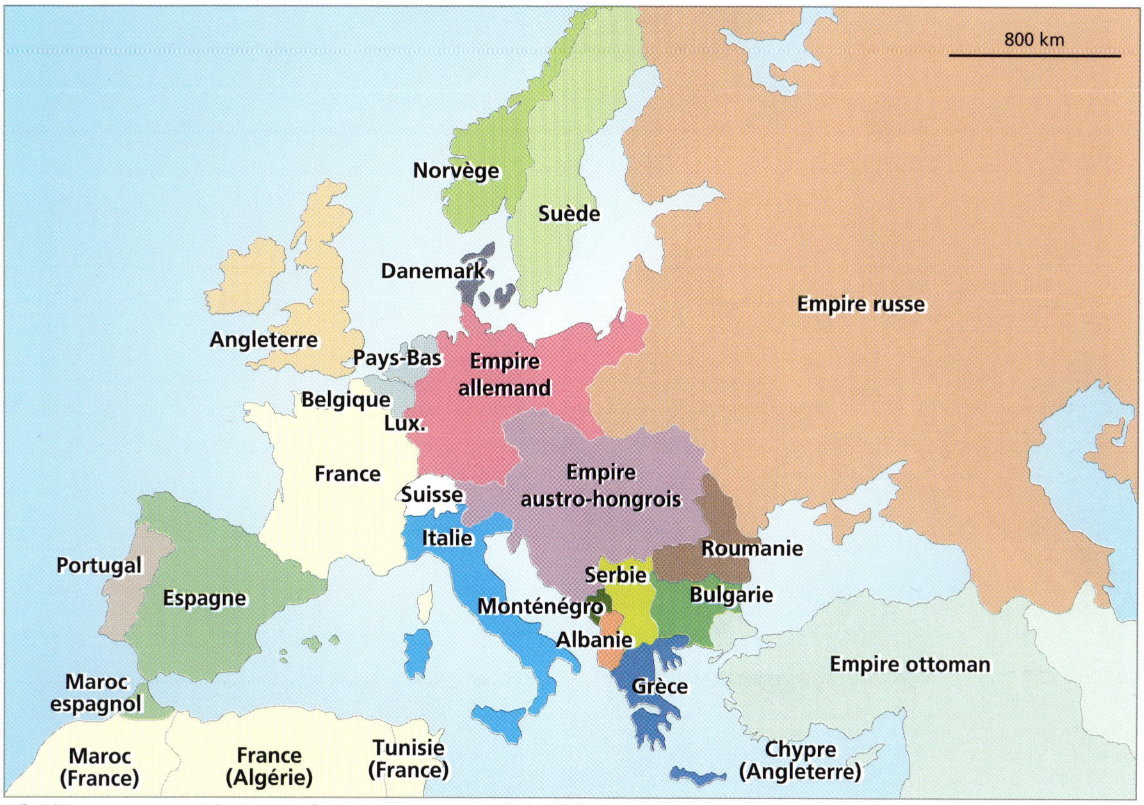

L'Europe avant la Première Guerre mondiale (1914).

Document B

L'Europe après la Première Guerre mondiale et le traité de Versailles (1923).

21 1914 1945

L'entre-deux-guerres (1918-1939) (1) Les années 20, « années folles » et la crise des années 30

Document 2

Ph. Coll. Archives Bordas -DR.

Années 20 – Affiche d'un spectacle de la chanteuse Mistinguett à Paris.

Document 3

Ph.Coll. IM / KHARBINE-TAPABOR.

Publicité Citroën, en 1925.

22 1914 1945

L'entre-deux-guerres (1918-1939) (2) Le Front populaire

Document 3

Ph. © Keystone / EYEDEA.

a 1936 : Les Français découvrent les vacances grâce aux congés payés.

La Seconde Guerre mondiale (1939-1945) (1) 1939-1942

Document 2

BIS / Ph. Coll. Archives Larbor. BNF, Paris.

Le 14 juin 1940, les Allemands défilent à Paris.

Document 3

Ph © GETTY IMAGES France. Coll. Hulton Archive.

a Londres sous les bombardements allemands (le « Blitz », janvier 1940).

La Seconde Guerre mondiale (1939-1945)
(3) La France dans la guerre : Collaborer ? Résister ? Attendre ?

Document 2

Ph. © PHOTOTHEQUE DU SERVICE HISTORIQUE DE LA DEFENSE.

La rafle du Vél' d'Hiv' (probablement – document non daté précisément).

Document 4

BIS / Ph. Coll. Archives Larbor.

Maquisards résistants apprenant à manier les armes.

La Seconde Guerre mondiale (1939-1945)
(5) Le débarquement et la victoire

Document 2

Ph. © IWM / CAMERA PRESS / GAMMA/ EYEDEA.

a Jour J : la 9e brigade d'infanterie canadienne – LCI(L) 299 – débarque – 6 juin 1944.

Ph. © Robert Capa / MAGNUM.

b Omaha Beach, le 6 juin 1944.
Sous le feu ennemi, des soldats trouvent refuge derrière une structure antichar.
Photo : Robert Capa.

Document 3

Ph. © Photo12.com - Oasis.

26 août 1944, le général de Gaulle descend triomphalement les Champs-Élysées.
Les blindés du général Leclerc (visible en képi immédiatement à droite du général) ont libéré Paris deux jours plus tôt.

Document 4

Ph. © Y. Khaldei / GETTY IMAGES France.

30 avril 1945 – Le drapeau soviétique flotte sur le toit du Reichstag à Berlin.
Photo : Evgueni Khaldei.

L'après-guerre (1945-1946)

Document 2

Le procès de Nuremberg : du 20 novembre 1945 au 1er octobre 1946, les criminels de guerre nazis sont jugés par un tribunal international.

Document 4

L'Europe après la Seconde Guerre mondiale.

Les transformations de la France
(2) Après 1975 : Crise et montée du chômage

Document 1

Ph. © Pierre JAHAN.

a Montage de la fameuse 4 CV à Boulogne-Billancourt, vers 1948.
De 1947 à 1961, les usines Renault en produiront plus d'un million.

Ph. © Didier Maillac / REA.

b Montage de la Renault Clio à l'usine de Flins, aujourd'hui :
98 % des soudures sont effectuées par des robots.

33
Depuis 1945

La Ve République (depuis 1958) (1) Les Présidents et la Constitution

Document 1

a Charles de Gaulle (déc. 1958 – 1969).

Ph. © Jean-Marie Marcel / Documentation française.

b Georges Pompidou (1969 – 1974).

Ph. © François Pagès / Documentation française.

c Valéry Giscard d'Estaing (1974 – 1981).

Ph. © Jacques-Henri Lartigue /

d François Mitterrand (1981 – 1995).

Ph. © Gisèle Freund / Documentation française.

e Jacques Chirac (1995 – 2007).

Ph. © Bettina Reims / Documentation française.

f Nicolas Sarkozy (élu en 2007).

Ph. © Philippe Warrin / SIPA.

La Ve République
(3) La fin de l'ère gaullienne

Document 1

Ph. © AFP.

19 avril 1963 : le Président Charles de Gaulle en direct à la télévision.

Document 3

BIS / © Archives Larbor.

a Affiche publiée par l'Atelier populaire – mai 1968.

Ph. © Keystone / EYEDEA.

b Mai 1968 – Une rue de Paris au lendemain d'affrontements entre étudiants et forces de police.

La Vᵉ République
(4) De 1981 à 2002 : alternances et cohabitations

Document 1

L'union de la gauche. De gauche à droite :
Robert Fabre (Mouvement des Radicaux de Gauche), François Mitterrand (Parti Socialiste) et Georges Marchais (Parti Communiste Français), en 1977.

Document 2

Scène de liesse sur la place de la Bastille après l'élection de François Mitterrand, le 10 mai 1981.